UnB ANOS 70

UnB ANOS 70

Memória do Movimento Estudantil

MARIA DO ROSÁRIO CAETANO
(Organizadora)

COM A COLABORAÇÃO DE
Tereza Cruvinel, Carlos Megale, Davi Emerich,
José Umberto de Almeida, William Devoti e Flávio Alberto Botelho

Alameda

1ª reimpressão

Edição: Haroldo Ceravolo Sereza e Joana Monteleone
Projeto gráfico, diagramação: Maria Beatriz de Paula Machado
Capa: Fernando Travassos Falcoski
Assistente acadêmica: Tamara Santos
Revisão: Alexandra Colontini
Imagem da capa: Kim-Ir-Sen Pires Leal

CIP-BRASIL. CATALOGAÇÃO NA PUBLICAÇÃO
SINDICATO NACIONAL DOS EDITORES DE LIVROS, RJ

U43

UnB anos 70 : memórias do movimento estudantil / organização Maria do Rosário Caetano ; com a colaboração de Tereza Cruvinel ... [et al.]. - 1. ed. - São Paulo : Alameda, 2022.
470 p. ; 23 cm.

Inclui bibliografia e índice
ISBN 978-65-5966-115-2

1. Movimentos estudantis - Brasília (DF) - História - Séc. XX. 2. Estudantes - Atividades políticas - Brasília (DF) - História - Séc. XX. 3. ditadura - História - Séc. XX - Brasil. 4. Brasil - Política e governo - 1967-1969. I. Caetano, Maria do Rosário. II. Cruvinel, Tereza.

22-78257 CDD: 378.19810981
CDU: 323.2-057.875:378.4(817.4)UNB

ALAMEDA CASA EDITORIAL
Rua 13 de Maio, 353 – Bela Vista
CEP 01327-000 – São Paulo, SP
Tel. (11) 3012-2403
www.alamedaeditorial.com.br

Site: www.alamedaeditorial.com.br
Facebook.com/alamedaeditorial/
Twitter.com/editoraalameda
Instagram.com/editora_alameda/

SUMÁRIO

PARTE II. DA GREVE DE 1977 À CONSTRUÇÃO DAS ENTIDADES LIVRES

SIGLAS

Relacionadas com a UnB:

UnB - Universidade de Brasília
FUB - Fundação Universidade de Brasília
ADUnB - Associação dos Docentes da UnB
ICCB - Instituto Central de Ciências Biológicas
ICC - Instituto Central de Ciências da UnB, vulgo Minhocão
BCE - Biblioteca Central dos Estudantes
CONSUNI - Conselho Universitário
CO - Centro Olímpico da UnB
ICA - Instituto Central de Artes
FAU - Faculdade de Arquitetura e Urbanismo
MGA - Média Geral Acumulada (medida de desempenho escolar adotada pela UnB)
RU - Restaurante Universitário
AGRO-FLOR - Abreviatura das Faculdades de Agronomia e Engenharia Florestal

Relacionadas com o Movimento Estudantil:

UNE - União Nacional dos Estudantes
FEUB - Federação dos Estudantes Universitários de Brasília
DCE - Diretório Central dos Estudantes
CA - Centro Acadêmico
D.U. - Diretório Universitário
ENEM - Encontro Nacional dos Estudantes

Universidades, escolas e órgãos públicos:

MEC- Ministério da Educação e Cultura
INEP - Instituto Nacional de Estudos Pedagógicos
CAPES- Coordenação de Aperfeiçoamento do Ensino Superior
CIEM - Centro Integrado de Ensino Médio
AEUDF - Associação de Ensino Universitário do Distrito Federal
CEUB - Centro Universitário de Brasília
UNICEUB - Universidade Centro Universitário de Brasília
USP - Universidade de São Paulo
UNIFESP - Universidade Federal do Estado de São Paulo
UFRGS - Universidade Federal do Rio Grande do Sul
UFC - Universidade Federal do Ceará
UFMG - Universidade Federal de Minas Gerais
CPDOC - Centro de Pesquisa e Documentação de História Contemporânea do Brasil
FGV - Fundação Getúlio Vargas
PUC - Pontifícia Universidade Católica
UFSCar - Universidade Federal de São Carlos
UFRJ - Universidade Federal do Rio de Janeiro
UNICAMP - Universidade Federal de Campinas
UFPE - Universidade Federal de Pernambuco
UEMA - Universidade Estadual do Maranhão
EEBA - Escola Estadual de Educação Bento de Abreu (Araraquara - SP)
IPEA - Instituto de Pesquisa Econômica Aplica
IPHAN - Instituto do Patrimônio Histórico e Artístico Nacional
CEF - Caixa Econômica Federal
ESCS - Escola Superior de Ciências da Saúde,
FIOCRUZ - Fundação Oswaldo Cruz
CEME - Central de Medicamentos do Governo Federal
CEBES - Centro Brasileiro de Estudos de Saúde
GDF - Governo do Distrito Federal
FHDF - Fundação Hospitalar do Distrito Federal
FEDF - Fundação Educacional do Distrito Federal
Novacap - Companhia Urbanizadora da Nova Capital
HRAN - Hospital Regional da Asa Norte
BNH - Banco Nacional de Habitação

Entidades privadas e da sociedade civil:

OAB - Ordem dos Advogados do Brasil
ABI - Associação Brasileira de Imprensa
IAB-DF - Instituto dos Arquitetos do Distrito Federal
SBAT - Sociedade Brasileira de Autores Teatrais
RTTV - Round Table Televisión

Instituições policiais e do aparelho repressivo da ditadura militar:

PM - Polícia Militar
QG - Quartel General
SNI - Serviço Nacional de Informações
PF - Polícia Federal
DOPS - Departamento de Ordem Política e Social
DOI-CODI - Destacamento de Operações de Informação - Centro de Operações de Defesa Interna (órgãos repressivos do Exército na ditaduras)
LSN - Lei de Segurança Nacional
CENIMAR - Centro de Informações da Marinha
CIEX - Centro de Informações do Exército
CISA - Centro de Informações da Aeronáutica (CISA)
DSI/MEC - Divisão de Segurança e Informação do Ministério da Educação e Cultura
ASI-UnB - Assessoria de Segurança e Informações da UnB
LSN - Lei de Segurança Nacional

Organizações e partidos políticos

APML - Ação Popular Marxista- Leninista
PORT-P - Partido Operário Revolucionário Trotskista - Posadista
PCB - Partido Comunista Brasileiro
PC do B - Partido Comunista do Brasil
POLOP - Política Operária
Libelu - Liberdade e Luta
OSI - Organização Socialista Internacionalista
DS - Democracia Socialista
MR-8 - Movimento Revolucionário 8 de Outubro
MLN-T - Movimento de Libertação Nacional Tupamaros

MDB - Movimento Democrático Brasileiro
PMDB - Partido do Movimento Democrático Brasileiro
ARENA - Aliança Renovadora Nacional
PT - Partido dos Trabalhadores
PDT - Partido Democrático Trabalhista
PSOL - Partido Socialismo e Liberdade

Entidades sindicais e de classe:

SindMed - Sindicato dos Médicos do Distrito Federal
Sinpro-DF - Sindicato dos Professores do Distrito Federal
APDF - Associação dos Professores do Distrito Federal
Sindsep - Sindicato dos Servidores Públicos Federais
CUT - Central Única dos Trabalhadores
Condsef - Confederação dos Trabalhadores no Serviço Público Federal.

Outras:

URSS – União das Repúblicas Socialistas Soviéticas
MPB – Música Popular Brasileira

CARTA DA ORGANIZADORA AO LEITOR
Testemunho de uma geração que lutou pelo fim do autoritarismo

Maria do Rosário Caetano

Não lutamos para colocar "a imaginação no poder", nem erguemos "barricadas do desejo". Mas dedicamos nossos melhores dias à luta pela redemocratização do país. Depois do pesadelo trazido pelo AI-5, em dezembro de 1968, a vida nas universidades brasileiras passou a sofrer cerceamento jamais visto.

Nossa geração de estudantes, a pós-68 – a chamemos, pois, de Geração 70 – foi chegando cautelosamente ao belo e niemárico campus da UnB, buscando espaços de articulação e atuação coletiva.

A luta estudantil recomeçou na Faculdade de Medicina, nos primeiros anos da década, sob o horror mediciano. A mobilização foi ganhando corpo. E a semente brotou. O movimento estudantil renasceu.

1976 foi o "nosso 68". Do curso de verão até as férias de dezembro, a UnB transformou-se em espaço de luta democrática, mesmo que no comando da instituição, gerida com pulso de ferro, estivesse um físico nuclear e capitão-de-mar-e-guerra, ligado aos quadros de informação e segurança das Forças Armadas.

Num frio mês de julho, o campus da Universidade implantada por Darcy Ribeiro sediou, pela primeira vez, uma reunião anual da SBPC (Sociedade Brasileira para o Progresso da Ciência). Os alunos participaram com interesse, entusiasmo e alegria febris.

LIBERDADES
DEMOCRÁTICAS

Depois de reconstruir nossas representações estudantis e prepararmos as primeiras eleições para o D.U. (Diretório Universitário), sentíamos que um novo tempo se avizinhava. Só que um ato de força da reitoria suspendeu o pleito e expulsou sete colegas, líderes das duas chapas concorrentes. Mas a luta estudantil não arrefeceu. Só fez crescer.

Em 1977, a greve que durou quase três meses transformou a UnB em escola de formação política. Assembleias imensas lotavam o Teatro de Arena, alunos reuniam-se todos os dias para pensar o Brasil, cantavam, dedicavam-se às diversas atividades artísticas, assistiam a debates históricos. Porém, mais uma vez, em julho, outro ato arbitrário: nova leva de expulsões. Dessa vez, eram 30, acompanhadas de 34 suspensões. Mesmo assim, a luta prosseguiu. Dois anos depois, os estudantes criavam o DCE Livre. No ABC Paulista os operários metalúrgicos mostravam sua força. A sociedade lutava por Anistia e Eleições Diretas.

Quinze anos atrás, em conversa com a jornalista Bárbara Hartz, expulsa da UnB em 1976, prometemos uma à outra procurar nossos colegas da "Geração 70" para, todos juntos, escrevermos livro composto de memórias coletivas daqueles tempos. Os muitos afazeres, porém, nos dispersaram.

Com o enclausuramento provocado pela pandemia do coronavírus, a ideia voltou e dessa vez encontrou solo fértil. Por 13 meses, uma força vulcânica nos uniu. Mais de 40 ex-alunos da UnB na década de 70 uniram-se para narrar seu testemunho. Para jogar luz sobre momento tão importante de nossa juventude.

UnB Anos 70 - Memória do Movimento Estudantil é, pois, resultado desse mutirão de colegas, hoje sexagenários ou septuagenários, que não se viam desde as passeatas pelo campus, assembleias no Teatro de Arena, conferências da SBPC, aulas especiais nos anfiteatros do Minhocão. Ou, até, nos cárceres da Polícia Federal, onde foram presos.

Para fertilizar nossos ânimo e paixão, duas coincidências se somaram ao projeto de produzir esta memória coletiva: o sexagésimo aniversário da Universidade de Brasília (1962-2022) e a realização da septuagésima-quarta Reunião Anual da SBPC, mais uma vez – a quarta – no campus desta instituição, a UnB, que é nossa alma mater.

Nesse livro-coletânea, feito com paixão e generosidade, o leitor encontrará testemunhos diversificados; histórias sérias, mas também engraçadas; momentos difíceis, outros felizes; histórias de superação e luta. Conhecerá memórias dos grupos Oficina, Unidade, Debate Ação e Construção. Histórias de prisões arbitrárias e da ação solidária de advogados (como Sigmaringa Seixas e José Gerardo Grossi) e de parlamentares (como Chico Pinto, Alencar Furtado, Lysâneas Maciel, Airton Soares e Ronan Tito), que não mediram esforços para nos ajudar.

Conhecerá, também, histórias divertidas, como a de um "cavalo inteligente", que ajudou uma estudante a livrar-se da polícia. Um "bode de despacho", que matou a fome de um grupo de alunos famintos. Um fusca amarelo que foi emprestado a um líder estudantil e acabou detido (sim, além do estudante, o "fusquinha amarelo" também recebeu voz de prisão).

Um amigo, ao visitar colegas encarcerados, se encantaria com a atitude de uma senhora, verdadeira "mãe coragem gorki-brechtiana", de origem proletária. Ela, ao contrário das outras mães, não verteria uma lágrima ao ver o filho atrás das grades. E ainda garantiria ao policial-carcereiro que o filho preso, "se fosse eleito presidente da República, daria um jeito nessa Nação".

O leitor encontrará relatos de atos de solidariedade de imensa grandeza: colegas que retiravam, de seu prato no Bandejão um pedaço de bife, uma almôndega, um pouco de arroz, uma batata, alguns bagos de vagem, uma fruta, um copo de suco ralo, o que fosse, para levar ao estudante que, lá fora, aguardava uma refeição. Pois encontrava-se em situação financeira das mais difíceis.

Um acidente de carro, em outro momento de grande tristeza, interromperia a militância de um futuro geólogo nipo-brasileiro, de apenas 24 anos, que regressava de congresso estudantil e já se encontrava próximo a Brasília, na Região Geoeconômica, em município da vizinha Goiás.

No campo da tragédia, o leitor vai deparar-se com a história do estudante de Medicina João Simplício Lopes Martins, que foi expulso da UnB por duas vezes. Primeiro pelo decreto-lei 477. Mudou-se para o Uruguai, onde conviveu com os Tupamaros. Cumpriu sua "pena" e regressou ao curso de Medicina. Depois, viria nova expulsão pelo Regimento Interno da UnB. Iria ligar-se, então, às lutas metalúrgicas. Regressaria, mais uma vez, à Universidade de Brasília, anistiado. No dia de seu quadragésimo aniversário, resolveu colocar termo à sua vida. Deixou como testamento um verso de Torquato Neto ("muito novo para morrer, muito triste para viver"). Simplício é um dos 14 colegas relembrados no segmento "In Memoriam".

UnB Anos 70 – Memória do Movimento Estudantil traz, além dos textos memorialísticos – sua razão de ser – artigo de Tereza Cruvinel sobre a história da

Universidade de Brasília, de sua criação até o final do regime militar, revisitando as crises e invasões sofridas no período. E ainda a Bibliografia Recomendada (e Consultada), Filmografia & Videografia com títulos que, primordialmente, têm a UnB como tema, um Caderno de Imagens e Textos Breves, acompanhado de perfis de lideranças estudantis e colegas que fizeram carreira parlamentar (caso de Erika Kokay, Paulo Bernardo Silva, o Paulão da Geologia, Augusto Carvalho, João da Silva Maia, Antônio José Ferreira, o Cafu, e Arlindo Chinaglia, que se somam a Arlete Sampaio e Chico Floresta, estes dois presentes nas primeiras partes do livro). O Caderno complementa-se com artigos esparsos (como o saboroso "Presente de Grego ou Para os Griecos?", publicado, anonimamente, em jornal estudantil, nas frustradas eleições para o D.U., em 1976. Agora, com o nome completo de seu autor: Manoel Mosart Machado. E ainda reproduz notícias publicadas pela imprensa nacional sobre o fatos mais marcantes do período.

Nos Caderno de Notícias e Documentos, estão registros importantes para essa geração que sonhou com a redemocratização do país e lutou para tirar "um capitão" da reitoria, sem imaginar que outro "capitão" se elegeria presidente da República e causaria tantos males às nossas (ainda frágeis) instituições democráticas.

Por fim, em nome de toda a equipe de *UnB Anos 70 – Memória do Movimento Estudantil*, quero agradecer, de modo efusivo, à generosidade do fotógrafo Kim-Ir-Sen Pires Leal, profissional de valor singular, professor universitário e militante das causas sociais, que nos cedeu a foto que encapa nosso livro.

Além de sua aliciante beleza plástica, esta imagem tem, para nós, da Geração UnB 70, valor inestimável. Lotamos todas as palestras, debates e seminários da vigésima-oitava reunião da SBPC, em 1976. Quando não havia mais assentos disponíveis, os estudantes buscavam móveis nas salas de aulas e os utilizavam para alcançar as gretas de arejamento dos anfiteatros. Por ali viam e ouviam o que os convidados diziam e o que os colegas perguntavam.

Kim-Ir-Sen, com rara felicidade, captou a calma de uma criança que esperava o pai saciar, em condições as mais adversas, a sua imensa ânsia de saber.

Colagem com fotos de Jardel Rodrigues, exceto o retrato do centro à direta, que é de J. R. Duran

A UNIVERSIDADE DE BRASÍLIA E A SBPC

Renato Janine Ribeiro[1]

SBPC quer dizer, como muitos sabem, Sociedade Brasileira para o Progresso da Ciência – a qual realiza reuniões anuais, cada vez numa diferente universidade, todo mês de julho. Mas, pelo menos no tempo da ditadura, "ir à SBPC" queria dizer ir à Reunião Anual. E era assim que sempre usávamos seu nome: quando foi a SBPC em Brasília? Você esteve na SBPC, assistiu a que palestras? Embora a SBPC funcionasse – e continue funcionando – o ano todo, na defesa do que eu chamo o círculo virtuoso de ciência, educação, cultura, saúde, meio ambiente, tecnologia e inclusão social, com a Diretoria atuando até mesmo entre os feriados de Natal e Ano Novo, como foi no fim de 2021, na fala comum "a SBPC" são suas reuniões, tanto as anuais (e nacionais) quanto as regionais.

Brasília, 1976, foi um momento muito importante dessas reuniões, mas começarei falando de 1977. A Reunião de 1977 estava prevista para Fortaleza, mas o governo federal decidiu boicotá-la. Determinou que não houvesse recursos, bem como que os detentores de cargos de confiança não participassem do encontro. A notícia colheu o mundo científico com impacto, da noite para o dia. Ficou claro que não seria possível organizar a reunião como devia no prazo exíguo que restava. E foi então que a reitoria da PUC de São Paulo, com o devido apoio desse grande homem que foi o cardeal Dom Paulo Evaristo Arns, ofereceu seu campus para o nosso encontro máximo. Por sinal, foi nesta ocasião que me

---

1 Presidente da SBPC. Professor sênior de Ética e Filosofia Politica na USP. Ministro da Educação do Brasil em 2015. Professor Visitante nas Universidades de Columbia (Nova York), Ca Foscari (Veneza) e Unifesp. Diretor de Avaliação da CAPES entre 2004 e 2008.

filiei à SBPC. Participei de uma assembleia na USP em solidariedade a ela, e no dia seguinte, assim que abriu a sede da SBPC, às 9 horas da manhã, eu estava lá, jovem docente de Filosofia, falando com Carolina Bori, que durante anos foi uma das marcas registradas de nossa sociedade e me inscrevendo como membro. E é claro que fui a muitos dos eventos da Reunião Anual da PUC.

Mas, voltando a Brasília. A capital do País era quase um palco da guerra conduzida pela ditadura contra o povo brasileiro e a inteligência nacional. A Universidade concebida pelo gênio de Darcy Ribeiro tinha sido esvaziada pelos golpistas de 1964. Mais que isso, o campus foi invadido em 1964, em 1968 e, ainda, em 1977. Estas, as grandes invasões, que permitiram um sem número de fotos com militares armados dentro do ambiente universitário, num contraste absurdo entre a força das armas e a das ideias. Queria-se, era óbvio, calar a inteligência, o conhecimento, o projeto de um Brasil justo e solidário.

E por isso é tão importante, ao completar o Brasil duzentos anos de sua independência e a UnB sessenta anos de sua criação, que a SBPC volte a fazer uma reunião anual em seu glorioso campus – ou, como as pessoas dizem, que a SBPC este ano "seja" em Brasília. O livro que tenho a honra de apresentar mostra momentos de luta corajosa pela democracia, regime político cujas qualidades jamais devemos esquecer. Parabéns a quem lutou, força a quem luta!

POR UMA MEMÓRIA COLETIVA

Marco Antonio Ribeiro Vieira Lima

No prefácio do clássico A memória cultural, Jan Assmann, egiptólogo e arqueólogo alemão, faz uma afirmação preocupada, referindo-se aos fatos da Segunda Grande Guerra mundial. Em se falando de memória coletiva, o marco de quarenta anos é um limiar: o momento em que a lembrança viva dos eventos começa a ser ameaçada de um declínio e as formas de memória cultural tornam-se problemáticas.[1] Essa parece ser também a preocupação implícita que surgiu entre os/as integrantes do movimento estudantil da UnB dos anos setenta do século passado, em sua maioria estudantes punidos/as pelos representantes institucionais universitários da ditadura militar.

Outra razão, explicitada pouco a pouco, levou a reencontrarmo-nos em forma telemática, a reatar antigos laços que o tempo tinha esgarçado, a recuperar uma linguagem compartilhada, a revirar nos arquivos pessoais, a achar fotografias amareladas, a procurar e-mails de colegas espalhados/as pelo Brasil afora e fora do Brasil, a recordar aqueles/as que já nos deixaram: fixar em modo organizado, discutido e sentido uma memória coletiva e histórica daquele processo de lutas de reconstrução e reconquista de espaços de livre expressão e participação acadêmica, social e política dentro do campus da então mais jovem instituição pública de ensino superior do país e também a mais golpeada pelo atos repressivos do regime autoritário. A universidade pensada, criada e dirigida inicialmente por Darcy Ribeiro e Anísio Teixeira, fundada para ser um para-

1 Assmann, J. (1997 [1992]). *La memoria culturale. Scrittura, ricordo e identità politica nelle grandi civiltà antiche.* Torino, Giulio Einaudi editore.

digma de universidade democrática, inovadora e moderna em 1962. Fomos e somos, portanto, herdeiros/as de um sonho e vítimas de um pesadelo. Naquele período histórico, fomos construtores/as e visionários/as de uma Utopia Real.[2]

Essa experiência comum já fora relatada de forma significativa em dois livros de colegas expressivos mas iluminou-nos uma clara certeza de que era chegada a hora de juntar nossas vozes num novo canto geral, coral e plural. O canto de uma geração, que empunhando a bandeira libertária da geração anterior (a mais famosa e badalada geração 68), lançou as bases e reconstruiu o DCE-Livre, dedicado ao nosso colega Honestino Guimarães, e reconstruiu também a UNE, da qual Honestino fora também o último presidente eleito. A geração '70, a geração das liberdades democráticas e das entidades livres.

Segundo Mannheim apud Marialice Foracchi, o termo geração pode ser utilizado como uma categoria de análise. Embora não seja uma classe ou um grupo, estabelece uma "localização social comum, numa dimensão histórica do processo social".[3] Definida assim, cada nova geração constrói, no limite, um "estilo de ação peculiar que se distingue da geração anterior".[4] Um estilo comum de experiências de vida estruturadas e compartilhadas que se formou num processo dialético, explorando contradições que se evidenciaram em relação a uma base comum de similaridade.

No húmus desse terreno fértil de nossas vivências fomos buscar, arar, fuçar, revirar, sorver, haurir, garimpar, encontrar em nossas memórias os fatos, eventos e relatos daquela década. São, principalmente, testemunhos redigidos individualmente (a maioria) mas também por duos, trios e quartetos que se formaram por afinidade.

Segundo Maurice Halbwachs (1877-1945), toda memória individual é coletiva pois vive dentro de um quadro social compartilhado.[5] Presume um acontecimento real anterior vivido em comum que depende deste quadro de referência, no qual convivem os objetos, as imagens, os espaços, as falas, os tempos e

2 Wright, E.O. (2010). Envisioning Real Utopias, London/New York, Verso.

3 Foracchi, M.M. (1972). *A juventude na sociedade moderna.* São Paulo, Pioneira [Editora da Universidade de São Paulo].

4 Ibidem.

5 Halbwachs, M. (1990 [1950]. *A memória coletiva.* São Paulo. Edições Vértice, Editora Revista dos Tribunais.

outras pessoas que "nos motivam tanto quanto nós motivamos a nós mesmos".[6] Nossas ações, intenções e lembranças estão, no presente, atadas como nós de uma rede, fronteiras intersectadas pelas diversas correntes do pensamento coletivo do grupo que atesta nosso pertencimento àquela memória. Na trama dessa rede "Não há informações, apenas transformações".[7]

Conscientes que "a memória, seja individual ou coletiva, é sempre uma visão do passado filtrada pelo presente", como nos lembra Enzo Traverso;[8] esclarecidos por Antonio Gramsci que "a história é sempre contemporânea, isto é, política";[9] alarmados por um cotidiano institucional nacional ocupado hoje pelos epígonos daqueles que foram nossos algozes outrora; aventuramo-nos na feitura deste livro coletivo intencionados a fazer uma boa descrição de nossas experiências, do que investimos socialmente como estudantes para mudar uma situação concreta, para atuarmos em uma realidade que sabíamos ser (e ainda é) injusta e falseada, de como nos organizamos para contrastar aquilo e o que enfrentamos e sofremos como consequência de nossas práticas políticas.

Sabemos que as informações que colhemos nos recantos de nossas memórias não passaram por janelas abertas e transparentes. Contém lacunas; contém imprecisões. Contém, sobretudo, nossos corações repletos de luz libertária e nossos olhos molhados de sonhos fraternos, que se lançam para além dos abismos da necropolítica e da hipocrisia dos poderosos. Como o poeta, semeamos o vento em nossa cidade. Saímos juntos às ruas e bebemos a tempestade. Evoé, camaradas.

Milão, primavera, 2022

6 Wagner, R. (2017). *A invenção da cultura*. São Paulo. UBU.

7 Latour, B. (2002b). "A Dialog on Actor Network Theory". Disponível em: http://www.brunolatour.fr.

8 Traverso, E. (2006). *Il passato: istruzioni per l'uso. Storia, memoria, politica*. Verona, Ombre Corte.

9 Gramsci, A. (1977). *Quaderni dei Carceri*. Edizione critica dell'Istituto Gramsci, a cura di Valentino Gerretana. Torino, Giulio Einaudi Editore.

Arquivo CEDOC/UnB
Jango sanciona a lei de criação da UnB

Arquivo CEDOC/UnB
As obras de construção do campus

Fundo sobre a ditadura militar do Arquivo Nacional
A invasão policial-militar de 1968

A DITADURA CONTRA A UnB: SONHO, VIOLÊNCIA E RESISTÊNCIA

Tereza Cruvinel

As universidades brasileiras foram duramente golpeadas pela ditadura militar e possivelmente a UnB tenha sido a que sofreu as maiores violências. Entre 1964 e 1977 o campus foi invadido quatro vezes por tropas policiais-militares. Dezenas de alunos foram suspensos, expulsos, presos e processados, sendo que um deles, Honestino Guimarães, integra a lista dos 434 brasileiros desaparecidos. Professores também foram presos e perseguidos e, de uma só vez, 223 docentes se demitiram em protesto contra o expurgo de 15 colegas.

Este capítulo não é sobre o movimento estudantil nos anos 1970, foco central deste livro, mas um resumo dos ataques sofridos pela instituição que, pela utopia que lhe deu origem, pelas personalidades envolvidas em sua concepção e criação, tornou-se alvo obsessivo da ditadura militar.

Não foi apenas o movimento estudantil que deu pretextos para as violências, para a violação da autonomia universitária, para as invasões e as prisões de alunos e professores. Nos primeiros anos depois do golpe, a perseguição foi maior ao corpo docente e dirigente, que segundo os militares contava com muitos doutrinadores comunistas. A partir de 1968 o confronto passa a ser com o movimento estudantil. O que a ditadura quis destruir foi a ideia de uma universidade inovadora, conectada com um projeto nacional de desenvolvimento, reunindo inteligências para a construção da civilização brasileira sonhada por Darcy Ribeiro.

Quando veio o golpe, Darcy já não estava na UnB. Tornara-se ministro da Educação do presidente João Goulart e depois seu chefe da Casa Civil. Ele era, portanto, o segundo homem do governo constitucional deposto em nome do combate ao comunismo. Darcy foi o último a deixar o Planalto, juntamente com Waldir Pires, Consultor Geral da República. O ódio do novo regime ao criador, o Darcy visionário, rebelde e ousado, transferiu-se para sua criatura, a UnB.

Outros figuras que a ditadura nascente perseguiu ou cassou estiveram também envolvidas, em diferentes momentos, com a criação da universidade, e isso ajudou a reforçar a birra com a UnB, apontada pelos militares como gueto de subversão, comunismo e anarquia. Entre elas, o presidente Juscelino Kubitscheck, que propôs a lei de criação, convencido de sua importância por Oscar Niemeyer, Darcy, Ciro dos Anjos, Lucio Costa e Anísio Teixeira, igualmente perseguidos. E, sobretudo fora Goulart que sancionara a lei e garantira as condições para o início do funcionamento ainda precário da UnB, em 1962. Darcy temia que uma reviravolta política acontecesse e barrasse o projeto. E de fato aconteceu, mas a UnB já existia.

O que se segue, portanto, é um resumo dos fatos e momentos decisivos na história da universidade, da criação ao fim da ditadura, destacando a ousadia de sua criação e o obscurantismo dos que a atacaram tantas vezes.

1960-1962: um sonho sai do papel – O primeiro a pensar em uma universidade para Brasília foi Lúcio Costa, arquiteto responsável por seu plano urbanístico. Pensando a cidade como polo irradiador de cultura, ciência e desenvolvimento, ele reservou 227 hectares no Plano Piloto para sua implantação.

Convencido de que devia criar a universidade da nova capital, o presidente Juscelino Kubitscheck encarregou de sua concepção o educador Anísio Teixeira, então presidente do INEP. A tarefa foi compartilhada com o assessor Darcy Ribeiro, que abraçou com paixão o desafio de conceber e implantar uma universidade moderna, inovadora e voltada para a transformação do país, na cidade ainda árida em todos os sentidos.

O projeto de lei criando a Fundação Universidade de Brasília - FUB só seria enviado ao Congresso no dia da inauguração de Brasília, 21 de abril de 1960. E a lei só seria sancionada no final de 1961, pelo presidente João Goulart.

Em 1962, diante da deterioração do ambiente político, Darcy e equipe decidiram que a UnB devia começar logo a funcionar, mesmo não dispondo de estrutura física e financeira. As aulas começaram a ser ministradas em salas cedidas pelo MEC. Darcy foi nomeado reitor, tendo Anísio como vice-reitor.

O *campus* começou a tomar forma, surgiram os prédios concebidos por Oscar Niemeyer e Alcides da Rocha Miranda. O projeto atraía para seu corpo docente nomes de projeção em todas as áreas das ciências e das humanidades.

Em 1963 Darcy deixou a reitoria para tornar-se ministro da Educação do governo João Goulart, e depois chefe da Casa Civil. Foi sucedido por Anísio. E então veio o golpe.

1964: a primeira invasão – No dia 9 de abril, praticamente uma semana depois do golpe, cerca de 900 homens fortemente armados, da PM e do Exército, invadiram e cercaram o *campus* com extrema violência, buscando armas que não encontraram, revistando salas de professores, a biblioteca e a reitoria. Foi a invasão do revanchismo, ancorada na retórica do anticomunismo.

O Exército divulgou nota afirmando que um farto material de propaganda comunista foi apreendido, inclusive uma bandeira da "China comunista", que na verdade era do Japão, além de muitos livros "subversivos". Entre eles, "A Revolução Francesa", de Carlyle, e "O Círculo Vermelho", de Conan Doyle. Começava ali uma campanha ideológica contra a UnB, valendo-se do que, muitos anos depois, chamaríamos de fake news.

Treze professores e quatro estudantes foram presos na invasão e levados para o Teatro Nacional. Dali foram removidos para o QG da PM, onde foram obrigados a ficar nus sob a mira de metralhadoras, ouvindo ameaças de serem colocados no "paredão". Os estudantes foram liberados mas os professores ficariam presos por duas semanas, respondendo a interrogatórios cansativos e humilhantes sobre a conspiração comunista na universidade.

Em 13 de abril Anísio foi destituído da reitoria juntamente com seu vice, Almir de Castro. O novo ministro da Educação, Gama e Silva, decretou intervenção na UnB e nomeou como interventor o professor Zeferino Vaz, que em maio seria efetivado reitor.

Vaz tinha prestígio acadêmico mas fora escolhido por sua participação nas conspirações golpistas em São Paulo. Ele atuou pela liberação dos professores presos e passou a dizer que admirava o projeto da UnB, ao qual pretendia dar continuidade, prometendo que não haveria expurgos ideológicos. Houve uma esperança inicial de normalização.

Mas logo Zeferino Vaz mudou de discurso e passou a falar da existência de professores medíocres e da existência de muitos agitadores entre eles. Sob pressão, em maio ele demitiu nove professores: Heron de Alencar, José Albertino Rodrigues, Eustáquio de Toledo Filho, Perseu Abramo, José Zanini Caldas, Edgar Graeff, Ruy Mauro de Araújo Marini e Jairo Simões. Uma semana depois, foram demitidos vários funcionários e mais cinco docentes: Álvaro Fortes Santiago, José Cesar Aprilanti Gnaccarini, Theotônio dos Santos Júnior e Alfredo Rondon de Castro. No total, 13 professores demitidos.

Após ser confirmado como reitor, ele adotou novamente o tom pacificador, agora visto com reservas. Foram 15 meses de "paz vigida", como disse o físico e ex-professor da UnB Roberto Salmeron, em seu livro "A Universidade Interrompida".

1965: a autonomia ferida e a segunda invasão – A ditadura, buscando conflitos para justificar novas agressões à universidade que os militares consideravam um gueto subversivo, passou a pressionar Zeferino Vaz.

Para a implantação do curso de filosofia, o reitor havia convidado e nomeado, em março de 1965, o filósofo e pensador católico Ernani Maria Fiori, com apoio do coordenador do Instituto Central de Ciências Humanas, Machado Neto. Mas Fiori havia sido demitido da UFRGS com base no AI-I, e logo começaram as pressões por sua demissão, sob a alegação de que a nomeação era ilegal. Um parecer da Consultoria Geral da República atestou a suposta ilegalidade. Vaz cedeu e demitiu Fiori em julho.

A decisão, que atentava contra a autonomia universitária, foi amplamente desaprovada pelo corpo docente, mas Fiori partiu em silêncio.

No início, a UnB tinha muitos professores e funcionários cedidos por outros órgãos. Logo depois o MEC pediu a devolução de Edna Softer de Oliveira, que chefiava a Secretaria de Alunos. O pedido revoltou os estudantes, que tinham grande apreço por "dona Edna". O reitor fez um apelo ao ministro pela permanência dela mas acabou cedendo novamente.

Logo depois o MEC pediu também a devolução do professor de sociologia Roberto Décio Las Casas, funcionário do INEP. Os estudantes reagiram com uma greve de três dias. O motivo da implicância com Las Casas também era ideológico. Ele havia respondido a um inquérito de natureza política no Pará, antes de se mudar para Brasília.

O reitor, já muito desgastado, havia negociado sua saída do cargo para retornar a São Paulo. O governo já escolhera Laerte Ramos de Carvalho como seu sucessor. Na reunião do Conselho da FUB que formalizou sua eleição como reitor, Ramos disse concordar com o pleito dos coordenadores, de que fossem instalados os organismos colegiados previstos nos Estatutos da UnB. E quando lhe perguntaram pelo destino de Las Casas, segundo Salmeron, ele respondeu que o professor poderia continuar na UnB se assim desejasse. Chegou a nomeá--lo, por indicação dos pares, como coordenador do Instituto Central de Ciências Humanas-ICCH.

No final de agosto, entretanto, o nome de Las Casas não apareceu na folha de pagamento e Ramos confirmou sua devolução ao MEC. Espantados com o recuo do reitor, os coordenadores propuseram então que Las Casas se demitisse do INEP e fosse contratado pela UnB. Ríspido, conta Salmeron, Ramos afirmou que jamais o nomearia, deixando evidente o veto militar.

Revoltados com esta terceira ingerência e com a subserviência do reitor, em 8 de outubro, uma sexta-feira, os professores aprovaram uma paralisação de 24 horas. Na verdade, uma greve de advertência, que se esgotaria no final de semana. Mas no dia seguinte os estudantes também entraram em greve.

Laerte Ramos reagiu como nunca se poderia esperar de um reitor: no domingo, 10, pediu ao governo o envio de tropas para garantir "a ordem e o patrimônio" da UnB. Na noite daquele mesmo dia quatro professores de Biologia foram presos e interrogados no DOPS sobre as "atividades subversivas" na UnB.

As tropas chegaram na madrugada de segunda-feira ao campus. Os prédios foram cercados por cerca de mil policiais da PM e do Exército, fortemente armados de fuzis, metralhadoras e bombas de efeito moral. Ninguém podia entrar nem sair. Nesse dia prenderam vários alunos e professores, inclusive dois estrangeiros.

Apesar da repercussão negativa, a ocupação policial continuou durante toda a semana. A crise não havia terminado ainda.

1965: 223 professores se demitem – Depois da invasão, a imprensa começou a divulgar que haveria demissões de professores. Sem poder entrar na UnB, eles e os coordenadores se reuniam nas casas de alguns.

Os coordenadores, que já haviam pedido demissão no decorrer do caso Las Casas, mas aguardavam a substituição, decidiram se desligar imediatamente. Não poderiam continuar trabalhando com o reitor que pediu a invasão da universidade. Outros docentes decidiram fazer o mesmo, tão logo fosse confirmada a degola dos colegas. As cartas de demissão foram preparadas e assinadas, e assim que divulgou, pela imprensa, a lista dos demitidos, o reitor recebeu as cartas de demissão de 223 professores. Somados, representavam 89% do corpo docente.

A lista de Ramos tinha 15 nomes e foi divulgada sem qualquer aviso aos atingidos. Eram eles: Roberto Pompeu de Sousa, Jorge da Silva Paula Guimarães, José Reinaldo Magalhães, Rodolpho Azzi, Flavio Aristides Freitas Tavares, Carlos Augusto Callou e Luiz Fernando Vitor. E ainda os auxiliares de ensino Alberto Gambirásio, José Geraldo Grossi e José Sepúlveda Pertence.

Pompeu, após longa carreira jornalística, foi senador pelo Distrito Federal. Grossi veio a ser ministro do TSE mas foi, sobretudo, um importante advogado, defensor de presos políticos e dos estudantes da UnB na greve de 1977, ao lado de Sigmaringa Seixas. Sepúlveda Pertence seria Procurador-Geral da República e ministro do STF. Flávio Tavares, jornalista, veio a participar da luta armada, foi preso, brutalmente torturado e viveu no exílio até à anistia.

Entre os 223 professores que se demitiram estavam Oscar Niemeyer, coordenador da Faculdade de Arquitetura e Urbanismo, e Alcides da Rocha Miranda, coordenador do Instituto Central de Artes. Ambos haviam tido papel de relevo na criação e implantação da UnB.

Outros nomes de grande expressão em todas as áreas pediram demissão. Entre eles, o maestro Claudio Santoro, coordenador do departamento de Música, e artistas como Alfredo Ceschiatti, Amélia Toledo, Athos Bulcão, Glênio Bianchetti e Marília Rodrigues, entre outros.

Deixavam a escola de Jornalismo, Cinema e Extensão Cultural: Affonso Arinos de Mello Franco Filho, Afonso Celso de Ouro Preto, Decio Pignatari, Jean-Claude Bernadet, Nelson Pereira dos Santos e Paulo Emilio Salles Gomes.

Da física saíram Jayme Tiomno, coordenador do instituto, e Roberto Salmeron, coordenador de Ciência e Tecnologia. Da Química, o coordenador Otto Gottlieb e outros auxiliares. E uma enorme lista de professores do ICCH.

O projeto original da UnB sofria um duro golpe. Os anos seguintes seriam de opressão e silenciamento. Laerte Ramos, desprezado pela comunidade acadêmica, ficou no cargo até 3 novembro de 1967, quando foi substituído por Caio Benjamim Dias.

1968: na terceira invasão, o terror de Estado – A UnB voltou a ser invadida, com violência maior que das vezes anteriores, em 29 de agosto de 1968. O alvo já não eram os professores "comunistas" mas o movimento estudantil, que havia se fortalecido muito.

Naquele ano, na França e em outros países, a juventude se rebelava contra a velha ordem. Nas barricadas de Paris, pregavam "a imaginação no poder". No Brasil a insurgência foi contra a ditadura militar, tendo à frente o movimento estudantil.

No interior das Forças Armadas, a chamada linha dura ganhava força, defendendo o endurecimento do regime e a repressão implacável a todos os focos de contestação. Essa corrente militar comandou a invasão da UnB, sob o pretexto de que ali se tramava uma insurreição comuno-estudantil. A linha dura imporá sua hegemonia ao regime em dezembro, com a edição do AI-5.

Tudo começou em março, no Rio de Janeiro, quando foi morto a tiros, pela polícia, o estudante Edson Luís de Lima Souto, que participava de ato contra os preços do restaurante Calabouço. Seu velório na Assembleia Legislativa levou milhares de pessoas à Cinelândia. Na missa de sétimo dia a Igreja da Candelária, lotada, foi cercada por tropas. Um confronto entre os estudantes e a polícia, em 21 de junho, terminou com 28 mortos (segundo o CPDOC/FGV), dezenas de feridos e mais de mil presos. Foi a Sexta-Feira Sangrenta.

Os estudantes, apoiados por setores da classe média, intelectuais e artistas, responderam com a Passeata dos Cem Mil, e com passeatas e atos maiores ou menores em quase todos os estados.

Na UnB, monitorada pelos órgãos de informação, a tensão já era alta, com os estudantes cobrando soluções para problemas acadêmicos e a volta dos professores demitidos em 1965. Honestino Guimarães era o presidente da FEUB - Federação dos Estudantes Universitários de Brasília.

No dia seguinte ao assassinato de Edson Luís, uma grande assembleia na UnB, com a presença de alguns deputados da oposição, aprovou e preparou uma passeata de protesto na avenida W3-Sul, que acabou reunindo também, no final do dia, estudantes secundaristas. A repressão policial foi violenta, com uso de jatos d'água e bombas de gás lacrimogênio, e a perseguição entrou pela madrugada adentro. Honestino e outros esconderam-se na Igrejinha de Fátima (SQS 108) e escaparam com a ajuda de religiosos. Outro grupo entrou em confronto com a polícia defronte a Casa Thomas Jefferson e houve depredações.

Houve ainda uma missa de sétimo dia por Edson Luís na Igreja de Santo Antônio. Na saída, com a polícia cercando a igreja, Honestino foi recolhido por um deputado e levado para o Congresso. Em primeiro de abril, outra assembleia discutia a realização de nova passeada mas a polícia cercou o campus e impediua nova manifestação. Algumas prisões ocorreram nos dias seguintes. Um inquérito policial foi aberto para identificar os responsáveis pelas manifestações.

Em abril, o embaixador americano John Tuthill visitou a biblioteca da UnB para doar livros. Houve protestos, na linha "Yankees go home" e alusões à Guerra do Vietnam. Após a saída do embaixador, as portas da biblioteca foram fechadas, impedindo os estudantes de fugir da polícia que fora chamada. Houve um espancamento geral, alguns foram feridos e 76 foram presos. Entre eles, Honestino, que foi liberado após prestar depoimento.

Quem trancou as portas da biblioteca foi o professor Román Blanco, cuja demissão Honestino passou a exigir do reitor Caio Benjamim. No apartamento que Blanco ocupava, na Colina, os estudantes fizeram um "despejo" de seus pertences. O reitor não demitiu Blanco nem ousou punir Honestino, permitindo que o conflito se arrastasse. Em 22 de junho tropas da PM cercaram o campus, a sede da FEUB foi invadida e alguns estudantes foram presos. Uma sindicância foi aberta sobre o caso Román Blanco. No sábado uma massa de estudantes aglomerou-se defronte ao Congresso Nacional, que foi também cercado pela polícia. Com a proteção de deputados, os estudantes conseguiram escapar. Mas logo veio o recesso.

Em 29 de agosto ocorre a mais violenta das invasões sofridas pela UnB. O pretexto foi a expedição, pela 4a. Auditoria da Justiça Militar, de mandado de prisão contra Honestino, Paulo Sergio Ramos Cassis, Paulo Speller, Samuel Yoguru e Mauro Mota Burlamaqui, no âmbito do inquérito aberto sobre a passeata de março. O mandado existia mas a busca foi usada como pretexto. A ditadura queria também impedir, naquele dia, a realização de um ato público, que ocorreria também em outras universidades, para lembrar os cinco meses da morte de Edson Luís.

Quando o reitor se recusou a autorizar a busca e apreensão dentro do *campus*, as tropas entraram encenando um teatro de guerra. Alguns rastejavam armados de metralhadoras como se pudessem ser alvejados por inimigos ocultos. No inquérito, a FEUB é tratada como organização paramilitar e o *campus* como área dominada pela subversão.

A Universidade foi cercada por tropas da PE e invadida por tropas da PM, da PF e por agentes do DOPS. Um grupo fortemente armado com metralhadoras, fuzis, bombas e cassetetes invadiu a sede da FEUB. Honestino foi preso, espancado e arrastado para um carro que saiu em disparada. Tiros e bombas de gás lacrimogênio explodiam em diferentes pontos do campus. Cerca de 300 estudantes, além de professores e funcionários, foram arrastados para a quadra de basquete, onde foram revistados, identificados e espancados. Parlamentares que lá chegaram também apanharam.

Um estudante, Waldemar Alves da Silva Filho, da Engenharia Mecânica, levou um tiro na cabeça. Levado para o Hospital Distrital por um professor, passou por longa cirurgia. O hospital declarou depois ter atendido outros quatro estudantes com traumatismo craniano e um único policial, que levara pedrada na face, embora a nota da PF tenha falado em apedrejamento de seus agentes.

Os deputados Amaral Peixoto, Martins Rodrigues, Hermano Alves, Chagas Rodrigues, Doin Vieira e Caruso da Rocha relataram ao MDB o que viram: um rastro do vandalismo, com equipamentos e laboratórios destruídos, portas arrombadas e vidros quebrados. No andar de cima do "Minhocão", marcas do sangue de Waldemar. Ele ficou nove dias em coma, seis meses internado e perdeu 60% da visão de um olho. Voltou à UnB mas não conseguiu acompanhar os estudos e foi jubilado.

Um novo inquérito foi aberto e nele há referências à UnB como foco de uma "guerra contrarrevolucionária" e ao planejamento de uma insurreição "comuno-estudantil". Por todos os excessos cometidos, a terceira invasão da UnB é caracterizada como ato de terrorismo de Estado pelo relatório da Comissão da Verdade Anísio Teixeira.

Em 26 de setembro, o Conselho Diretor da FUB aprovou a expulsão de Honestino, com base na sindicância sobre o caso Blanco, e também a nomeação do capitão-de-mar-e-guerra José Carlos Azevedo como vice-reitor. Ele passa a comandar a vigilância na UnB e em 1976 torna-se reitor.

Com o AI-5, a ditadura entrou em sua fase mais autoritária e sinistra. A tortura tornou-se método, e aumentaram os casos de mortes e desaparecimentos de presos. Com o movimento estudantil sufocado, muitos de seus líderes foram empurrados para a clandestinidade e para a luta armada, onde tantos perderam a vida, sendo executados a sangue frio depois de presos ou rendidos.

Honestino foi liberado em novembro mas, com o endurecimento do regime, foi para São Paulo e passou à clandestinidade, sempre militando na APML. Em 71, com a prisão de Jean Marc Van der Weid, assume a presidência interina da UNE já clandestina, e é eleito presidente em 1972. Transfere-se para o Rio, onde é preso em outubro de 1973, e nunca mais será visto.

O Teatro de Arena da UnB hoje se chama Honestino Guimarães, assim como o DCE. Um retrato dele em mosaico, feito pelo artista plástico Gou-Gon, seu amigo e contemporâneo, eterniza sua presença no campus.

Os anos 70: o movimento estudantil ressurge com foco na redemocratização - Com a escalada repressiva de 1968/69, a ditadura conseguiu, temporariamente, desarticular o movimento estudantil no país e na UnB. Os principais líderes haviam sido expulsos ou estavam presos, outros na clandestinidade e outros ainda foram assassinados nos porões ou morreram na guerra suja contra a luta armada.

Logo no início da década de 70 as mobilizações estudantis recomeçam, ainda com foco em problemas acadêmicos. A Medicina se levanta no início de 1970 quando a reitoria decide que, dos 240 alunos aprovados no vestibular, apenas 120 cursariam medicina. Os demais teriam que optar por outros cursos. Dessa luta que foi vitoriosa, e será narrada aqui, vieram outras, por melhores condições de ensino, por mais professores, e depois pela implantação das representações estudantis oficiais, para compensar a cassação das entidades livres da década anterior.

Azevedo será efetivado reitor em 1976, usará suas relações privilegiadas com a ditadura para expandir a infraestrutura universitária mas fará uma gestão truculenta e autoritária tentando evitar a ressurgência estudantil. A primeira eleição para o Diretório Universitário finalmente foi marcada para maio daquele ano, e duas chapas estavam inscritas, Unidade e Oficina. Suas plataformas abordavam questões próprias da universidade mas criticavam também a ditadura que cerceava as liberdades, praticava a censura e a tortura. Cobravam as liberdades democráticas e a anistia aos presos políticos. Isso colidia com a previsão regimental, de que as representações permitidas tratassem apenas de questões acadêmicas. O reitor cancela as eleições, suspende 12 estudantes e expulsa sete, entre eles integrantes das duas chapas. A eleição virá em novembro, com vitória da Unidade.

Acumulando forças desde o início da década, o movimento estudantil dá um salto com a grande greve de 1977. A prisão de alguns estudantes que panfletavam no Primeiro de Maio, em São Paulo, levou os estudantes brasileiros novamente às ruas. Foi marcado um Dia Nacional de Luta para 19 de maio. Na UnB, Azevedo o proibiu, mas o ato aconteceu, com faixas e falas contra a ditadura, por anistia e liberdades democráticas. Terminou com uma passeata que foi até à reitoria dar o aviso: "se houver punição, vai haver paralisação".

Azevedo respondeu imediatamente suspendendo 16 estudantes. No dia seguinte, 31 de maio, estourou a greve, exigindo a anulação das punições. O desenrolar dos fatos será contado com mais detalhes neste livro, em depoimentos de alguns protagonistas.

Em resumo, a espionagem se intensificou no *campus* e a força policial compareceu. Após semanas de grandes e seguidas assembleias, passeatas e prisões passageiras, Azevedo decretou recesso até 25 de julho para esvaziar a UnB. Em 18 de julho, expulsou 30 alunos e suspendeu 34. A mão pesada do regime caiu sobre os principais líderes. Catorze deles foram indiciados com base na Lei de Segurança Nacional.

Em 25 de julho uma universidade totalmente ocupada por tropas policiais ostensivamente armadas esperava a volta dos estudantes. Era a quarta invasão depois de 1964, seguida de longa ocupação. Uma nova vanguarda surgiu, assumiu a linha de frente desfalcada e manteve a greve, embora a polícia impedisse as assembleias e as prisões fossem frequentes.

No final de agosto Azevedo decretou novo recesso até 12 de setembro. E quando voltaram, os estudantes estavam cansados da refrega, muitos haviam perdido o semestre por excesso de faltas e corriam o risco de ser jubilados. A greve definhou e morreu. Mas logo depois, começamos a discutir e preparar a criação dos CAs Livres nos departamentos. Este livro reúne memórias dos que viveram a resistência na UnB dos anos 70.

Aparentemente nós perdemos, pois não conseguimos reverter as punições e nem tirar Azevedo da reitoria. Hoje, o retrovisor da História mostra que as lutas estudantis na UnB dos anos 70 acentuaram o desgaste da ditadura, fortaleceram nacionalmente o movimento estudantil e a grande frente pela redemocratização do país. Tivemos Anistia, Constituinte e o fim da ditadura, apesar da impunidade de seus esbirros.

O tratamento da greve de 1977 refletiu parcialmente a divisão das Forças Armadas. Esgotado o milagre econômico e demonstrada a insatisfação social com a grande derrota do partido oficial na eleição de 1974, Geisel tomou posse prometendo uma abertura controlada do regime. Azevedo era ligado à linha dura e à comunidade de informações, contrários à liberalização. Com sua truculência, teve apoio dessa ala para se manter no cargo. O próprio Geisel, entretanto, segundo informações que recolhi mais tarde, já como jornalista, teria determinado que o Exército não fosse usado na ocupação da UnB e que os estudantes presos não fossem torturados. Não foram, embora tenham sido maltratados.

Em 12 de outubro daquele mesmo ano, Geisel demitiu o ministro do Exército, general Silvio Frota, que tramava um golpe para deter a abertura.

Em 1979 foi aprovada a Lei da Anistia e os exilados voltaram. Em 1984 o país se levantou na campanha pelas diretas-já mas a aprovação da proposta de emenda constitucional neste sentido, a emenda Dante de Oliveira, foi barrada no Congresso pela precária maioria governista. A frustração nacional e o desgaste da ditadura fomentaram o surgimento de uma dissidência no PDS, que se juntou ao PMDB para eleger a chapa Tancredo-Sarney pelo Colégio Eleitoral, decretar a Nova República e convocar a Constituinte.

Depois da greve, o movimento estudantil avançou na UnB, conquistando as entidades livres. Azevedo ainda ganhou mais um mandato mas foi substituído, em 1985, pelo primeiro reitor eleito em lista sêxtupla pela comunidade universitária, Cristóvam Buarque. Já não havia a ditadura, venceram os que lutaram pela democracia.

A INSURGÊNCIA ESTUDANTIL PELA REDEMOCRATIZAÇÃO BRASILEIRA

> Só um sentido de invenção e uma necessidade intensa de criar levam o homem a revoltar-se, a descobrir e a descobrir-se com lucidez.
>
> *Pablo Picasso*

Sueli Navarro, Chico Floresta e
José Umberto de Almeida

Essa frase de Picasso revela um pouco do movimento construído por jovens insurgentes que viviam na década de 1970 em Brasília.

E quem eram e o que queriam esses jovens? Eram pessoas vindas de todas as partes do Brasil, das mais diferentes origens, classes e credos, que queriam revolucionar hábitos, costumes arcaicos, derrubar paredes da mediocridade e muros da intolerância.

A necessidade intensa de criar, com liberdade, amor e propósito, levaram esses jovens a resistirem aos estamentos, a revoltarem-se, a descobrirem e a descobrirem-se, com lucidez e paixão, no caminhar da caminhada. Tudo isso os compeliu a enfrentar a dureza de uma sociedade conservadora e limitante. Sentiam necessidade de mudança, sede de transpor limites, uma espécie de inquietação, de fogo, de negação (É proibido proibir) que galvanizavam suas atitudes e movimentos. Queriam gritar, alto e bom som, seus desejos reprimidos, suas polaridades novas e inovadoras, construir o novo. Na realidade, a agenda libertária praticada pelos estudantes da UnB não tinha na ditadura implantada com o golpe de 64 seu único foco de descontentamento, mas se expandia contra todas as formas de poder da autoridade ilegítima. Muitos, contra o poder em si.

No alto, José Umberto de Almeida e Sueli Navarro. Embaixo, Sueli e Chico Floresta

Essa visão libertária também se expressava na sintonia com os oprimidos, nos sonhos e nas utopias urgentes. Os ecos de Paris reverberavam forte, desde o maio *imorrível* de 1968. As consignas grafitadas em seus vetustos muros atiçavam corações e mentes.

Abaixo a sociedade de consumo/ As armas da crítica passam pela crítica das armas/ A barricada fecha a rua, mas abre a via/ Ceder um pouco é capitular muito/ Corram, camaradas, o velho mundo está atrás de vocês!/ A economia está ferida, pois que morra! / O estado é cada um de nós / A humanidade só será feliz quando o último capitalista for enforcado com as tripas do último esquerdista/ Eu participo. Tu participas. Ele participa. Nós participamos. Vós participais. Eles lucram/ Os jovens fazem amor, os velhos fazem gestos obscenos/ As paredes têm ouvidos. Seus ouvidos têm paredes/ O patrão precisa de ti, tu não precisas do patrão/ Os sindicatos são uns bordéis/ Trabalhador: você tem 25 anos, mas seu sindicato é de outro século/ Abolição da sociedade de classes.

Vanguardas socialistas dos mais variados matizes estavam mergulhadas nesse caldo cultural. Exercitavam com êxito seu afã de organização, conscientização e busca de construção de resultantes políticas, mas não estiveram imunes aos ventos questionadores que vigiam e que abalaram mais profundamente os formalistas e dogmáticos. Todas as correntes de pensamento, orgânicas ou latentes, se uniram e se expressaram em movimentos vigorosos.

Eram exatamente esses sentimentos todos, esse cadinho multifacetado que unia individualidades díspares, que levaram às ruas milhares de estudantes para lutar pelas liberdades democráticas em Brasília e no resto do país. Mas nem tudo era política, muitos incluíram na pauta desejos de mudança nos costumes. Liberdade sexual, liberalização das drogas, rebeldia, resistência e revolução na moral, no núcleo familiar, transformações políticas, artísticas e comportamentais.

Havia solidariedade, respeito e cumplicidade intrínsecos naqueles jovens idealistas que buscavam uma nova ordem. Mesmo em momentos acirrados de disputas políticas.

Queriam mudar tudo e todos e achavam que eram capazes. Levavam na mente os clássicos do pensamento humano e debaixo do braço um LP com músicas de protesto que faziam sucesso na época, felizes por acreditarem, terem esperança.

"Louco/ O bêbado com chapéu-coco/ Fazia irreverências mil/ Pra noite do Brasil/ Meu Brasil/ Que sonha com a volta do irmão do Henfil/ Com tanta gente que partiu/ Num rabo de foguete/ Chora/ A nossa Pátria mãe gentil/ Choram Marias e Clarices/ No solo do Brasil".

Esses jovens eram as Marias e Clarices que sonhavam com Henfil voltando, derramando sobre eles o néctar das liberdades.

A música, ressalte-se, era um elemento primordial que unia a todos, no protesto e na festa. Na tradição iniciada em incontáveis festinhas espalhadas pelas quadras 400 da Asa Norte, continuada nas festas do DCE - quem esquece a festa Inferno de Dante? Da Arquitetura, da Agro-flor, da Medicina e nas dos incontáveis Centros Acadêmicos criados no período pós-77.

O Movimento Estudantil mantinha sua pauta vigorosa pela mudança de regime político, mas estava sintonizado com os movimentos de protesto e em defesa das liberdades civis que eclodiam mundo afora, por igualdade de gênero, respeito à diversidade de raças e religiões. O movimento negro começava a se fortalecer e sair às ruas, as feministas ganhavam força e mais organização, os homossexuais passavam a ter atitudes desafiadoras. Há um fio de conexão entre esse ambiente libertário e as pautas igualitárias da Constituinte e dos anos que a sucederam.

Conjugavam-se, ao mesmo tempo, sentimentos de rebeldia, ternura, afetos e prazeres inconfessáveis.

Nas repúblicas, apesar do medo da repressão, reinava um clima de festa, fraternidade, revolta, congregação e empatia. Para os que não tinham família em Brasília, nada como um convite para um almoço revigorante em família anfitriã, que redimia o Bandejão insosso do dia a dia, regado a uma tarde de conversas.

O Azevedo estava no centro. Era tudo. E era nada. Para quem enxergava, um mero obstáculo carcomido de um regime anacrônico. "A história é um carro alegre, cheio de gente contente, que atropela indiferente, todo aquele que a negue". A demissão de Sylvio Frota, o Pacote de Abril, a repressão, invasão, expulsões e prisões de estudantes na greve de 77 trouxeram receios de volta, e foco. Nossos pais continuavam a ressoar futuro afora na voz tonitruante de Elis. Unir estudantes às lutas do povo era rumo e prumo. Espraie-mo-nos. DCE-livre Honestino Guimarães. Buceta assassina. Lênin e Led. Anistia. Aborto Elétrico. Plebe Rude. Capital Inicial. Reconstrução da UNE. Centrais Sindicais. Rockonha. ADUnB. Coral. Diretas Já. Representação Política para Brasília. Enfim, Democracia conquistada, não cedida.

Esquerdas, contracultura e anseios e lutas por amplas liberdades moldaram uma geração ímpar, cujo legado de rebeldia, inovação e compromisso, mais do que em seus ícones e celebridades instantâneas, está nos consultórios, hospitais, nos escritórios, nas fábricas, nos partidos, teatros e cinemas, no campo e nas florestas, nas lutas das mulheres, dos negros, dos direitos LGBTQI+. Nas lutas por pão, terra e liberdades. Presente no dia a dia transformador dos muitos que viveram intensamente, conscientemente, aqueles árduos bons tempos.

Neste artigo, ao tratar da luta, dos desafios e da esperança vividos por jovens estudantes na década de 70, destacamos nele o afeto, os vínculos, as conexões e a cumplicidade nascidos das relações pessoais que vivemos intensamente. Procuramos abordar a importância delas na sobrevivência diária. Alguns se perderam pelo caminho, choramos os que se foram e brindamos os que ficaram na luta e que ainda se encontram e se emocionam ao lembrar desse período. Costumamos dizer que somos irmãos de luta, não de sangue.

Os autores

Sueli Navarro Vasconcelos (Marília-SP). Entrou na Universidade de Brasília em 1975, onde atuou no movimento estudantil participando da tendência Unidade. Pós-graduada em TV Digital, especializou-se em gestão e produção de televisão, mídia digital e interatividade. Como jornalista, tem uma longa história na área da Comunicação Social. Fez parte do grupo de trabalho que montou a TV Câmara. Foi editora-chefe de jornalismo da emissora e diretora durante seis anos. Como diretora, propôs e coordenou dois grandes projetos de transformação que deram mais transparência, agilidade e economia de custos à produção e à transmissão dos debates, programas, documentários e telejornais do canal. Elaborou, junto com conceituados nomes na área, a reforma arquitetônica das instalações já existentes da televisão, adequando-as ao novo conceito visual de jornalismo televisivo. Foi Secretária de Comunicação da Câmara dos Deputados (TV, Rádio, Jornal Impresso e Agência de Notícias). Formulou e implantou o modelo de convergência de mídias no Sistema de Comunicação Social da Câmara dos Deputados. Participou da criação, montagem e implantação da Rede Legislativa de TV Digital em 23 cidades, além da instalação de transmissores e repetidores de sinais digitais da TV Câmara nas mesmas cidades.

José Umberto de Almeida (Coromandel-MG, 1953). Radicou-se em Brasília e, em 1973, iniciou seus estudos na UnB, instituição na qual formou-se em Economia, Sociologia e Antropologia. Participou da reestruturação da UNE (União Nacional dos Estudantes) e da fundação do PT (Partido dos Trabalhadores), sendo uma das 200 pessoas que solicitaram seu Registro Provisório junto ao TSE. Segue filiado até hoje. Funcionário de carreira aposentado da Câmara Federal, à qual serviu por mais de 30 anos.

Francisco Sabino Dantas - Chico Floresta (Fortaleza-CE, 23/05/1956), viúvo, 3 filhos. Auditor fiscal do Estado da Bahia, chegou a Brasília em 1970 e mora em Salvador desde 2015. Estudante anti-ditadura na UnB e na UNICEUB. Em sua atuação no movimento estudantil foi diretor do DCE-Livre Honestino Guimarães da UnB e diretor de Cultura da UNE. É graduado em Engenharia Florestal e pós-graduado em Ciências Políticas pela UnB. Ex-dirigente local e nacional do PT e da CUT, do Sindsep - Sindicato dos Servidores Públicos Federais e da Condsef - Confederação dos Trabalhadores no Serviço Público Federal. Petista, socialista, ambientalista, segue buscando desenvolver sua aspiração a intelectual orgânico dos trabalhadores e do povo.

OS TESTEMUNHOS

PARTE I. DAS MOBILIZAÇÕES DA MEDICINA ÀS EXPULSÕES DE 1976

Flavio Alberto Botelho, presidente do Diretório Universitário durante a greve da UnB de 1977. Fonte: Fundo sobre a ditadura militar do Arquivo Nacional

De pé, à esquerda Eurípedes Alvarenga Barbosa, e à direita Flávio Alberto Botelho. Sentados, da esquerda para a direita: João Nogueira Fanuchi, Ivan Marchini e William José Devoti

UMA TURMA DA MEDICINA QUE FEZ HISTÓRIA NA UnB

Flávio Alberto Botelho, William José Devoti e
Eurípedes de Alvarenga Barbosa

Uma fotografia (essa que vemos acima) de um grupo de ex-alunos da Universidade de Brasília, feita em 2012, gerou o seguinte comentário em uma rede social: "uma pequena amostra da turma de medicina que fez história na UnB". Tal comentário referia-se ao fato de que, dos cinco alunos fotografados, três tinham sido punidos pela instituição por suas participações no movimento estudantil (M.E.) na década de 1970.

A história começa no Vestibular de julho de 1973. A quase totalidade dos aprovados era desinformada sobre a situação política do Brasil e sobre o movimento estudantil. E isso valia também para os 48 estudantes aprovados para o curso de Medicina. Alguns deles trancaram matrícula já no primeiro semestre e, destes, alguns acabaram ingressando em outras universidades, sem chegar a estudar na UnB. Assim, dos cerca de 40 alunos que iniciaram efetivamente o curso em agosto de 1973, falava-se que apenas dois haviam tido alguma participação no M.E. secundarista.

Entre os calouros da UnB no segundo semestre de 1973, por exemplo, teve pouca repercussão a notícia do golpe militar ocorrido no Chile em setembro daquele ano. Num ambiente de censura e repressão, o acesso à informação ocorria, principalmente, através das relações interpessoais. A visão da situação política era formada a partir de informações fragmentadas recebidas de um ou outro colega, em típicas "conversas de boteco".

1975: um ano marcante

Naquela época, nos primeiros semestres do curso de Medicina da UnB, algumas disciplinas eram cursadas em conjunto com colegas de outros cursos, como Engenharia, Matemática, Física, Geologia, Ciências Biológicas, Psicologia e Educação Física. Para estes três últimos cursos, havia algumas disciplinas em comum com a Medicina até o terceiro trimestre. Isto permitia o convívio e a troca de experiências com colegas de cursos diversos, mas retardava uma integração maior com os colegas do próprio curso, inclusive com os representantes estudantis, que eram alunos mais antigos.

Assim, os alunos da Medicina aprovados no vestibular de julho de 1973 permaneceram relativamente alheios ao movimento estudantil até aproximadamente o primeiro semestre de 1975 (quarto semestre do curso), quando três alunos da turma de Medicina de Janeiro de 1973, entre os quais Dênis Marinho da Silva Brandão e Walter Peninha, aproveitaram um dos intervalos de aula para dar notícias sobre a eleição da representação estudantil e a indicação de dois alunos como representantes da turma de julho de 1973 para integrarem uma espécie de conselho junto à referida representação do curso de Medicina. Não havia disputa política e alguns alunos mais populares dentro da turma foram indicados pelos demais colegas para disputarem o cargo aparentemente informal. Foram eles Eurípedes de Alvarenga Barbosa, Flávio Alberto Botelho e João Nogueira Fanuchi. Os dois últimos foram eleitos.

Naquele mesmo primeiro semestre de 1975, os alunos de Medicina da Turma de Julho de 1973 tiveram a oportunidade de adquirir alguma noção da realidade da saúde no Brasil, ao cursar a disciplina "Processos Patológicos

Gerais e Mecanismos de Agressão e Defesa", à qual nos referíamos reduzidamente como "Agressão e Defesa". Nesta disciplina, parte das atividades era voltada para a saúde comunitária e os alunos visitavam a comunidade de Vila Buritis, em Planaltina-DF, um dos aglomerados urbanos resultantes do processo de remoção das moradias das chamadas "invasões". Cada aluno era responsável por visitar um número de residências da Vila Buritis, indagando sobre a saúde dos moradores. Os problemas de saúde encontrados eram relatados a um dos professores da disciplina, que indicava a conduta a ser tomada. Além disso, eram recolhidas amostras para exames de fezes, que eram feitos nos laboratórios da própria Faculdade de Medicina. Isto gerava uma boa experiência em parasitologia e mostrava claramente que o elevado número de infestações por parasitas intestinais estava relacionado com a situação sanitária daquela população, que não dispunha de serviços de esgoto em suas moradias.

Flávio Alberto Botelho (Flávio) e João Nogueira Fanuchi (Fanuchi), como representantes da turma, começaram a ter contato com os alunos mais antigos que participavam da Representação Estudantil da Medicina. Eurípedes de Alvarenga Barbosa (Teó), apesar de não ter sido eleito representante de turma, passou a acompanhar o Flávio nas reuniões referentes à Representação. João Fanuchi passou a conviver mais com os alunos que viriam a formar a chapa Unidade. Flávio e Teó desenvolveram mais afinidade com os alunos que formariam a chapa Oficina. Esses alunos constituíram os núcleos iniciais, aos quais foram se agregando outros colegas da mesma turma.

A partir dos conhecimentos advindos da própria formação acadêmica, das experiências pessoais de cada um e da incipiente participação de colegas como representantes de turma, no primeiro semestre de 1975 aquele grupo de alunos que ingressou na UnB no segundo semestre de 1973 começou a adquirir consciência da realidade social brasileira.

O Flávio já tinha alguma experiência como trabalhador. Para ajudar nas despesas da família, começara a trabalhar ainda adolescente como office-boy no Unibanco, e depois como auxiliar de escritório na fábrica da Coca-Cola na capital paulista, onde morava desde o nascimento. Com sua personalidade expansiva, tinha bom relacionamento com os colegas. Era ótimo aluno, sempre obtendo as melhores notas nas provas, mesmo tendo que se virar para sobreviver em Brasília, dando aulas em cursos supletivos ou assumindo monitorias de disciplinas constantes do ciclo básico do curso de Medicina. Era o único da turma que morava no alojamento estudantil do Centro Olímpico (CO) desde o início do primeiro semestre de faculdade. Para conseguir vaga no CO, o aluno tinha que comprovar as dificuldades financeiras de sua família. Havia, na turma, outros que, em virtude da situação financeira, poderiam solicitar moradia no CO, mas talvez o Flávio tenha sido melhor orientado, pois seu primeiro contato em Brasília foi com um amigo que o hospedou e era funcionário da UnB.

Os alunos da disciplina "Agressão e Defesa" eram divididos em grupos, com horários alternados para as atividades acadêmicas. As coincidências de atividades e de horários ocasionavam uma maior convivência entre os alunos do mesmo grupo. Assim, surgiu um grupo mais amplo em torno de Flávio e Teó. O Flávio começou a trazer, para o grupo, assuntos que discutia com os colegas da representação estudantil. Era visível que ele estava adquirindo, com paixão, uma nova visão do mundo.

Começaram a circular, entre os alunos deste grupo, alguns livros difíceis de encontrar em livrarias e bibliotecas. Geralmente eram bem encapados para esconder o título e o autor, e eram carregados escondidos nas bolsas usadas para levar o material escolar. Com os livros que passavam de mão em mão, era possível fazer a leitura, entre outros de "Anti-Dühring", de Friedrich Engels, "O Manifesto Comunista", de Karl Marx e Friedrich Engels, e "O Estado e a Revolução", de Vladimir Lênin.

Na biblioteca da UnB podiam ser encontrados alguns livros que refletiam o sentimento de identidade e solidariedade latino-americana, frutos do boom da literatura latino-americana, tais como os de Gabriel García Márquez, Manuel Scorza, Augusto Céspedes, Juan Carlos Onetti, Augusto Roa Bastos e Eduardo Galeano.

Foi também marcante para aquele grupo de alunos o lançamento do jornal "Movimento", em 1975. Um número experimental de inauguração foi distribuído gratuitamente e todos os alunos interessados tiveram acesso a ele. E passaram a aguardar, ansiosamente, a cada semana, pela leitura da edição mais recente.

No segundo semestre de 1975 iniciou-se uma campanha dos estudantes para a criação do Diretório Universitário, o DU, dos alunos da UnB. Como forma de divulgação foi realizada, no início de outubro, uma consulta aos alunos sobre seu apoio à criação do DU. Tal consulta foi chamada de "plebiscito". A campanha do "plebiscito" gerou maior participação e integração entre os alunos de todos os cursos da universidade, e agrupado os alunos que viriam a formar as chapas Oficina e Unidade. Um grupo de cerca de 100 alunos foi levar ao Ministro da Educação, Ney Braga, a reivindicação de que fosse logo criado o DU. Uma comissão de cinco alunos foi recebida pelo ministro, enquanto os demais os aguardavam, sentados no centro do gramado da Esplanada dos Ministérios, em frente ao Ministério da Educação.

Por esta época aconteceu a morte do jornalista Vladimir Herzog dentro de instalações do Exército em São Paulo. Tal fato causou comoção entre os alunos da UnB, afetando até os mais avessos à participação no movimento estudantil.

1976: uma nova etapa

Com a experiência e o amadurecimento adquiridos durante o ano de 1975 pela turma de Medicina de julho de 1973, boa parte dos alunos participou das eleições estudantis de 1976. Para a Representação Estudantil, cuja votação foi marcada para o dia 30/04/1976, foram formadas duas chapas, compreendendo representante e suplente para cada um dos três departamentos da Faculdade de Medicina. Do total de 12 candidatos, os sete listados adiante pertenciam àquela turma de cerca de 40 alunos.

João Nogueira Fanuchi e Maria Teresa Gonçalves de Souza, ambos da chapa Unidade, foram candidatos a representante e suplente, respectivamente, do Departamento de Medicina Complementar. Pela chapa Oficina concorreram aos mesmos cargos Eurípedes Alvarenga Barbosa e Valter José Coser. Flávio Alberto Botelho foi candidato a representante do Departamento de Medicina Especializada pela chapa Oficina. Márcio Moreira Sales concorreu a suplente de representante do Departamento de Medicina Geral e Comunitária pela Unidade, e Frank Wagner Bisson disputou o mesmo posto pela chapa Oficina. Os candidatos da chapa Unidade venceram nos três departamentos.

A criação do DU foi enfim aprovada pela UnB. A primeira eleição foi marcada para o dia 27/05/1976. Concorreram as chapas Oficina e Unidade. Da Turma de julho de 1973, Flávio Alberto Botelho e Eurípedes Alvarenga Barbosa candidataram-se, respectivamente, a Delegado da FS (Faculdade de Ciências de Saúde) e Diretor de Assuntos Estudantis, pela chapa Oficina, encabeçada por Walter Peninha.

Pouco antes do dia da votação, a administração da UnB cancelou arbitrariamente o processo eleitoral e abriu inquérito administrativo para apurar supostos exageros (desvios políticos) nas campanhas eleitorais. Ao final deste inquérito sete alunos foram expulsos e 12 foram suspensos, por períodos variados, a partir de 23/07/1976. Eurípedes Alvarenga Barbosa foi suspenso por 30 dias e Flávio Alberto Botelho por 60 dias. Como os demais punidos, perdeu o direito a continuar morando no alojamento estudantil do CO e perdeu um semestre do curso de Medicina.

Na verdade, este simulacro de inquérito administrativo visava apenas dar ares de legalidade para a punição de alguns alunos que participavam do movimento estudantil. Durante o depoimento de Eurípedes, em 03/06/1976, um dos membros da comissão de inquérito, tentando induzi-lo a comprometer outro colegas, estendeu a mão afirmando: "dou a mão à palmatória se tal aluno não estiver por trás disto". Com presença de espírito, o Eurípedes deu-lhe uma palmada na mão estendida. Tal episódio não foi relatado no termo do depoimento.

Em 23/08/1976, os funerais do ex-presidente Juscelino Kubitschek foi acompanhado por muitos alunos da UnB. A grande maioria não tinha participação ativa no M.E. mas foi contagiada pelo sentimento da multidão que acompanhou o cortejo até o cemitério Campo da Esperança, transformando-se numa colossal manifestação popular contra a ditadura. JK, cassado e proscrito pelo regime implantado em 1964, era amado pela população de Brasília. Foi uma das maiores manifestações de massa ocorridas na história da cidade.

A primeira eleição do DU finalmente ocorreu no final de 1976, com a apuração da votação em 20/11/1976 e a posse da diretoria em 30/11/1976. Participaram três chapas: Unidade, Oficina e Construção, esta última um desmembramento da chapa Unidade. A eleição ocorria para cada cargo da diretoria e a Unidade venceu a disputa por todos eles. Rocine Castelo de Carvalho foi eleito presidente com 3.480 votos; Alcides Bartolomeu de Faria, da chapa Oficina, obteve 2.016 votos e Maria Teresa Gonçalves de Souza, a Maythe, da chapa Construção, 1.454 votos. Além dela, outros egressos da turma de Medicina de julho de 1973 foram candidatos. Flávio Alberto Botelho concorreu à vice-presidência pela chapa Oficina, obtendo 2.029 votos; Eurípedes Alvarenga Barbosa candidatou-se a delegado da FS também pela Oficina, obtendo 1.951 votos; e João Nogueira Fanuchi a delegado da FS pela chapa Construção, recebendo 1.410 votos. Mais detalhes sobre a eleição nos Caderno de Notícias e Documentos

1977: o ano que terminou

No início de 1977 houve concurso para professores da Fundação Educacional do Distrito Federal (FEDF). Muitos alunos da turma de julho/1973 participaram. Alguns por necessidade, outros para aliviar o sacrifício de suas famílias. Alguns foram aprovados e entre eles Eurípedes Alvarenga Barbosa, Flávio Alberto Botelho e João Fanuchi.

Começaram a dar aulas em abril de 1977, principalmente em escolas da FEDF na cidade satélite do Gama. A maioria foi aprovada para o cargo de professor de Biologia. O Flávio tinha feito o concurso para professor de Química, disciplina que já ministrava em cursos supletivos e para a qual havia vaga em escolas da FEDF na cidade satélite de Sobradinho, local mais conveniente para quem estudava no hospital universitário da UnB, ali localizado.

Mesmo com as dificuldades trazidas por essa nova atividade, os contratados continuaram a ter participação expressiva no M.E. e na formação das chapas para as eleições estudantis. Além do tempo dispendido para preparar e ministrar as aulas, havia o problema da distância. O Eurípedes, por exemplo, morava em Sobradinho, onde frequentava as aulas do curso de Medicina no Hospital Universitário mas, não tendo carro, tinha que dar aulas no Gama, que ficava a mais de 50 km.

Com a reforma política imposta pela ditadura com o "pacote de abril" de 1977, um terço dos senadores passou a ser indicado pelo governo e não eleito pelo povo. Eram os "senadores biônicos". Isso influenciou um grupo de alunos da UnB que apostava principalmente na via parlamentar para combater o regime de 1964, pois esperavam que se repetisse, em 1978, a esmagadora vitória obtida pelo MDB, partido de oposição, nas eleições para o Senado de 1974.

Além disso, com os acontecimentos de 1976, aumentou, entre os alunos da UnB, o repúdio contra as atitudes arbitrárias da reitoria. Coincidentemente, a chapa Oficina passou a ganhar eleições estudantis em alguns departamentos nos quais fora derrotada no ano anterior.

Nas eleições para representantes estudantis de 1977 a chapa Oficina venceu em dois dos três departamentos do curso de Medicina. Dos seis candidatos a representante e suplente da chapa Oficina, quatro eram originários da turma de julho de 1973: Valter José Coser e Eurípedes Alvarenga Barbosa concorreram aos dois postos, respectivamente, pelo Departamento de Medicina Complementar. William José Devoti concorreu a suplente pelo Departamento de Medicina Geral e Comunitária, e Romero Manoel Teixeira também disputou a suplência pelo Departamento de Medicina Especializada.

Nas eleições para o D.U. realizadas em 26 de maio de 1977 a turma de julho de 1973 também alcançou alta representatividade. Valter José Coser, da chapa Oficina, foi eleito Delegado da FS com 2.830 votos, e Flávio Alberto Botelho, também da chapa Oficina, foi eleito para o cargo de presidente com 3.105 votos, contra Maria Ângela Noronha Serpa, da chapa Unidade, que obteve 1.994 votos. A chapa Debate, Unidade e Ação, terceira colocada, também resultado de desmembramento na Unidade, recebeu 1.429 votos.

Com a posse marcada para 02/06/1977, Flávio Alberto Botelho foi suspenso por três dias pela reitoria, através do Ato nº 173/77, de 30/05/1977. Tal ato sequer apontou os reais motivos da punição de 16 alunos da UnB por períodos variados. Em encaminhamento de informações confidenciais à Divisão de Segurança e Informação do Ministério da Educação e Cultura - DSI/MEC, a Assessoria de Segurança e Informações - ASI/UnB relata que "o Magnífico Reitor, com base em disposições legais, decidiu aplicar pena de suspensão em 16 alunos, apontados como responsáveis pelo "Ato Público" realizado no "campus" da UnB em 19.05.77".

Dos 16 alunos punidos, quatro não haviam comparecido ao mencionado ato público: Flávio Alberto Botelho, Leila Abdallah, João Simplício Lopes Martins e Maria Auxiliadora de M. Valle; os três primeiros eram do curso de Medicina (*Correio Braziliense*, número 5244, 02/06/1977, página 12).

O ato público de 19 de maio de 1977 foi realizado em solidariedade a estudantes e trabalhadores que haviam sido presos no estado de São Paulo em Primeiro de Maio de 1977 e havia informações de que estavam sendo torturados. Reivindicando a reversão das referidas punições os alunos da UnB, em assembleia realizada 30 dias depois (31 de maio) decidiram entrar em greve geral.

Flávio teve importante participação na greve. Alguns colegas mais próximos buscaram tomar medidas para protegê-lo, supondo que, na condição de presidente do DU, seria um dos mais visados pela repressão. Assim, Flávio deixa sua residência em Sobradinho-DF, cujo endereço poderia ser de conhecimento do aparelho repressivo e, por cerca de 15 dias, foi hóspede de outro colega da turma de julho de 1973, num pequeno apartamento localizado na Asa Norte de Brasília. Este colega não tinha afinidade ideológica com o Flávio, era movido apenas pela generosidade e pela amizade. Sua generosidade pode ser avaliada pelo fato de que o pequeno apartamento era também ocupado pela esposa e por uma filha recém-nascida.

Evitou-se, assim, a prisão de Flávio num primeiro momento, quando o aparelho repressivo já havia iniciado a caça aos líderes do movimento grevista, efetuando seis prisões em 17 de junho de 1977. Diferentemente das prisões ocorridas mais no início da greve, em que os alunos detidos eram quase imediatamente liberados, as novas prisões, efetuadas pela Polícia Federal, tinham a duração prevista de 30 dias e os presos ficariam incomunicáveis. Foram indiciados com base na Lei de Segurança Nacional.

Após reunião terminada já bem tarde da noite daquele 17 de junho, uma sexta-feira, o Conselho Universitário da UnB (Consuni) expede a Resolução nº 002/77, mantendo "as sanções disciplinares aplicadas aos alunos pelo AR - 173/77".

Na parte da manhã de 20 de junho de 1977, uma segunda-feira, os alunos da UnB realizaram assembleia na Ala Norte do ICC - Instituto Central de Ciências, o Minhocão. Decidiram pela continuidade da greve e passaram a percorrer os corredores do ICC buscando a adesão de alunos que não haviam comparecido à assembleia. Depois de percorrido todo o Minhocão, saíram pelo início da Ala Sul, seguiram em direção à Faculdade de Educação e depois se dirigiram à reitoria, atravessando o Minhocão pela entrada da Ala Norte. Esta foi a manifestação mais massiva de todas realizadas durante a greve, pois o contingente de alunos, que já era grande durante a assembleia, cresceu muito durante o percurso.

Em seguida, através da Instrução da reitoria nº 005/77, a administração da UnB determinou recesso acadêmico no período de 22 de junho a 24 de julho de 1977. Com o recesso, e sem movimentação estudantil dentro do campus da UnB, Flávio evitou aparecer em locais públicos desnecessariamente, mas manteve contatos com o principal advogado que dava assistência jurídica aos estudantes da UnB naquele momento, Luís Carlos Sigmaringa Seixas.

O advogado entendia que a situação estava mais tranquila e que Flávio poderia ir à reitoria da UnB para, na condição de presidente do D.U., protocolar um documento, em nome dos estudantes. Em 28 de junho, Flávio foi à reitoria acompanhado de Eurípedes Alvarenga Barbosa e de outro colega da turma de julho de 1973, com quem compartilhava uma "república de estudantes".

Após protocolar tal documento na reitoria, os três colegas começaram a caminhar pelo campus em direção ao estabelecimento de um sapateiro que havia ali, pois o Flávio queria aproveitar a oportunidade para mandar consertar um velho par de sapatos. A sapataria ficava num dos prédios construídos no período inicial da UnB, onde também funcionava o restaurante "Oca's Bar" (tal prédio, de madeira, veio a ser destruído num incêndio, na noite de 08/04/1978 (*Correio Braziliense*, número 5552, 10/04/1978, página 24). No percurso rumo à reitoria, atravessaram o ICC pela entrada sul.

Saindo do estabelecimento do sapateiro, pretendiam tomar um ônibus e foram à pé, despreocupadamente, em direção à avenida L2 Norte, subindo pela rua do campus pela qual passavam os ônibus urbanos vindos da rodoviária de Brasília. Tudo parecia tranquilo na área em que ficam os antigos prédios das Faculdades de Engenharia mas uma perua Rural Willys parou bruscamente junto aos três alunos. Um de seus ocupantes desce e pergunta as horas para o Flávio e outros desceram rapidamente do veículo. Em seguida, um deles agarra o Flávio pelas costas e, com os outros, força-o a entrar no veículo, que sai em disparada.

Os dois colegas que estavam com Flávio ficaram aturdidos com a surpresa e rapidez da ação. Acordados do susto, foram para Sobradinho, onde o mencionado colega de "república" deu sumiço em alguns textos clandestinos que vinham sendo recebidos pelo grupo desde meados de 1976. Num gesto de amizade, este colega, ciente do frio naquela época do ano, pegou o cobertor que o Flávio normalmente usava e levou-o até a sede da Polícia Federal, no final da Asa Sul, para que fosse entregue ao Flávio.

Constatou-se, então, que a PF não tinha o endereço do Flávio, vindo a descobri-lo em seu depoimento. Posteriormente ocorreu uma ação de busca e apreensão na casa em que ele residia, num momento em que lá estava apenas uma pessoa da vizinhança, que atuava como zeladora em alguns dias da semana. Não havia nada de comprometedor na casa e, segundo relato da pessoa que lá estava, vasculharam tudo, até em cima do forro da casa. Por fim, foram apreendidos alguns cartazes antigos de campanhas de eleições estudantis anteriores, com os nomes e respectivos cargos de componentes da chapa Oficina. Tais cartazes, na verdade cópias heliográficas, estavam explicitamente afixados nas paredes da casa e eram guardados como uma espécie de recordação.

Na situação de preso incomunicável, Flávio ficou sem receber visitas por alguns dias. Sua mãe veio da cidade de São Paulo e, enquanto esperava, nas instalações da PF, o início do horário de visita, despertou a simpatia de visitantes de outros alunos presos que, anos depois, ainda se lembravam da maneira carinhosa e espalhafatosa com que ela se referia ao filho, clamando contra a injustiça daquela prisão. Benedito Tadeu de Oliveira, o Ditinho de Cambuí, relata um destes encontros neste livro, no texto intitulado "Uma mãe coragem na

Polícia Federal". O episódio rendeu ao Flávio, num círculo fechado de companheiros, o apelido de "Pavel", em referência ao personagem do romance "A Mãe", de Máximo Gorki.

O Flávio e mais oito estudantes presos na Polícia Federal foram libertados em 16 de julho de 1977 (*Correio Braziliense*, número 5291, 18/07/1977, página 10). O Superior Tribunal Militar (STM) negou seguimento ao processo contra estes e outros 15 estudantes indiciados com base na Lei de Segurança Nacional. Para o STM, a greve dos estudantes da UnB não configurava crime previsto nesta lei (*Correio Braziliense*, número 5686, 23/08/1978, página 21).

Depois da greve

Pela participação nesta greve estudantil, 64 alunos sofreram as punições constantes em ato da administração da UnB, de 18 de julho de 1977: 30 foram expulsos da UnB e 34 foram suspensos por períodos variados (Lista completa no Caderno de Notícias e Documentos). Quatro eram da turma de Medicina de julho de 1973: Flávio Alberto Botelho, Maria Teresa Gonçalves de Souza, Eurípedes Alvarenga Barbosa e João Nogueira Fanuchi.

O Flávio foi expulso da UnB e foi também demitido de seu cargo de professor na FEDF em 05/07/1977. Durante sua prisão, de 28 de junho a 16 de julho de 1977, não pôde dar aulas por poucos dias, considerando que o mês de julho normalmente correspondia ao período de férias escolares nas escolas da FEDF. Não havia justa causa para sua demissão, mas como os professores eram então contratados pelo regime da Consolidação das Leis do Trabalho (CLT), a FEDF demitiu-o sem justa causa. Outros alunos punidos e mesmo presos também davam aulas na FEDF mas, pelo que se tem notícia, apenas Flávio foi demitido.

Com a perda de sua única fonte de renda e expulso da universidade, Flávio perdeu a perspectiva de formar-se médico, seu objetivo há vários anos. No final de 1977, na batalha diária pela sobrevivência, fazendo "bicos" como professor em escolas particulares, sem "carteira assinada", Flávio foi em busca de seu objetivo de ser médico, uma antiga vocação. Foi ao estado de São Paulo e solicitou uma vaga, com bolsa de estudos, numa escola de medicina vinculada à Igreja Católica. Esperava contar com a ajuda de Dom Paulo Evaristo Arns, da arquidiocese de São Paulo, conhecido por seu empenho em ajudar pessoas perseguidas pelo regime militar. Flávio saiu bastante esperançoso de uma reunião, em que Dom Paulo estava presente, com administradores da Pontifícia Universidade Católica (PUC) de Sorocaba. A vaga na escola de Medicina, no entanto, lhe foi negada pouco tempo depois, o que foi um pouco estranho, considerando que o Flávio era uma pessoa que precisava de ajuda e o Dom Paulo estava em situação de poder ajudá-lo, pois seria difícil imaginar, na hierarquia católica do estado de São Paulo à época, alguém que se negasse a atender alguma recomendação do arcebispo.

Flávio tentou, também, vaga para Medicina na Unicamp, universidade pública do estado de São Paulo, cujo governo, à época, se vinculava ao grupo mais liberal da ditadura. Nas universidades públicas, as vagas abertas em decorrência de desistências do curso por alguns alunos eram às vezes colocadas em disputa, fora do vestibular, para alunos com histórico escolar que os habilitasse a ingressar numa fase mais adiantada do curso. Não havia vaga para o curso de Medicina na Unicamp, mas havia para o curso de Ciências Biológicas. Assim, Flávio fez a prova de transferência para a Unicamp e ingressou no 2º ano de Biologia no início de 1978, vindo a formar-se biólogo, bacharel e licenciado, no final de 1981.

Durante o período inicial de estudos na Unicamp, Flávio continuou sobrevivendo de "bicos". Certo dia, ainda em 1978, numa aula da turma de medicina da UnB de julho de 1973, um colega informou ter sabido por alguém que Flávio estava trabalhando como frentista de posto de combustível em Campinas-SP. Uma pessoa residente em Brasília, em viagem por Campinas, reconheceu o Flávio quando este estava enchendo o tanque de combustível do carro de um cliente do posto. Isto não estava fora da lógica do momento, pois alguns dos alunos punidos na UnB decidiram ir para o estado de São Paulo e empregar-se, principalmente em fábricas, com a finalidade de participar do ressurgente movimento operário.

Condoídos com a situação de Flávio, os colegas de sua turma na UnB juntaram algum dinheiro para lhe enviar. Tempos depois, em reencontro com colegas da turma, Flávio esclareceu que não estava trabalhando como frentista de posto de combustível, estava fazendo mais um de seus "bicos", coletando dados para uma pesquisa de mercado de uma empresa distribuidora de combustíveis. Aparentemente houve uma coincidência: a pessoa de Brasília passou pelo posto quando Flávio deixou a prancheta onde anotava os dados da pesquisa para ajudar um empregado do posto. Um dos colegas até sugeriu que o Flávio deixasse a história como estava, pois achava a primeira versão mais bonita que a versão verdadeira.

Já a partir de 1979, Flávio começou a trabalhar como professor de 1° e 2° graus na Escola Rio Branco de Campinas (escola alemã) e em cursinhos pré-vestibular. Esta atividade, que exercera anteriormente em Brasília estava, então, mais de acordo com sua situação de aluno de um curso dirigido principalmente para a formação de professores de Ciências Biológicas.

Em decorrência da Lei da Anistia de 1979, Flávio consegue permissão para reingressar no curso de medicina da UnB, o que acontece no início de 1982, após a conclusão do curso de Ciências Biológicas na Unicamp em 1981. Formou-se médico pela UnB em dezembro de 1985.

Em novembro de 1981, preparando a sua volta para Brasília, já devidamente matriculado no curso de Medicina da UnB, ele foi aprovado em novo concurso para a FEDF, mas esta se recusou a contratá-lo sob a alegação de que, no edital do concurso, havia um item com o seguinte texto: "não serão readmitidos ex-professores demitidos por justa causa ou por interesse e conveniência da FEDF".

Nesse momento de volta, no início de 1982, com apartamento alugado, já casado e sem fonte de renda em Brasília, Flávio sobrevive algum tempo com a venda de doces "brigadeiros" na porta do restaurante comunitário da UnB. Em seguida, volta a dar aulas na rede privada, enquanto aguarda decisão judicial sobre seu pedido de posse no cargo de professor da FEDF, considerando que foi aprovado em 7° lugar em concurso público e foi impedido de assumir por perseguição política. O recurso judicial também lhe foi negado. Só em 23/08/1985, já no governo da chamada Nova República, foi contratado em razão deste novo concurso, mediante acordo com a nova administração do Distrito Federal.

Em razão dos fatos relatados anteriormente e com base na Lei n° 10.559, de 13/11/2002, que regulamenta dispositivos da Constituição Federal de 1988 referentes à anistia política, Flávio solicita, em 2003, o reconhecimento pelo Ministério da Justiça de sua condição de anistiado político. O julgamento do pleito ocorre em 2007, reconhece a sua condição de anistiado político e seu direito à reparação econômica, de caráter indenizatório. Era o fim de uma longa jornada.

Maria Teresa Gonçalves de Souza (Maythe), também expulsa da UnB, prestou vestibular para o curso de Medicina na Universidade Federal do Ceará, na qual veio a concluir o curso. Eurípedes Alvarenga Barbosa e João Fanuchi, ambos com notável vocação para a profissão de médico, continuaram o curso de medicina na UnB imediatamente após cumprirem as suspensões que lhe foram impostas. Eurípedes, suspenso por 90 dias, perdeu um semestre do curso, vindo a se formar em dezembro de 1979. Apesar de poder requerer a condição de anistiado político com fundamento na Lei nº 10.559, de 13/11/2002, ainda não requereu o reconhecimento deste direito.

João Fanuchi foi suspenso por 30 dias. Por precaução, prestou vestibular e foi aprovado para o curso de Medicina numa universidade pública do Rio de Janeiro. Isto foi motivo de orgulho para seus pais, que achavam difícil sua aprovação após anos sem estudar as matérias das provas de vestibular. A vaga para o curso de Medicina no Rio de Janeiro a que se habilitou poderia servir, na eventualidade de ele ser novamente punido pela administração da UnB, o que não veio a ocorrer. Mesmo cumprindo o período de suspensão, conseguiu formar-se em julho de 1979, juntamente com outros alunos originários da turma de julho de 1973.

Flávio, Maythe e Eurípedes não se formaram com os colegas desta turma, mas foram por eles homenageados na cerimônia de formatura, em julho de 1979. Cada um proferiu pequeno discurso, sendo elogiados por alguns dos pais dos alunos formandos, que se dirigiram ao Eurípedes, para cumprimentá-lo pelo humanismo no discurso proferido.

Fazendo história?

Na mencionada fotografia de alunos desta turma, referida como a "turma de medicina que fez história na UnB", estão Flávio Alberto Botelho, Eurípedes Alvarenga Barbosa e João Nogueira Fanuchi. Estes e Maria Teresa Gonçalves de Souza sofreram punições em razão de sua participação na greve dos estudantes da UnB, iniciada em 31 de maio de 1977, ponto culminante de participação dos alunos da turma de Medicina da UnB de Julho/1973 no M.E. Além dos que participaram das chapas nas eleições estudantis, mencionados anteriormente, havia outros, desta turma, que também tiveram participação ativa no M.E., que também tinham grande capacidade de liderança. Entre eles inclui-se o Edmundo Octávio Raspanti, sempre presente nos momentos difíceis, com sua indignação e solidariedade.

O relativamente alto número de estudantes dessa turma que tiveram papel ativo no M.E, entre eles os quatro que foram punidos, pode dar a impressão de que havia algo de extraordinário com este grupo de cerca de 40 alunos. No entanto, isto pode ser explicado de outra maneira. O curso de Medicina, por sua duração de seis anos, possibilita a seus alunos uma participação no M.E. por um período mais longo, comparado com cursos de menor duração. Para os alunos da turma de Medicina de julho de 1973, o período de curso, de agosto de 1973 a julho de 1979, coincide com um momento marcante do movimento estudantil na UnB, que chegou ao seu ponto crucial em 1977, quando eles já haviam acumulado uma experiência política de quase quatro anos dentro da UnB.

Assim, ao olhar para trás, os integrantes daquela turma lembram-se com orgulho de suas participações no M.E. na década de 1970, mas são conscientes de que foram apenas participantes abnegados de um momento histórico da luta de vários setores da sociedade brasileira pela volta da democracia ao Brasil. Momento histórico em que houve a participação expressiva dos estudantes de várias turmas e de vários cursos da UnB, alguns dos quais com convívio mais próximo com os alunos desta turma, como os mencionados adiante.

João Simplício Lopes Martins que, tendo ingressado na UnB em 1968, cursou várias disciplinas juntamente com os alunos da turma de julho de 1973, no seu retorno ao curso de medicina após período de afastamento imposto pela aplicação do combatido decreto 477. Ricardo Ferreira Deusdará, o Sílvio Carlos Duarte e o Carlos Geraldo Megale são egressos da turma de Medicina de julho de 1972, e conviveram muito com os da turma de julho de 1973 porque também atuaram juntos como professores no Gama-DF.

Felício Sala Neto, falecido em 2007, e Alcides Bartolomeu de Faria, ambos do curso de Biologia, foram colegas em algumas disciplinas do ciclo básico da Medicina. Arlindo Chinaglia Júnior, futuramente deputado federal, Eduardo Almeida Neto, Heleny de Oliveira Pena e Walter Peninha, também influenciaram a formação política dos alunos da turma de julho de 1973 ligados à chapa Oficina. Não podem ser esquecidos todos os bravos companheiros e companheiras, cujas imagens de coragem e juventude são guardadas, com saudade, na nossa parede da memória.

Os autores

Eurípedes de Alvarenga Barbosa (Açucena-MG, 24/05/1955). Ingressou no curso de Medicina da UnB através do exame vestibular de julho de 1973. Foi professor de segundo grau, da disciplina biologia, na Fundação Educacional do Distrito Federal (FEDF) no Gama-DF, de abril de 1977 a outubro de 1981.

Graduou-se como médico na UnB em dezembro de 1979. Fez residência médica na especialidade Patologia Clínica no Hospital Sarah Kubitschek de Brasília, da Fundação das Pioneiras Sociais, de 1980 a 1981, sendo contratado no final de 1981, para exercer o cargo de médico patologista clínico no Hospital Sarah Kubitschek de Belo Horizonte-MG, onde permaneceu até que aquela fundação pública foi transformada em entidade de caráter privado, a Associação das Pioneiras Sociais, quando foi transferido para a Fundação Nacional de Saúde, onde se aposentou. Atualmente, trabalha como médico patologista clínico do Hospital Madre Teresa, em Belo Horizonte-MG.

William José Devoti (Ituiutaba-MG, 19/10/1954). Ingressou no curso de Medicina da UnB através do exame vestibular de julho de 1973. Foi professor de segundo grau, da disciplina Biologia, na Fundação Educacional do Distrito Federal (FEDF) no Gama-DF, de abril de 1977 a fevereiro de 1980. Graduou-se como médico em julho de 1979. Fez residência médica em oftalmologia em Belo Horizonte-MG, no Hospital das Clínicas da Universidade Federal de Minas Gerais (UFMG), de 1980 a 1982. Trabalhou como médico oftalmologista até dezembro de 1988. Ingressou no curso de direito da Faculdade de Direito da UFMG no início de 1987, graduando-se no final de 1991. Ingressou no serviço público federal em maio de 1987, no cargo de Fiscal de Contribuições Previdenciárias. Aposentou-se, em 2014, no cargo de Auditor-Fiscal da Receita Federal do Brasil.

Flávio Alberto Botelho (São Paulo-SP, 18/03/1952). Filho de família de classe média baixa, pai, português e barbeiro, mãe vendedora da Avon. Trabalhou desde a infância, foi engraxate dos fregueses da barbearia do pai. Aos 15 anos, passou a trabalhar como office-boy no Banco Moreira Salles, depois Unibanco. Estudou sempre em escolas públicas e no ensino médio, então "científico", estudava de manhã e à tarde trabalhava no banco. Sempre trabalhando, fez cursinho pré-vestibular durante dois anos e meio. Em 1972, começou a trabalhar como auxiliar de contabilidade na Coca-Cola, que passou a pagar seu cursinho preparatório. Em julho de 1973, tirou férias e foi a Brasília prestar o vestibular na UnB, sendo aprovado para Medicina. Conseguiu vaga para morar no alojamento estudantil. Em 1975 começou a dar aulas de Química e Ciências em escola de ensino supletivo. Nessa época escreveu uma apostila de Química para o supletivo do 2º Grau. Em fins de 1976 foi aprovado no concurso para professor de Química da

FEDF, começando a lecionar em março de 1977 em escola de Sobradinho-DF. Por conta de sua atuação na greve da UnB daquele ano, foi demitido sem justa causa. Expulso da UnB, teve que sair de Brasília. No início de 1978 ingressou no segundo ano de Biologia na Unicamp, em Campinas, onde conclui o curso em dezembro de 1981. Sobreviveu dando aulas e fazendo "bicos". Em decorrência da Lei da Anistia, retomou o curso de Medicina na UnB mas não recuperou o emprego de professor na FEDF, mesmo aprovado com ótima colocação em novo concurso. Só será readmitido em 1985, após o fim da ditadura. Formou-se em Medicina pela UnB em 1985 e fez residência médica dando aulas à noite. Em outubro de 1987 entrou por concurso público na Fundação Hospitalar do Distrito Federal, como médico clínico do Centro Saúde do Paranoá, onde atuou até 1994. Transferido para a Clínica Médica do HRAN (Hospital Regional da Asa Norte), atuou no Pronto-Socorro e na Enfermaria até se aposentar, em 2013. Em 2001, a Secretaria de Saúde do DF criou sua Escola Superior de Ciências da Saúde (ESCS), e Flávio foi um dos 40 professores selecionados para organizar e dar início ao curso de Medicina da escola, atividade exercida até 2013. Coordenou os Módulos de Ensino sobre Metabolismo e Emergências na quarta série do curso de Medicina. Auxiliou na estruturação do Curso de Enfermagem da ESCS, em Samambaia, entre 2009 e 2011. Acumulando a docência com o atendimento no Pronto Socorro, fez o curso de Especialização em Metodologias Ativas de Ensino e Aprendizagem, promovido pela FioCruz, do Ministério da Saúde, com foco na modificação dos currículos de escolas médicas estruturados de modo tradicional. Depois de aposentar-se, foi trabalhar como docente do curso de Medicina do UniCEUB, levando para a escola a experiência adquirida na ESCS. Atualmente atua, nessa universidade privada, como docente/tutor. Lá coordenou o Módulo de Introdução ao Estudo da Medicina, de Metabolismo e de Doenças Resultantes da Agressão ao Meio Ambiente e exerce a função de Coordenador Auxiliar do curso de Medicina. É também especializado em Medicina do Tráfego, sendo sócio de clínica especializada nessa área. Na fase em que estudou na Unicamp participou do Centro Acadêmico da Biologia (CA-Bio) e do Cineclube Lampião, que tinha uma sala de projeção no centro da cidade. Participou da fundação do PT em Campinas, atuou em campanhas de filiação e campanhas eleitorais em 1982. Em sua segunda fase na UnB, participou da greve que reivindicava o internato nos hospitais da FEDF, em que os estudantes foram vitoriosos mas perderam um semestre. Formado, filiou-se e atuou no Sindicato dos Médicos, o SindMed. Em 1994, foi chefe do Ambulatório do HRAN.

DEPOIMENTO DE UM ESTUDANTE SETENTISTA

Gilson Dantas

O Brasil acabara de entrar na era das barricadas estudantis mundiais de 1968 e a UnB, que continuava sendo um polo de efervescência política na ditadura, em agosto, sofreria mais uma invasão, agora de grandes proporções, ocupada por tropas da PM, Exército e DOPS.

Em falanges, centenas de soldados com fuzis, avançaram sobre o espaço da Universidade, soltando bombas de gás e também atirando, fechando rapidamente as principais saídas da UnB. Um estudante (Waldemar Alves da Silva Filho) foi baleado na cabeça e as forças policiais iam ocupando, agredindo e identificando ativistas e estudantes que apenas resistiam.

Os militares invadiram as salas de aula no Minhocão, estrutura inovadora que congregava as várias faculdades. Fui capturado naquele dia nas salas da bioquímica em meio ao gás lacrimogêneo - frequentava a Biblioteca da UnB, me preparando para o vestibular no fim do ano e trabalhava na limpeza do restaurante universitário.

Ao final, presos, em torno de trezentos estudantes, fomos conduzidos para uma quadra de esporte, onde passamos o dia, ao sol, incomodados e detidos pela repressão armada. Estava consumada a tomada da UnB pela repressão militar, relatada com brilho pelo documentário *Barra 68*, do cineasta Vladimir Carvalho.

O pretexto para a invasão foi o mandado de prisão contra o presidente da não legalizada Federação dos Estudantes (FEUB), Honestino Guimarães, e mais sete dirigentes estudantis. Honestino foi preso naquele dia, arrancado da sede da FEUB e espancado a céu aberto; seria preso mais de uma vez e, finalmente, barbaramente torturado e executado pela ditadura mais adiante. Naquele dia, cerca de 50 prisões foram efetuadas.

Muito pouco tempo depois a direção da UnB seria finalmente militarizada: um oficial da Marinha, capitão Azevedo, iria assumir o papel de interventor como vice-reitor.

Mas a pacificação desejada pela repressão não veio. O mundo respirava ares revolucionários a despeito de o Brasil estar sob o coturno dos generais e a ditadura então, em 1970, estar vivendo o auge de repressão e tortura. Enquanto isso, o mundo fervilhava de movimentos revolucionários, com a guerra do Vietnã e a revolução cubana empolgando parte da nossa geração.

Ainda sob os ventos das barricadas de maio de 68, em seguida às prisões e perseguições a lideranças do período, na UnB, imediatamente, começou a se forjar uma nova geração de ativistas, da qual fiz parte.

Entrando no curso de Medicina em 1969, fui eleito para a direção (vice) do Diretório Acadêmico da Biologia, o DAICB (não existia diretório da Medicina) com Heleno Rodrigues (presidente). Comecei a publicar uma revista crítica de saúde e outros temas ("Prognóstico") e a me engajar na atividade da FEUB: nas próximas prisões em massa, que iriam ocorrer em maio de 1970, eu e os demais colegas de cadeia seríamos acusados de "reorganizar a FEUB ilegal" e de tentar "subverter o regime político", dentre outros supostos crimes.

Éramos parte de uma vanguarda jovem que viveu e resistiu à invasão em 1968 e que estava de pé, no momento em que as lideranças mais antigas, como o próprio Honestino, foram obrigadas a sair de cena. E, enquanto isso, a repressão recrudescia em todo o País.

Como já disse, ganhamos diretórios acadêmicos em 1969, mantivemos a FEUB (ilegalizada desde 1969) funcionando e nas reuniões clandestinas da coordenação estudantil da UnB, realizadas no Minhocão, pautávamos pequenas ações estudantis de resistência; era todo um acúmulo passo a passo, que iria eclodir, como movimento, em greves e manifestações no primeiro semestre do ano seguinte, 1970.

O clima de 68 continuava entre boa parte da juventude da nossa Universidade: a ampliação da repressão não inibia o ativismo entre os estudantes, até porque a jovem e moderna UnB já contava com uma longa história de combates estudantis. Desde o golpe de 1964, com a invasão da UnB oito dias após o fatídico evento, e novo reitor nomeado pela Junta Militar, nossa Universidade seguia sendo um centro de resistência ao regime, sofrendo várias invasões como a de 1968 e a de junho de 1977, deflagrada sob o lema "põe o capitão na rua".

Voltemos ao *ano de chumbo* de 1970.

Logo no início do ano abriu-se novo ciclo, de três meses de turbulência, com a grande mobilização no campus contra o preço do Bandejão.

Na verdade, no primeiro semestre de 1970 o coletivo de diretórios (centros) acadêmicos e de lideranças do qual fiz parte, que constituía a FEUB real, levaria adiante duas lutas. Uma delas contra um novo tipo de representação estudantil, burocrática, que a reitoria queria impor, o "assessor universitário"; e a outra, uma luta mais massiva e que incomodou o regime, contra o aumento dos preços do Bandejão.

O aumento foi um estopim: a partir dele organizamos uma paralisação estudantil e um boicote aberto ao restaurante. Organizávamos os estudantes acampados em redor do restaurante e, ali, fazíamos sopas (o "sopão"), refeições improvisadas ao ar livre, em área próxima à velha reitoria. A adesão era grande e aquele momento do sopão funcionava como boicote ao restaurante e também como assembleia para impulsionar o movimento, que terminou vitorioso logo depois, derrubando o aumento.

O coronel Jarbas Passarinho, ministro da Educação, se dispôs a receber os representantes daquela paralisação e fomos, em número de quatro ou cinco alunos, à Esplanada. Recebeu nossa equipe, fez um discurso paternalista para manter as aparências e, dias depois, desfechou a repressão armada.

Ainda durante a greve contra o preço do Bandejão, naquele maio de 1970 chegou às nossas mãos o atestado de óbito do operário Olavo Hanssen, preso no dia primeiro de maio e torturado até a morte pelas forças de repressão em uma prisão em São Paulo. A ditadura divulgara que ele tinha se suicidado na cadeia, total inverdade.

Como integrante da direção do movimento de paralisia do Bandejão, naquele momento, decidi, com os companheiros, divulgar o documento para denunciar e fazer repercutir o assassinato. E, para dar maior repercussão, nos preparávamos para denunciar esse crime político no Congresso Eucarístico que ocorreria dali a alguns dias.

Informada disso, com sua rede de espionagem dentro do próprio movimento estudantil, a repressão não se fez esperar. Fomos capturados um a um;

fui pego, sob ameaça de armas, a caminho da Rodoviária. Amontoaram-se as prisões, enquanto as torturas de vários tipos não cessavam.

O regime militar se especializava na tortura. Os DOI-CODI, criados naquele ano de 1970, com antecedentes desde 1964, constituíam uma malha de sevícias e violência política por todo lado, com cada ministério militar tendo seu próprio DOI (Destacamento de Operações e Informações). Quem era detido pelo DOI-CODI, se fosse executado ("desaparecido"), nem chegava a passar pelo DOPS, para algum registro legal da prisão.

Nossa prisão se deu nesse marco, sem que a imprensa divulgasse o fato quando ocorreu.

Fomos todos *caçados* pela polícia e, um a um, sequestrados, já que ninguém recebeu mandado de prisão (isso não existia naqueles *anos de chumbo*). Fomos jogados em celas de delegacias e em uma instituição da polícia federal. De diferentes maneiras e em distintos graus fomos torturados e ficamos detidos por quarenta dias. *Telefones* (tapas duplos nos ouvidos com as mãos em concha), choques elétricos, murros no estômago, pontapés e todo tipo de selvageria. Muita gente na cidade sabia do nosso desaparecimento, mas a imprensa estava amordaçada. Não se tinha informações sobre a barbárie, brutalidade e total desumanidade a que os jovens estudantes eram submetidos.

Os interrogatórios seguiam. Abaetê Sassi foi espancado com muitos socos, do meu lado; e Maria Regina P. Pereira, *torturadíssima*, terminou fisicamente devastada, com problemas neurológicos, no *Hospital de Base*; vários outros foram submetidos a maus tratos, dentre eles, Edivaldo, Heleno Rodrigues, Hélio Doyle, Maninha e uma longa lista de outros alunos. Foram sumariamente desligados da UnB José Amélio, Ivonette Santiago e Maria José da Conceição [Maninha]. Sebastião Neto, Iraê Sassi, Luis Carlos Guimarães e Antônio de Pádua Gurgel, todos estes calouros.

Na UnB existiam várias tendências de esquerda: *Ação Popular Marxista-Leninista*, posadistas (PORT), comunistas (PCB), lambertistas, *Ala Vermelha* (dissidência do Partido Comunista do Brasil/PCdoB), Política Operária (POLOP). Evidentemente, o objetivo da repressão era desbaratar todos esses grupos, atingindo cada ativista que pudessem alcançar, com prisões, torturas e cancelamento de suas vagas na UnB por meio do jubilamento.

O reitor-interventor, capitão Azevedo, tinha jurado que nenhum de nós, os presos, iria concluir o curso. Mas os professores da UnB foram solidários, vários deles não rezavam na cartilha da ditadura, permitiram provas de recuperação e, assim, vários de nós concluímos nossos cursos.

Grande parte dos presos daquele maio de 1970 foi enquadrada na malfadada Lei de Segurança Nacional (LSN) e, obrigada a esperar, *sub judice*, para dali a poucos anos ser submetida a julgamento em Tribunal Militar.

Durante nossa prisão, apesar dos limites impostos pela repressão na capital federal, outra camada de jovens nos sucedeu e foi adiante, tomando iniciativas de luta pela nossa liberdade, panfletando UnB, na Asa Norte e em outros locais. Houve também pressão internacional e de alguns parlamentares.

Com nossa libertação e o deslocamento, mais adiante, de vários de nós para o Hospital Universitário, em outra cidade, Sobradinho/DF, simultaneamente outra onda de lutas já despontava, com novas lideranças e puxada sobretudo pela Medicina, Destacavam-se Eduardo Almeida, Peninha, Arlindo Chinaglia e Gastão, além de alunos de outras áreas, entre eles Bárbara Hartz, Davi Emerich e João Maia.

Em termos mais estratégicos, é possível avaliar que, no caso do Brasil, a tão necessária aliança política e orgânica entre as últimas grandes greves operárias de 1968 e as barricadas estudantis ainda de pé, infelizmente, não encontrou as condições para se desenvolver.

Greves operárias de 68 como as de fevereiro e abril (Contagem) e julho (Osasco) não apenas foram reprimidas duramente (Osasco, a mais atingida) como, por sua vez, o movimento estudantil, ao não conseguir sua frente de luta com a classe trabalhadora, não pôde ir muito mais adiante, para maiores ações, naquela conjuntura terrível da "ditadura escancarada". Na UnB de maio de 70, nossa denúncia da execução política de um operário nos porões da ditadura era um tênue esboço ou aspiração por aquela imprescindível aliança estratégica.

A repressão, por sua vez, logicamente, não detém a história. Atingiu duas gerações de estudantes – a que resistiu à invasão de 1968 e a dos que foram presos em maio de 1970. Mas nem no Brasil nem no mundo as lutas cessaram.

A nossa prisão (na verdade sequestro) efetuada à mão armada e as torturas, censuradas e pouco divulgadas pela imprensa, atingiu toda uma geração de ativistas. Mas, como este livro mostra, tais lutas não só ocorreram como ecoaram e deram passagem, na nossa Universidade, a um novo ciclo, ao aparecimento de novas lideranças que continuaram escrevendo a história do movimento estudantil da UnB dos anos 1970.

O autor

Gilson Dantas (Aracaju-SE, 07/03/1948). Chegou a Brasília em 1968, ingressando na UnB em 1969, mas já participando da resistência à invasão da UnB na condição de vestibulando, em 1968. Uma das lideranças das mobilizações do primeiro semestre de 1970, na direção de centro acadêmico e membro da FEUB, integrou o comando da greve contra o aumento do Bandejão, que culminou com detenção, sob tortura, durante 40 dias, ao lado de vários companheiros do movimento estudantil. Graduado em 1974, na UnB, em clínica médica, com especialização em Medicina Chinesa Tradicional em Pequim (1985), autor de vários livros, dentre eles *A medicina dos sintomas*; *Natureza atormentada*; *Estados Unidos, militarismo e economia da destruição;* atualmente escrevendo obra sobre a teoria da doença crônico-degenerativa (uma abordagem dialética).

LUTA PELA DEMOCRACIA, ANOS DE FOGO E UM FUSCA AMARELO

João Nogueira Fanuchi

Nos meus dois primeiros anos na UnB frequentava as aulas em período integral, almoçava no restaurante estudantil (Bandejão), corria ao Centro Olímpico para me refrescar na piscina e voltava para as aulas da tarde. Jantava no Bandejão, que tinha uma comida com sabor bem ruim mas era barata e bem nutritiva. À noite estudava na Biblioteca, cujo acervo contava com livros básicos, portanto não precisávamos comprá-los. Assistia apresentações artísticas na Faculdade de Música e Teatro. Ali iniciei minha formação cultural, tão importante para a minha vida. Vivia cerca de 19 horas por dia dentro do campus da Universidade.

Como vinha de uma cidadezinha do interior, eu desconhecia os problemas do país. Era um jovem bem formado moralmente, ético, estudioso porém politicamente alienado.

Vivíamos a ditadura Militar e a UnB havia sido muito agredida pelos órgãos repressivos. Não havia lideranças políticas e não se ouvia falar de política lá dentro. O nível de ensino caíra, segundo os colegas mais velhos, devido à expulsão de muitos bons professores. Os Diretórios Acadêmicos foram extintos. O reitor era um Capitão de Mar e Guerra, José Carlos de Azevedo, físico com formação nos Estados Unidos, tido como inteligentíssimo, porém extremamente autoritário, preconceituoso e prepotente. Abriu as portas da UnB para os órgãos de repressão militares e paramilitares. Perseguiu estudantes, professores e funcionários que se opunham ao regime político vigente ou, até mesmo, à sua forma

1977
LIBERDADES
DEMOCRATICAS

de administrar. Entregou vários líderes estudantis aos órgãos repressivos, sendo que o maior deles, o estudante Honestino Guimarães, continua desaparecido até hoje e dá nome ao atual Diretório Central de Estudantes da UnB.

Aos poucos alguns estudantes, moradores do alojamento estudantil, foram se reunindo para reivindicar melhores condições de ensino, moradia e alimentação e conseguiram ecoar essas ideias entre os novos alunos que chegavam. A reitoria, pretendendo controlar o movimento estudantil e percebendo o crescimento da insatisfação com a falta de democracia dentro da universidade, resolveu criar a Representação Estudantil em lugar dos Diretórios Acadêmicos. Segundo as regras da Administração seriam eleitos três representantes da Medicina.

Já existiam dois grupos políticos organizados, um de nome Unidade, de centro-esquerda, com militantes ligados ao PCB, socialdemocratas e alguns trotskistas. Outro grupo, Oficina, composto majoritariamente pelos posadistas, também seguidores de Trotsky. Não conhecia nada de política, mas me preocupava com a qualidade do ensino e a falta de democracia e passei a frequentar as reuniões da Unidade, na qual se encontravam grandes amigos e companheiros da minha república. Aos poucos, os líderes do grupo perceberam a minha liderança na Faculdade e me convidaram para ser candidato a Representante Estudantil. Aceitei a missão e fui eleito com o dobro de votos de meus concorrentes.

Deu-se aí minha primeira experiência política. Engajei-me de vez no movimento estudantil e iniciei ali minha formação política. Nós nos reuníamos duas vezes por semana para estudar filosofia e discutir estratégias para a luta pela redemocratização do Brasil. Tornei-me trotskista, fundamos o Grupo Construção, ligado à tendência nacional Liberdade e Luta, praticávamos ações de panfletagem, cursos de formação política para operários, líderes comunitários e secundaristas. Fomos presos algumas vezes, fui punido pela reitoria da Universidade e tivemos participação efetiva na fundação do Partido dos Trabalhadores em 1979, ano da minha formatura.

Anos de fogo e o fusca amarelo

A greve geral da UnB em 1977 foi marcante em nossas vidas. O governo militar reprimia abertamente o Movimento Estudantil. Em São Paulo, a PM invadira a PUC, onde se realizava o Congresso de reconstrução da UNE e, pouco tempo depois, a UnB foi invadida pela PM de Brasília, com intuito de se acabar com a greve. O movimento grevista exigia a democratização da Universidade e o cancelamento de expulsões e de punições aplicadas a diversos líderes estudantis. Em 1976, sete estudantes, candidatos ao Diretório Universitário, já haviam sido expulsos e dezenas de outros receberam suspensões.

Já militava há dois anos, mas nunca tinha sentido o perigo tão perto. Em uma das mobilizações cerca de 200 estudantes faziam pedágio em uma avenida próxima ao campus quando o pelotão de choque da PM nos cercou e, com armas empunhadas, nos obrigou a deitar no chão de um terreno baldio, já dentro dos limites da Universidade. Pela primeira vez em minha vida tive um fuzil automático encostado em minha cabeça e o jovem policial da minha idade tremia segurando a arma. Fomos encaminhados à delegacia, interrogados por mais de 12 horas e quando o delegado percebeu que alguns estudantes eram filhos de altas autoridades do Governo Militar e que outros tinham parentesco com o Ministro do Trabalho, nos liberaram não sem antes nos passarem um belo e falso sobre os valores democráticos.

Sabíamos que iriam tentar nos prender individualmente, escolhendo-se um a um para se evitar a detenção de filhos de pais vinculados à ditadura. Ficamos muito atentos. Apoiados pela OAB de Brasília, através do advogado Sigmaringa Seixas, iniciamos um esquema de proteção da liderança e apoio jurídico aos que já estavam presos na Polícia Federal.

Vigiavam-nos 24 horas por dia. Agentes disfarçados de trabalhadores comuns permaneciam à frente do nosso apartamento, dos locais onde trabalhávamos, do restaurante, e nossos carros eram seguidos de forma acintosa. Nunca havia sentido essa sensação horrorosa de perda da privacidade. Dias depois, um colega da república estudantil, Luiz Falcoski, líder da Arquitetura, integrante da tendência Unidade, muito visado pela repressão, tentou sair de casa após vários dias confinado, pegou meu fusquinha para tentar fugir para outro local e, ao entrar no carro, foi cercado por diversos agentes à paisana, armados, que o levaram preso. Meu fusca foi junto. Fui à sede da OAB e, juntamente com os membros da diretoria da instituição, entramos em contato com os jornais para denunciar as prisões e buscar apoio político no Congresso Nacional.

Foi difícil e muito triste avisar os pais do colega, em Araraquara, sobre a prisão do filho e o seu enquadramento na temida LSN. O cerco estava muito grande e após passar alguns dias escondido em apartamentos de alguns senadores fui aconselhado por eles a sair de Brasília. Fiquei 15 dias no Triângulo Mineiro escondido na casa de amigos.

Após as prisões dos principais líderes e com a pressão política vinda do Congresso, dos meios de comunicação e o apoio de diversos movimentos estudantis, sendo o principal deles o da Universidade de São Paulo, o Governo começou a ceder, iniciou um diálogo, retirou as tropas de dentro da UnB e eu pude voltar para Brasília, retomar meu trabalho como professor de ensino médio, que me sustentava, e finalmente buscar meu fusca amarelo, "bandeiroso", com placa de Camanducaia-MG, que tanto serviu à luta democrática. Essas lembranças estão contidas em meu livro "Um Pediatra no Interior do Brasil: 38 Anos de História".

O autor

João Nogueira Fanuchi (Bragança Paulista-SP, 03/07/1955). Descendente de italianos da região Toscana, pela família paterna e de portugueses, judeus sefarditas, pela materna. Foi criado em Camanducaia, Sul de Minas Gerais. Estudou sempre em escolas públicas, desde o primário até graduação em Medicina na UnB, em 1979; e se especializou em Pediatria. Concluiu também Pós-Graduação em Saúde Pública e Medicina Tradicional Chinesa. Trabalha há 43 anos em Cambuí, Minas Gerais. Participou ativamente da luta pela redemocratização do Brasil, através dos movimentos estudantil e sindical. Participou da fundação do Partido dos Trabalhadores. Foi Prefeito de Cambuí entre 2001 e 2004 (PPS) e Secretário de Saúde do município pelo PSB, no período 2017-2018. Atualmente cursa Mestrado em Saúde Pública e trabalha na Clínica Fanuchi. Continua tendo participação política como membro da Comissão Executiva do Partido Socialista Brasileiro, diretório de Cambuí e é presidente da Associação Comunitária e Cultural Amigos de Cambuí.

A
D
F
E

FRAGMENTOS

Maria Teresa Gonçalves de Souza (Maythe)

Entrei na UnB em julho de 1973. Caloura, estranhei o clima frio e impessoal e o silêncio da universidade. Na minha imaginação, universidade era sinônimo de cultura, debates, conversas por todo canto. Mas vivíamos anos de chumbo.

Aos poucos, as coisas começaram a acontecer. Bem devagar. Cinema seguido por discussões: expressionismo alemão, neorrealismo italiano, nouvelle vague francesa. E tímidas discussões começando nas representações estudantis, organismos fruto da reforma universitária da ditadura, mas que os estudantes iam tomando para si como instrumento de debate e de organização. Posteriormente, a luta por entidades livres (Centros Acadêmicos e DCE) ocupou papel importante no conjunto das nossas reivindicações.

Devagar, debates e conversas foram se avolumando, bem como nosso desejo de uma universidade e de um país com democracia e de lutar por um mundo melhor.

Foi assim que eu acabei entrando em uma tendência estudantil (Construção) e em uma organização trotskista, tudo quase ao mesmo tempo.

Simultaneamente, o Movimento Estudantil ia crescendo em suas reivindicações democráticas e em sua articulação nacional. Nossa voz e nossos anseios eram os mesmos dos estudantes de São Paulo, do Rio, da Bahia, de Pernambuco.

A Universidade que eu imaginara em 1973 começava a tomar vida!

Assembleias, atos, manifestações, reuniões aconteciam, mesmo sabendo que éramos vigiados pelos inúmeros "dedos duros" que tentavam se aproximar e se colar na gente como sombras.

Várias correntes integravam o movimento estudantil. Além de Construção, da qual eu fazia parte (e que posteriormente veio a integrar a vertente Liberdade e Luta, a Libelu), havia Unidade (a corrente majoritária, ligada ao então Partidão), Debate e Ação (ligada à Ala Vermelha do PC do B e ao PC do B) e Oficina (ligada aos posadistas).

Foi nesse clima que, em dado momento, decidimos reinaugurar um espaço dentro do campus dando-lhe o nome de Praça Edson Luís. Uma homenagem ao estudante secundarista Edson Luís de Lima Souto, covardemente assassinado pela ditadura por ocasião da invasão do restaurante Calabouço, em 1968, pela Polícia Militar do Rio de Janeiro.

Mas a ditadura não poderia aguentar calada esse nosso gesto.

Lembro-me que, logo após o ato público, recebemos tarde da noite a informação de um jornalista, de plantão na redação do *Correio Braziliense*: na edição da manhã seguinte sairia publicada uma lista de 16 estudantes da UnB que seriam suspensos.

Bastou espalhar alguns cartazes pela Universidade, preparados na madrugada, para garantir uma das Assembleias mais curtas e mais lotadas que já tínhamos realizado até então. Fui eu a primeira e única oradora daquela histórica assembleia. Pernas tremendo muito (eu nunca tinha falado em uma assembleia), intervenção de alguns segundos, ficou decidido: a partir daquele instante entrávamos em greve geral por tempo indeterminado, até que as punições fossem revertidas.

Nós nunca tínhamos feito greve. Nem sabíamos como fazer. Mas saímos todos juntos da assembleia e fomos entrando nas salas de aula, convocando os presentes a engrossar a passeata. E, assim, a Universidade parou.

Fomos aprendendo a fazer greve com o desenrolar da própria greve. Comissão de segurança, com criação de rotas de fuga para tirar as lideranças de dentro da Universidade em caso de emergência, música, poesia, encenações teatrais, discussões sobre a conjuntura. Tudo acontecia por iniciativa dos estudantes. Quando pensávamos que nosso "fôlego" já não iria aguentar, alguma coisa acontecia para reavivar os ânimos. Volta e meia a Polícia Militar entrava na Universidade e ameaçava um massacre e depois recuava.

Acabei sendo presa às vésperas da vinda da Rosalynn Carter a Brasília. Jimmy Carter, o presidente dos Estados Unidos, dizia defender os Direitos Humanos. Os estudantes decidiram entregar uma carta a ela. E eu creio que foi mesmo entregue. Essa prisão tinha seu lado cômico. Estávamos ali, no que eu penso que era um dormitório de soldados (com muitos beliches), estudantes que participavam do Movimento Estudantil, alguns que não tinham nada que ver com o assunto, uma professora de Química que tinha ido à UnB só para ver suas experiências com um espectrômetro de massa, além de uma funcionária do Banco do Brasil que chegara ao campus para se apresentar ao trabalho!

Quando fomos liberados, ao final de alguns dias de prisão, tomaram nossos depoimentos e ficou claro que eles não sabiam direito quem era quem e essas eram as informações que eles estavam buscando. De mim não conseguiram nada.

Mais tarde me disseram que o delegado que tomou nosso depoimento tinha sido torturador em Recife. Não sei.

Pouco tempo depois após essas prisões saiu a notícia da expulsão de um bom número de estudantes e a suspensão de outros tantos. Foi a maneira que a ditadura encontrou para acabar com a greve: expulsar as lideranças, ocupar militarmente a Universidade (durante um longo semestre os estudantes tiveram que conviver com tropas uniformizadas e armadas dentro do Minhocão) e impor novamente o silêncio.

Mas a experiência não podia mais ser apagada e os estudantes da UnB daquela geração tinham aprendido a fazer greve. Minha experiência na UnB fez de mim quem eu sou. Expulsa da UnB no quarto ano de Medicina, fiz novo vestibular e continuei meu curso.

Participei da reconstrução do Movimento Estudantil da Universidade Federal do Ceará, da reconstrução da UNE, da luta pela Anistia (ampla, geral e irrestrita, o que não aconteceu), da fundação do Partido dos Trabalhadores, da construção da Central Única dos Trabalhadores (CUT), da fundação do Sindicato dos Médicos do DF.

Quando criança, ao me perguntarem o que eu queria ser quando crescesse, geralmente eu respondia: "médica de gente pobre".

E médica de gente pobre eu me tornei! Fiz concurso para trabalhar na Secretaria de Saúde do DF, onde estive até a minha aposentadoria, há alguns anos atrás. Sem arrependimentos.

Hoje? A luta continua...

A autora

Maria Teresa Gonçalves de Souza (Maythe). Meu nome é Maria Teresa Gonçalves de Souza. Maythe é meu apelido de infância e como sempre fui chamada pela família e pelos amigos. Médica, iniciei meu curso na UnB e o terminei na Universidade Federal do Ceará, onde ingressei através de um novo vestibular e tive meus créditos aproveitados. Voltei para Brasília onde exerci a profissão na especialidade de Clínica Médica até a minha aposentadoria, há alguns anos, sempre no serviço público de saúde. Após a minha aposentadoria, passei a dedicar-me à fotografia.

O PAPEL PIONEIRO DA MEDICINA NA RECONSTRUÇÃO DO MOVIMENTO ESTUDANTIL

Carlos Geraldo Megale

O ano 1968 é conhecido como a primavera da juventude, sobretudo em Paris, contra a velha ordem na política, na cultura e nos costumes. No Brasil foi além, tornou-se o grito de "abaixo a ditadura" nas palavras e nas ações dos estudantes. O Movimento Estudantil (M.E.) assumiu-se como vanguarda política. Os ditadores de plantão impuseram o AI-5 e o decreto-lei 477, intensificaram a repressão, o uso da tortura, com desaparecimentos e mortes. Tudo isso converteu-se no selo de uma política de Estado.

A UnB, ainda nascente, sofreu violenta invasão policial-militar em 1968, seguida de prisões, punições com suspensões, desligamentos ou exclusões de estudantes. O decreto-lei 477 assentou-se como uma luva a partir de 1969 nos planos ditatoriais. Estudantes considerados líderes são desligados por três anos e impedidos de ingressar em qualquer outro estabelecimento de ensino público no Brasil.

Até 1968 o vestibular para o Instituto Central de Ciências Biológicas - ICCB era unificado em Biologia, Medicina, Psicologia e Agronomia. Após dois anos, em um curso básico, os alunos poderiam fazer sua opção, com critérios vagos e mal definidos academicamente. Aí germina a resistência e a rearticulação do Movimento Estudantil, que tem na Medicina um ator de destaque. A turma que ingressou em 1968, ao findar seus dois anos de curso básico, revolta-se com a decisão de se ofertar à Medicina apenas 40 vagas. Inicia-se a mobilização estudantil com a maioria pleiteando seu ingresso no curso, sonho alimentado já por

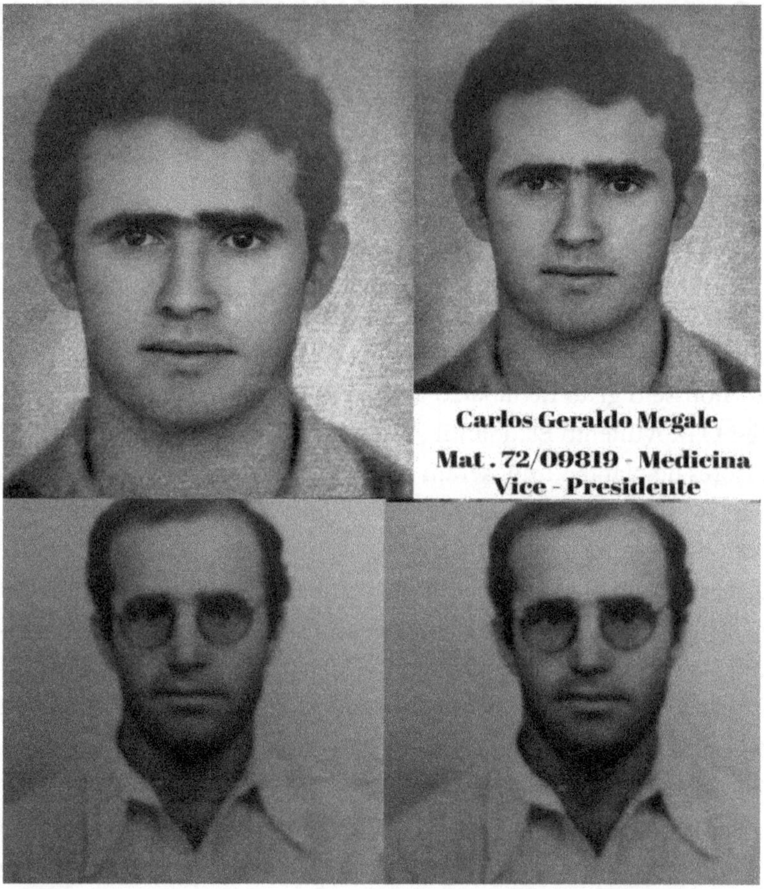

Carlos Geraldo Megale
Mat . 72/09819 - Medicina
Vice - Presidente

ocasião do vestibular. Esse movimento, que inclui reuniões, assembleias, debates e incursões junto ao Ministério da Educação e Cultura (MEC), ao Congresso Nacional e à imprensa, sai vitorioso.

Assim, a UnB é levada a absorver todos os estudantes, conforme suas opções no vestibular. A maioria foi para a Medicina, o que levou a UnB a fazer uma primeira reforma curricular: o ICCB acabou desmembrado. Surge o Instituto de Saúde, ao qual passam a se vincular os cursos de Medicina, Educação Física, Odontologia e Nutrição, com vestibular específico para cada um deles. A Medicina passa a contar com três departamentos: Medicina Complementar, Medicina Especializada e Medicina Geral e Comunitária. Agronomia e Psicologia ganham seus próprios departamentos e a Biologia passa a compor, sozinha, o Instituto de Biologia (IB), este integrado pelos departamentos de Biologia Vegetal, Biologia Animal e Biologia Celular.

Mas, mesmo sendo obrigada a acatar as reivindicações dos estudantes, a UnB inicia sua sanha punitivista com jubilamentos, suspensões e desligamentos baseados no Decreto-lei 477. Muitos colegas de 1968 foram atingidos e desligados da vida acadêmica por três anos.

O vestibular de 1971 oferece vagas para Odontologia mas, na hora da matrícula, alunos são informados de que o curso não seria implantado naquele ano. Isso só veio a ocorrer em 1978. Inicia-se uma nova e justa revolta. Após grandes mobilizações no campus, pressões junto ao MEC e denúncias ao Congresso, a UnB decidiu pela assimilação dos aprovados para Odontologia em outros cursos. A grande maioria foi para a Medicina e uma parte menor para a Biologia. Na Medicina, entretanto, o número de professores era insuficiente para absorver o número repentino maior de alunos. E assim, uma turma começou o curso no primeiro semestre e outra, no segundo.

Todos esses problemas, e suas consequentes mobilizações, propiciaram o surgimento de novas lideranças que, a partir de 1973, tiveram atuação destacada na rearticulação do movimento estudantil na Universidade. O grupo incluía alunos que haviam ingressado na UnB a partir de 1966, porém a maioria o fez a partir de 1968. Eles passam a compartilhar com as novas turmas da Medicina e de outros cursos a experiência política acumulada. As mobilizações questionavam a Política Educacional do Governo (PEG) e a Reforma Universitária, e também os problemas específicos da UnB como a grade curricular, a deficiência do número de professores, as condições de estudos, moradia e alimentação no campus, a necessidade de implantação das representações estudantis e a demanda por um internato hospitalar para sextanista de medicina, entre outras demandas.

Em 1972, 32 vagas para Medicina foram oferecidas nos dois vestibulares do ano mas o número sempre crescia por conta da transferência de alunos vindos de escolas de outros estados e até do exterior, geralmente filhos e parentes de militares e de altos funcionários do governo. Por exemplo: a turma de 32 alunos do segundo semestre de 1972 saltou para 64 em função desses mecanismos. Isso gerava problemas, atritos e desconfianças. No final de 1973, os estudantes foram ao MEC exigir mais professores. Conseguiram a contratação de oito e a promessa de mais 12 para o início de 1974.

No Departamento de Medicina Geral e Comunitária a ênfase em saúde pública e envolvimento comunitário foi marcante. Ela possibilitava a integração estudante/comunidade/escola e território. Doenças como chagas, tuberculose, hanseníase e parasitoses intestinais eram abordadas não só com foco nos patógenos, mas também nas condições de moradia, água e esgoto, renda familiar e outras, que favoreciam a proliferação deles. O território era a Vila Buritis, em Planaltina, onde a experiência foi bem sucedida, pois ali havia boa integração entre a comunidade e a universidade, um compromisso que envolvia confiança e ética.

Ademais, a UnB, por convênios com GDF (Governo do Distrito Federal), através da Secretaria de Saúde e da FHDF (Fundação Hospitalar do Distrito Federal), usava o Hospital de Sobradinho como hospital-escola e os demais hospitais da rede como espaço para expansão de internato para sextanista e outros cursos. A parceria continuou até 1980 quando acabou o convênio.

Nesse ambiente fervilhado por demandas a Medicina tornou-se expoente das mobilizações, apesar da repressão no campus e das notícias sobre torturas nos porões da ditadura. Muitos dos expulsos de 1969 participavam da resistência ao regime militar através de outras formas de luta, aqui ou no exílio. Muitos, vencidos seus três anos de desligamento forçado, voltavam à UnB.

Em 1973 alunos da Medicina iniciam a luta para a implantação de representação estudantil, concessão da ditadura após o fechamento e proscrição da UNE e dos diretórios e centros acadêmicos anteriores. As representações consentidas eram cheias de impedimentos burocráticos e limitantes.

A representação da Medicina é conquistada no início de 1974, instalada em uma sala no subsolo do Minhocão, a famosa sala FS-121, equipada com 01 máquina de escrever, mesa e cadeiras. Nela foi montado um mural e para lá levávamos jornais e revistas. Tornou-se um espaço para reuniões e encontros. No espaço debatíamos temas gerais de nosso interesse como a experiência dos médicos de pés-descalços da China, saúde comunitária no Brasil e em outros países, medicina cubana, a medicina de grupo que estava começando, as tecnologias farmacêuticas, a CEME (Central de Medicamentos criada pelo governo), fitoterapia e outras abordagens médicas que não integravam nosso currículo.

Em maio de 1974 elegemos nossos representantes: Silvio Carlos Duarte para o Departamento de Medicina Especializada, Carlos Geraldo Megale para o de Medicina Complementar e Carlos Alberto Camargo Campos (Carlão), para o de Medicina Geral e Comunitária, com mandatos até 30/04/1975. Depois seguiram-se as eleições para os períodos 1975-1976, e 1976-1977, quando estoura a greve geral, com repercussão no Movimento Estudantil de todo o Brasil.

Em 1976 a Medicina, com seus alunos de internato, os sextanistas, reivindica a ajuda de custo de Cr$ 830,00 (oitocentos e trinta cruzeiros) e melhores condições de estudo e trabalho. Acontece a primeira paralisação na UnB, que inicia-se em 19/02/1976 e vai até 04/03/1976. Grande mobilização, com notas, cartas abertas e envolvimento do MEC, Congresso, OAB, associações médicas, imprensa. Boa parte dos pleitos é aceita, revertendo-se até mesmo a punição de 97 alunos com suspensão, imposta pela reitoria.

As lutas da Medicina tiveram sempre o apoio de professores mais democráticos, entre os quais se destacaram: Dr. Frederico Simões Barbosa, então diretor, Carlos Eduardo Costa, Carlyle Holanda de Lavour, Geniberto Paiva, Aloisio Costa Pinto, Paulo Tavares, Albino Magalhães Verçosa, Leda Del Caro Paiva, entre outros.

Mas foi decisiva a participação de alguns estudantes oriundos das turmas da década 1960, sobretudo os de 1968, bem como dos que entraram na década de 1970. Suas atuações foram não só na linha de frente, mas também com importante contribuição teórica e prática, com o conhecimento histórico e político mais profundo. São eles, em ordem alfabética:

Ana Maria Costa, Arlete Avelar Sampaio, Avelino José Resende, Arlindo Chinaglia Júnior, Adilson Costa Macedo (Macedinho), Ângela Cariello, Carlos Alberto Camargo Campos, Dênis Marinho Brandão (já falecido), Eurípides Alvarenga Barbosa (Téo), Flávio Alberto Botelho, Fernando Daltron, Gastão Wagner, Gilson Dantas de Santana, Heleny de Oliveira Pena, Ivan José Maciel,

Ivonete Santiago, Jackson Semerene Costa, João Nogueira Fanuchi, João Simplício Lopes Martins (já falecido), Leila Abdallah, Maria Tereza Gonçalves de Sousa (Maythe), Maria José da Conceição (Maninha), Ricardo Ferreira Deusdará, Silvio Carlos Duarte, Valter José Coser, William Devoti e Walter Peninha.

Certamente cometo omissões injustas e involuntárias em relação a outros colegas e estudantes das turmas da Medicina que marcaram as décadas de 1960 e 1970 e contribuíram para a rearticulação do Movimento Estudantil, não só na UnB mas em todo o Brasil. Toda essa dedicação viria a desembocar na greve de 1977, impulsionando o movimento geral da sociedade civil pelo fim da ditadura e pela redemocratização do país. A eles, minhas desculpas.

O autor

Carlos Geraldo Megale (Borda da Mata-MG, 02/12/1949), médico. Fez os primeiros estudos na cidade natal e o secundário em Pouso Alegre-MG. Muda-se para Belo Horizonte (MG) em 1970 e em julho de 1972 para Brasília, onde é aprovado no vestibular da UnB para Medicina. Começa a militar no movimento estudantil, em 1973, no ano seguinte é eleito representante estudantil do Departamento de Medicina Complementar da Faculdade de Medicina, exercendo o mandato até 30/04/1975. Em novembro de 1976, em mandato tampão, é eleito vice-presidente para o Diretório Universitário (primeira eleição). Participa ativamente da mobilização e da greve iniciada em maio de 1977, sendo expulso em 18/07/1977, com mais 29 estudantes. Em 25/01/1975 é aprovado em concurso público para professor de 1º e 2º graus da FEDF (Fundação Educacional do Distrito Federal), da Secretaria de Educação do GDF. Exerce o cargo de professor na cidade satélite do Gama, deixando-o em junho de 1979 para retomar o curso de medicina na Universidade Federal do Ceará (UFC), formando-se em janeiro de 1981. Como professor, participa da APDF (Associação dos Professores do Distrito Federal) e da fundação do Sindicato dos Professores do Distrito Federal (Sinpro/DF). Já na UFC, juntamente com Hudson Cunha, Maria Tereza Gonçalves de Souza (Maythe), Manoel Mosart Machado, todos da lista dos 30 expulsos da UnB, participa da rearticulação e organização do Movimento Estudantil naquela instituição.

Com bolsa do Ministério da Saúde, faz o curso de especialização em Saúde Pública na Faculdade de Saúde Pública da USP, de fevereiro a julho de 1981, tornando-se médico sanitarista. Aprovado em concurso público da Secretaria de Saúde do Distrito Federal/FHDF, é nomeado para trabalhar na cidade satélite do Gama-DF. Em outubro de 1981 é nomeado médico do Programa de Saúde Escolar (PISE) da Secretaria de Educação/FEDF. Passa então a trabalhar nestas duas fundações. De 24/04/1989 até 31/03/1990 é cedido para trabalhar no Ministério da Saúde. No ano 2000, com licença sem vencimentos, vai para Aracaju, onde atua como médico do Programa Saúde da Família até novembro de 2001.

Fez curso de médico sanitarista, médico generalista e acupunturista, com especialização de 600 horas na China. Trabalhou como médico do SAMU/DF na função de regulador, depois como médico no Centro de Saúde número 13/ Asa Norte, em seguida no Pronto Socorro do Hospital Regional da Asa Norte-HRAN. Aposentou-se em julho de 2016 pela Secretaria de Saúde-DF e em julho de 2017 pela Secretaria de Educação-DF. Sempre estudou em escola pública e trabalhou no serviço público, defende a saúde e a educação públicas como direitos de todos e dever do Estado.

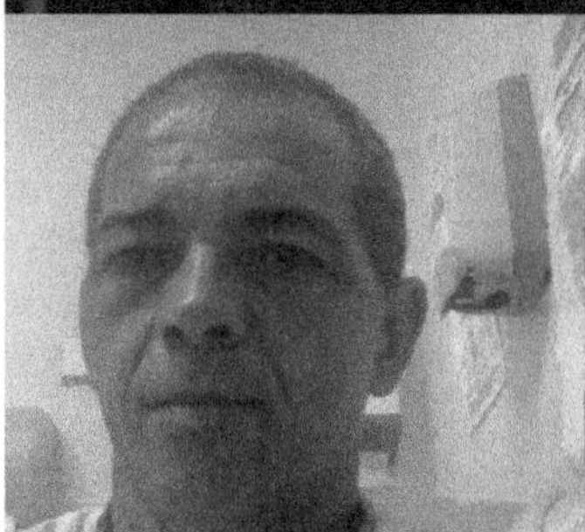

A DITADURA E A UnB: ANOS DE CHUMBO... E DE LUTAS

Eduardo Almeida Neto

Brasília, 1970. A capital do país vivia uma das fases mais repressivas da ditadura Militar, com Garrastazu Médici no governo. O AI 5 vigorava desde 1968. O decreto lei 477 era o AI 5 aplicado às universidades.

O crescimento econômico: o" milagre", como dizia a propaganda oficial- embalava a ditadura, que prendia e torturava barbaramente centenas de opositores.

A censura prévia à imprensa foi imposta em janeiro daquele ano. A repressão nas artes era tão forte que Chico Buarque, um dos mais censurados, teve que apresentar a música "Acorda Amor" com o codinome de Julinho da Adelaide.

O Movimento Estudantil, que enfrentou diretamente a ditadura, teve um grande momento em 1968. Mas foi derrotado, com seus dirigentes sequestrados, presos e vários deles mortos.

A UnB foi projetada pelas genialidades de Darcy Ribeiro e Oscar Niemeyer. Um projeto inovador, com longos corredores, integrando todas as faculdades. Desde sua inauguração em 1962 foi um centro nacional da intelectualidade universitária.

Poucos anos depois de sua inauguração veio o golpe militar. A universidade sempre foi uma fonte de contestação à ditadura. Por isso foi duramente reprimida, sendo ocupada logo depois do golpe, em abril de 64.

Foi cercada e ocupada novamente em agosto de 68, com tropas de choque. Prenderam 500 alunos, mantiveram 300 deles na quadra de basquete, transformada em campo de concentração. Honestino Guimarães, a mais importante liderança estudantil, presidente da FEUB (Federação dos Estudantes Universitários de Brasília) foi preso, barbaramente torturado e logo depois expulso. Outros estudantes e professores foram também expulsos.

Para impor a mão repressiva da ditadura, a UnB passou a ter em sua direção o capitão da Marinha José Carlos de Azevedo, como vice-reitor. Azevedo foi nomeado em 68, no mesmo dia em que expulsaram Honestino Guimarães. Todos sabiam que era ele quem mandava na universidade. Azevedo era do CENIMAR, serviço de informações da Marinha, ligado à tortura e a assassinato de opositores.

O espanto e a raiva: O vestibular para Medicina em 69, como sempre, foi muito disputado. A UnB, apesar de toda a repressão, seguia sendo uma das mais importantes universidades do país. Foram aprovados 240 alunos para começar o curso em 1970.

O primeiro contato dos novos estudantes com a mão dura de Azevedo foi logo nos primeiros dias de aula. Um representante da reitoria foi em cada sala informar que, apesar de terem passado para Medicina, só metade dos estudantes iria seguir o curso. Todos os 240 deveriam estudar os dois anos do ciclo básico. Mas depois, só os 120 melhores seguiriam Medicina. Os outros poderiam escolher entre Biologia, Odontologia e, talvez, outros cursos.

A surpresa e a decepção tomaram conta dos alunos. Afinal, tinham passado em um vestibular duríssimo. Muitos se deslocaram de outras partes do país para cursar Medicina na UnB.

Um aluno levantou a mão em uma das salas de aula, na frente do emissário da reitoria. Falou o que sentia: "Eu passei para Medicina, não quero cursar outra coisa, nem quero perder dois anos de minha vida para nada." O representante de Azevedo, surpreso pela contestação, terminou a "conversa": "Vocês passaram para Medicina, mas só tem 120 vagas. E vai ser assim. Ponto final."

Passamos os dias seguintes em um clima de espanto e raiva. Pesava o clima geral do país, a ditadura, a repressão, a ausência de qualquer tipo de organização dos estudantes, todas as entidades reprimidas e suspensas.

O clima era péssimo, incluindo a competição entre os alunos. Afinal só os 120 "melhores" poderiam seguir. Um fato ilustrava o desastre. Como alguns livros eram mais caros, eram estudados na Biblioteca. Um dia, um dos livros teve a página arrancada por um dos estudantes, para que os outros não pudessem ler.

Depois das aulas, nós conversávamos sobre o que fazer. Comendo no Bandejão, sentados em qualquer lugar, em pequenos grupos. Uma das conversas reuniu, ao lado de uma pequena palmeira, alguns estudantes sentados na grama.

Entre outros estavam lá alguns que depois se transformariam em lideranças do movimento. Gastão Wagner, óculos redondos, fala rápida e precisa. Eduardo Almeida Neto, negro, cabelo "black power", o que tinha feito a pergunta ao representante da reitoria. João Simplício, cabelos compridos e barba negra, tímido, falava pouco em assembleias, mas muito firme. Arlindo Chinaglia, expansivo, amigo de todos. Jeremias, admirado por ter obtido o primeiro lugar no vestibular.

Eles avaliaram que não se podia aceitar a determinação da reitoria. Todos tinham passado para Medicina e iriam cursar Medicina. Decidiram convocar uma assembleia de todos os alunos. Começava ali um movimento que iria sacudir a Faculdade de Medicina e depois toda a UnB.

Nós não tínhamos nenhuma experiência política. Não havia, naquele momento, nenhuma conexão com os ativistas que estiveram na vanguarda no passado. O Movimento Estudantil em todo o país estava em refluxo, depois da repressão e derrota de 68-69. As organizações de esquerda estavam na clandestinidade.

Os novos alunos de Medicina não tinham a maturidade trazida pela experiência. Mas tampouco carregavam nos ombros o peso das derrotas de 68. Tinham uma profunda revolta ante a injustiça que estavam sofrendo, e a consciência geral de repúdio à ditadura Militar que sufocava o país.

O sentimento de luta pela justiça local e nacional superou o medo da repressão. E fomos à luta. Durante dois anos fizemos greves, mobilizações dentro e fora do campus, *peitamos* Azevedo e a ditadura.

Organizamos uma passeata dentro do campus, entregamos nossa reivindicação ao reitor. Entrávamos no prédio da reitoria cantando a Suíte do Pescador, de Dorival Caymmi, com seus versos "minha jangada vai sair pro mar.". O capitão vice-reitor ficava furioso.

Levamos a luta para fora do campus, buscando atrair apoio da população. Afinal de contas, reivindicávamos o que nos era devido e queríamos que a população tivesse mais médicos. Montamos uma missa campal. Chamamos artistas para se apresentar no campus.

A ousadia foi uma marca de todo o período. Decidimos ir vestidos de branco, fazer uma manifestação na Esplanada dos Ministérios, em plena ditadura. Sentamos no gramado em frente ao prédio do Ministério da Educação, escrevendo com nossos corpos: "+ vagas", para que a imprensa fotografasse.

Alunos de medicina, vestidos de branco, desarmados, querendo seguir estudando medicina. Difícil, mesmo para a ditadura, justificar a repressão. O ministro, naquele momento, era o coronel Jarbas Passarinho. Perante a manifestação instalada, Passarinho mandou um emissário, aceitando que uma comissão fosse recebida.

Os estudantes reagiram: "comissão, nada! Ou sobe todo mundo, ou não vai ninguém!". E isso foi votado, na frente do emissário aturdido do ministro. Passarinho acabou aceitando. E aqueles alunos alegres, irreverentes, desbocados, invadiram o escritório do ministro, cantando Dorival Caymmi.

Depois de dois anos de passeatas, greves, atos dentro e fora do campus, a reitoria recuou. Foi aceita a entrada dos 240 alunos na Medicina. Só que 120 seguiriam direto e 120 entrariam na medicina um semestre depois. Em assembleia, os estudantes aprovaram a proposta. A vanguarda encabeçou a lista dos 120 que aceitaram entrar seis meses depois.

Tivemos uma vitória contra o capitão Azevedo e contra a ditadura. A raiva superou o espanto.

O movimento estudantil se rearticula... esse foi só o início. Com a mobilização e a vitória, o movimento estudantil na UnB renasceu. Os estudantes de medicina se transformaram em uma referência para os alunos de outras faculdades. Surgiram grupos de ativistas na Comunicação, na Geologia, Psicologia e em outras faculdades. Apareceram novas lideranças como Bárbara Hartz, Paulo Bernardo (Paulão, da Geologia), Davi Emerich (Jornalismo), João Maia (Engenharia). Na mesma Medicina, novas levas de lideranças surgiram como Peninha.

A esquerda se reorganizava na universidade, no marco da fermentação política do movimento estudantil. Distintos grupos políticos surgiram, com parte da nova vanguarda. As duas maiores tendências estudantis foram organizadas pelo trotskista PORT e pelo Partido Comunista Brasileiro. É necessário ressaltar o papel positivo nessa organização cumprido por Gilson Dantas, preso em setembro de 1970, que ajudou a construir o trotskismo do PORT entre a vanguarda da medicina.

A repressão seguiu se abatendo sobre ativistas da esquerda. Além de Gilson, foram presos Hélio Doyle e Maninha (Ação Popular), e outros. Honestino Guimarães, que estava na clandestinidade desde 69, foi novamente preso, torturado e morto em 1973.

Em 1974, o clima de oposição começou a se expressar em todo o país. A oposição parlamentar (MDB) ganhou as eleições, apesar de todas as restrições. Geisel, que assumiu naquele ano, prometia uma "distensão lenta gradual e segura". A ditadura buscava fazer algumas concessões democráticas para se perpetuar.

Os estudantes da UnB decidiram então retomar suas entidades. Não existia nada, a não ser a eleição de representantes estudantis, dentro da institucionalidade limitada e repressiva da universidade. Decidimos começar a ocupar esses espaços, mesmo limitados. Em 1974 e 75 nos articulamos para retomar o Diretório Universitário, previsto por lei e ultra limitado, mas inexistente. Se ocupado pelas lideranças do movimento poderia ser um marco para a retomada da organização estudantil e de um futuro DCE livre.

Em outubro de 74, em uma assembleia geral dos estudantes com quase mil alunos, se aprovou um anteprojeto de estatuto alternativo do Diretório Universitário. Esse projeto seguiu em debate público com a reitoria que impunha limites após limites. Os estudantes seguiram se mobilizando, realizando atividades culturais e políticas na universidade, em defesa de sua organização.

Um ano depois, em outubro de 75, foi realizado um plebiscito sobre o DU com todos os estudantes da universidade. Logo depois, realizada uma assembleia geral e um grupo de representantes levou até o MEC a reivindicação da criação do Diretório Universitário.

Em janeiro de 76, a reitoria anunciou um aumento de 50% nos preços do Bandejão. O movimento rapidamente se articulou em um boicote, junto com a preparação alternativa da comida pelos próprios estudantes e funcionários do "bandejinha", a preços mínimos. A luta foi vitoriosa e a reitoria recuou para um reajuste de 11%.

Os mesmos alunos da Medicina da mobilização de 70 e 71, agora sextanistas e internos, deflagraram uma greve por melhores condições de ensino e trabalho. A luta foi também parcialmente vitoriosa, apesar das punições a suas lideranças.

Em maio de 76 foi afinal definida a eleição do DU. Duas chapas foram montadas, uma mais radical (Oficina, encabeçada por Peninha, Bárbara Hartz e Paulo Bernardo) e outra mais moderada (Unidade, dirigida por Davi Emerich, João Maia e José Humberto). Um clima de agitação e efervescência tomou conta do campus, com um debate político aberto e livre entre as chapas, por cima de todas as restrições impostas pela reitoria, com um claro questionamento da ditadura militar. Os panfletos das chapas passavam por cima das limitações formais da reitoria. A luta contra a ditadura se expressava com nitidez nas duas chapas. O movimento estudantil assumia sua cara política explicitamente, nas barbas do capitão Azevedo.

A reação da reitoria não se fez esperar. Imediatamente abriu uma comissão de inquérito para averiguar as "infrações" e suspendeu as eleições. Para tentar legitimar a "comissão", indicou como "representante dos alunos" Eduardo de Almeida Neto, uma das lideranças das mobilizações da Medicina e de toda a universidade desde 70. Mas ele se recusou, corretamente, a participar da "comissão", esvaziando a manobra.

Ainda no meio da crise, reuniu-se na UnB a 28ª Reunião da Sociedade Brasileira para Progresso da Ciência. Como tinha sido em anos anteriores, a SBPC foi um espaço usado para denunciar a ditadura. Naquele momento, serviu para amplificar o repúdio dos estudantes à repressão.

Nesse período, o vice-reitor Azevedo assumiu formalmente a reitoria. Logo após a SBPC, fez um ataque mais duro contra o movimento estudantil.

Depois de idas e vindas ao Ministério da Educação, tínhamos conseguido a licença inédita para a criação de um Diretório Universitário da UnB (DU). Lotando os auditórios do Minhocão em que se davam os debates, com estudantes aglomerando-se até nos corredores para acompanhá-los, a campanha estudantil pela conquista da direção do DU chamou especial atenção. Temas democráticos incluídos na agenda das discussões, como a redemocratização do país, o fim do AI-5 e sua versão estudantil, o decreto-lei 477, aguçaram a repressão.

Logo, a disputa foi interrompida pela suspensão da eleição e a instauração de uma comissão de inquérito formada por representantes indicados pela reitoria, bem como pelo próprio reitor. Ainda no primeiro semestre de 1976, a comissão concluiu pela suspensão de quatro alunos por 30 dias, outros seis por 60 dias, dois por 90 dias e expulsou sete.

Os sete expulsos foram Eduardo Almeida Neto, Barbara Hartz, Peninha, Paulo Bernardo da Silva (Paulão), Davi Emerich, João da Silva Maia e José Humberto Rodrigues, parte importante das lideranças estudantis daquele momento.

Azevedo nos acusava de "baderneiros", "vagabundos". Nos anos que se seguiram, o capitão morreu, sem ser punido por seus crimes. Mas passou para o lixo da história. Os punidos por ele e pela ditadura tiveram rumos distintos, alguns com destaque em suas profissões, outros em carreiras políticas. Mesmo com as expulsões, o movimento seguiu. Em novembro de 76 acabamos impondo a primeira eleição para o D.U., vencida pela chapa Unidade.

Em 1977, a realidade brasileira começou a mudar. No 1º de Maio, oito estudantes e operários foram presos por uma panfletagem no ABC. O movimento estudantil saiu às ruas pela primeira vez com força em São Paulo. A UnB se mobilizou contra o jubilamento na universidade, e apoiando a luta em São Paulo. No país inteiro, renasceu o movimento estudantil, e a UnB era parte disso.

Em maio houve novamente eleição para o D.U., agora vencida pela chapa Oficina. Logo depois a UnB iniciou uma histórica greve geral para enfrentar uma nova repressão das lideranças executada pelo reitor capitão Azevedo. O reitor reagiu com mais 30 expulsões.

Mas a UnB já não mais baixaria a cabeça perante a ditadura. Já era parte de um grande movimento nacional, com idas e voltas, que acabaria derrotando o regime militar e seus agentes, como Azevedo. A UnB foi parte da fermentação que ajudou na gestação desse processo nacional, e podemos nos orgulhar disso.

O autor

Eduardo Almeida Neto (Rio de Janeiro-RJ, 1951). Os tempos do movimento estudantil na UnB foram, para mim, apaixonantes e transformadores. Aprendi ali que era possível mudar o mundo se as massas se moviam. Conseguimos derrotar Azevedo na Medicina, o que parecia improvável em 1970. Depois, o movimento estudantil nacional, as greves operárias e a mobilização das diretas derrubaram a ditadura. Em 1970 me tornei um militante socialista, trotskista. Sigo até hoje assim, com muito orgulho. De Brasília, vim para São Paulo, participei nas greves operárias de 1978-79 no ABC, junto com meus companheiros da Convergência Socialista. Ajudei a fundar o PT, do qual fui parte da primeira direção estadual de São Paulo. Fui expulso do Partido dos Trabalhadores em 94, por não concordar com seus rumos. Nesse momento ajudei a fundar o PSTU, no qual milito até hoje. Hoje tenho 70 anos. Casado, quatro filhos, dois netos. Sigo sendo médico de emergência nos Prontos Socorros públicos de SP, na linha de frente contra a Covid 19 desde o início. Fiz centenas de entubações de pacientes graves. Tive Covid, fiquei hospitalizado um dia, depois da quarentena voltei para a linha de frente. Como militante socialista e como médico, ainda guardo em mim o cheiro da grama do campus da UnB.

ESTUDANTES E PROFESSORES CONTRA O CAPITÃO DA DITADURA

Walter Peninha

O método: Entrei na UnB sem nenhuma experiência política anterior. O sonho era ser médico, trabalhar em comunidades carentes e ajudar no que fosse possível.

Nas primeiras disciplinas depois do básico havia uma em especial que foi determinante para que eu enxergasse o mundo com outros olhos. Certo dia um professor nos comunica que a aula seria na Vila Buritis em Planaltina. Essa vila, naquela época, era na verdade uma invasão de barracos de madeira e papelão feita por brasileiros abandonados pelo Estado brasileiro.

Os estudantes eram orientados a visitar essas famílias, observar suas casas e depois de um breve exame e anamnese (registro de dados após conversa com o paciente), colher sangue, urina e fezes dos familiares.

Esse material era levado ao laboratório e todos voltavam à Vila para orientar e medicar os que apresentassem alterações.

Os pobres barracos malfeitos permitiam a entrada das chuvas, do frio e da poeira. As ruas eram de chão batido onde gatos, cachorros e crianças defecavam, tornando as ruas um esgoto a céu aberto.

Para os estudantes que vinham geralmente da classe média aquilo era uma cena nunca antes vista. Na ditadura a censura escondia as mazelas do regime.

Quando os exames ficavam prontos, voltávamos à Vila com receitas e remédios. Todos eram devidamente tratados.

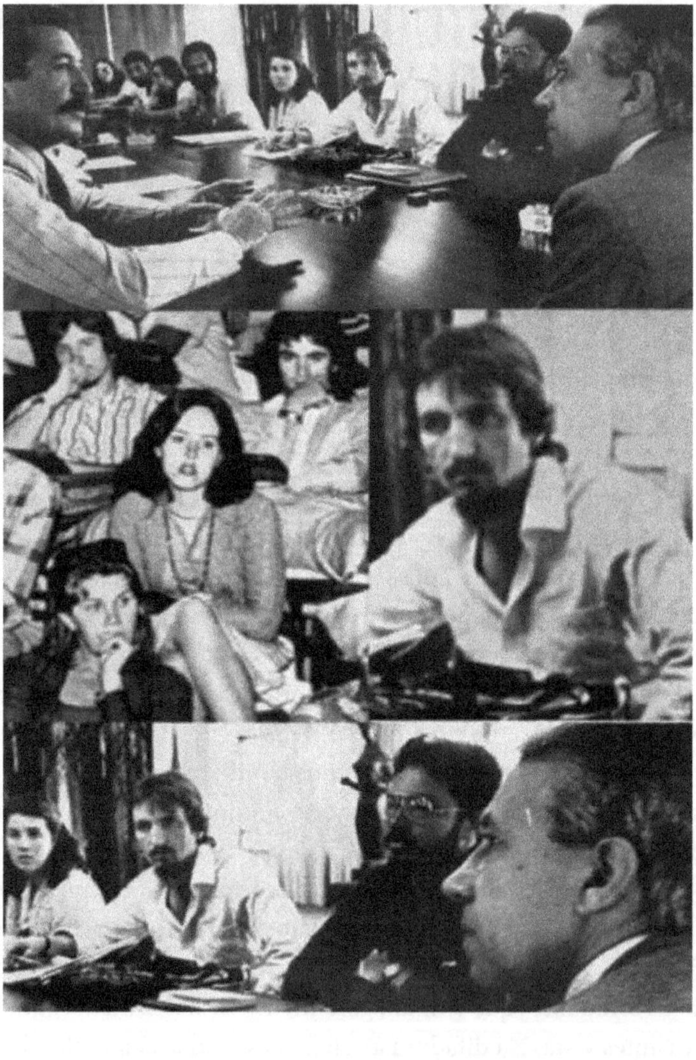

Alguns meses depois o processo era repetido e o óbvio era constatado: todos estavam novamente doentes e com as mesmas moléstias anteriores ou até mais graves. Os professores tinham então a ilustração daquilo que queriam ensinar: as condições precárias sem saneamento básico, moradias dignas e falta de alimentação eram a principal causa das doenças que se repetiam como verminoses, pneumonias, diarreias, bronquites, alergias, subnutrição etc. Hoje no Brasil ainda morrem milhares de crianças todos os anos por diarreia.

Os professores: Essa maneira simples de abordar essa grave situação faz lembrar Paulo Freire que usa as ferramentas reais do dia a dia.

Havia muitos professores revolucionários, de esquerda e de formação humanista. Ainda que fossem ameaçados pela reitoria eles nos formaram para a compreensão universal, princípio da função maior de uma universidade. Minhas homenagens aos que ensinam.

A classe média não tinha noção daquela realidade e ainda não tem. Para mim, aquilo foi o choque que me acordou para o mundo.

A experiência: Depois disso, os contatos com os que vieram antes, na Medicina, fizeram a diferença. Arlindo Chinaglia, Heleny Penna, Gastão e Florianita, Eduardo Almeida, Floriano Pastore (Química), Manoel Coró (Biologia), Gilson Dantas e tantos outros de diferentes departamentos que foram muito generosos na minha formação.

Eu não tenho dúvidas de que o Departamento de Medicina concentrou companheiros de muito valor e que foram os grandes responsáveis pela retomada das lutas estudantis na UnB.

Foi como se eu tivesse visto o mundo com todos os meus sentidos, daí a importância da universidade sem censura e aberta a todo tipo de aprendizado. A partir daí eu comecei a criar amizades fora da Medicina e a agitar ideias pelas bandas da Geologia, da Comunicação, do Direito, da Psicologia.

Fiz grandes amigos como o Paulão Bernardo (companheiro inseparável), João Maia, Davi Emerich, Helinho (Hélio Lopes dos Santos, um grande amigo no governo petista de 1995, do Distrito Federal), David Duarte, Silvio Duarte, Flavão, Venilton, Érika Kokay e centenas e centenas de grandes camaradas.

Os ensinamentos dos mestres: E o movimento estudantil foi entrando naturalmente na minha vida. Atuando nele comecei a ler Marx e Engels, Lênin e Trotsky. Meus grandes mestres na UnB foram Arlindo, Heleny, Gilson, Coró e Floriano. Minha eterna gratidão.

Levado por essa turma entrei para o grupo clandestino Trotskista-Posadista. O PORT-P, cujo nome público, na Universidade, era Oficina (acho que a sugestão foi minha) me ensinou a dialética. Candidato a presidente do D.U., fui expulso juntamente com Paulão Bernardo, Bárbara Hartz e Eduardo Almeida.

A luta contra a ditadura: A repressão nunca conseguiu impedir que fizéssemos discussões políticas de alto nível nos anfiteatros da Universidade. Todos os departamentos fizeram isso, uns mais na vanguarda que outros. A ditadura Militar era o nosso alvo a ser derrotado e sempre estavam presentes os sonhos pelas liberdades democráticas, os direitos dos trabalhadores, a formação de um partido de esquerda, a defesa do patrimônio público, educação pública de qualidade, saúde pública para todos, o futuro SUS.

Os estudantes da UnB foram guerreiros de causas sociais e essa história não se apagará jamais. As vidas pessoais foram recheadas de aprendizados e repassados para as gerações seguintes.

Viva o movimento estudantil!

Minhas homenagens e agradecimentos ao grande amigo Sig, Sigmaringa Seixas, que desde sempre me amparou em qualquer situação adversa contra a repressão.

O autor

Walter Peninha - Comecei minha militância na UnB, de onde fui expulso em 76. Fui pra São Paulo e recomecei no movimento estudantil fazendo Economia na USP. Obrigado à clandestinidade, vivia de empregos temporários em cinema e lanchonete. Casado, quando a casa "caía" éramos obrigados a dormir em hotéis baratos no centro da cidade onde não se exigia documentos. Militante do PORT-P fui preso na saída de uma missa em homenagem a Manoel Fiel Filho. Fui torturado no DOI-CODI da rua Tutóia. A vida tinha se tornado difícil naquele momento. Anistiado pela Lei da Anistia em 79, voltei ao curso de medicina em 81 e já no mesmo ano fizemos a mais longa greve na Medicina com 121 dias acampados em frente ao Palácio do Planalto. Em 79 fui demitido e readmitido na greve do Sindicato dos Professores. Fui vice-presidente do Sinpro na sua fase mais vitoriosa contra Roriz. Em 80, em missão do PORT-P, fui preso em Santa Cruz de La Sierra na Bolívia quando voltava de La Paz no mesmo dia do golpe militar perpetrado pelo general da cocaína Garcia Meza. Em 86 organizei, a partir do Sindicato dos Professores e com a ajuda de vários dirigentes sindicais, a maior manifestação pública depois da ditadura, o grande protesto contra o Plano Cruzado II no governo Sarney. Com a Esplanada dos Ministérios lotada de trabalhadores e a violenta repressão policial a mídia apelidou esse movimento de 'Badernaço". Derrubamos o Ministro da Economia e a partir dali o Brasil inteiro se mobilizou por mudanças. Duas vezes 1° suplente de deputado federal pelo PT. Em 95 assumi o cargo de Administrador de Brasília no governo petista. Hoje, com três filhos que são o meu maior orgulho, estou aposentado como médico da Secretaria de Saúde no DF. De todas as minhas experiências, a de estudante da UnB foi a primeira e a mais cheia de esperanças.

COM OS PÉS NA ESTRADA

Davi Emerich

Quando peguei a estrada Assis Chateaubriand, de ônibus, em meados de julho de 1973, para iniciar o curso de Comunicação na UnB, os meus pais chorosos, não carregava comigo nenhum projeto de futuro, apenas a ideia de que a minha boa cidade, Martinópolis/SP, tinha ficado pequena e que eu precisava buscar novos caminhos.

Na bagagem, além da formação calvinista e de um certo substrato de cultura alemã, de base racionalista, pouca coisa: um punhado de roupas, um lençol, dinheiro escasso, um certificado de conclusão do científico, diploma da escola local de datilografia, identidade, carteira de trabalho em branco e outros documentos menores. A bíblia ficara para trás.

De lembrança da viagem, e de outras que sucederam depois, o então lindo salto de Avanhandava que não existe mais, a praça de Rio Preto onde as andorinhas aos milhares sujavam quem por ela passeava, as entradas de Frutal e do Prata, o trevo de Monte Alegre onde se comia o melhor pastel do mundo para quem viajava com a também maior fome do mundo, a divisa de Minas e Goiás, Itumbiara, depois Goiânia, Anápolis e Brasília. Um estradão deserto, com muito cerrado ainda virgem, algumas barracas de frutas pelo caminho, poucos postos de gasolina. Chamavam a minha atenção vendedores de pássaros e macacos ao longo do percurso, principalmente em Minas.

Os trechos, nas outras viagens, eram feitos por meio de caronas ou de ônibus, às vezes eu demorava até dois dias para completar uma viagem. Vez por outra passava a noite em claro em algum posto ou trevo rodoviário. A estrada sem fim e ainda sem as grandes marcas do desenvolvimento tinha algo de romântico.

Cheguei em Brasília sem qualquer noção política do real significado entre esquerda e direita. Meu pai, de letras menores, cortadas ainda pela metade, elogiava a ditadura de Vargas, era ademarista, sempre foi do MDB, não votava na Arena. Traços do trabalhismo. Meu irmão mais velho, Eduardo, estudante de teologia em Vitória no início dos 60, provavelmente para me poupar dos perigos do regime, só anos mais tarde me informou que fora da Ação Popular Católica e que portara armas pesadas na condição de segurança do congresso estudantil de Ibiúna, evadido em tempo pela organização, antes da chegada da polícia. O outro irmão, Milton, nunca trafegou pelos campos da esquerda, embora progressista; o terceiro, Levy, que compôs uma chapa da Unidade em 1977, cursava matemática na universidade, também era alheio às questões ideológicas. Quanto à minha mãe, analfabeta, a política passava longe. Em todos os meus ramos familiares, imensos, não havia ninguém de esquerda.

Culturalmente, pouco de rock, música clássica, blues, tropicalismo. Navegava em uma ou outra música nesses gêneros por ouvido e gosto, me voltava mais para o sertanejo, a música nordestina e para cantores regionalistas gaúchos. Influência da cidade e do velho rádio de válvula do meu pai. Em minha casa, até quando saí, nunca teve televisão, ela não fez parte das minhas infância e juventude.

Salvo um dicionário velho da Delta Larousse, uns 15 centímetros de largura e surrado pelo tempo, não havia livros nos poucos móveis de minha casa. Conhecia bastante a bíblia em virtude da escola dominical da Igreja Presbiteriana do Brasil e de leituras domésticas, dos dois Pasquins que chegavam à minha cidade um eu comprava, o outro era devolvido. O *Pasquim* alimentava dentro de mim um espírito buliçoso, embora não compreendesse muitos textos e as linguagens subliminares.

Adentrei Brasília sem me esquecer de algumas leituras sugeridas em Martinópolis por um professor do colégio: do livro Capitães de Areia e da trilogia Subterrâneos da Liberdade, ambos de Jorge Amado; e do conto O Rouxinol e a Rosa, de Oscar Wilde.

A figura de Pedro Bala, personagem central de Capitães de Areia, e a generosidade extrema do rouxinol entraram em Brasília comigo, mesmo sem eu ter consciência disso. Engraçado, mesmo protestante, o Davi que matara Golias com uma funda nunca me inspirou muito, tinha dificuldade de lidar com a morte.

Menino de interior, onde todo mundo tinha o estilingue como brinquedo, matei dois passarinhos em minha vida toda, um remorso que carrego até hoje.

Algo a caminho: A Brasília de 1973, quando se vinha pelo lado de Goiânia, só começava a mostrar sua cara mesmo no Núcleo Bandeirante, também conhecido por Cidade Livre. Inicialmente era um acampamento de obra, cresceu, Jânio Quadros quis acabar com ele, houve barricada, resistência, o comunista Leôncio Basbaum foi um dos líderes, ele registrou o fato em seu livro História Sincera da República.

De Anápolis até o Núcleo Bandeirante era um grande e verde vazio, se comparado à urbanização de hoje.

Era no Núcleo Bandeirante que os estudantes caroneiros costumavam iniciar suas viagens sem dinheiro em direção sobretudo à Goiânia e ao oeste Paulista.

Quando em Brasília, um pouco de perplexidade. Não entendia o porquê de tantos prédios deitados de seis andares e a imensidão das áreas vazias. Imaginava as obras de concreto aparente como inacabadas e me intrigava a não existência de paredes na Rodoviária, ela rasgada de lado a lado pelo vento frio e pela chuva, deixando as pessoas como se estivessem no tempo, sem proteção.

A rodoviária do Plano Piloto era a Meca dos estudantes mais empobrecidos da UnB. Em suas imediações estavam o Conjunto Nacional ainda não totalmente finalizado e o chamado Venâncio, o primeiro deles mais luxuoso, com bons cinemas (o Astor, o mais chique; o Atlântida, o maior), livrarias, discotecas, o antigo mercado Jumbo e casas de alimentação. O segundo, mais um esqueleto arquitetônico de péssimo gosto, contendo movimentadas atividades de prostituição e ilícitos.

Uma curiosidade: em filmes que formavam imensas filas no Conjunto Nacional, muitos Estudantes pobres compravam ingresso com antecedência e os revendiam com bom ágio no dia da apresentação. Era o tal do mercado, sobre o qual ouviríamos falar depois nas aulas de introdução à economia.

As passarelas sobre o Eixo Monumental e ao lado do Venâncio eram muito frequentadas por soldados militares fardados, sob vigilância da Polícia Especial, que efetuava muitas prisões de seu pessoal.

A Rodoviária era o centro de tudo, tinha tudo, porém o carro chefe de tudo era o pastel barato da Viçosa, de carne ou queijo, com caldo de cana. Nos finais de semana, quando o restaurante não abria, filas de alunos da UnB, particularmente dos que moravam no Centro Olímpico, se formavam para comprar essa modesta e saborosa cestinha básica.

A 404/405 Norte era outro ponto de grande concentração universitária, onde ficavam o famoso bar Zebrinha, a panificadora Vitória e o supermercado SAB, do governo do Distrito Federal, onde alunos sem recursos surrupiavam latas de sardinha para comer com pão.

Os alunos com mais posses financeiras frequentavam o Gilberto Salomão, no Lago Sul. As cidades satélites não eram ainda na época pontos de atração para a massa estudantil da UnB.

Ao chegar em Brasília eu não tinha onde ficar. Fui acolhido carinhosamente por uma família evangélica na Asa Sul por uma semana, depois o pastor da Presbiteriana da 408 Norte me arrumou por um mês, de maneira generosa, um pequeno quarto. Por dois meses reparti uma sala de um bloco na 405 Norte a baixo custo, depois foi a glória, consegui uma vaga no Centro Olímpico. Comandava a área de assistência social da UnB uma mulher jovem bonita e muito querida por todos, de nome Zélia.

Um fato que nunca será esquecido pelos alunos do CO tem um nome: o motorista conhecido por Ceará. Era ele quem conduzia o ônibus da linha Rodoviária/CO, na parte da noite. Quase todo mundo pulava a catraca, creio que havia algum acerto da UnB com a TCB nesse sentido.

A cada viagem baixavam de um dos apartamentos do CO, por barbante, uma caneca de cachaça pro motorista. O tempo de duração das viagens ia encurtando e na última, ali pela meia noite, de longe era possível ouvir os pneus do velho ônibus cinza cantando nas curvas, por detrás dos cerrados do campus. Uma temeridade!

Em 1973 o Brasil vivia um dos seus períodos mais duros, com o general Médici na Presidência, que vi sentado na tribuna de honra, a menos de dez metros de mim, em evento no Ginásio de Esportes, acho que inauguração. Sua fisionomia estranha nunca mais me abandonou.

Nas praças, rodoviária e na UnB reinava grande silêncio político. A ideia do "sonho acabou", cunhada por John Lennon no início dos 70, com o fim dos Beatles, prevalecia em alguns segmentos esclarecidos, tamanha a violência do regime. Mas outros sonhos recomeçavam sob mãos mais jovens. Em 1974 o Brasil começou a mudar mais visivelmente, a UnB também.

Brasas em despertar: Agosto é conhecido como mês do cachorro louco, marcou a renúncia de Jânio Quadros. Se é considerado no imaginário popular como de mau agouro, também é época dos ventos para elevar aos céus pipas brigonas e papagaios e pandorgas coloridos.

Brasília, para valer, para mim começou em agosto. Primeiro semestre difícil, péssimas acomodações, alimentação deficiente, sem amigos, sem parentes, sem dinheiro, sem namorada. Angústias batendo à porta, estive muito perto de voltar para casa – a resiliência e a fuga ao sentimento de derrota me seguraram na cidade pelas pontas dos cabelos, que eram enormes, já abaixo dos ombros.

Com 1m80, menos de 60 quilos, um fiapo de gente, quase transparente de tão branco, só osso, era com essa estrutura, a cabeça e a sorte que eu contava para romper obstáculos. Não sei se acertei ou não, mas fui adiante, como se buscasse o pote de ouro ao final do arco-íris.

O tal do básico, primeiro semestre, foi barra nesse contexto - português puxava muito. Minhas aulas eram em departamentos no meio do Minhocão, a Comunicação almejada ficava no final do lado norte, à leste, dando pro Lago Paranoá.

As angústias apertando, elas alimentando-se de um Minhocão todo cinza e áspero, sem nenhuma árvore ou flor, cimento bruto, com ponta de ferro pra todo lado, como se tivesse faltado dinheiro para a obra chegar a bom termo. A mitigar o cenário, centenas de estudantes de um canto para outro, coloridos, uns com caras de maluco, outros visivelmente almofadados e uma multidão de gente como eu, nem em um lado nem em outro. Apenas contemplando tudo, sem entender certas coisas da vida.

Para compensar a paúra, roda de música nos simples bares das 400 ajudava muito. Mais de uma vez, e na época não conhecia tanto a importância dos artistas citados, ia a um bar da 406 para ver tocarem, ao mesmo tempo, Waldir Azevedo, Avena de Castro e Pernambuco do Pandeiro, entre outros bambas. A cultura estava na rua!

Tinha por hábito tirar soneca nos balcões superiores do Minhocão, com uma perna pendurada para dentro, de modo a evitar uma possível queda em direção ao corredor térreo, o que seria um acidente grave. Também costumava dormir sob uma imensa figueira na L2 Norte, ainda com pista simples, em frente à UnB, na 406 – a árvore dos meus cochilos, podada, ainda está no lugar.

Muitos carros pretos, com chapa branca, despejavam nas entradas do Minhocão moços e moças felizes, filhos da alta burocracia. Um então amigo meu recente, mais velho, da economia, que foi companheiro de quarto no CO, quando via uma cena de alguém descendo do carro oficial exclamava na hora, com uma certa raiva incontida:

– Lá vem uma puta estatal!

Eu ria. Um dia sugeri a ele que tentasse paquerar uma daquelas moças. Ele, já viciado no linguajar econômico, concluiu:

– Não tenho posses nem liquidez pra consumir tais bens!

Vi de quase tudo na UnB. Alunos estranhos que certamente eram informantes da polícia; um aluno preto que só aceitava namorar mulher loira; um rapaz do Direito que tinha por hábito falar difícil e usar a todo minuto a palavra antonomásia; um chinês que, enlouquecido, um dia saiu correndo nu do CO gritando "eu quero Zélia"; um aluno de biologia cujo sonho era ser mister brasileiro, baixo, que só comia cereais, caixa de peito imensa, que treinava para mexer músculos frente ao espelho e pelado para demonstrar controle sobre o corpo; uma aluna da Comunicação que diziam fazer programas sexuais pagos à noite; outro que ia almoçar e jantar e saía com marmitas cheias pra continuar a deglutição nos intervalos, não se sabia onde a comida ia parar. Pode ser uma conclusão equivocada e distorcida: creio que o estudantado, independentemente de renda, era bastante magrelo.

Era muito comum, com o restaurante da universidade fechado, o aluno pegar um almoço barato nas obras do campus e adjacências, em meio aos trabalhadores e sentado em bancos de tábua, em mesas toscas e cheias de prego. Fiz isso várias vezes.

O campus da UnB em agosto de 73 era pequeno. Abaixo da L-4, à direita, o Dois Candangos, o Instituto de Educação, uma quadra de futebol, o restaurante velho e a tal Oca, onde moravam alguns estudantes, oferecidos serviços como de barbearia e de venda de jornais e revistas. Restaurante e a Oca eram de madeira e provisórios, foram demolidos.

À esquerda, os prédios em concreto aparente das engenharias civil, elétrica e mecânica; o auditório de música onde assisti shows do Tarancón e de Ednardo, entre outros grupos e artistas; os predinhos das escolas de música e de arte. Na mesma área, já em direção à Colina, as casinhas onde moravam mulheres e alguns casais. Depois, lá embaixo, o imponente Minhocão, com todos os demais departamentos. A Biblioteca acabara de ser inaugurada e a reitoria e o atual Bandejão viriam logo depois.

Entre o Minhocão e o CO, com o seu complexo desportivo, um cerradão sem fim. Era costume os alunos que estudavam na Sala de Reserva esperarem companhia para atravessar, por trieiro no mato, aquele ermo escuro e perigoso. Até materialistas convictos durante o dia, se caminhando sozinhos à noite, rogavam a proteção de Deus.

O medo e a fé recalcitrante falavam mais alto que a filosofia. Os estacionamentos do Minhocão eram pelados de árvores, o sol comia solto. Não me lembro de nenhum movimento mais político no primeiro semestre de 73, entendi depois, era a ressaca da violência da ditadura militar, que acabaria por assassinar Honestino Guimarães. Mas, nas cinzas da esquerda, brasas começavam a se acender.

A Comunicação e os Comunistas: Muitas mulheres bonitas, foi o que encontrei no segundo semestre na Comunicação, por onde comecei a andar - corria na época uma piadinha chauvinista, segundo a qual Deus perguntava à menina antes de nascer se ela queria ser bonita ou fazer Medicina ou Engenharia; o troco era inevitável, Deus também indagava se a menina queria ser inteligente ou fazer Comunicação. Chumbo trocado não doía.

Ia às reuniões da Representação Estudantil, comandada à época pelo vibrante e bem posicionado politicamente, depois um grande amigo, Armando Rollemberg. Eu, totalmente solto, sem contatos outros, sem orientação e abandonando um pouco a timidez, comecei a falar nos eventos e reuniões. Um pouco de ousadia frente a veteranos como o próprio

Rollemberg, Armandão, Padu, Davi Renault, Ijalmar, Chacon, Luis Cláudio Pinheiro, Oswaldo Morgado e tantos outros.

Quando me dei conta, e não sei como, esse grupo acabou me alçando em 1975 à representante, tendo como vice o Paulão, mais tarde um brizolista empedernido e um pedetista histórico. Boa gente!

Eu, cru em política e sem articulação; cru, um apelido que me foi dado anos mais tarde quando diretor da Associação Cristã Pró-Gente, na Ceilândia, pelos meninos de lá: teria ido ao fogo sem me queimar. A picardia nessa gente é uma arte!

Encontrei na Comunicação uma família que eu não tinha em Brasília. Fiz muitos amigos e amigas que estão nesse rol até hoje. Convivi com professores próximos e instigantes como o incomparável Vladimir Carvalho e uma leva de pós-graduandos que marcaram época no Departamento. Lembro também do generoso seu Antônio, servidor, com o seu cafezinho feito na hora.

Estava em uma nova casa, distante da que eu nasci, ficando mais culto, mais informado, mais articulado, conectado, menos inocente, algo impensável no meu pequeno mundo do interior.

Um parêntesis: já mais velho percebi que a perda da singeleza original e das nossas raízes também não é um fato bom. Ao se tirar a casca da árvore há que se ter cuidado para não destruir o cerne da madeira.

Paralelamente, tive contato com a orientação política do Partido Comunista Brasileiro, o velho partidão de 1922. Pelas mãos do já jornalista em exercício Oswaldo Morgado, que esteve à frente da Voz do Brasil por algum tempo na Câmara dos Deputados, onde se aposentou.

Claro, papo pra lá, papo pra cá, logo fui apresentado ao Manifesto Comunista de Marx, de 1848. Morgado batendo na tecla do altruísmo das teses de Marx, eu questionando a factibilidade delas, como São Tomé. Às vezes questionava de gaiatice só para ver os argumentos contrários, e aprender mais um pouco.

Depois do Manifesto, edições do jornal Voz Operária, "O que Fazer?", do Lenin, o "18 Brumário", do Marx, e outros livros. Fui apresentado ao estudante de sociologia e bancário Augusto Carvalho, mais tarde deputado federal e distrital por vários mandatos. Nós três informalmente começamos a dirigir o PCB em Brasília, pois os mais antigos, presos, receberam orientações da direção nacional para não se organizarem, evitando os graves riscos de segurança e vida que pairavam no ar.

Ainda muito jovens, sem nenhum contato com a direção no exílio, orientados indiretamente por comunistas mais velhos, acabamos assumindo de vez a direção da organização no DF, sem pleitear ou lutar por ela, como é comum na rinha de galo da política.

Acho que em 1980, eu, Augusto e Morgado, participamos de uma reunião com Luís Carlos Prestes, em um apartamento em frente ao Hospital Emílio Médici, na SQN 405 Norte, bloco D, apartamento 107, na L-2, umas três horas, ele divulgando a sua Carta aos Comunistas e querendo adesão ao rompimento com o Comitê Central do PCB, considerado como distante do ideal socialista. O encontro me impressionou e emocionou, um mito que conhecera por livros estava à minha frente, lúcido, articulado, comprometido com suas ideias. Fiquei com o Comitê Central.

A ideia do pequeno grupo dirigente, já sem Morgado, que seguiria Prestes, era ampliar o partido. Em poucos meses, inconscientemente, estava incorporando o personagem de Pedro Bala, a resistência do "Subterrâneos da Liberdade", a coragem e a generosidade do rouxinol do Wilde. Jovem, como não conhece direito a vida, tende a desconhecer o medo.

Uma torre de babel: A retomada das representações estudantis nos departamentos com força em 1975 foi como um rastilho de pólvora. Não mais como uma instância burocrática de conciliação com a administração da universidade, despolitizada, e sim como uma entidade viva que discutia o ensino e a própria questão política do país. Por sobre o regimento interno da universidade a rebeldia marchava. Interessante salientar que o caldo de cultura de esquerda na UnB já era complemente diferente do que houvera em anos anteriores - o mito da luta armada estava derrotado, a figura de Che Guevara não mobilizava mais ninguém, virara estampa de camiseta. Com diferenças nas estratégias e táticas, duas questões estavam colocadas mais amplamente na época: a superação do regime militar pelo caminho de uma grande frente política, que acabou prevalecendo com a vitória de Tancredo Neves no Colégio Eleitoral; e a ideia vaga de se construir um partido dos trabalhadores e socialista.

A Medicina já era um polo de mobilização, por força dos grupos ideológicos ali presentes, de linha trotskista, destaque para os posadistas em primeiro plano e para o seguidores de Pierre Lambert. Os posadistas também haviam se implantado bem na Psicologia e nas engenharias, enquanto posições políticas mais próximas ao PCB se fixavam na Economia, Sociologia e Comunicação.

Os que tangenciavam a doutrina maoísta, e o conceito de Guerra Popular Prolongada, proclamadores de um certo protagonismo dos camponeses na revolução socialista, se incrustaram mais na Agronomia e na Engenharia Florestal. O movimento nessas escolas tinha influência difusa do PCdoB, dos estertores da APML e da minúscula Ala Vermelha. O grupo Debate e Ação, forte protagonista em anos posteriores, vai surgir desse grande cozido ideológico.

Outro ramo trotskista, que aumentaria sua influência em 1977 e ganharia uma certa ossatura nacional mais tarde com o jornal O Trabalho, contava com adeptos na Medicina, Arquitetura, sociologia, entre outros departamentos.

Existia ainda um pequeno agrupamento, defensor de uma opção próxima do que era praticado por grupos extremados da Argentina, Uruguai e Chile. Inclinava-se para a teoria do foco, que ganhara visibilidade com a revolução cubana e as andanças de Guevara por outros países. Porém sem qualquer peso no movimento estudantil que renascia, preocupava-se mais em organizar solidariedade externa, internacional.

Nesse período não era perceptível na UnB militância direta de grupos mais conhecidos da luta armada da década de 60 como ALN e MR-8. Outras denominações mais novas como Convergência Socialista e Movimento de Emancipação do Proletariado também não se consolidaram no movimento. No campo trotskista, as divisões e aproximações eram muito frequentes e difíceis de acompanhar por quem estava de fora dos grupos.

O MR-8 só emergiria com visibilidade na década de 80, com o jornal Hora do Povo, descaracterizado de sua concepção original e mergulhado agora como estranha tendência dentro do PMDB.

Nada de grupos fortes, todos eram círculos pequenos que se destacavam pela postura firme contra o regime. Uns vendo a democracia como processo e como valor universal; outros apostando na chamada democracia popular e no socialismo; poucos alinhados com modelos de ruptura revolucionária em seus moldes clássicos.

Na verdade, no campo que se classificava como vanguarda tinham várias pessoas sem qualquer vínculo efetivo com o projeto socialista. Destaque para os culturalistas, cingidos mais pela ideia das liberdades amplas e da criação sem restrições, portanto opositores contundentes da ditadura.

E o que defendiam as correntes?

A turma mais próxima ao PCB, que sempre foi contra o voto nulo e ingressara no MDB desde 1965, apostava em uma ampla frente democrática para derrubar o regime, onde cabiam todos os opositores. Os de linha maoísta caminharam nessa direção também, só que engatilhados com o ideário de uma pretensa revolução popular e socialista, a partir do campo, e acreditando na inevitabilidade da violência.

Para esse segmento campesino, mesmo com suas divergências, a Guerrilha do Araguaia era uma vitrine. Os posadistas, que acreditavam em uma espécie de regeneração parcial da burocracia da União Soviética e dos partidos comunistas, apostavam suas fichas nos militares e personalidades nacionalistas como caminho para substituir o governo. Já os demais trotskistas ou queriam funcionar como consciência crítica dentro de outras organizações pelo conceito do entrismo – cuja tese não prosperou – ou então imaginavam criar um partido dos trabalhadores. Anos mais tarde, essas correntes entrariam de cabeça na criação do PT.

O PCB e o PC do B, registre-se, cada um com sua estratégia particular, não abriam mão de se converter no grande partido da classe operária em outro momento histórico. O primeiro fora fundado em 1922; o segundo, nasceu de uma dissidência em 1962.

De todos os grupos, os posadistas apresentavam-se com particularidades "estranhas" aos pensamentos de esquerda mais estabelecidos e tradicionais. Incluíam em seus conceitos dimensões bastante idealistas, ultrapassando o racionalismo marxista, a chamada realidade concreta, segundo os seus críticos.

Tantas ideias e nuances ideológicos, os quais nem as vanguardas conseguiam compreender, só poderiam dar em confusão e desentendimentos quando se tentava buscar a unidade de todos. Uma verdadeira torre de babel. E um aluno ao entrar nessa ou naquela tendência não era por um imperativo de consciência ou inteligência - havia muito de influências laterais, episódicas, de amizade, de paixões.

Sempre participei da elaboração de textos e notas. Lembro que nas concorridas reuniões dos chamados capas pretas, nas catacumbas da Economia e da Sociologia, com dezenas de pessoas, perdiam-se horas para se decidir se a frase de um manifesto qualquer seria "revolução nacional e democrática" ou "democrática e nacional". O nacional na frente, segundo algumas tendências, subordinaria o proletariado à burguesia, sugerindo a revolução leninista em duas etapas. O democrático, ao contrário, já seria um passo de viés internacionalista, para além da classe dominante. E todas as posturas baseadas em livros e conceitos aparentemente sólidos, uma quinquilharia quando entra em cena o olho do tempo.

Grande parte dessas enormes diferenças ideológicas e contendas hoje não tem mais sentido. Mas ajudou, à época, a empurrar o regime militar para a lata do lixo. E solidificou convicções democráticas e libertárias em muita gente, que continuam atuais e necessárias.

O movimento de 76 e 77 da UnB deixou boas marcas na política nacional. Deputados federais (Augusto Carvalho, Arlindo Chinaglia, Érica Kokay, Paulo Bernardo, João Maia e Maria Laura), deputado distrital (Augusto, Érica, Chico Floresta e Arlete Sampaio), vice-governadora de Brasília (Arlete), administrador regional (Peninha), ministro (Paulo Bernardo), secretário no Governo do Distrito Federal (Augusto), líderes partidários, de sindicatos e de movimentos culturais. E dezenas de profissionais renomados e com muito prestígio, que ainda brilham nos dias atuais.

A geração que passou pela UnB em 76 e 77 é o exemplo mais contundente de contestação e de negação das besteiras e estultices apregoadas por Jair Bolsonaro, Abraham Weintrub e pela extrema direita, segundo os quais a educação no Brasil foi um fracasso e que as universidades se converteram em espaços de drogas e de pessoas inúteis. Essa geração, como outras anteriores e ulteriores, enalteceu a universidade pública, a excelência, a competência e o sentido de cidadania. Ninguém se tornou medíocre, inimigo da ciência ou do humanismo;

ninguém virou miliciano. Ninguém se tornou estúpido. Uma geração que engrandeceu e engrandece o Brasil.

A todo instante há uma boa causa pela frente. E os remanescentes dessa geração certamente estão alertas, tocados que foram pelo ideal da liberdade.

Unidade e Oficina: Em cada departamento da UnB, em 1974, começaram a fervilhar reivindicações: melhor ensino, mais professores, pensamento crítico nas aulas e adequadas condições de estudo. Em 1975 tais bandeiras acentuaram-se de forma marcante.

O transporte de alunos era um pleito corrente, bem como a qualidade da alimentação e o preço das refeições - criticava-se o chamado bife de sola, o cheiro forte das dobradinhas, já se pedia cardápios diferenciados. Mais alojamento para alunos carentes e mulheres, melhorias no CO eram pautas obrigatórias.

No departamento de Comunicação muitos seminários, encontros culturais e de cunho político. Na Arquitetura, a criação de uma mostra de arte anual, a Expoarte, muito concorrida.

É de se lembrar que em 1974 o MDB aplicou uma forte derrota ao governo. Teve 15 milhões de votos para senador, contra 10 milhões da Arena. Elegeu quase 200 deputados federais, o caminho da distensão, defendida por Geisel, que substituíra o soturno Médici em março, pegou moto próprio, empurrado pelo crescente sentimento oposicionista no país.

Na universidade, destaque para a figura lateral e um tanto desconhecida no meio da esquerda do professor de economia Lauro Campos, mineiro, discreto, titular da cadeira História do Pensamento Econômico, onde os pensamentos de Marx e Keynes eram apresentados de maneira intensa e profunda. Não professava nenhuma tendência de grupo, mas suas salas ficavam lotadas de estudantes de esquerda. Virou depois senador da República e dá nome, merecidamente, à Fundação do PSOL.

Fazia-se nota de protesto sobre ações do governo. Momento delicado em outubro de 1975, quando é enforcado em São Paulo, no DOI-CODI, o jornalista Vladimir Herzog, próximo ao PCB. Assembleia na Comunicação, nunca tivemos tanta gente ali reunida, tensão, discursos fortes e uma nota pública dos alunos um tanto panfletária, pra ser distribuída na missa, em uma igreja católica, nas 900 Sul. O advogado Luís Carlos Sigmaringa me procura, traz também a opinião do jornalista Pompeu de Souza, ponderou para que a nota não fosse distribuída, pois muita gente seria presa na ocasião. Conversei com outros líderes, fui voto vencido, decidiu-se pela publicização do texto. Igreja lotada, também tomada por policiais à paisana. Ao final, Sigmaringa me conduziu para um carro e dali fui direto para um lugar seguro.

Fiquei um mês recolhido em apartamento do deputado paulista do MDB Santilli Sobrinho – porém, não sei precisar em qual época.

Em 1975 a repressão recrudesceu, até em confronto com Geisel, focando o PCB, que teria vários de seus dirigentes mortos e presos. Houvera ainda o massacre da Lapa, envolvendo o PC do B. Daí o excesso de cuidado que tiveram comigo, jamais vou me esquecer do companheirismo do humano e combativo advogado.

Sigmaringa uma vez me perguntou porque a repressão tinha tanta gana em mim, embora nunca houvesse sido preso. Surpreso, disse que não sabia. Provavelmente, o regime devia achar que eu era um quadro comunista de grande coturno, cujos rastros e contatos eles não conseguiam encontrar. Não iriam encontrar nunca porque não os tinha, minha atividade era muito local e desconectada. Era um dirigente que calçava chinelo de dedo, o PCB era para mim ainda mais um espírito em movimento no ar do que uma organização presente.

Recentemente, ao conhecer o livro do ex-reitor no período de 76 a 79, Marco Antônio Rodrigues Dias, editado pela UnB (Depoimento – UnB e Comunicação nos anos 1970/Acordo Tácito, Repressão e Credibilidade/2013), página 152, me deparei com uma nota de rodapé interessante:

> (...) Quando assumi a vice-reitoria da UnB, em 1976, encontrei este coronel, num ato social, que isolou-se comigo e passou a defender a exclusão sumária dos líderes estudantis daquela época, em particular Davi Emerich, da Comunicação. Dizia que estes estudantes eram o câncer a ser extirpado para não contaminar o organismo inteiro. Argumentei que isto era inaceitável pois, se a Universidade assim o fizesse, cortaria todas as perspectivas dos jovens que, então, não teriam outro caminho serão o da luta armada, que eu considerava um suicídio. Além do mais, dizia, um jovem oriundo de família pobre vindo do interior de São Paulo é capaz de liderar rapazes e moças de "boa família" em Brasília, os famosos "mauricinhos" e "patrícias". E alguém de valor que deve ser respeitado e estimulado para trabalhar para o desenvolvimento do País.

Enquanto lideranças e grupos buscavam ampliar suas influências nos departamentos pouco mobilizados – o do Direito era o mais refratário – deu-se início à discussão junto à reitoria, já no final de 75, sobre o estatuto e a institucionalização do Diretório Universitário. A reitoria na posição de outorgar um diretório castrado em seus objetivos, apenas como órgão de colaboração. Os estudantes mirando uma entidade mais livre, luta justa mas um tanto inglória frente a um regime ainda fechado e controlador.

Ora, se o arbítrio enaltecia seus aparatos legais, os estudantes não iriam engoli-los.

Em um certo período representei os estudantes no Conselho Universitário com outros companheiros, não sei se também com Arlindo Chinaglia. Um pouco petulante, coisa da idade, lembro-me que certa vez, em reunião, classifiquei a fala do reitor Amadeu Cury como um mero sofisma. A reação dele foi imediata, ficou vermelho, bateu na mesa, pediu respeito, o Conselho emudeceu.

Do lado contrário, petulante como no início, dei um murro também na mesa, retrucando que os estudantes é que mereciam respeito. Toda a cena sob o olhar frio do vice Azevedo, por sobre um par de óculos pequenos, lentes cortadas ao meio, uma de suas marcas registradas. Fiquei aguardando consequências, inclusive administrativas, mas nada ocorreu nos dias que se passaram.

Enquanto se buscava a legalização do diretório, com uma comissão discutindo o estatuto, a qual eu integrava, dois grupos se formavam para disputar a futura eleição do DU e a hegemonia do próprio movimento: a Unidade e a Oficina, ambos situados no campo de esquerda.

A Oficina era hegemonizada pelos posadistas. Por sua vez, a Unidade era mais ampla, uma espécie de acampamento ideológico, tinha uma relativa hegemonia política do pensamento pecebista, mas a compunham também trotskistas de diversas concepções, maoístas e assemelhados, defensores da teoria do foco e muitos independentes. A rigor, uma ampla frente contra os posadistas, então bastante articulados na universidade.

Um ponto contou muito a favor da Unidade: o deslocamento de um forte e representativo grupo posadista em busca do PCB, trazendo grandes quadros, formuladores e militantes da Medicina, engenharias e Psicologia, entre eles João Maia, Gastão Vagner, Florianita Coelho Braga e Eliane Fleury.

Nas eleições das representações em 1975/1976, a Unidade elegeu chapas em mais de 20 departamentos. Desenhava-se uma vitória fácil da Unidade na eleição do DU, que avizinhava-se.

O movimento fervilhava, dezenas de reuniões. Parecia que a revolução estava em marcha entre as chamadas vanguardas.

No meio de tudo isso, e tendo o restaurante recém inaugurado como um QG informal das correntes, os grupos buscavam apoios e tentavam criar e liderar movimentos para ganhar credibilidade. Em uma paralisação no restaurante contra o aumento de preço fez-se o bandejinha, com sanduíches baratos, vendidos à porta do edifício.

Cartazes e pequenas manifestações pipocavam no Minhocão. Entrávamos nos anfiteatros e salas de aula, à revelia dos professores, para dar informes e criticar a reitoria e o regime. Fazíamos assembleias nos anfiteatros com mais de 500 pessoas, quando os líderes dos grupos se digladiavam. Do lado da Unidade sobressaía o protagonismo de José Humberto Rodrigues, o Beto da economia, experiente, com enorme capacidade de formulação, articulação e fala.

Furtivamente, via-se Azevedo andando pelos corredores com olhar inquisitorial. Por várias vezes fomos ao MEC discutir com Édson Machado a conquista do DU e outros temas estudantis. Câmara e Senado eram endereços certos de nossas visitas, com muito destaque para o senador Marcos Freire e os deputados Chico Pinto, Freitas Nobre, Alencar Furtado e Santilli Sobrinho.

O movimento não tinha recurso externo, até onde nos consta. Faziam-se vaquinhas, cartazes à mão, rodavam-se os materiais simples em mimeógrafos dos próprios departamentos, em alguma entidade sindical de Brasília ou mesmo no Congresso Nacional – imprimimos muita propaganda contra o regime no gabinete do senador Dinarte Mariz, um dos parlamentares mais direitistas do Congresso Nacional e que pegou em armas contra os comunistas em 35, na chamada Intentona Comunista; João Maia era funcionário na unidade. Eram feitas festa de arrecadação financeira e também para recreação.

Um jornal do Oficina, no dia 13 de abril de 1976, com boa tiragem, foi confiscado pelo DOPS e preso um de seus militantes, Wallace José Sesana. Fomos à reitoria, presidi uma grande assembleia na entrada sul do Minhocão. A reitoria dizia que não podia fazer nada para reaver o material porque o evento teria ocorrido fora da universidade. A hipocrisia na ditadura era uma constante.

Na Unidade, líderes e aliados eram incentivados a manter o MGA acima do limite de 3,6 para não correr risco de jubilamento. Drogas não eram bem vistas no grupo, principalmente em suas reuniões.

O restaurante e a biblioteca, com a sua sala de reserva, eram pontos centrais de encontros e reuniões entre membros dos grupos.

Boa parte dos líderes do movimento morava no C.O. em função de renda, estes pouco saiam da UnB. Eu trabalhava como bolsista na Biblioteca Central e repositor de livros, cheguei a passar três meses sem me ausentar do campus. Por falta de dinheiro e por demanda de atividades políticas e acadêmicas.

Conquistado legalmente o D.U., a disputa entre Unidade e Oficina se acendeu. Críticas de lado a lado, todo mundo esgrimindo argumentos ideológicos ou usando a simpatia pessoal para ganhar votos. Faziam-se cartazes nas representações estudantis e nos corredores do Minhocão. As paredes ficavam multicoloridas, principalmente nas entradas Norte e Sul. Adrenalina solta, esparramando-se pelos poros.

Como candidato a presidente da Unidade na disputa do Diretório, andando no Minhocão com um pós-graduando de economia, Murilo Landin, mais velho que eu, de grande sabedoria política, que funcionava como um consultor, recentemente falecido, depois de analisar o nível de campanha das duas chapas, ponderou: "estamos muito light nas palavras de ordem, vamos radicalizar".

Antes de levar essa opinião dele ao restante do grupo, e que seria certamente aceita, Azevedo mostrou a cara: suspendeu a eleição por radicalismo e críticas ao regime e instaurou inquéritos administrativos contra os líderes das duas chapas.

De maio a julho, o movimento só se dedicou à derrubada das punições e à convocação de novas eleições para o diretório.

Rapazes e moças, fazíamos política com seriedade e convicção, porém nem sempre a traquinagem da idade nos abandonava. De vez em quando lotávamos um carro e saíamos pelas ruas do Plano Piloto só para rir dos policiais à paisana que nos seguiam em veículos com chapa fria. Coisa de menino!

O regime não suportava críticas, nenhuma crítica. Nem brincadeiras de rapazes e moças.

Entregando o bastão: A suspensão das eleições, previsíveis do ponto de vista político, foi uma ducha de água fria no movimento. Sabia-se que Azevedo não se alinhava com a chamada abertura de Geisel.

Não havia nada a fazer, a não ser continuar lutando. Subimos ao MEC, tivemos a solidariedade de parlamentares, mas a força das mobilizações não era suficiente para uma paralisação da universidade. E Brasília ainda estava apática politicamente. Nas universidades particulares, CEUB a maior delas, engatinhavam-se as mobilizações.

Alguns líderes foram recebendo suspensões cumulativas em maio por continuarem à frente de atos no campus. As três que recebi já me levavam à perda do semestre.

Em um inquérito encomendado, a expulsão seria um fato decorrente, inevitável, e ela veio no final de julho de 1976. Alcançou três líderes da Unidade (eu, João Maia e Beto) e quatro da Oficina. Obviamente, sabia que minha vida mudaria profundamente. Ficaria sem me formar, faltava um ano; perderia o alojamento público e a bolsa de meio salário mínimo, com a qual sobrevivia. E de maneira rápida, uma bordoada.

Como em uma corrida de revezamento, passou-se o bastão à frente. A Unidade viria a ser eleita majoritariamente ainda em 1976 para o D.U. (com Rocine Carvalho na presidência), em 1977 ficou em segundo lugar e voltou a ganhar, já como DCE, em 1979, chapa liderada pelo paranaense Paulo Afonso Bracarense, da Engenharia Civil.

Um destaque para as mulheres, que estiveram na frente das batalhas, liderando movimentos e compondo chapas das representações nos departamentos e do DU. Do lado da Unidade, com maior ou menor influência pecebista, me lembro em 1976 das pioneiras Conceição Rodrigues e de Eliane Vieira, ambas do Departamento do Desenho e Plástica, responsáveis pela concepção e elaboração de faixas, cartazes e de algumas ilustrações para nossos boletins e comunicados. Também na década de 70 citamos Ângela Serpa (Mira, candidata a presidente do diretório em 1977), Rita Medeiros, Letícia Borges e Silvana Freitas (Comunicação); Margareth Alves de Oliveira (Direito); Ivone Borges (administração); Florianita Coelho e Eliane Fleury Seidl (Psicologia); Neuza Antunes (Engenharia Civil) e Sandra Aparecida Pedrosa (Geologia). Certamente estou esquecendo de várias outras companheiras, às quais peço desculpas.

Do lado dos homens, além daqueles que já estão nominados em outras páginas deste livro, vêm à memória um pouco já cansada nomes de lideranças expressivas como Gilmar José Rocha/Magal e Joaquim José Soares Neto (ex-presidente do CA da Física); Thêmis de Oliveira(Geologia e ex-diretor da UNE);

Cesar Augusto Rissoli e Paulo Uberaba (Engenharia Civil); Ismael Pescarini e Marcelo Aguiar (Arquitetura); Jakson Pires Machado, Ribamar e Maurício de Oliveira (Economia); Bruno Bormann Zero (Sociologia) e Aloisio Mota, falecido (História). Existiram vários outros que serão lembrados pela história, ela ainda sendo escrita.

Só voltei à UnB em 81, por força de decisão judicial, amparada na Lei da Anistia. Fiquei em Brasília, inclusive assessorando do lado de fora parte do grupo Unidade, que venceria as eleições do DU em 1976, com Rocine à frente. João Maia e Beto foram para o Rio, onde mantiveram contatos mais estruturados com o PCB.

Nunca guardei mágoa de ninguém, sou assim. Certo dia, assessorando o senador Roberto Freire, no início dos 2.000, um grupo conversava animadamente, um jornalista amigo meu no meio, Jorge Bornhausem e Azevedo entre outros parlamentares. O ex-reitor me olhou, pôs a mão no meu ombro, e disse:

– Esse me deu muito trabalho na universidade, mas todos nós erramos, né Davi!

Respondi:

– Sim, erramos, mas eu era um jovem do interior com 18 anos e você já era capitão de fragata.

Bornhausen riu e exclamou:

– Vai mexer com quem está quieto!

Sempre via o Azevedo nos corredores do Senado, era membro da fundação ligada ao PFL. Em outra ocasião, sugeri que ele escrevesse a sua biografia, ele assegurou que não tinha o protagonismo que lhe davam, o que me levou a rir. E emendei, dizendo que toparia fazer a biografia dele, sem restrição, se topasse.

Olhou pra mim, por sobre os óculos, como sempre fazia, e asseverou:

– Taí, topo, confio na sua honestidade.

O projeto ficou martelando na minha cabeça, daria um bom livro. Tempos depois ele morreu.

O autor

Davi Emerich (Distrito de Teçaindá, Martinópolis-SP, em abril de 1955). Oriundo de uma família de classe média baixa, os pais sem instrução e pequenos comerciantes. Trabalhou atrás de balcão de bar até os 18 anos, atendendo principalmente pessoas da área rural. Estudou em escola pública; sua família era presbiteriana, igreja calvinista, que marcou muito a sua formação. Entrou na UnB em julho de 73, por acaso, em virtude do vestibular de meio de ano. Seu destino seria Goiânia, onde já moravam dois irmãos. Fez Comunicação, foi expulso em 1976, voltou à UnB em 1980 por força de decisão judicial, onde anos mais tarde concluiu também o Mestrado. Trabalhou como bolsista da UnB e, depois, como repórter no *Jornal de Brasília*, *Correio Braziliense*, revista de cooperativismo da OCB e no jornal *O Globo*. Atuou também na assessoria de imprensa do CNPq. Elegeu-se Secretário Geral do Sindicato dos Jornalistas, coordenou movimentos comunitários, sindicais e políticos - contra a ditadura, pelas Diretas já, Anistia e pela autonomia de Brasília. Chefiou gabinete parlamentar na Câmara Legislativa do DF e por vários anos trabalhou como jornalista e assessor na Câmara dos Deputados e Senado Federal. Concursado, entrou para os quadros do Senado em 2005, como analista, onde ocupou várias funções e chefias e foi diretor de Comunicação Social. Continua em exercício profissional no Senado.

ZÉ BETO
NEM FICOU
A PÁTRIA LIVRE
NEM MORRI
PELO BRASIL
PELAS LIBERDADES
ZÉ BETO
NEM FICOU
A PÁTRIA LIVRE
NEM MORRI
PELO BRASIL
PELAS LIBERDADES

EU FARIA TUDO OUTRA VEZ...

José Humberto Fernandes Rodrigues

Participei da reconstrução do movimento estudantil na UnB desde 1973, ele que fora atingido duramente pela repressão de 1968 até 1971, resultando em sua dispersão em 1972. Muitos estudantes foram para o exílio, outros se esconderam – casos de Zé Prates e Xico Chaves, com os quais tive amizade e pude usufruir de muitas informações em 1972, após contato com o pessoal do jornal *Tribo*.

Visitava a Universidade de Brasília desde 68, mas foi em 1972 que mudei para a Capital Federal. Em 1973, já matriculado no Curso de Economia, graças aos professores Claudio Considera e Roberto Furtado, alunos da pós graduação que me estimularam muito, me tornei monitor no segundo semestre da disciplina Introdução à Economia, dando aulas de revisão e exercícios para alunos de todos os cursos que a tinham como obrigatória.

Já conhecia o Caetano Araújo, que obtivera o primeiro lugar geral no vestibular da UnB na área de humanas, que me foi apresentado pelos irmãos gêmeos Bruno e Marcelo Bormann Zero.

Conheci na Economia o Robson, o Rogerio Dias e o Ribamar, que me lançaram à Representação Estudantil junto aos órgãos colegiados do curso. Participei de algumas reuniões para reerguer as representações estudantis de outros departamentos. Várias reuniões ocorreram na Medicina, a área até então mais mobilizada da universidade.

Nos encontros discutíamos a vida universitária e a participação estudantil. Fui eleito em chapa única com o Jorginho à Representação Estudantil da Economia e passei a ter acesso às reuniões do Departamento. Nelas conheci grandes nomes da economia brasileira como Edmar Lisboa Bacha, Lauro Campos, Eliana Cardoso e, também, alguns palestrantes assíduos junto à pós graduação como Maria da Conceição Tavares, Pedro Malan, Dércio Garcia Munhoz, de quem fui auxiliar de pesquisa.

Escolhi Joan Robson como minha guia no campo da economia, além de ler e fazer grupos de estudo sobre textos de Celso Furtado, Caio Prado, Nelson Werneck Sodré. Tive aulas estimulantes com Paulo Timm e Cristóvam Buarque, meus eternos professores. Um aluno privilegiado, pois ganhava para estudar (pasmem!), exatamente o que eu queria.

Em 74, um morador do CO (Centro Olímpico), que abrigava alojamentos para estudantes de baixa renda, foi espancado por um vigilante e fomos à reitoria (ainda na sede velha) reclamar e exigir proteção. Esse movimento deflagrou uma maior participação nas eleições estudantis de 74 e no segundo semestre já avançávamos na elaboração do estatuto do DU (Diretório Universitário), previsto no regimento interno da UnB.

Aprendi na prática a fazer estatuto graças aos colegas do Direito que nos davam aulas particulares. Neles me inspirei para dar aulas de Cálculo I nas noites varadas na Biblioteca Central, um palácio da cultura na época, para os alunos de vários cursos de humanas e engenharia, me tornando mais conhecido.

Nessas relações pessoais, usei um pouco de habilidades obtidas no teatro que fiz em minha cidade natal, Uberaba. Um parêntese: em Uberaba me tornara autor teatral, com três peças escritas e assim me filiara à SBAT, Sociedade Brasileira de Autores Teatrais, aos 13 anos. Mantive os direitos autorais de minhas peças, que eu mesmo montei no TEU - Teatro Experimental de Uberaba – sua sede existe até hoje.

As negociações com o vice-reitor Azevedo, capitão de mar e guerra e físico nuclear, eram difíceis, um fascista que mantinha sigiloso esquema de espionagem sobre os alunos. Eu aprendi a identificar alguns informantes entre nós e aplicava contra eles a técnica da contra informação, confundindo-os com dicas falsas e sem sentido.

Sem avançar nas negociações internas para a criação do DU, procuramos o Ministro da Educação, Ney Braga. Ali mesmo no MEC fomos autorizados a criar o diretório, conforme os estatutos acordados. Nesse dia quase morremos pelo Gabão (contei esse episódio no meu livro "Nem Ficou a Pátria Livre Nem Morri pelo Brasil").

Nessas negociações criadas em face ao conflito com a reitoria aprendi a negociar sem preconceitos ideológicos, consolidando em mim o democrata que me considero hoje. Sem nunca trair a vontade dos estudantes manifestadas em assembleias, nas quais aprendi a falar em público para expressar a minha e a opinião dos que trocavam ideias comigo, embora todos nós fôssemos muito crus em relação à chamada grande política.

As assembleias que realizávamos lotavam os anfiteatros. No início perdíamos (o nosso grupo em formação) todas as votações, mas com o tempo e boas oratórias passamos a vencer várias delas. Nesse embate fizemos e aprovamos democraticamente o Estatuto do DU.

Conseguimos a proeza de fechar acordo com o MEC. Aprendemos a ceder e a conquistar vitórias. Queríamos um DCE, mas o Regimento da UnB não permitia. Aceitamos o DU, transformado um ano depois em DCE. Eu comemorei muito a primeira eleição em 1976 e a vitória do nosso amigo Rocine, já estava no Rio, expulso que fui em 76 com outros seis alunos – Davi Emerich, João da Silva Maia, Bárbara Hartz, Paulo Bernardo, Walter Peninha e Eduardo Almeida. Outros foram jubilados por perseguição do capitão.

Um movimento para abrir o Restaurante Universitário nas férias, durante o Curso de Verão (nós comíamos numa cantina de obras da universidade nesse período) foi vitorioso e aumentou nossa mobilização.

Organizávamo-nos por grupos de estudo (eu participava de pelo menos uns vinte), com temas totalmente diferentes: desde a temática de textos políticos clássicos até História da Arte, passando por Economia, Sociologia, Antropologia, História, Cultura, conjuntura, sindicalismo. A Universidade ganhava outra dimensão para a minha geração.

Vieram as eleições de 75, eu não era filiado a nenhum partido político, embora fosse rotulado como sendo do Partidão (Partido Comunista Brasileiro) por algumas pessoas pouco informadas, incluindo o Capitão que chegou a afirmar isso ao meu pai depois das expulsões. Defendi a criação do grupo Unidade, pois dizia que partido sério não teria estudantes na clandestinidade, era para me defender da repressão.

A Unidade se tornou um "partido" sem ideologia definida, apenas a visão democrática nos guiava. Trazíamos para o grupo simpatizantes de diversos segmentos políticos – LibeLu, maoístas, reformistas, emedebistas, brizolistas, cristãos de esquerda, PCBR, progressistas e democratas, além de outros que estavam em busca de alguma alternativa nova.

Não era muito fácil juntar toda essa gente diferente, mas conseguimos. De 30 departamentos nos quais lançamos candidatos pela chapa Unidade ganhamos em 27. As outras três chapas venceram em departamentos localizados: o PORT (Partido Operário Revolucionário Trotskista) ganhou na Medicina, onde chegamos a disputar com bom resultado, em virtude da liderança do ainda aluno Gastão Wagner e de outros estudantes independentes. A direita ganhou na Administração e, na Música, os independentes progressistas, que nos apoiavam com distanciamento político. Um independente que acabou apoiando a Unidade, o Pitágoras, derrotou a direita na Matemática.

Em vários cursos, nós, da Unidade, vencemos a direita, inclusive na Economia. Porém, na maioria dos departamentos concorremos como chapa única. Uma dissidência no grupo do PORT criou um cenário diferente nas disputas. A saída das meninas da Psicologia, Educação e dos meninos das engenharias fortaleceu muito o grupo Unidade.

A estratégia eleitoral usada nos departamentos foi montada porque um amigo, funcionário da taquigrafia do Senado, me contara que o PORT havia derrotado anos antes todas as oposições do movimento secundarista, antes da debandada geral provocada pela repressão, com a chapa Vanguarda. Usamos a mesma estratégia e conseguimos derrotar amplamente na UnB o grupo que a concebeu no passado. Coisas da política estudantil.

A Unidade virou depois disso um grupo nacional, a partir de uma reunião no Rio de Janeiro, na PUC em 1979. Esse passo foi dado visando a reconstrução da UNE. A Unidade foi uma das chapas nas eleições diretas para a entidade, ficando em segundo lugar e deixando uma grande marca na formação política de várias estudantes que se juntaram a esse segmento.

A reunião para compor a chapa Unidade à primeira diretoria do DU, em Brasília, contou com cerca de 70 pessoas diretamente presentes e mais umas 30 que opinavam junto aos nossos ouvidos mas que não queriam aparecer. Conversávamos com muita gente todos os dias, fazíamos as costuras políticas para a construção do movimento. Não tínhamos internet. Os principais canais de comunicação entre nós eram os grupos de estudo.

Vieram as eleições, a universidade ficou linda, festas para arrecadar fundos no Centro Olímpico foram realizadas, houve venda de jornais e rifas. Havia o nosso Jornal O Milagre, produzido nas máquinas do Departamento de Economia durante uma noite inteira e de dia chegava aos estudantes sem deixar pista. Trabalhávamos de madrugada, escrevendo, ilustrando com o pessoal do Desenho e Plástica (Conceição, Eliane e Carlos Eduardo), compondo nas máquinas da IBM para depois rodar o pequeno jornal no chamado cachacinho, mimeógrafo a álcool muito presente nas escolas do DF.

Quando o cerco à atividade estudantil se tornou maior em Brasília fomos rodar o jornal em Belo Horizonte. O último número foi impresso em Minas e saiu com duas matérias, consideradas por alguns como a razão das nossas expulsões. Uma, feita pelo João Simplício sobre o 477; a outra, sobre corrupção na compra da biblioteca do famoso crítico literário Agrippino Grieco, chamada "Presente de Gregos ou para Griecos", escrita por Mosart, que trabalhava na Biblioteca Central e compunha inicialmente o nosso grupo no movimento estudantil. Nunca demos os nomes dos autores das matérias à época ou em anos posteriores por questão de segurança, poucos sabiam exatamente quem eram de fato.

Chegaram a nos oferecer na Comissão de Inquérito a que fomos submetidos a nossa permanência na Universidade se declinássemos os nomes, o que jamais ocorreu. Ninguém queria ser líder, nós trabalhávamos em bando, como pássaros em migração e em formação, a cada hora um liderando o voo.

A interrupção das eleições veio três dias antes do pleito e uma Comissão de Inquérito foi formada, presidida por Inocêncio Coelho Mártires, que depois viria a ser o advogado do Collor no Impedimento. Chegaram as punições, justificadas oficialmente pelas assembleias massivas que realizamos. E, por fim, as sete expulsões já mencionadas.

Dei a notícia ao João Mais e ao Davi Emerich em uma sessão de cineclube em uma Escola Classe, onde passaria o filme "O Exército de Brancaleone", filme apropriado para nossa Chapa Unidade. Lá mesmo discutimos o que fazer e marcamos várias reuniões em pequenos grupos para a república onde eu morava, na SQN 404, em frente à Universidade, residência também do futuro deputado federal Augusto de Carvalho, então sindicalista, do Rocine de Carvalho (sem parentesco com Augusto), futuro presidente do DCE da UnB, e do Gustavo, um crítico de cinema à época.

Expus a minha ideia de recuo tático organizado, pois havia me encontrado na Rodoviária com José Paulo Neto, um escritor que estruturou mais tarde a Assistência Social no Brasil como um caminho científico. Eu não o conhecia, mas ele fazia parte de um grupo de estudo das artes, com nossos amigos do Desenho. Ele me informara que nós seríamos expulsos para provocar uma grita nos estudantes e assim favorecer os grupos de direita mais radicais do regime, da mesma linha desses que hoje estão no poder, que queriam derrotar as teses de Golbery, Geisel e depois as de João Batista Figueiredo. E que isso fora tramado pelo Ministro Leitão de Abreu, que não se conformava com o fato de os militares saírem do poder, levando civis, pelas eleições diretas, a presidir o Brasil.

José Paulo Neto ainda disse que esse segmento duro pretendia excluir uns trezentos alunos da universidade se houvesse greve ou qualquer movimento contra as expulsões. Saí atônito da Rodoviária. Confesso que não sabia o que fazer. Veio na minha cabeça a memória um livro que falava de dois passos atrás para dar um à frente depois. Fiz a defesa do recuo tático organizado, que depois foi apelidado carinhosamente pela Florianita, da Psicologia, de RTO. Assim foi feito.

Promovemos um recuo, dado o momento político de instabilidade entre Leitão de Abreu e Golbery do Couto e Silva, numa luta por hegemonia na condução ou do processo de abertura ou de recrudescimento da ditadura. Essas discussões se processaram em reuniões muito controladas, quase secretas, dado o risco e tensão que havia no meio estudantil e no campus da UnB. Acredito que foi a primeira vez que um movimento estudantil recuou de um enfrentamento político por causa de uma questão nacional muito maior e acho que serviu naquele momento para desgastar a linha dura de extrema direita. Considero que fomos vitoriosos e aprendemos que política nem sempre se caminha em linha reta.

Tempos antes haviam sido presos o Paulão da Geologia (Paulo Bernardo da Silva) e o Patrocínio Landin, num ônibus, quando voltavam da Missa de Sétimo Dia oficiada em memória do jornalista Vladimir Herzog, assassinado pela ditadura em 25 de outubro de 1975, nas dependências do Doi-Codi, em São Paulo). O clima era de muito terror e ameaças. Eu, o Virgílio (do Grupo Oficina, de oposição à Unidade) e um líder da química da chapa Unidade, num fusca da Conceição, percorremos toda a UnB e as ruas de Brasília tentando encontrar alguma notícia dos presos, que soubemos morarem no Centro Olímpico por pessoas que estiveram também no ônibus onde as prisões ocorreram. Fomos perseguidos por um carro, mas despistamos. Só no dia seguinte soubemos pelo Patrocínio, irmão do Deputado Federal Paes Landim, que foram soltos só de cuecas numa estrada do DF.

No período das suspensões que antecederam as expulsões da UnB, para proteger quem dirigia as assembleias e evitar punições individuais, resolvemos fazer uma mesa de condução dos debates com mais de trinta alunos. Nesse dia fui chamado por um aluno e, lá fora ele me disse que eu deveria ir ao estacionamento para receber o apoio de parlamentares. Fui e acabei surpreendido. No grupo, o Magalhães Pinto, um apoiador da ditadura mas, antes de tudo, um homem da política.

Ele desceu do carro, andava a passos lentos. Sinceramente, fiquei sem saber se agradecia o apoio ou se chorava de emoção. Ele estava acompanhado de outros parlamentares, acredito que um era o Airton Soares. Cumprimentei-o em nome dos alunos da UnB e a única coisa que eu disse foi que meu pai fora funcionário do Banco Nacional, no qual se aposentou. E que sempre votava nele. Ele disse, sorrindo, no melhor estilo mineiro, mais ou menos assim: "seu pai era um sábio, votou a vida inteira em mim para que hoje eu lhe trouxesse votos de democracia e apoio diante dessa atrocidade que querem fazer com nossos jovens". Eu fiquei pasmo.

Fomos até o anfiteatro onde acontecia a assembleia, superlotada. Desci e anunciei a presença dos parlamentares, não disse nenhum nome, fiquei com medo de alguém discordar daquela presença ilustre. Não tínhamos microfones, tudo era dito no gogó. Eles não desceram depois das palmas. A assembleia esquentou e eu só fui procurá-los, lá fora, depois de muito tempo, mas já tinham ido embora. Uma pena. A publicização da presença de Magalhães Pinto seria uma lição democrática, pois na cabeça de muitos jovens, radicalizados, não havia horizonte para se compreender isso. Poucos entendiam ali de política e o que se passava nas esferas do poder.

Já aprendera essa lição quando o Ministro Severo Gomes, um empresário que apoiava a ditadura e por isso fora convidado para compor o governo, aceitou debater com os estudantes da UnB. A cada pergunta ele apresentava críticas ao governo militar e, ao final, anunciou seu pedido de exoneração do cargo que ocupava.

A política no Brasil e acho que em qualquer lugar do mundo de fato não é para amadores. Eu aprendi muito com essa surpresa. E hoje quando conto isso, ninguém diz se lembrar.

Estive na chegada de Miguel Arraes ao país, na volta do exílio, após a Anistia. Conseguimos entrar, eu e Paulo Massoca, do Rio de Janeiro, por uma porta com o Deputado Roberto Freire, de Pernambuco. E lá dentro, num piscar de olhos, aparece Arraes e nos dá um abraço. Eu, de um lado; Paulo Massoca do outro. Os jornalistas queriam saber quem éramos, uma frente parlamentar isolava a gente enquanto conversávamos com o líder pernambucano sobre a reorganização da UNE e das eleições diretas para a entidade, que estavam marcadas. Ele disse apenas, "estou sempre de acordo com os estudantes" e nos convidou para sua chegada em Recife. A cena foi filmada por um aluno da comunicação da UnB. Dei um recado da UNE no filme.

Já dando pulos na história, aí veio a UNE. Depois o movimento das Associações de Moradores e a Constituinte prevista desde o discurso de Jarbas Vasconcelos no Senado. Caiu a censura, após tantas lutas, me recordo da proibição de Abajur Lilás, de Plínio Marcos, e o protesto de Marcos Freire no Senado. E a vida começou a se normalizar quando Gabeira nos alertou sobre costumes enraizados que se transformam em preconceitos quando se muda uma sociedade. Os partidos se multiplicaram.

Em paralelo organizávamos a reconstrução do movimento estudantil nacional, a UNE, e uma grande frente para exigir eleições diretas para o Brasil. Fui para o Rio de Janeiro, ajudei a organizar o Diretório acadêmico da Economia do Bennett, onde pude estudar dois semestres, pois aceitaram a minha transferência, já que não tinha um atestado da UnB de bom comportamento, sem o qual as portas se fechavam.

Depois fui para a PUC/RJ por vestibular novo. E no primeiro semestre ganhamos as eleições na PUC para o DCE e também o diretório de Economia, o CARP, Centro Acadêmico Roquette Pinto, onde depois fui presidente e reencontrei quase todos os meus professores da UnB, sob a chefia do mesmo Edmar Lisboa Bacha.

O mundo dá voltas, mas nunca no mesmo lugar. Fui também da diretoria provisória da UNE até a organização do congresso de Salvador onde a reconstruímos. Primeiro tentamos em São Paulo e o Erasmo Dias nos recebeu a bombas na PUC/SP. Em seguida em Minas, onde fomos retidos nas estradas. Na Bahia fomos recolhidos pela Polícia Militar do Estado aos pontos de retenção programados para os nossos ônibus pela Polícia Rodoviária Federal. Depois, em comboio, seguimos até Campo Grande e de lá até a sede do MDB, presidido pelo grande Arquimedes que, depois, vários anos mais tarde, o encontrei, ele Diretor do Procon Estadual da Bahia e eu à frente da defesa do consumidor no Ministério da Justiça, já na democracia, criando Procons pelo país todo.

Ajudei a organizar a FLA diretas com o maravilhoso amigo Bussunda e um bloco de carnaval para que pudéssemos continuar nossos encontros de rua no Rio, o fantástico "Simpatia é quase Amor".

Assim passei meus anos 70 e 80, defendendo a democracia, os direitos humanos e tantos outros direitos. É o que continuarei eternamente a fazer em minha vida, enquanto ela durar.

Eu faria tudo outra vez....

O autor

José Humberto Fernandes Rodrigues, o Zé Beto (Uberaba-MG, 12/04/1955). Economista, iniciou seus estudos universitários na UnB, instituição da qual foi expulso em julho de 1976. Foi um dos principais líderes estudantis da Universidade de Brasília no período de 1974 a 1976 e articulador do grupo Unidade. Depois de expulso, fez vestibular na PUC-Rio e lá concluiu o curso de Economia. Trabalhou com a equipe do jornal (e depois programa de TV) "Casseta & Planeta" e recebeu do grupo o apelido de Zé Beto. Atuou intensamente na política do Rio de Janeiro. Ajudou a organizar a torcida FlaDiretas no contexto das lutas pelas Eleições Diretas, Já! Esteve à frente, no Ministério da Justiça, de programas de defesa dos direitos do consumidor. Escreveu o livro-testemunho "Nem Ficou a Pátria Livre Nem Morri Pelo Brasil", no qual narra as mobilizações estudantis na UnB, com foco no ano de 1976; sua dinâmica passagem pela PUC-Rio, instituição na qual prosseguiu com ativa militância; e a luta pela reconstrução da UNE. O livro, de vibrantes e bem-humoradas 128 páginas (sem esquecer o título paródico) foi definido pelo jornalista Milton Temer como uma deliciosa "autobiografia precoce". O prefácio traz a assinatura do advogado de presos políticos Marcelo Cerqueira. A primeira edição veio a público em 1988, ano marcado pela efervescência dos debates que deram ao o país a sua Constituição Cidadã.

VALIDADE
1973

UM OLHAR DE HOJE PARA O ONTEM DO FUTURO

A mais terrível de nossas heranças é esta de levar sempre conosco a cicatriz de torturador impressa na alma e pronta a explorar na brutalidade racista e classista. Ela é que incandesce, ainda hoje, em tanta autoridade brasileira predisposta a torturar, seviciar e machucar os pobres que lhes caem às mãos. Ela, porém, provocando crescente indignação nos dará forças, amanhã, para conter os possessos e criar aqui uma sociedade solidária.

Darcy Ribeiro, *O povo brasileiro*, 1995/2006.

Carlos Michiles

Este artigo trata dos anos 70 do século XX, e particularmente sobre o ano de 1973 que, em algarismos romanos é grafado como MCMLXXIII, o que pode remeter a um tempo remoto. Mas, para quem viveu esse período da história política brasileira, continua sendo um ano emblemático que não acabou. Já se passaram 49 anos, desde lá até aqui, mas 1973 continua impregnado nos corpos e na memória para não ser esquecido.

O período que se estende de 1968 a 1973 é conhecido como o "milagre brasileiro" com crescimento econômico do PIB em torno dos 14% e com uma taxa de inflação em queda. Mas do ponto de vista político, acontecia um ano com a maior taxa de repressão política no governo do presidente general Emílio Garrastazu Médici sob os Atos Institucionais, AI 5 e com o Decreto Lei Federal 477.

Essa geração viveu sob o medo do famigerado "477" que levava o terror do AI-5 para dentro das Universidades que previa a punição de professores, alunos e funcionários de universidade culpados por subversão ao regime vigente. A repressão nesse ano de 1973 era de tal maneira intensa que chegou ao ponto da institucionalização da eliminação física dos adversários da ditadura. Nesta conta se encontra Honestino Guimarães, o líder estudantil da UnB que até hoje se encontra entre os desaparecidos.

Como, porém, a história é feita de conflitos e contradições, o ano de 1973 produziu na música, por exemplo, o irreverente grupo Dzi Croquettes e a banda andrógina Secos & Molhados que desafiaram a autocensura e mostraram outras possibilidades da sexualidade. Como também o emblemático disco Dark Side of the Moon, de Pink Floyd; no cinema o inesquecível filme O Último Tango em Paris, de Bertolucci; Gritos e Sussurros, de Bergman e Amarcord, de Fellini. No Brasil, "Joana Francesa" e "Vai Trabalhar Vagabundo" mostram as contradições dos dois brasis, aquele da oligarquia decadente e este sobre o país urbano onde surge o caráter de Macunaíma que aprende a driblar as adversidades do autoritarismo.

Assim, mesmo no Brasil com o contexto de intensa vigilância e repressão política, acontecia a cena do teatro com a peça "Um Grito Parado no Ar", de Gianfrancesco Guarnieri.

Por isso, qualquer reflexão que se faça nos dias de hoje sobre aqueles longínquos, porém ainda influentes anos de 1970 no espaço do campus da Universidade de Brasília - UnB, em que prevalecia a repressão política de um regime militar autoritário, é preciso retomar o espírito daquele tempo.

Mesmo com os olhos da vivência do exercício da democracia é preciso reconhecer que aquele tempo está na relação causal da luta que construiu a vida democrática de hoje. Sem diminuir ou negligenciar, é claro, a delicadeza dessa democracia brasileira que sempre esteve rodeada de ameaças em fazê-la sucumbir para atender interesses autoritários contra o Estado constitucional democrático. Essa dificuldade da democracia entre nós brasileiros, já vem desde longe. Basta lembrar, desde os anos de 1930, dos pensadores que interpretaram o Brasil. Para que a democracia possa se tornar uma aposta certa há que enfrentar o peso da cultura escravocrata que favorece a política do patrimonialismo e clientelismo.

Mesmo depois de três décadas de funcionamento das instituições democráticas, considerando que 1989 foi um marco democrático para o país, ainda assim, ainda hoje, quando escrevo esse artigo, no fim do ano de 2021, a democracia brasileira continua na linha de risco. A democracia e suas instituições continuam sendo ameaçadas pelo próprio atual presidente da República que reconhece como seu líder um daqueles torturadores que atuaram nos duros anos 1970.

Assim, começo esse texto, retomando o meu relato sobre a perseguição política que sofri pelo regime militar nos anos 1970/1980 encaminhado à Comissão de Anistia do Ministério da Justiça em novembro de 2004.

"Por conta desse contexto de dor e sofrimento quando deveríamos estar vivendo os anos mais prazerosos de uma vida em esplendor, nos víamos impedidos de desfrutar da liberdade de existir - essa dádiva humana! Desde 1973, ano em que me encontrava sob o espectro da violência dos torturadores, invadindo minha privacidade com alicates extraindo os pelos pubianos e dando-me choque elétrico ou colocando-me pendurado num pau-de-arara ou ainda simulando explodir minha cabeça com um tiro em vão. E não somente isso, quando colocado em liberdade me vi impedido de encontrar um emprego para custear a própria sobrevivência.

Foi imposto a mim um estado de desemprego permanente que durou de 1973 a 1980 quando arranjei meu primeiro emprego, depois de quatro anos após minha formatura em 1976. Formado, graduado, porém rejeitado pelo mercado de trabalho. Sentia-me um cidadão rejeitado, discriminado e punido pelas sequelas da tortura e do desemprego. Sentia-me um estranho em meu próprio país."

Nos anos de 1970 a Universidade de Brasília significava um ambiente de jovens cheio de sonhos, projetos e utopias que se imaginava ser possível somente com a construção e exercício dos valores democráticos. Uma dessas utopias era a possibilidade de dispor do direito do habeas-corpus. Uma garantia de exercer a liberdade de expressão e recorrer a esse instituto do direito que é básico para o exercício da liberdade individual e coletivo.

Viver no Brasil naquele tempo, em particular em Brasília, era o mesmo que caminhar na ponta da navalha. Qualquer deslize poderia ser fatal para o destino individual. Os jovens que viviam nessa região com pouco tempo de existência comparada com as cidades tradicionais, onde abrigava os poderes institucionais do regime autoritário era sempre algo que, olhando hoje, representa muita coragem que só os jovens inquietos possuem.

A maioria das lideranças políticas que estavam à frente da resistência política ao regime, encontrava-se exilada no exterior. Tiveram que encarar a vida do exílio fora do país. Mas aquela geração que se encontrava na condição de estudantes em formação profissional se tornou "exilados internos". Tiveram que consumir sua juventude dedicando a ousadia e a coragem de resistir aquela situação autoritária enquanto sonhavam em construir uma vida com convivência democrática.

Desde o momento em que ingressei na Universidade de Brasília, em 1973, pelo famoso vestibular, sentia que estava ingressando no universo da liberdade de estudar, refletir e debater com liberdade intrínseca da finalidade de uma vida acadêmica.

Como escrevi no depoimento à Comissão de Anistia: Como não morava com minha família, como espaço afável para me abrigar com os afetos familiares, sobrava para mim a opção de me dedicar integralmente ao desafio de passar no vestibular da UnB. A situação era ter que passar ou passar no vestibular. Fora essa escolha não havia saída. Diante de tanta insegurança para viver, o que mais queria era me tornar um estudante universitário. Sempre alimentei o profundo desejo de estudar. Seguir uma carreira universitária. Estudar no exterior. Alimentei a ousadia de sair de Manaus, uma cidade instalada no seio da floresta amazônica e longe do centro moderno do país, para estudar em Brasília, na ousada Universidade de Brasília. No ano seguinte, em 1973, depois de estudar no colégio Pré-universitário de Brasília, graças a uma bolsa de estudo, ter me tornado representante estudantil dos pré-universitários – posição de alto risco pessoal naqueles tempos – ingressei na Universidade de Brasília no curso de Ciências Sociais.

Com apenas 20 anos de idade, estudando no curso de Ciências Sociais, naturalmente fui motivado pelas circunstâncias daquele período, a me envolver intensamente no ambiente universitário, um convívio sempre muito saudável, estimulante e uma experiência inédita para um jovem que acabara de ser aprovado no vestibular.

Comecei então a participar ativamente da vida política estudantil. Não poderia ser diferente. No curso do segundo grau no Colégio Estadual do Amazonas, fui eleito presidente do grêmio estudantil Plácido Serrano e no Colégio Pré-universitário representante estudantil. Na vida estudantil da universidade não seria diferente. Meu envolvimento se deu como um movimento natural e espontâneo do meu caminho trilhado desde Manaus.

Em 1973 ao ingressar no campus da UnB, a emoção era de um espaço humano disponível para aflorar esse espírito estudantil. Viver intensamente essa fase a ponto de ofuscar a perspectiva de que esse período da vida é passageiro.

Por conta dessa intensa participação estudantil, começou uma sequência de perseguição, punição, perda dos direitos de bolsa de estudo, concessão de moradia no alojamento estudantil no campus, sem que tivesse alternativa para custear a vida de estudante. Cada punição sofrida no campus da Universidade correspondia a mesma dificuldade de encontrar emprego, mesmo na condição de estagiário. Isso me causou muitos problemas para garantir a mínima condição financeira de sobrevivência, sem mencionar os reflexos de ser discriminado pelo fato de ser estudante non grato no espaço do campus universitário e fora dela.

Dentro do campus pela presença de uma parte dos estudantes que só queriam "estudar" para se formar e os outros estudantes que queriam estudar para se formar, mas conscientes de que lutar pela democracia se fazia necessário. Não apenas como experiência humana olhando para o futuro profissional, mas também para servir de referência existencial de formação de valores que orientarão o desempenho individual com as pessoas e a sociedade.

Diante das dificuldades integrantes dessa fase da vida, de natureza financeira e da forte presença do receio e do medo da repressão, passei a morar nas salas do "Minhocão" da universidade, guardar meus pertences nas "repúblicas" que me deixavam descansar ou mesmo dormir dentro do "fusca" de amigo mais afortunado, morar em quartos das "áreas de serviço" que os proprietários da 408 Norte alugavam para aumentar sua receita doméstica e comer as sobras de comida do almoço do "Bandejão" trazidos por amigos dentro de um saco de leite e comida numa marmita com um copo de suco ralo de laranja.

Naqueles dias de exílio interno, as restrições eram tamanhas que o desafio era o que comer. Se hoje me alimentei, o que comerei amanhã? A comida era o mistério que desafiava nossa mente disposta a lutar contra os atos de repressão da reitoria e enfrentar o básico da sobrevivência como comer, beber e morar.

Todos esses momentos, olhados da perspectiva atual, parece que o contexto da época obrigava as circunstâncias produzirem essa forma de vida estudantil. Uma forma existencial que não se recolhia passivamente com aquilo que a realidade mostrava, mas uma realidade que instiga o protesto, a inquietação e o sonho de viver numa sociedade democrática com habeas-corpus com direito para ir e vir com seu corpo, mente e ideias.

Por isso que o desdobramento da militância estudantil na Universidade e, simultaneamente, com outros setores da sociedade civil, teve momentos em que é preciso rememorar para servir, quem sabe, de testemunho do que significa o peso de um regime autoritário para os jovens e sua geração. Em 1973 fui preso por agentes do DOPS que entraram no apartamento da SQN 408, vasculharam e me levaram preso e algemado para ser torturado.

Estudando disciplinas com variado conteúdo científico, despertou para reunir livros e formar minha biblioteca pessoal. Parte desse interesse nascia estimulado pela preocupação que aparecia a partir das leituras feitas em grupos de estudo. Era costume reunir poucas pessoas em grupo para ler, refletir e se informar sobre história, economia política e a sociedade.

Havia também os grupos de teatro de cordel para descobrir o mundo desconhecido do nordeste brasileiro. Éramos jovens, sem família e morávamos em "repúblicas estudantis" montadas como moradia coletiva porque não tínhamos condições de pagar aluguéis fora desse estilo comum de moradia.

Os tempos eram cinzentos com alguma brecha de possibilidade para jovens afoitos estudarem e lerem literatura política com opiniões de uma teoria crítica. Não havia dolo pela violência. Apenas uma expressa indignação contra o que se lia e se presenciava acontecer com a política oficial no Brasil.

Jovens presos, torturados, o campus da universidade policiada e a imprensa sem poder dizer, transmitir o que deveria ser dito para informar a sociedade. Qualquer aglomeração era alvo de suspeição. Reunir jovens então era sinal de subversão. Não podia estar junto com mais de duas pessoas. A terceira poderia ser suspeita de ser algum delator.

As "repúblicas estudantis" eram observadas como um foco de ações clandestinas. Sem saber estávamos sendo detalhadamente observados, filmados, registrados para instruir ações repressivas contra jovens que, literalmente, estavam apenas vivendo a genuína expressão de serem jovens.

Nos anos 1970 a condição de ser jovem, jovem exilado no próprio país, indicava um motivo para ser observado pelos órgãos de repressão. Essa realidade nos obrigava a manter as lâmpadas sempre apagadas para não ser identificadas. Dentro das "repúblicas" nos sentíamos prisioneiros de nossa paranoia. Não poder sair e caminhar livremente. Estávamos encurralados pelo medo real.

A chegada de Salvador Allende à presidência no Chile despertou muito interesse em todos os jovens inquietos que queriam vivenciar um pouco dessa experiência original na América Latina da chegada ao poder pela via eleitoral para construir um poder socialista democrático.

Meu irmão Aurélio Michiles juntamente com alguns outros amigos, resolveram viajar "on the road", de carona, "com algum dinheiro no bolso" pela América do Sul. Claro, foram parar no Chile para testemunhar a inédita experiência socialista de um governo eleito democraticamente.

Ao retornarem do Chile, em julho de 1973, pouco antes do golpe militar que irrompeu em setembro, derrubando e levando ao suicídio o presidente socialista chileno Salvador Allende, o apartamento onde morávamos passou a ser mais detalhadamente observado. Meu irmão, ao desembarcar no aeroporto de Brasília, com escala em Manaus, foi preso. De fato, foi sequestrado e desaparecido por longos dias.

No período em que meu irmão esteve sequestrado e desaparecido, não percebemos que, naquela altura, todos nós, inquilinos da "república" estávamos sob o alvo de uma campana policial. Isso ficou evidenciado depois que fomos presos e os policiais nos mostraram fotos, conversas, encontros e até cenas públicas esperando ônibus. Com essas informações sobre nossos passos, armaram a invasão desmesurada de nossa "república estudantil" na SQN 408, considerada uma área residencial equivalente dos estudantes franceses no Quartier Latin, de onde partiu a mobilização do movimento dos estudantes de 68, em Paris.

Nossa "república" foi invadida e vasculhada pelos policiais em seus detalhes. Revistaram todos os cômodos, desmontaram o fogão, quebraram gavetas, rasgaram colchões, folheando, abrindo e rasgando livros sob a nossa temerosa perplexidade. Depois dessa operação, fomos algemados e levados para a Polícia Federal acompanhados por duas viaturas e agentes armados com metralhadoras.

Ao chegar à Polícia Federal no fim da avenida da W3 Sul, mandaram tirar cinto, cadarço dos sapatos e me levaram para uma cela. Uma pequena cela, sem cama e sem banheiro, apenas uma pedra em forma de cama, sem lençol e um buraco para ser usado como latrina.

A partir desse momento pensava que a vida tinha terminado para mim. Foram dias intercalados com sessões de tortura que aconteciam regularmente nas dependências do Ministério do Exército, na Esplanada dos Ministérios.

A primeira sessão de tortura aconteceu ainda nas dependências da Polícia Federal. Mandaram tirar a roupa, colocaram um capuz e me penduraram num pau-de-arara. Pendurado me perguntavam a procedência de cada livro encontrado no apartamento. Eram muitos livros. Fui obrigado a confessar a origem de cada um deles.

– Que livro é esse? Quem te deu? Diz o nome do comunista filho da puta.

A cada livro correspondia um soco na minha nuca, seguido de uma ameaça:

– Fala seu filho da puta.

Um desses livros havia ganho de um professor de História do Colégio Estadual do Amazonas. Antes de sair de Manaus, muito jovem de carona num pequeno avião monomotor, meu professor me deu um livro sobre a história do capitalismo e do socialismo, intitulado a "História da Riqueza dos Homens", de Leo Huberman. Jamais imaginaria que esse presente, um singelo livro, seria motivo da prisão desse professor em Manaus por conta dessa sessão de tortura em que fui obrigado a dizer. Esse professor foi preso por causa de um livro.

Depois desses dias de tortura, hibernado no inferno por causa dos livros que guardava para ler e estudar, comecei a desenvolver uma certa repulsa aos livros. Durante um ano, evitava guardar e ler os livros. Somente depois de um tempo que retomei o hábito da leitura.

Assim, tomei uma atitude drástica com os livros que restaram da invasão policial. Com o apoio da minha então companheira de vida, de luta e sobrevivência Sueli Navarro, resolvi, mesmo sentindo a dor da perda dos meus livros, enterrá-los, devidamente enrolados em plásticos, no mato no caminho que leva a Academia de Tênis, próximo ao Palácio do Planalto. Sueli foi a mão angelical que me protegia nas horas de pânico e horror diante do medo pelo que representavam os livros como um objeto ameaçador da ordem vigente.

Depois do primeiro dia de tortura na sede do DOI-CODI onde hoje fica o canil da Policia Federal no Setor Policial Sul, o local para novas sessões de tortura mudou de endereço. As torturas físicas eram feitas nas dependências do Ministério do Exército na Esplanada dos Ministérios.

Esse local tornou-se do conhecimento público através dos Arquivos da Repressão, publicado no jornal *Correio Braziliense*, em 20 de outubro de 2004. Um dos seus informantes, José Alves Firmino confirma que neste local "havia oito solitárias, de mais ou menos 2,5 m. Todas continham uma pequena cama com estrado de madeira. Também havia uma sala de afogamento, com um tambor cheio de água. Em outra sala, palmatórias e um aparelho chamado matraca, para dar choque elétrico."

Em lugares como esse fui submetido às mais inadmissíveis técnicas de tortura com o objetivo de arrancar de mim a confissão de ser comunista e pertencer a alguma "célula" subversiva que lutava contra o regime. Como líder estudantil militava em uma facção universitária do PCB, considerada moderada e revisionista comparada a outras facções políticas.

Depois de uma sequência de sessões de tortura fui obrigado a escrever um documento afirmando que era comunista e que pertencia a organização clandestina da APML – Ação Popular Marxista Leninista.

Antes de começar a sessão de tortura me colocaram numa sala com ar condicionado, despido, escutando gemidos de dor, berros e barulho de espancamento, aguardando para ser de novo torturado. Quando chegava minha vez, era colocado numa outra sala, com ar condicionado, sem roupa, onde agentes ameaçavam jogando-me para um lado e para outro, com súbitos intervalos para um outro agente se aproximava, para me acalmar, dizendo que não seria preciso o uso daquela violência porque eu ia colaborar, falar tudo que sabia.

Como não sabia nada e não tinha o que contar ou delatar, as torturas continuavam em sessões intercaladas onde usavam alicates para arrancar os pelos do meu púbis e dar choque elétrico no saco escrotal.

Formamos um grupo de amigos da universidade para estudar o teatro de Cordel. A gente se reunia numa casa alugada em Sobradinho, próximo a um albergue. Certo dia, me colocaram num carro, tipo Brasília, com quatro agentes da polícia. O motorista e outro ao seu lado. No banco de trás eu de capuz no meio de dois agentes.

No trajeto da Esplanada dos Ministérios onde fora submetido a sessões de tortura até o endereço em Sobradinho, um dos agentes sentado ao meu lado, colocou minha cabeça, envolto em capuz, encostado em sua coxa e me obrigando a esfregar minha cabeça em seu pênis, enquanto me chamava de "comunista filho da puta" que precisa aprender a viver os "prazeres da vida."

Certo dia, me acordaram com gritos e batendo nas grades da cela onde estava preso, dizendo que eu seria solto. Me levantei assustado, mas cheio de contentamento com a notícia da esperança em sair daquela solidão no inferno. Mas não. O que aconteceu é que me jogaram no camburão e diziam que tinham resolvido me matar e que dariam a justificativa para a imprensa que eu havia tentado fugir e que, na tentativa de fuga, na troca de tiros, fui morto. Me encontrava completamente horrorizado.

Conseguia ver esses movimentos e lugares diferentes apenas olhando para baixo por dentro do capuz, olhando para o chão e ouvindo o barulho de gente em cada local.

Minha cabeça girava em pensamentos imaginando a decepção de meus pais com um filho caçula que havia saído de casa, em Manaus, para estudar em Brasília e voltava morto depois de preso. Sentia que esses seriam meus derradeiros pensamentos.

Chegando à beira de algum lugar do Lago do Paranoá, senti a areia em meus pés. Sempre de capuz, me fizeram caminhar alguns metros e começaram a atirar. Nesse momento, senti o bafo da morte. Caminhei orando, sabendo que poderiam ser meus últimos momentos de vida. Sentia que ali terminava a caminhada da vida. Vida curta de um jovem com vinte anos de idade. Caminhava ouvindo os tiros na areia, gritando, berrando que eles estavam matando, executando um jovem que não fez absolutamente nada que justificasse sua morte. Felizmente, o misterioso destino preservou minha vida e agora posso relatar.

O contexto político pesado nesse ano de 1973 chegou a asfixiar muitas vidas. Foi um ano de perdas de vidas próximas ao meu convívio diário na Universidade. Muitos jovens estudantes tiraram a própria vida.

Finalmente com a redemocratização do Brasil, as universidades retomaram a sua autonomia, os reitores foram escolhidos democraticamente e não foi diferente na Universidade de Brasília. O professor Cristovam Buarque assumiu a reitoria e as mudanças saudáveis na vida universitária passaram a circular como um ar fresco, mas nessa oportunidade já me encontrava como um profissional na academia e na militância política. Desse período fica marcado a descoberta de um dossiê guardado no cofre da reitoria da UnB e que foi tornado público pelo reitor que havia sido eleito pelo voto direto. Esse dossiê que tinha como título "Infiltração Subversiva no Meio Universitário em Brasília" vinha com chancela de "CONFIDENCIAL - Ministério do Exército", assinado pelo general Olavo Vianna Moog. É um documento histórico porque revelador e demonstrativo do ambiente horroroso que todos nós estudantes brasilienses daqueles anos 70 vivemos sob o terror da ditadura.

O dossiê contém 31 páginas, onde se misturam bisbilhotices, suposições, preconceitos, idiossincrasias que o pensamento estrutural do Brasil sectário e conservador tentam ao longo da nossa história impor como norma. Cinicamente ou ironicamente, no último parágrafo desse dossiê, o general escreve:

"E tudo isso acontece embora esteja o Governo ciente da ação do MCI quanto à utilização dos tóxicos no meio estudantil para degradar a juventude e favorecer a subversão..."

Simultaneamente a essa análise do perigo que representavam os estudantes naquela conjuntura "considerada de máxima importância para a Segurança Nacional", acontece um dos crimes mais hediondos que Brasília já testemunhou: o estupro e assassinato de Ana Lídia. Uma menina de 8 anos, sequestrada na porta do colégio onde estudava. Um dos criminosos acusados é filho de Alfredo Buzaid, então Ministro da Justiça, defensor intransigente de "Deus, pátria e da família". Entretanto, resultou que ninguém foi penalizado e o crime continua sob mistério até hoje. Este e tantos outros crimes de corrupção praticados na mesma época ficaram impunes - o Brasil vivia sob a censura prévia. Tudo sob sigilo, tudo escondido, tudo sonegado aos olhos públicos pelo bloqueio dos meios de comunicação entre os órgãos do Estado e a sociedade.

Entretanto, não devemos capitular a qualquer imposição determinista. A vida deve seguir seu curso até o fim derradeiro. Até que esse momento chegue é preciso considerar as circunstâncias, a situação vivida e as decisões que temos que tomar. Não devemos sucumbir às marcas das cicatrizes do torturador impresso em sua alma, como diz o espírito iracundo de Darcy Ribeiro, um dos idealizadores da UnB, mas decidir pela indignação que produz a força para conter os possessos e construir, olhando o futuro como uma sociedade democraticamente humana e solidária.

O autor

Carlos Michiles, (Manaus, Am, 07/05/1953) Ph.D, Universidade de Manchester,Inglaterra, Mestre em Ciência Política, Universidade de Brasília, UnB com tese sobre Democracia e participação popular na Constituinte de 87/88 e pós-graduação em Xochimilco, México e Tóquio, Japão. Publicou vários livros, como a *Ética discursiva em Fernando Henrique Cardoso e Jurgen Habermas*; *Cidadão Constituinte, a saga das emendas populares na Constituinte de 1987/88*, em coautoria e *Ética e a Miséria da política*, 2018. Ph.D em Ciência Política pela Universidade de Manchester, Inglaterra. Graduou-se na UnB, em Ciências Sociais.

PASSADO, PRESENTE E FUTURO: A LUTA POR JUSTIÇA E DEMOCRACIA NÃO PARA NUNCA

Arlete Sampaio

Meu nome é Arlete Sampaio, sou médica, no momento exerço o meu terceiro mandato como Deputada Distrital na Câmara Legislativa do Distrito Federal. Já fui Vice-Governadora do DF, ao lado de Cristóvam Buarque, pelo Partido dos Trabalhadores, nos anos de 1995 a 1998.

Olhando retrospectivamente, posso afirmar que a UnB foi, para mim, uma grande escola. Além de Medicina, aprendi sobre cidadania e sobre política. O que me espanta é pensar que, nos anos 70, em particular entre 1976 e 1977, era vista como uma "inimiga da Nação"! Recentemente vazaram informações dos órgãos de Segurança sobre os "inimigos da Nação", na UnB, naquele período. Atribuíam a mim vinculação a uma pretensa organização da qual jamais ouvi falar!

Em verdade, participei desde o início, da tentativa de reconstrução de entidades livres na UnB – CAs e DCE – num grupo regional que denominamos "Construção". As pessoas desse grupo se reuniam para estudar a História do Brasil e a necessidade de lutar por "liberdades democráticas". A partir de articulações nacionais, na perspectiva de reconstrução da UNE, "Construção" aproximou-se da "Liberdade e Luta", e alguns de nós se vincularam à Organização Socialista Internacionalista (OSI), uma corrente trotskista que se relacionava com a IV Internacional – Comitê Internacional. Nossa perspectiva era a reconstrução democrática do país e a luta por uma sociedade socialista – não o "socialismo real" da União Soviética, nem o "programa rebaixado" da Socialdemocracia. Chegamos a lançar uma chapa para o "DCE Livre" mas o processo foi abortado pelo autoritarismo do reitor José Carlos de Almeida Azevedo.

Assembleias, debates, atividades se sucediam na UnB, até que começaram as punições às quais reagimos com a deflagração da greve de 1977. Estava já no último semestre do "Internato" - último ano de Medicina - e fui expulsa em julho de 1977, quando já havia concluído todos os créditos. Éramos 30 os expulsos, entre eles vários da Liberdade e Luta.

No último dia 24 de fevereiro, durante o velório de Paulo Henrique Veiga, o Paulinho, reencontrei alguns pacatos, mas conscientes cidadãos e cidadãs, de cabelos brancos e, novamente, pensei: representamos, em algum momento, "perigo" para a sociedade? Que visão obtusa, reacionária e cruel conduzia a ação daqueles trogloditas? Avançamos, contribuímos para a reconstrução democrática do país (ainda que parcial, é verdade). A partir da Constituição de 1988 e dos governos que se sucederam, com avanços e retrocessos, tínhamos a impressão de que nossa democracia estava se consolidando. Daí veio o golpe de 2016, que rompe com o pacto constitucional de 1988. Em seguida, vem um presidente de extrema-direita com o objetivo de destruir tudo o que foi construído.

Nossa luta continua - vamos retomar a democracia no Brasil - e os direitos sociais enunciados pela nova Constituição. Temos claros os desafios pela frente, mas venceremos. Quem sabe teremos aprendido a fincar mais fundo e mais forte a bandeira da democracia, radicalizando-a, ampliando sua compreensão para uma democracia econômica, racial, de gênero, com respeito à cidadania LGBTQIA+ e garantia da dignidade para todos e todas.

Mesmos mais cansados e cansadas, saberemos recomeçar.

A autora

Arlete Avelar Sampaio (Itajibá- BA, 28/06/1950). Veio de BH para Brasília para fazer vestibular para Medicina no 2º período de 1971. Tendo sido aprovada, mudou-se para Brasília, morando na residência universitária e trabalhando como bolsista na BCE. Engajou-se no movimento estudantil, contribuindo para a montagem da tendência Construção que, posteriormente veio a transformar-se em Liberdade e Luta. Iniciou, no 2º semestre de 1976, seu estágio no Internato (último ano da Medicina) na UISS – Hospital de Sobradinho, então Hospital Escola da UnB. Por sua participação nas lutas estudantis, foi expulsa em julho de 1977, já tendo concluído os créditos de seu ultimo período na Faculdade de Saúde - Medicina. Não se formou com sua turma, tendo recebido seu diploma na sala da direção da FS, com o Diretor da Faculdade, professor Daniel Barbato e a secretária da Faculdade. O professor Barbato foi sempre um dos seus principais advogados de defesa. Arlete foi dirigente do Sindicato dos Médicos por três mandatos, foi uma das fundadoras do PT do qual foi Presidente por três vezes. Foi vice-governadora do DF de 1995 a 1998. Está no seu terceiro mandato como Deputada Distrital.

PARTE II. DA GREVE DE 1977 À CONSTRUÇÃO DAS ENTIDADES LIVRES

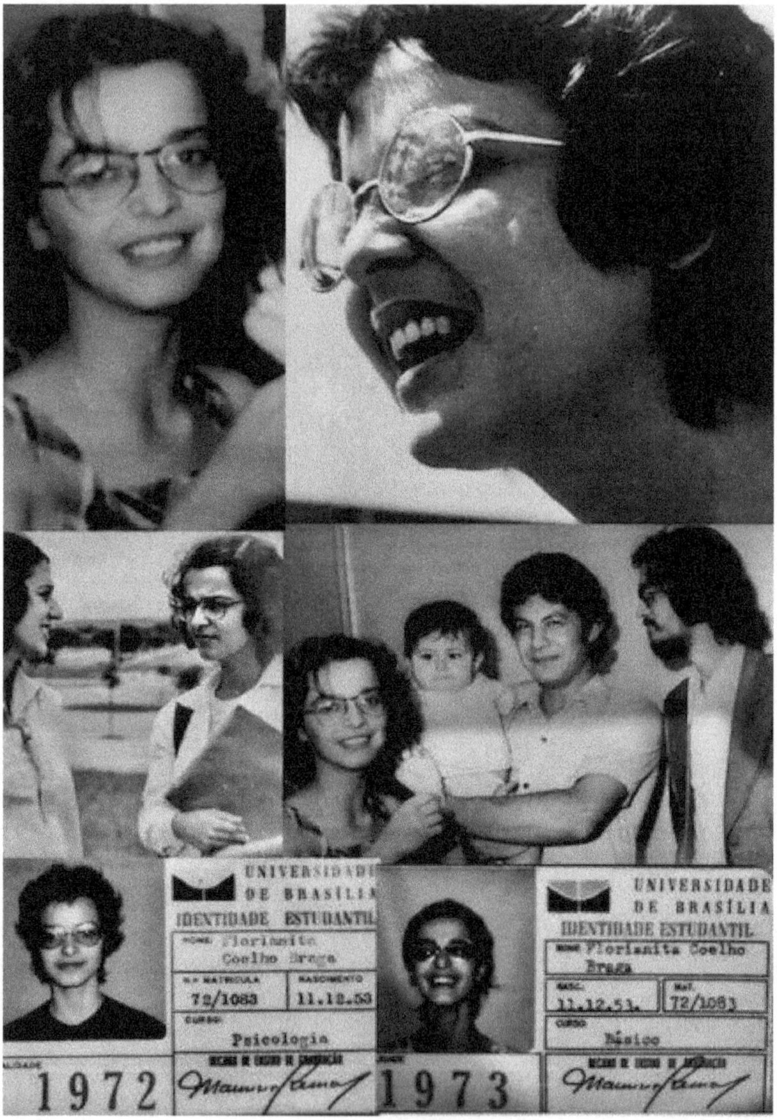
UNIVERSIDADE DE BRASÍLIA
IDENTIDADE ESTUDANTIL
Coelho Braga
72/1083
11.12.53
Psicologia
1972
UNIVERSIDADE DE BRASÍLIA
IDENTIDADE ESTUDANTIL
Florianita Coelho Braga
11.12.53
72/1083
Básico
1973

... E A GREVE NÃO ACABOU!

Florianita Coelho Braga Campos

Cheguei em Brasília aos 18 anos, em fevereiro de 1972. Entrei na cidade de ônibus, pelo Eixo Rodoviário Sul, o Eixão. Fiquei assustada, achando tudo muito igual: prédios pequenos em quadrados delimitados por pequenas ruas e quadras esportivas, pareciam até escolas; árvores novas, ruas estranhas - uma grande reta e vários viadutos pequenos, sem referências. Pensei que me perderia fácil na cidade. Descobri depois, rapidamente, pelo mapa do Plano Piloto, que não teria nenhuma dificuldade em meus deslocamentos.

Vinda de Goiânia com uma bolsa integral de um cursinho pré-vestibular, eu precisava manter notas acima de sete durante o semestre para continuar fazendo jus ao benefício. Deu certo. Fui aprovada para Psicologia na UnB em julho de 1972, no vestibular do meio do ano. Desde o cursinho eu já fizera várias amigas em Brasília, participei do movimento estudantil com várias delas e com as quais ainda mantenho conversas e troco ideias e emoções, mesmo à distância.

Desde 1970 eu sonhava em sair de casa e morar em outra cidade. Na UnB já estudavam vários amigos meus do Liceu de Goiânia, e até o namorado. Na dúvida entre escolher Arquitetura ou Psicologia, optei pela última porque, na época, não existia essa opção em Goiânia. Dediquei-me à profissão intensamente, na clínica e na docência, até me aposentar em 2019.

Para este depoimento resolvi contar histórias que vivenciei diretamente nos anos de Movimento Estudantil, no meu caso de 1973 a 1977.

O Boicote ao Bandejão: O boicote ao Bandejão por melhor qualidade da comida e preço menor deu muito trabalho aos que dele participaram. Como fazer comida para o "Bandejinho" sem fogão e sem cozinheiros? A quantidade de estudantes que dependia do Restaurante Universitário podia ser medida pelas enormes filas nas bancas de pasteis da Rodoviária, nos finais de semana, quando o estabelecimento da universidade fechava. Eram verdadeiros encontros de fome saciada com pastel e garapa, mas também sempre acompanhados por muitas conversas e risos de graça.

Naquela época, década de 1970, o campus e a Asa Norte tinham canteiros de obras a perder de vista. Foi nos "fogões" de tijolos, improvisados nas cozinhas desses locais, onde alguns de nós já tínhamos comprado a marmita que era vendida aos trabalhadores, que buscamos a resposta para o nosso problema, o do Bandejinho. Um certo mestre de obras não permitiu que os peões das construções do campus fizessem nossa comida, pois isso seria desafiar os chefes da UnB. Tentamos negociar com peões de outros canteiros de obra, próximos da universidade. Finalmente encontramos dois trabalhadores que acabaram mobilizando a mãe e a esposa para preparar a comida durante os dias de boicote. Havia um problema: não sabíamos quantas pessoas iríamos atender.

O pagamento era feito no período da tarde, após recebimento dos valores dos estudantes. Assim passaram-se os dois primeiros dias: a comida sempre faltava, diante de uma demanda que crescia. Sucesso total. No terceiro dia do Bandejinho as duas obras fecharam – não me lembro o motivo – e o que nos salvou foi a cozinha e os cozinheiros da casa do ministro da Comunicações da ditadura, Euclides Quandt. Uma de suas filhas estava trabalhando conosco no projeto e produziu um belo e bom Strogonoff, que não deu pra quem quis, de tão bom que estava. Sobrou gente na fila sem comida.

Essa foi uma vitória que tivemos. Depois disso, no Bandejão, voltaram a servir o copo de leite que acompanhava a refeição e voltaram a permitir que repetíssemos o consumo de fruta. Achei difícil boicotar o Bandejão porque sempre gostei da comida, exceto a de quarta-feira, que era buchada, cujo cheiro chegava até o "Minhocão" a partir das 10 horas da manhã. Eu não suportava aquela catinga.

A Queda do Chile de Allende: Em 1973, o Bandejão ainda funcionava em uma edificação perto da quadra e da OCA, abaixo do Instituto de Educação. Um lugar lúgubre e esquisito, mas com um entorno bucólico onde fazíamos uma espécie de "sesta" no gramado, sob as árvores – as sibipirunas eram grandes e em suas sombras formavam-se grupos de alunos. Eu me encantava particularmente, em setembro, com dois ipês brancos que soltavam floradas fugazes. Ficavam antes da moita de bambu ao lado da quadra de futebol de salão. Passei por lá antes da pandemia, em 2019 e eles ainda lá estavam imponentes: grandes, frondosos e florindo. Era setembro.

Vamos à história: eu estava deitada e feliz ao receber as flores brancas do ipê no rosto quando começou um grande burburinho e agito nas filas do Bandejão. Vi algumas pessoas, minhas conhecidas, fazendo roda em torno de um amigo mais velho... corri também sem saber o que era. Esse amigo contava ter ouvido no rádio que Allende tinha sido derrubado e o palácio La Moneda estava sendo bombardeado.

Voltei para o meu ipê branco e chorei baixinho, pois era um golpe muito duro na possibilidade de se construir o socialismo pacificamente, pelo voto. Aqui, uma imensidão de pessoas sofriam tanto por não terem nada, e lá as pessoas estavam tendo voz, comida, casa e muitas delas trabalhando em fábricas e empresas que o governo estatizara e que não tinham mais dono particular. Fiquei debaixo do ipê pelo resto da tarde e, numa terça feira, estava de luto. Faltei às aulas.

A visita do Ministro da Educação: O coronel Jarbas Passarinho era Ministro da Educação do ditador Emilio Garrastazu Médici e iria à UnB inaugurar algo de que me esqueci... cá entre nós, o motivo não tem a mínima importância e sim o fato de ele ir à UnB!

Passamos a noite nos tetos do "Minhocão", único lugar onde era possível se esconder dos "guardinhas" do Azevedo, confeccionando cartazes e faixas para serem afixadas no "Minhocão" logo pela manhã, quando ele chegasse. E foram estiradas no horário de troca dos guardinhas. Tudo bem planejado.

Enquanto um grupo fazia este trabalho, outro menor, com umas duas ou três pessoas, datilografava e imprimia um panfleto contra a visita e as medidas que a ditadura estava adotando no MEC. E a impressão se daria num lugar inusitado: na Gráfica do Senado, a partir do gabinete de um dos maiores direitistas e anticomunistas do país, que atuava na política desde a década de 1930.

Fizemos essa mesma incursão pelos lados do Senado durante todo o processo de legalização do Diretório Universitário – panfletos, boletins, jornais. Quando o D.U. foi legalizado tivemos permissão para utilizar outras gráficas.

A greve, as fugas e a expulsão: José Carlos Azevedo usou de todas artimanhas possíveis na tentativa de parar uma greve que ele mesmo, devido a seus arroubos autoritários, tinha provocado.

Em maio de 1977 foram organizadas manifestações pelo Movimento Estudantil em quase todas as capitais do país pelas liberdades democráticas, pelas liberdades de expressão e organização, pela reorganização da UNE e em defesa dos estudantes presos no ABC paulista. Em nenhuma outra universidade ou cidade tinha havido punição mas, em Brasília, a reitoria da UnB suspendeu a diretoria do DU e alguns representantes estudantis, sabendo que, ao perder um semestre ou dois, um aluno estaria praticamente jubilado, ou excluído da universidade. Ora, com 30 dias de suspensão no meio do semestre seria exatamente isso o que aconteceria. E sabíamos: era essa a intenção óbvia do capitão-de mar-e-guerra que não era devoto da "abertura lenta e gradual" de Golbery e Geisel.

As punições foram um rastilho de pólvora: no dia seguinte uma grande passeata foi até à reitoria pedir o fim das suspensões. Nem recebidos para conversar os estudantes foram. Estourou a greve pelo fim das suspensões. Azevedo soltava uma lista por semana e a greve aumentava exponencialmente, com a adesão de mais estudantes. Após as primeiras semanas a greve que pedia o fim das suspensões passou a solicitar "Fora Azevedo". Nas assembleias, que eram quase permanentes, ecoavam as palavras de ordem: "a greve continua, Azevedo a culpa é sua!"

O "Minhocão" transformou-se em uma barricada, com as carteiras impedindo a entrada nas salas e auditórios, assembleia permanente no Teatro de Arena. Dali se tinha uma boa visão da Biblioteca e da reitoria. A liderança perdia o controle da greve à medida que ela crescia e mais e mais pessoas se organizavam; apareceram pessoas que funcionavam como uma espécie de guarda-costas/seguranças para as lideranças, pois eram muitos os infiltrados e essas pessoas improvisadas de segurança avisavam-nos onde era melhor passar, comer ou dormir sem ser preso ou incomodado.

Muita coisa acontecia. Nos bastidores da ditadura, Golbery e Geisel lutavam contra Silvio Frota e seus asseclas de São Paulo que haviam assassinado Vladimir Herzog e Manuel Fiel Filho cerca de dois anos antes, que haviam comandado o massacre da Lapa, em que foram assassinados líderes do PCdoB. No Congresso Nacional debatia-se o risco de um novo AI-5: deputados da oposição, OAB e ABI nos apoiavam, mas com cautela, algo que os jovens desconheciam.

Os professores da UnB começaram a se organizar no que veio a ser a ADUnB e o Conselho Universitário passou a ser mais verdadeiro em suas representações.

A UnB, depois de nove anos, foi novamente invadida. Tropas policiais cercavam a Ala Norte do "Minhocão" e uma massa de estudantes cantava a todo pulmão o Hino Nacional. Fomos evacuados pelos nossos inseparáveis "seguranças", colegas que nunca tinham sido ativistas antes da greve mas agora se engajavam. Fui avisada de que não deveria ir para casa e que tinha um carro me esperando na Ala Sul. Fui pelo subsolo e encontrei um carro em que estava Sigmaringa Seixas, da OAB-DF, alguém com que havia tido pouco contato pessoal, mas a quem devo a minha liberdade e o meu diploma após dois anos de expulsão, pois eu estava em período de orientação para fechar os relatórios de estágio e em trabalhos finais para me formar. Ele conseguiu que os professores reconhecessem a minha aprovação e formatura.

Fui levada ao apartamento de uma jornalista que o Pompeu de Souza havia indicado para me acolher: Eliane Cantanhede. A mesma Eliane que hoje manifesta posições políticas tão diferentes das minhas, em seus comentários na mídia. Afora a diferença de posições políticas, quero guardar a imagem de uma pessoa que me acolheu, conversou e riu comigo em um momento muito difícil. Foi na casa dela, ao ver um absorvente íntimo, que descobri que não havia menstruado há mais de mês e que, possivelmente, estaria grávida. Mas ainda pensava que aquela agitação toda, cheia de medos e sustos, poderia ter alterado o ritmo de meu corpo.

Saí da casa da Eliane alguns dias depois, levada pelo meu grande amigo, a quem eu chamava de D. José (porque ele só andava de terno e gravata pelos corredores do Congresso e dos ministérios, cumprindo seu oficio de jornalista), José Ribamar Oliveira, que a Covid-19 levou em 2021 aos 66 anos.

Quando descemos do prédio e caminhamos para o estacionamento, um carro entrou cantando pneus e veio em nossa direção. Ribamar empurrou-me de encontro à parede lateral do edifício e disse: "Nitinha, vou te encoxar, reclame, vou te encoxar, faz de conta" Eu, menos perspicaz que ele e talvez mais assustada, obedeci. O carro jogou o farol na parede em que estávamos e os seus condutores, ao verem uma cena parecida com uma trepada ou um estupro, ficaram espreitando por uns segundos – que me pareceram horas –, gargalharam e foram embora. Nós caímos sentados, tremendo e com olhos arregalados, completamente broxas e sem rir, o que só fizemos meses depois. Fui levada à casa do deputado Chagas Rodrigues, que era pai de uma grande amiga e companheira de Movimento Estudantil.

Lá chegaram também os líderes estudantis expulsos no ano anterior, que já não moravam mais em Brasília, um representante do DCE-Livre da USP, alguns deputados e representantes da OAB. Fizeram discussões cruzadas conosco (os escondidos, pois já haviam pessoas presas). A ideia era buscar uma forma de pressionar o reitor, recorrendo inclusive ao apoio de parlamentares da situação. O acerto final foi feito: a greve deveria parar para que o semestre letivo fosse invalidado e assim as punições perdessem seus efeitos. A UnB garantiria a realização de uma assembleia que aprovasse o acordo, na tentativa de se voltar à vida acadêmica normal no segundo semestre. A ideia era criar uma situação de mitigação de perdas para cada lado da pendenga.

Na UnB um grupo se reuniu antes de descermos para o Teatro de Arena, onde chegavam cada vez mais estudantes e já se agitavam as palavras de ordem. Discutimos todo o script: quais lideranças falariam o quê, com base no entendimento de que a greve deveria parar.

Cada um de nós era recebido com animação e incentivo, apesar de termos amigos presos. Falávamos sobre os fatos e não conseguíamos chegar à proposta de finalização da greve. Na minha cabeça circulavam várias frases, trechos de discurso, argumentos, mas preferi algo como "às vezes temos que meter a mão na merda para segurar o que vale a pena". Recebi muitos aplausos. Continuei lembrando que se o semestre fosse invalidado como letivo as suspensões perderiam seu valor e seria eliminado o risco de jubilamento: poucos aplausos. Mas quando argumentei que, para isso, a greve deveria acabar, levei a maior vaia da minha vida! Acho que até eu me vaiava interiormente e gritava "a greve continua, Azevedo a culpa é sua !!!! A greve não terminou.

A autora

Florianita Coelho Braga Campos (Catalão-GO, dezembro de 1953). Graduou-se em Psicologia pela UnB, fez mestrado em Psicologia Social na PUC-SP e doutorou-se em Saúde Coletiva na Unicamp. Lecionou na PUC-Campinas de 1987 a 2008 e na Unifesp-Baixada Santista de 2009 a 2019, na qual foi Pró-reitora de Extensão e Cultura, no período de 2013-2017. Organizou a edição do livro *Contra a Maré à Beira Mar - a Experiência do SUS em Santos,* publicado pela editora Hucitec. Colaborou em várias coletâneas sobre saúde mental e luta anti-manicomial, um de seus grandes focos de atuação profissional. Dedica-se também à poesia e, em 2019, pela editora goiana Trilhas Urbanas, lançou o livro Água Corredeira. Reside há vários anos em Campinas (SP).

CORAÇÃO DE ESTUDANTE

Carlos Alberto Almeida

"Quero falar de uma coisa...". Quando entrei na UnB, em 1975, deparei com um grupo bem politizado, organizado, que tinha por base a disciplina de Medicina Comunitária. De lá foi se espalhando planejadamente por todo o campus visando reorganizar o ME, então muito reprimido. Era um funcionamento semi-clandestino, mas os debates eram muito bem organizados e trabalhados, versando sobre temas como o papel do Movimento Estudantil, onde pontuava a defesa de que ele tivesse propostas para o conjunto da sociedade, inclusive com a incisiva bandeira da criação de um partido operário baseado nos sindicatos, despertando animada polêmica. Cinco anos depois, surgia o PT com base essencial nos sindicatos.

Havia discussões intensas e regulares, precedidas de estudos disciplinados, sobre a Revolução Cubana, o papel da URSS, seu apoio aos povos do Vietnã, Angola e Moçambique, sobre o papel do clero progressista. Dialogávamos com Dom Pedro Casaldáliga, Dom Tomas Balduíno e Dom Luciano Mendes de Almeida.

Especial atenção era dada à Revolução dos Cravos em Portugal, sob direção de militares revolucionários, bem como à Revolução Inca, no Peru, dirigida por militares anti-imperialistas comandados pelo general Juan Velasco Alvarado. Havia polêmicas em torno do papel dos militares nacionalistas, que na criação da Petrobras, em 1953, na Era Vargas, uniram-se aos estudantes e trabalhadores na campanha *O Petróleo é Nosso*! A polêmica nunca cessou, mesmo quando, em 1978, um general nacionalista, Euler Bentes, esteve na UnB, debatendo com estudantes na condição de candidato da oposição (MDB) contra o

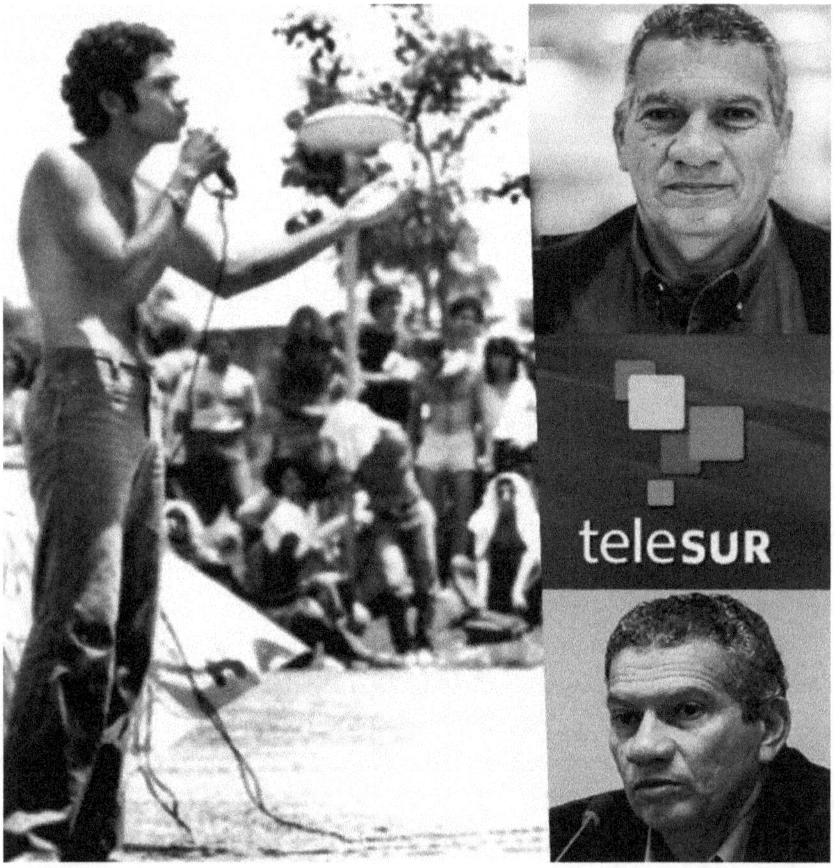

Foto da esquerda: Fundo sobre a ditadura militar do Arquivo Nacional candidato da ditadura no Colégio Eleitoral, Joao Batista Figueiredo. Muitos anos depois, surge Hugo Chávez e a Revolução Bolivariana!

Reivindicávamos a *Universidade Necessária*, de Darcy Ribeiro, sustentando que a universidade deveria abrir-se à classe trabalhadora, que a sustenta, abrindo cursos noturnos e democratizando o ingresso. Daí surge o nome do grupo: Oficina, sinalizando a aliança operária-estudantil-camponesa. Questionávamos o elitismo do ensino, defendíamos a reforma agrária, a estatização da indústria farmacêutica, a ampliação do papel da CEME, (a empresa estatal Central dos Medicamentos, que defendemos), e uma universidade dotada de mídia própria, como no projeto de fundação da UnB.

O Grupo Oficina era organizado por militantes do PORT (Partido Operário Revolucionário Trotskista), tendência trotskista-posadista que promovia uma vida política cultural intensa, com grupos de discussão sobre todas as obras marxistas, que eram estudadas e debatidas detalhadamente. Os posadistas estimulavam também uma aprofundada atenção à arte, à ciência e à cultura. Havia seminários sobre a História da Revolução Russa e a Revolução Traída, obras fundamentais de Trotsky, sobre os livros de Lênin, de Marx e Engels. A vida política incluía a organização de debates com os chamados autênticos do MDB, como os deputados Chico Pinto, Lisâneas Maciel, Jaison Barreto, Amaury Muller, Airton Soares e até mesmo o então ministro Severo Gomes, nacionalista demitido no Governo Geisel, que participou de debates no "Minhocão", muito concorridos.

Como nem só de política vive o homem, como dizia Trotsky, organizamos, com grande êxito, a História do Chorinho, contada por José Ramos Tinhorão para um auditório hipnotizado pelo Clube do Choro de Brasília, com as presenças de Waldir Azevedo, autor de "Brasileirinho", do Bide da Flauta e de Pernambuco do Pandeiro, todos parceiros de Pixinguinha e Jacob do Bandolim. Com esta noitada musical num auditório Dois Candangos emocionado, encerramos a campanha eleitoral do Grupo Oficina, que venceu as eleições para o Diretório Universitário em maio de 1977.

Na primeira assembleia com a diretoria eleita, presidida por Flávio Alberto Botelho, foi decretada a greve que durou mais de três meses, onde buscamos convocar a sociedade para a luta pela democracia, exigindo diretas para presidente, anistia e liberdade para os presos políticos. Durante a greve furamos o cerco sobre a UnB ocupada militarmente e entregamos manifestos na assembleia da CNBB (Dom Pedro Casaldáliga), à sra. Rosalynn Carter, primeira dama dos Estados Unidos, e mais tarde ao então presidente da Venezuela, Carlos Andrés Perez, que visitava Brasília, uma forma de furar a censura da imprensa.

Após a expulsão, em 1977, depois da Anistia de 1979 eu e outros que foram expulsos durante a greve conseguirmos ser reintegrados e terminei o curso de jornalismo, com as mesmas ideias e sonhos. Organizamos debates com Frei Beto, sobre Fidel e a Religião, com o General Andrada Serpa, anti-imperialista que defendeu a Revolução da China perante um auditório eletrizado. "Se a China conseguiu, nós podemos muito mais!", disse sob aplausos. Tal como entrei na UnB, sonhando com a transformação social, de lá saí para seguir na militância que me levou a trabalhar pela fundação da TV Comunitária do DF, do jornal Brasil de Fato, e da Telexar, onde, a convite do comandante Chávez, integro a direção até hoje. Com o mesmo *coração de estudante* sigo, para que vida nos dê "folhas, coração, juventude e fé!"

O autor

Carlos Alberto de Almeida (Campo Belo-MG, 04/10/1952). Ingressa na UnB em julho de 1975, sendo expulso na Greve de 1977, sob a acusação de "promover a luta de classes", do que não se arrepende, ao contrário, se orgulha. Formou-se em jornalismo em 1980. Trabalhou em vários veículos da imprensa empresarial, como *Jornal de Brasília*, *Correio Braziliense*, *O Globo*, Rádio Nacional e TV Senado, onde foi âncora dos programas Cidadania, Agenda Econômica e Espaço Cultural. É fundador da TV Comunitária de Brasília, onde apresenta o programa "Contracorrente". Fundador dos jornais *Brasil de Fato* e *Brasil Popular*, do qual é o presidente. A convite do presidente Hugo Chávez, é fundador da Telesur, membro de seu Diretório e, nessa emissora de alcance latino-americano, apresenta o programa "Latitude Brasil". Foi vice-presidente da Federação Internacional dos Jornalistas e também da FENAJ. Analista internacional da RTTV, da HispanTV, da Rádio Rebelde de Buenos Aires e da Radio Cooperativa do Uruguay. Membro do Conselho Consultivo da ABI, foi condecorado em Cuba com a Medalha Félix Elmussa, pela Unión de Periodistas de Cuba.

"O IMPORTANTE É QUE A NOSSA EMOÇÃO SOBREVIVA"

Luiz Antônio Nigro Falcoski

Em 1968, ano dos movimentos, protestos, rebeliões e manifestações políticas dos estudantes e da revolução cultural no Brasil e no mundo, aos 16 anos de idade, cursava o primeiro científico do EEBA-Escola Estadual de Educação Bento de Abreu na cidade de Araraquara (SP), Aracoara ou Morada do Sol, no dialeto Tupi, cidade onde nasci, e que teve um papel importante e significativo em minha formação.

Já participava de reuniões, eleições, chapas e atividades organizativas políticas, culturais, esportivas e recreativas do grêmio estudantil da EEBA. Participamos da primeira passeata e protesto em 1968, organizado pelas lideranças estudantis da UNE e UNESP-Faculdade de Ciências e Letras de Araraquara e de Grêmios Estudantis secundaristas.

Uma das primeiras participações políticas em Araraquara que teve grande repercussão e confrontos com forças policiais, em um dia de sol maravilhoso e intenso na cidade, foi um protesto e passeata que se iniciou no Parque Infantil, e percorreu toda a extensão da Rua 3, a Rua São Bento até o centro da cidade.[1]

1 Os Parques Infantis foram criados e implantados pelo escritor Mário de Andrade quando coordenador de cultura do Município de São Paulo a partir de 1935. Mas pela sua ligação com a cidade de Araraquara e o vereador Pio Lourenço da família, tendo escrito sua grande obra Macunaíma, presume-se que a existência deste Parque em Araraquara tenha sido por influência do grande escritor modernista.

E no mesmo ano, influenciado e encantado com os movimentos e protestos político-culturais do ME 68, junto com um grande amigo e parceiro Marco Antonio Campos Rodrigues, que participávamos dos grandes Festivais Estudantis do EEBA, fomos conhecer o famoso e lendário "Bar Sem Nome", na Rua Dr. Vila Nova e confluência com a Rua Maria Antônia, reduto cultural, político e recreativo das grandes lideranças estudantis dos movimentos e protestos em São Paulo entre a Faculdade de Filosofia da USP e o Mackenzie.

Até hoje foi muito importante ter conhecido e vivido aqueles dias e a ambiência do pequeno Bar Sem Nome, de 15 metros quadrados, reduto das grandes lideranças de 68 e também do grande compositor e estudante da FAU-USP na Rua Maranhão, Chico Buarque de Holanda, onde fez suas primeiras composições e obras da MPB e teve seu nome inscrito no balcão do famoso Bar, violentamente fechado pelos órgãos de repressão estaduais e pelo AI-5 em 1968.

Outra experiência e vivência marcante do ponto de vista acadêmico e político que me influenciaram antes da minha passagem pela UnB a partir de 1973, foi ter prestado vestibular e ingressado na FAUS-Faculdade de Arquitetura e Urbanismo de Santos em 1971. Esta faculdade tinha feito toda uma reformulação democrática e curricular no ensino de Arquitetura e Urbanismo, com a participação de grandes intelectuais e professores que integravam as frentes de resistência revolucionária e de luta contra a ditadura militar, como o arquiteto Sergio Souza Lima e sua esposa, arquiteta Mayumi W. Souza Lima, que também foram professores expulsos da UnB em 1965. E por este motivo, com a maioria de seus professores na luta política e na clandestinidade, a faculdade esteve praticamente fechada e sem aulas durante todo o ano de 1971, início de 1972. Mais tarde, na década de 90, já professor da UFSCar (Universidade Federal de São Carlos) desde 1983, tive a grata satisfação de conviver com o colega e Professor Sergio Souza Lima no mesmo departamento durante alguns anos, após ser anistiado pela UnB e emenda constitucional em 1985, e transferido à UFSCar.

Após todos esses eventos e memórias pregressas que me influenciaram nas decisões e percursos de vida, já se passaram quase 50 anos desde o meu ingresso, aos 20 anos de idade na FAU (Faculdade de Arquitetura e Urbanismo) da UnB, em 1973, ou mais conhecida na época como ICA-Instituto Central de Artes e Arquitetura, e depois IAU-Instituto de Arquitetura e Urbanismo.

É onde se inicia minha história de vida acadêmica, social, política, cultural e profissional em Brasília no período compreendido entre 1973 a 1980.

Fiquei muito feliz em reencontrar grandes amigos e amigas do movimento estudantil deste período para fazer um breve registro e testemunho de vida de muitas lutas e resistência política contra os anos de chumbo da ditadura militar, os atos institucionais e de exceção, a intervenção nas universidades, e a luta pela democracia e direitos humanos em nosso país.

E ao mesmo tempo um período de construção de novas utopias na consolidação de ideais e valores de uma universidade necessária, aberta, livre e democrática conforme os princípios fundadores de Darcy Ribeiro e Anísio Teixeira para a Universidade de Brasília.

E torna-se oportuno revitalizar memórias para que nossa emoção sobreviva, como um memorial de fatos e situações concretas de uma história de conquistas e derrotas no processo de reconstrução política e coletiva deste período.[2]

A UnB e seu projeto democrático sofreu e foi duramente atingida com a crise institucional que nese instaurou desde maio de 1964, com a perseguição e expulsão de muitos professores e intelectuais da Universidade, como os arquitetos Oscar Niemeyer, Edgar de Albuquerque Graeff e João Filgueiras Lima, o Lelé em 1965. E a eclosão e retomada posterior do movimento estudantil de 1968 no país e na UnB, história também de muitas lutas, greves prolongadas, perseguições, sofrimentos e mortes, com a intensificação dessa crise institucional em um processo permanente de reconstrução política e democrática, onde se corta um verso e se escreve outro.[3]

Foi neste cenário e quadro de violento massacre da UnB e de sua vida acadêmica interrompida e descontinuada, que a minha trajetória e memórias se iniciam em julho de 1973, com o ingresso no Curso de Arquitetura e Urbanismo do ICA, depois IAU, e maior envolvimento nas atividades acadêmicas e relações mais intensas com o departamento, estudantes, professores e funcionários a partir de 1974.

Esses primeiros meses de vida na cidade de Brasília, cidade-símbolo de arquitetura e do urbanismo modernista internacional, foi de um inusitado encantamento e deslumbramento diante desta nova realidade de vida ainda desco-

2 "O importante é quer a nossa emoção sobreviva", Licença Poética da música "Mordaça" de 1975, autoria de Paulo Cesar Pinheiro e Eduardo Gudin.

3 "Você corta um verso, eu escrevo outro", Licença Poética da música "Pesadelo"de 1972, autoria de Maurício Tapajós e Paulo Cesar Pinheiro, símbolo da resistência política contra a ditadura.

nhecida. Não tinha a exata compreensão do massacre e da violência que a UnB havia sofrido nesses anos de chumbo desde 1965, em especial a partir de 1968 e os atos institucionais.

Ao mesmo tempo era também o momento de conhecer estudantes, novas relações e um lugar de moradia estudantil. Neste aspecto, desde o início fui abraçado e recebido de forma afetuosa por grandes amigos em que dividimos a nossa República e morada até 1979, e que construímos uma fraterna amizade que perdura há mais de 50 anos, que de forma carinhosa fazem parte de minhas memórias: o arquiteto Paulo Faccio Neto, arquiteto Marcondes Nunes de Freitas, arquiteto Benedito Tadeu de Oliveira, os médicos Edmundo Raspanti e João Nogueira Fanuchi, e o sociólogo Heitor Matallo Junior.

Essa moradia abrigava ao mesmo tempo uma diversidade e uma proximidade a determinados grupos e posições políticas de esquerda na UnB, em especial dirigido mais ao Grupo Unidade, de tendência marxista-leninista e ao Grupo Construção, de tendência trotskista.

Mas o debate intelectual e prospectivo propiciava uma convivência amistosa, formativa e proativa entre estudantes e lideranças desses dois agrupamentos em virtude dessa diversidade intelectual presente em nossa moradia.

Heitor Matallo e eu, a partir de 1975, estivemos mais voltados à nossa formação e organização política no campo do grupo Unidade, na UnB, em especial no fortalecimento dos princípios e fundamentos do socialismo democrático e dos estudos avançados deste conceito a partir de Antonio Gramsci, do PC Italiano, e intelectuais brasileiros de esquerda do PCB no Brasil, cujas atuações também se davam de forma clandestina.

Neste aspecto a nossa formação política e da organização estudantil na UnB dado a sua transitoriedade histórica, e a partir desses anos de violência e perseguição na ditadura militar, se dava por meio de grupos de estudos avançados, os quais eram realizados e programados cuidadosamente de forma clandestina.

Vale destacar e registrar certas ações do Grupo Unidade, e que não era do conhecimento de todos, sobre a importância de grupo de estudos de formação de lideranças com a colaboração e participação na clandestinidade de vários intelectuais.

Em especial do Prof. Carlos Nelson Coutinho, da UFRJ e do PCB, especialista nos estudos de Antonio Gramsci e dos fundamentos e princípios do Socialismo Democrático, e também de G. Lukács que foram fundamentais na discussão sobre Realismo Socialista nas edições do Expoarte-Exposição de Arte e Arquitetura, realizadas a partir de 1974 no Atelier do IAU. E também do intelectual e Prof. Leandro Konder, da UFRJ, um filósofo marxista e do PCB, que trazia novas discussões e questões colocadas, e do fortalecimento ideológico do pensamento marxista, além do Prof. José Paulo Netto, intelectual marxista da UFRJ.[4]

Neste cenário de organização e formação de lideranças, as eleições realizadas em maio de 1976 marcam, também, um momento importante da minha atuação no ME da UnB, como vice-representante do Centro Acadêmico da Arquitetura e Urbanismo (comissão pró substituição informal da "RE-Representação Estudantil" de caráter restrito formal e administrativo), dividindo essa representatividade e responsabilidade com o grande e carinhoso amigo, arquiteto Paulo Henrique Veiga, que infelizmente nos deixou recentemente.

Embora no final do ano de nossa gestão em 1975 no C.A. da Arquitetura e Urbanismo (C.A.-AU), em meio ao cenário de transformações políticas na UnB, e com inúmeras conquistas e projetos realizados, e caminhando para grupos políticos de orientação ideológica divergentes, Unidade e Construção, a nossa fraterna amizade e respeito mútuo sempre foram preservados no tempo. Assim como com a Maria Thereza Gonçalves de Souza, a Maythe, do Grupo Construção, por quem tínhamos uma grande amizade, carinho, respeito mútuo e solidário, inclusive com todos os amigos de República.

É bom registrar também sobre a realização das edições da Expoarte com a organização conjunta dos CA-Arquitetura, Comunicação, Desenho e Música, independentes, democráticas e participativas, com exposições de pinturas, desenhos, charges, fotografias, gravuras, poesias, artesanato, design, mostras de filmes, curtas e shows musicais. E com a participação e colaboração de grandes amigos do Departamento de Artes e Desenho, e do Grupo Unidade, como Carlos Eduardo Jordão Machado (Cadu), ex-professor de Filosofia da Unesp de Assis-SP, reflexivo e irreverente, falecido em agosto 2018 (In Memoriam), da artista plástica e escritora de literatura juvenil, Cecilia Fittipaldi (Ciça), a Eliane

4 Esses intelectuais da UFRJ e do PCB que tiveram uma importância fundamental na formação de novas lideranças na UnB, e que introduziram o conceito de socialismo democrático, migraram para o PT em meados dos anos 80, assim como muitas lideranças estudantis do Grupo Unidade.

Vieira e a Conceição Rodrigues, fundamentais para a realização desses eventos e atividades culturais que fizeram história na UnB.[5]

Além das Expoarte, e como parte da programação, a gestão do C.A.-AU realizou a apoiou uma série de atividades culturais e palestras sobre temas e questões relevantes no cenário cultural das artes e arquitetura. O grande ator Walmor Chagas, do elenco do filme "Xica da Silva" (Carlos Diegues, 1976), foi convidado para debater seu trabalho de resistência cultural contra a censura às artes imposto pela ditadura militar, que protagonizou ao lado de Cacilda Becker e Ruth Escobar.

A gestão do C.A.-AU trouxe também o Fabio Magalhães, professor de História da Arquitetura na FAU-PUC de Campinas, curador do MASP e diretor da Pinacoteca do Estado de São Paulo, para debater no IAU, em duas palestras nos dois dias consecutivos de novembro de 1976, os temas "novos caminhos na Arte e a situação do artista brasileiro". Abordou também a resistência cultural contra a ditadura nas artes nas décadas de 60 e 70, anos mais críticos da ditadura militar e a importância da liberdade de expressão e da produção artística.

Apoiou e participou também em parceria com o IAB-DF, de uma palestra e debate com o grande arquiteto e professor da FAU-USP Sergio Ferro, evento este cercado de cuidados especiais de segurança operacional pelo fato de pertencer ao grupo dos 5 arquitetos dissidentes do PCB e integrantes da ALN-Aliança Libertadora Nacional que realizaram trabalhos clandestinos de apoio de infraestrutura logística de combate à ditadura militar, entre eles, Flavio Império, Carlos Henrique Heck, Julio Barone e Sergio Souza Lima, que já havia sido expulso da UnB em 1965, meu professor na FAU-Santos em 1971, e posteriormente, com a lei de anistia, meu colega na UFSCar.

Em meio a este cenário político de mudanças em 1976 e 1977, aliado a novas organizações e quadro de representação do ME com outras três novas tendências na UnB (Oficina, Construção e Debate-Ação), a Chapa Unidade disputa as eleições para o D.U. em 26 de maio de 1977, com 10 integrantes e nove delegados, tendo como presidente Maria Ângela Noronha Serpa (a Mira), da Comunicação, e Luiz Antonio Nigro Falcoski, da Arquitetura e Urbanismo, de

5 Vale registrar a importância histórica da produção, elaboração de matérias e aprofundamento de temas de debates, no lançamento de um jornal Tablóide sobre a EXPOARTE realizada em outubro de 1975.

vice-presidente, e o lema "todos juntos somos fortes, somos flecha, somos arco, todos nós no mesmo barco, não há nada a temer".

Um cenário eleitoral de intensas mobilizações e protestos, em meio a uma sucessão de Atos Punitivos da reitoria, atos públicos nacionais unificados de estudantes, a mudanças da práxis política, de sua estruturação orgânica, formação e atuação de lideranças do movimento estudantil.

Concentrava-se mais no cenário de lutas, na volta das manifestações estudantis em cenário nacional, na greve continuada com o deslocamento das pautas específicas para o enfrentamento da conjuntura política nacional e da ditadura militar, da Anistia Ampla, Geral e Irrestrita, melhores condições da qualidade de ensino, contratação de professores e reformas curriculares imediatas.

E principalmente contra os atos punitivos e expulsões dos estudantes na UnB e sua revogação, que aconteceram em 1975 e a partir de 25 de maio de 1976 com a posse do reitor e interventor militar José Carlos de Almeida Azevedo, e a perseguição e expulsão de mais estudantes.

Mas a partir de 19 de maio de 1977 eclodem o movimento e as manifestações estudantis em cenário nacional. A greve geral da UnB, propiciada pelas punições em 30 de maio de 1977, não arrefecerá mesmo com invasões do campus, prisões, punições, expulsões e suspensões, que aconteceriam em 18 de julho. Manifestacões se prolongariam durante todo o restante do ano. A normalização das atividades acadêmicas só se daria no primeiro semestre de 1978.

Após deflagrada a greve da UnB em maio de 1977, Heitor Matallo e eu, da Unidade, e outras lideranças das tendências políticas do M.E., bem como o professor Silvio Sawaya do IAU, que posteriormente seria meu orientador de mestrado no programa de pós-graduação do IAU-USP de São Carlos-SP, participamos da Comissão de Greve instalada na UnB, e de inúmeras reuniões de negociação política entre os estudantes em greve e a reitoria.

A partir de 6 de junho de 1977, quando ocorre a invasão do Campus da UnB por forças policiais e tropas militares, e após inúmeras e intensas negociações das lideranças estudantis com os comandos para evitar a ocupação e um massacre em dias anteriores, a grande maioria já tinha informações que estava sendo procurada. Foram, então, mobilizadas ações para a preservação da integridade física e pessoal delas devido ao estado iminente de prisões das lideranças de todas as tendências.

Algumas lideranças do Grupo Unidade já estavam em locais mais seguros e outras fora de Brasília e região. Eu estava no apartamento da República na SQN 411 quando percebi a presença de dois policiais e agentes da Polícia Federal à paisana fazendo vigília dia-e-noite do local (saída no pilotis pela proximidade com a SCLN 411). Com essa prisão domiciliar dia-e- noite, acabei ficando por mais de uma semana restrito ao apartamento e imediatamente contando com a ajuda e colaboração dos amigos da República e outras lideranças do M.E., que já haviam sido comunicadas para viabilizar ações de proteção e segurança pessoal. E já estavam preparadas para substituir e assumir a continuidade do movimento de greve devido à situação crítica e ao estado de perseguição e violência policial contra as lideranças do movimento.

Diante das inúmeras dificuldades de proteção pessoal e o grau de incomunicabilidade naquele instante, eu comuniquei a meus amigos de República que também tinham atuação no M.E., para obter ajuda em um esquema de evasão do apartamento de madrugada, com exceção do Heitor Matallo, do Grupo Unidade, que figurava na lista de procurados e já se encontrava em outro local mais seguro.

Após mais de uma semana transcorrida, em uma madrugada fria em meados do mês de junho de 1977, e com a ajuda dos amigos da República que vistoriaram o local por várias vezes naquele dia, resolvi iniciar minha evasão do apartamento usando o fusca emprestado do amigo João Fanucchi (o Camanducaia), que não foi preso, mas foi também um dos alunos punidos e suspensos da UnB. Até a entrada no carro e a tentativa de ligá-lo só deu para perceber de forma rápida e inesperada, a presença de dois agentes da Polícia Federal armados que me algemaram e vendaram meus olhos, jogando-me em um banco traseiro de um veículo da PF. Só deu tempo de jogar a chave do Fusca na rua, sob o olhar assustado e em pânico do amigo João Fanuchi na janela do 1° andar do apartamento que presenciou essa cena horrível. Neste trajeto do apartamento até a Avenida L2 Norte, que presumia, e depois em alta velocidade de um trajeto retilíneo que julguei ainda ser a L2 Norte e Sul, fui ouvindo uma série de violências e ameaças de morte, sumiço e desaparecimento por parte dos dois policiais que me deixaram em estado emocional profundamente abalado e preocupado. Só diminuiu um pouco a minha tensão quando percebi que após esse trajeto que pareceu durar uma eternidade, estava em um prédio da Polícia Federal que me pareceu ser no final da W3 Sul.

Começava neste momento um processo que iria durar alguns anos em minha vida, desde a primeira prisão preventiva e incomunicável por 30 dias de estudantes da UnB na PF, junto com outros oito colegas e lideranças do M.E. da UnB, e as diversas violências e ameaças sofridas por cada um, isolados em uma cela pequena com quatro pessoas e dois beliches de concreto onde nos revezávamos para dormir. E seguido pelo processo de auditoria militar, o enquadramento no Artigo 45 da LSN (Lei de Segurança Nacional) sob a acusação de organizar e participar da manifestação do Dia Nacional de Luta de 19 de maio de 1977. E a minha punição administrativa de suspensão por 30 dias da UnB com a perda de direitos, e o longo processo judicial de defesa pelos brilhantes advogados e figuras humanas, Dr. Luiz Carlos Sigmaringa Seixas e Dr. Gerardo Grossi, uma gratidão eterna (in memoriam), até seu arquivamento final por falta de provas em 17 de fevereiro de 1978.

Mas a certeza que ficou nessa violência sofrida pela UnB e o M.E. e suas lideranças neste período, é que este sofrimento só iria acabar de fato com a Lei de Anistia em agosto de 1979 e a luta continuada por liberdades democráticas a partir das "Diretas Já" e a volta ao poder civil em 1984, e o início de um processo constituinte no Brasil.

Não poderia deixar de mencionar e registrar minha gratidão, respeito e admiração pelas visitas carinhosas e afetivas nos 30 dias em que estive preso, além da minha querida família sempre junta e solidária. Elas se fizeram acompanhar de frutas e outras delicadezas, de duas grandes figuras humanas, combativas e importantes em minha vida: os professores e arquiteto José Carlos Coutinho, Diretor do IAU-UnB e que protegia muito as lideranças neste período, e do arquiteto Edgard de Albuquerque Graeff, expulso da UnB em maio de 1964, e professor da FAU-PUC de Goiânia. E também do arquiteto João Filgueiras Lima, o Lelé, demissionário da UnB em 1965, e com quem tive a oportunidade de trabalhar como estagiário em 1978, em seu escritório na av, W-3 Norte. E a felicidade de ser seu amigo até sua morte, em 2014. A eles rendo minhas homenagens nessas memórias de lutas na UnB.

Em janeiro de 1979, ainda durante todo esse processo e antes de minha formatura em julho de 1979 me casei com a querida e eterna companheira de vida, a arquiteta Jane Travassos Alves Falcoski, com quem convivi, desde 1976, no C.A. da Arquitetura, sempre me ajudando, apoiando e colaborando ativamente nas ações de mobilização e de representação estudantil na UnB. Tivemos um primeiro filho nascido em Brasília, em 1979, e um segundo filho 6 anos mais tarde, nascido em Araraquara-SP, com outros percursos, andanças e memórias de vida até hoje.

Em 1979, durante o cerimonial de colação de grau da turma de 1979 do IAU-UnB, com a presença de familiares, professores, diretores e gestores da UnB, mas sem a presença do reitor e interventor militar, os estudantes formandos da turma de Arquitetura e Urbanismo da UnB, todos em pé e em uníssono, declamaram uma emocionante Carta-Manifesto e protesto:

> Nós, estudantes formandos da Universidade de Brasília, mais uma vez somos obrigados a denunciar o caráter autoritário e unilateral da estrutura universitária. Cassaram nosso direito à palavra, quando ela é a essência deste momento. Impediram-nos de tornar pública a nossa experiência universitária. Mais uma vez fomos reprimidos em nossos anseios de participar. Denunciamos a ideologia oficial da instituição universitária que procura impingir à busca do verdadeiro conhecimento da realidade uma conotação de subversão da ordem social. Manifestamos a nossa atitude de inconformidade e colocamos em julgamento a Universidade, reivindicando o direito de participação social, negado pelo poder vigente, para atuar na transformação da sociedade mais justa e igualitária. Somos a Universidade e não participamos dela. Manifestamos nosso voto de gratidão e homenagem a todos aqueles que lutaram por uma Universidade democrática, por um ensino universitário autêntico, e que por procurarem o verdadeiro conhecimento foram punidos.

Assim, com as constantes preocupações e pressões pós inquérito policial militar e enquadramento na LSN, surgiram muitas dificuldades e oportunidades de trabalho em Brasília, com a UnB ainda sob pressão e vigilância permanente. Com essa experiência curricular de projetos urbanísticos e conjuntos habitacionais do BNH em 1979, surgiu uma excelente oferta de trabalho em uma empresa paulista responsável pela execução de projetos de cidades novas no Programa Carajás da Vale do Rio Doce, que seriam elaborados na cidade do Rio de Janeiro. Acabamos nos transferindo a partir do segundo semestre de 1980, e toda a família em 1981 com a formatura da arquiteta Jane Travassos Alves Falcoski.

Em março de 1983 fui aprovado em concurso público para ingresso como professor da UFSCar, onde iniciamos um novo ciclo, percursos e memórias de vida: "o importante é que a nossa emoção sempre sobreviva".

O autor

Luiz Antônio Nigro Falcoski (Araraquara-SP, 05/11/1952). Primeiro grau na Escola Estadual Pedro José Neto, de 1958 a 1962, e formação de 2º grau, ginasial e científico no EEBA-Escola Estadual Bento de Abreu, de 1962 a 1970, onde viveu toda uma experiência de formação, conhecimento e consciência de vida nos anos marcantes da revolução cultural da década de 60 na cidade de Araraquara. Nos anos de 68 a 70, participou de festivais de música da MPB, do Grêmio Estudantil e das primeiras manifestações políticas. No ano de 1971, vai estudar na capital paulista, em cursinhos de preparação do vestibular. No mesmo ano, ingressou no vestibular da FAUS-Faculdade de Arquitetura de Santos, permanecendo apenas por um ano devido a dificuldades financeiras. Em 1973, único lugar onde era realizado vestibular em julho, inicia a graduação em Arquitetura e Urbanismo, na UnB. Registra, então, rica experiência e memórias de vida no período de 1973 a 1980. Faz estágio no Escritório de Arquitetura de João Filgueiras Lima, em 1978, e logo em seguida nos projetos urbanísticos de cidades novas na Empresa Estructuctura Engenharia e Encol para várias cidades brasileiras. De 1980 a 1983, já fora de Brasília, na cidade do Rio de Janeiro, integra a equipe de Arquitetos e Urbanistas da Empresa paulista Figueiredo Ferraz, responsável pela elaboração dos projetos executivos do Projeto Carajás-PA e de construção de cidades novas no Estado do Pará e Maranhão, de responsabilidade da estatal Vale do Rio Doce. Em 1983, presta concurso para preenchimento de vaga de Arquiteto e Urbanista para ingresso como professor no Departamento de Engenharia Civil da UFSCar. Em 1984, inicia o mestrado no Programa de Pós Graduação em Arquitetura e Tecnologia do Ambiente Construído pelo Departamento de Arquitetura e Urbanismo da Escola de Engenharia de São Carlos, concluído em 1989. Nesta nova trajetória, na década de 80, inicia sua adesão ao PT (Partido dos Trabalhadores), filiação e cadastro número 307.134. Em 1992, inicia o Programa de Doutorado em Arquitetura e Urbanismo pela USP, concluído em 1997. A partir deste ano, integra como professor e pesquisador o Programa de Pós-Graduação em Engenharia Urbana da UFSCar, sendo responsável pela formação e orientação de vários pesquisadores no país. De

2002 a 2006, foi Secretário Municipal de Desenvolvimento Urbano da Prefeitura Municipal de Araraquara, onde foi responsável por inúmeros projetos e a elaboração do Plano Diretor de Desenvolvimento Urbano após o Estatuto da Cidade em 2001. De 2008 a 2009, foi Diretor do Escritório de Desenvolvimento Físico-EDF da UFSCar, e a partir de 2010 a 2014, coordenou a ASPLA-Assessoria de Planejamento dos 4 Campi junto a reitoria da UFSCar. Aposentado em 2016, integra ainda os quadros da UFSCar como Professor Titular desde 2015, no Programa de Professor Sênior.

Foto com o megafone em assembleia estudantil: Fundo sobre a ditadura militar do Arquivo Nacional

FRAGMENTOS DE UMA MEMÓRIA ESTUDANTIL NA UnB NOS IDOS DOS 70

Michel Zaidan Filho

Procuro, aqui, alinhavar alguns fatos que ocorreram na conjuntura delicada dos anos 70, na Universidade de Brasília.

Em princípios de 1976, deixava eu a Universidade Católica de Pernambuco, instituição na qual era professor do Departamento de História, para fazer a Pós-graduação na Universidade Estadual de Campinas. Não tendo conseguido êxito na primeira tentativa, procurei informações junto à UnB e soube que ali estava sendo criando o curso de Mestrado em História, nesse mesmo ano, e que eu poderia me inscrever para cursá-lo.

Prestei exames no Departamento de História e fui aceito como aluno regular da primeira turma desse curso. Quando cheguei à UnB, para morar no chamado Centro Olímpico, tudo estava por fazer. A pós-graduação não dispunha sequer de instalações próprias e os professores foram sendo contratados aos poucos, numa espécie de improvisação e arranjo. Ex-parlamentares, juristas, diplomatas, professores americanos. Era uma improvisação geral. A UnB, de um modo geral, sofria de inúmeras insuficiências materiais e acadêmicas, regida pela mão de ferro de um capitão-de-mar-e-guerra, um físico chamado José Carlos Azevedo, irmão aliás de um humorista da rede Globo.

Nesta época, o movimento estudantil na UnB estava se reorganizando, dirigido pelas várias tendências estudantis. Havia uma grande disputa entre elas. Como aluno da pós-graduação, eu acompanhava de perto as tendências, porque era amigo de alguns ativistas do M.E. e participava informalmente de seus debates e discussões. Sempre admirei, nesta universidade, a vida interna de sua comunidade universitária. Nós vivíamos o dia inteiro na UnB. Muitas vezes, deixei a biblioteca central, por volta de 10 horas da noite, indo em direção aos alojamentos estudantis. A UnB era um microcosmos: tinha moradia estudantil, restaurante universitário, quadras de esporte, cinema, teatro e shows. Só no domingo, depois do almoço, saíamos para jantar e assistir a algum filme.

Em maio de 1977 começou um movimento nacional dos CAs e DAs, no sentido de uma mobilização contra a prisão e a tortura de um estudante universitário da USP, Celso Bambrilla. A orientação era realizar manifestações em todos os campi universitários contra a prisão do colega. Houve na UnB manifestações estudantis. Na universidade, havia um complicador: um militar da linha dura na reitoria da instituição, e um descontentamento generalizado dos estudantes da graduação. Depois da gestão do reitor Amadeu Cury, implantou-se uma verdadeira ditadura na UnB. A manifestação cresceu e transformou-se numa crítica aberta ao reitorado de José Carlos Azevedo, indo parar nas proximidades da reitoria. A palavra-de-ordem do movimento estudantil era: *se houver punição, vai haver paralisação.*

No dia seguinte, o reitor puniu 16 estudantes como responsáveis pela manifestação, entre eles dois alunos da pós-graduação, tidos como cabeças da manifestação. Não nego que participei das críticas à gestão do capitão, ajudando a redigir um documento crítico das condições em que se instalaram vários cursos de pós-graduação, entre eles o meu. E participei das manifestações nos corredores do chamado "Minhocão". Mas daí a ser líder ia uma distância enorme. Havia várias lideranças que representavam tendências distintas do movimento estudantil da UnB.

O capitão-de-mar-e-guerra cumpriu a sua ameaça e provocou um verdadeiro caos administrativo, acadêmico e pedagógico na universidade brasiliense, que se estendeu por todo o ano de 1977. Os estudantes não se intimidaram e foram à luta, paralisando paulatinamente todas as atividades universitárias, inclusive com a formação de piquetes que inviabilizavam as aulas, as atividades de pesquisa e a entrada dos alunos no "Minhocão" e outros departamentos.

Foi quando auxiliares e alunos da academia de polícia do Distrito Federal invadiram o campus universitário para intimidar os grevistas e permitir a continuidade das atividades estudantis. Nem assim conseguiram parar o movimento. Diante do impasse, chamam os agentes da Polícia Federal para perseguir, identificar e prender os estudantes apontados como os cabeças da greve. Durante um certo tempo escondemo-nos fora da universidade, em casa de amigos. E assim, continuávamos frequentando a UnB e participando do movimento grevista.

Houve um momento em que a greve se encontrou diante de um impasse: um movimento mais radical que tomasse a reitoria ou um acúmulo de forças que permitisse a continuidade da greve, a partir de uma agenda mínima que não afugentasse os estudantes mais medrosos. Venceu a proposta moderada: a do acúmulo de forças.

Foi quando, num certo sábado, saindo dos alojamentos estudantis em direção à OAB para pedir assistência judiciária para um colega nosso preso pela Polícia Federal, notamos que estávamos sendo seguidos por um carro. Tentamos de todo jeito desviarmo-nos, entrando no Conjunto Nacional e nos misturando aos circunstantes. Grande equívoco. Quando finalmente saímos, pensando que tínhamos despistado os policiais, fomos presos no estacionamento perto do carro em que estávamos.

Começa aí outra história. A história da detenção no cárcere da Polícia Federal por 30 dias. Foi aberto um inquérito policial-militar, chefiado pelo delegado Jonas Fontenelles, para apurar possíveis infiltrações políticas na greve da UnB. Fomos ouvidos individualmente pela Polícia Federal. Creio que não chegaram a apurar nada contra nós. Éramos presos estudantis, cujo crime era ter feito ou participado de uma greve. Nada mais. No meu caso específico, quando interpelado pelo delegado, respondi com Sto. Tomás de Aquino: atestando as condições de existência do regime militar. E dizendo que uma das perfeições do ente era a existência. Se ele estava durando é porque existia. Quando começasse a ruir perderia essa condição ontológica. Não sei se a polícia entendeu a metafísica tomista. Perguntado ainda sobre a minha religião, respondi que era agnóstico. O escrivão não entendeu a resposta e achou que era uma nova religião que tinha chegado a Brasília.

Quando fomos liberados, o delegado disse uma frase profética: não nos guarde rancor, somos agentes públicos cumprindo nossa obrigação. Os presos de hoje serão os dirigentes de amanhã. A história está cheia desses exemplos. Mas advertiu que, de volta à liberdade, tomássemos distância da greve e das assembleias, sob a pena de sermos presos outra vez.

Um dia depois, o jornal brasiliense publicava a lista dos suspensos e dos expulsos, por decisão do reitor, com aval do Conselho Universitário da UnB.

Mesmo sem se ter provado nada contra os estudantes presos como lideranças da greve, fomos expulsos e suspensos.

Avaliei que, diante desse quadro, não havia nada mais a fazer. Arrumei minhas coisas e fui para Campinas, morar com amigos e concluir a minha pós-graduação. Tive a surpresa de receber da minha instituição, a UNICAMP, o comunicado de que não precisava mais voltar. Estava liberado de retornar à universidade.

Tudo isso teve uma grande repercussão midiática. As revistas semanais da época e os grandes jornais cobriram o movimento dos estudantes da UnB. De forma que tudo o que tinha se passado conosco ficou registrado através dos meios de comunicação de massa.

Algumas palavras sobre a conjuntura política....

A greve dos estudantes da UnB tornou-se um alvo para os militares porque era um movimento que se passava nos quintais do Planalto. Acontecia então uma luta surda nos bastidores do regime pela sucessão do general Ernesto Geisel. De um lado, havia uma ala mais dura, conservadora, que queria perpetuar a ditadura; de outro lado a continuidade do projeto político do general Golbery, que apontava para uma espécie de auto reforma do regime. Mas para que isso acontecesse, era necessário assegurar uma transição controlada pelos militares, para que não houvesse retrocesso no projeto distensionista. Caso a linha dura triunfasse com a candidatura do general Silvio Frota, provavelmente a história do fim da ditadura militar seria bem diferente. O projeto da distensão lenta e gradual só pode triunfar pela derrota dos radicais de direita, que ainda procuraram alterar o rumo da história, com o episódio da bomba do Riocentro.

Se tivesse sido apurada a interferência de correntes políticas de esquerda no movimento grevista da UnB, isto poderia ser visto como uma tentativa de influenciar o desenrolar dos acontecimentos, prevendo-se desdobramentos imprevistos, e levando água ao moinho dos radicais em seu plano de alardear alguma conspiração contra o regime militar e justificar um endurecimento da ditadura, àquela altura dos fatos.

Esta greve foi objeto de uma dissertação de mestrado em Psicologia Social do ex-estudante da UnB Sérgio Mascarenhas, um dos expulsos em 1977.

O autor

Michel Zaidan Filho (Garanhuns-PE, 29/07/1951). Graduou-se em Filosofia na Universidade Católica de Pernambuco. Fez cursos de pós-graduação na UnB, na Unicamp e na USP, escrevendo uma tese - depois publicada - sobre o Partido Comunista Brasileiro e a Internacional Comunista. Foi professor na Unicamp, na UnB (visitante), na Universidade Federal da Paraíba e na Universidade Federal de Pernambuco. Tem uma dezena de livros sobre movimentos e partidos de esquerda. É membro de vários conselhos editoriais. Aposentou-se como professor titular da UFPE (Universidade Federal de Pernambuco).

UM DIFERENCIAL DE VIDA

Marco Antonio Ribeiro Vieira Lima

O texto que segue é um depoimento. Um testemunho de minha formação como militante estudantil na segunda metade dos anos 70 do século passado, na Universidade de Brasília, a UnB. Até agora não havia imaginado de fazer um balanço dessa experiência. A única certeza que carreguei nesses quarenta e muitos anos foi aquela sintetizada cirurgicamente pelo colega João Nogueira Fanuchi, o Camanducaia: "A formação política que tive na UnB foi meu diferencial de vida".[1]

Que os retalhos costurados com os fios esgarçados da minha memória possam contribuir à tecelagem da memória coletiva de um período histórico significativo, em que muitos jovens aguerridos acreditaram na prática revolucionária de seus sonhos. Que para mim, que para tantas e tantos, ainda hoje, continua crível.

Na UnB: Em julho de 1974, passei no vestibular da UnB. Tinha dezessete anos. Conhecia pouco a universidade. Até então, meu contato com a oposição à ditadura tinha os nomes de duas grandes amigas, Virgínia Lopes, a Vico, e Maria Tereza Gonçalves de Souza, a Maythe.

Por alguns anos, formamos uma trinca inseparável: cantando, bebendo, rindo, chorando, festejando, viajando. Mais velhas, mais instruídas, ensinaram-me tudo: músicas, livros, amores, quadros, filmes e cervejas. Generosas, abriram-me as portas de suas casas. Hilda, mãe de Vico, e Lutxi, mãe de Maythe, acolheram-me

---

1 Fanuchi, J.N. (2014). *Um pediatra no interior do Brasil.* 33 anos de História. Cambuí, Clube de Autores, Publicações S/A.

com carinho baiano e basco. Através de seus pais, Otacílio e Rivadávia, jornalistas importantes na capital, conheci um admirável mundo novo feito de resistência e rebelião ao regime militar. Descobri que a luta pela liberdade passava pela poesia, pelo teatro e pela canção popular, pela leitura crítica e pela cultura, pela amizade e pela solidariedade, pela luta diária de muitos e de muitas. Esse laço intenso e sentido representou muito para mim. Até hoje conta.

Num primeiro momento pensei em seguir o curso de Comunicação, influenciado pela convivência com os pais jornalistas das duas amigas. Depois optei por Ciências Sociais (Sociologia). Achava que seria um modo de estudar a sociedade, com uma vaga ideia de transformá-la. Era mais uma intuição do que uma certeza.

Nos dois primeiros semestres, os cursos me pareceram muito chatos, as discussões em classe enfadonhas e aquém do que havia idealizado. Minha participação estudantil foi limitada e meu desempenho acadêmico medíocre. Gostava da Biblioteca e da piscina do Centro Olímpico (C.O.), onde finalmente aprendi a nadar direito no curso de Educação Física.

Em 1975, participei do campeonato universitário de xadrez de Brasília e obtive o primeiro lugar. Foi uma surpresa, pois embora entre os favoritos para conseguir uma das quatro vagas ao Jogos Universitários Brasileiros (JUBs), não esperava em vencer o torneio, porque dele participavam os campeões de Brasília absoluto e juvenil, que também se classificaram.

Em julho, partimos em três ônibus lotados para Maceió. Naquela época, atravessava-se Minas Gerais para pegar a Rio/Bahia. Em Paracatu, um dos ônibus quebrou. Daí em diante, foi a experiência mais divertida da minha vida acadêmica. Das bolsas e malas daqueles atletas apareceu de tudo o que se pode imaginar.

Nesse ritmo e nessa alegria a viagem durou aproximadamente 56 horas! Chegamos exaustos e sujos, mas Maceió nos recebeu com suas praias, coqueiros e lagoas. E a festa continuou. Toda noite tinha coisa nova para conhecer, para apreciar, para comer; sururu de pacote! Até hoje me lembro. As partidas de xadrez aconteciam num clube na beira-mar. Foi muito difícil manter a concentração... Mesmo assim, a nossa equipe alcançou a quinta colocação. O resultado foi festejado pela delegação brasiliense.

O Movimento Estudantil: No segundo semestre de 1975, aproximei-me do movimento estudantil. Começavam a aparecer murais na ala norte e sul do Minhocão realizados por grupos de estudantes. Estavam-se reconstruindo novas formas de participação. Num momento político em mutação, nós éramos uma nova geração. Estávamos construindo um "estilo peculiar de ação" que se distinguia "do estilo de ação preexistente, desenvolvido por uma geração anterior".[2] Embora muitas de nossas referências se fundamentassem nos avanços e derrotas de 1968, sabíamos que o terreno de nossas ações se fazia diferente. Havia um fermento de novas ideias circulando.

Partilhávamos "um acervo de experiências" e "uma identidade de vivências" que tinham sido, no limite, "estratificadas de modo semelhante" como um sentimento "definidor de uma geração" (Mannheim apud Foracchi).[3] Contrariamente aos militantes estudantis da geração anterior, tínhamos vivido a nossa adolescência no auge da ditadura militar com tudo aquilo que isso comportou em termos de circulação truncada de informações e de currículos domesticados. Um exemplo: saiu a Filosofia e entrou Educação Moral e Cívica!

A realidade social e econômica injusta e desigual, repressiva politicamente, unia-nos àquela geração que doou a juventude de suas vidas à luta democrática. Em Brasília, na UnB, um nome sobressaía: Honestino Guimarães, presidente eleito da União Nacional dos Estudantes (UNE), cujo corpo martirizado, até hoje, resta desaparecido.

O processo de constituição desses definidores culturais e políticos geracionais era dialético. Em primeiro lugar, aqueles que se aproximavam da militância estudantil dividiam um sentimento de oposição à ditadura militar. Em segundo lugar, viam como necessária a criação de espaços de participação política livres dentro da universidade e na sociedade em geral. Sob esse amplo guarda-chuva movíamo-nos num caleidoscópio de tendências, opiniões, palavras de ordem. Muitos/as acreditavam na participação nas entidades estudantis nascidas dos decretos e regulamentos ditatoriais como um primeiro passo de reorganização; outros/as preconizavam uma participação crítica que apontava à criação de diretórios e grêmios acadêmicos livres. No dia a dia essas discussões geravam disputas, divergências, mas seguia-se unidos e unindo novos/as colegas à luta. Construíam-se espaços de trocas e de companheirismos.

Por essa fresta, que logo-logo se demonstrou uma porta, uma rua, uma estrada, vislumbrei a riqueza que uma universidade pode oferecer. Comecei a to-

2 Foracchi, M.M. (1972). *A juventude na sociedade moderna*. São Paulo, Pioneira [Editora da Universidade de São Paulo].

3 Ibidem.

mar consciência daquilo que, muito mais tarde, estudei nos escritos de Hannah Arendt. Entre as três atividades fundamentais da Vida Activa – Labor, Trabalho e Ação – esta última corresponde à condição humana da pluralidade. Comecei a intuir que não é *o* ser humano que vive na Terra e habita o Mundo; são *os* seres humanos. Essa pluralidade faz com que vivamos a vida politicamente: "é *a* condição de toda vida política".

Na UnB dos anos '70 formou-se uma polis: uma Oficina de Debate e Ação, de Construção, de Unidade, que desembocou na pluralidade. Nessa arena plural, liguei-me a um grupo.

Construção: Na virada de 1975/1976, em meio a mobilização dos internos de Medicina, frequentei reuniões e assembleias, iniciei a distribuir material e ajudar na convocação de atos. A essa movimentação a reitoria respondia com uma repressão mirada e um serviço de informação bem articulado com os órgãos policiais externos à universidade, como no caso da prisão em uma gráfica de Wallace José Sezana, quando retirava os 3.000 exemplares do jornal do grupo Oficina.

No departamento de Ciências Sociais, colegas veteranos se mobilizavam para as eleições das representações estudantis, que eram previstas no regulamento da Universidade. Na Medicina, Maythe apresentou-se candidata e foi eleita representante. Novas amizades se formavam ao meu redor, muitas trazidas por suas mãos fraternas.

Levado por Maythe, eu circulava mais pelo ambiente da tendência estudantil Unidade. O irmão de minha mãe, Virgílio Ribeiro Neto, era engajado no grupo Oficina. A gente nunca parava para conversar especificamente sobre o M.E. ou política. Nossos assuntos eram, em sua maioria, familiares. Não sobrava espaço para mútuo proselitismo.

Em abril de 1976, estavam previstas as primeiras eleições do Diretório Universitário (DU). Duas chapas se apresentaram, Unidade e Oficina. Três dias antes da votação, a reitoria suspendeu o pleito, alegando que a propaganda dos estudantes não atendia aos fins da criação do DU, pois contestava a legislação e a ordem vigente, além de incitar à indisciplina e à luta de classes, à discórdia e à desordem. Foi aberto um inquérito administrativo, um dos últimos atos do reitor, Amaury Cury. Em seguida, foram expulsos 7 colegas e 12 punidos com suspensões. O movimento perdia parte dos seus líderes, mas não arrefecia, aliás ganhava novos adeptos. Mobilizações, idas ao Congresso, denúncias.

Em julho, a XXVIII reunião anual da Sociedade Brasileira para o Progresso da Ciência (SBPC) ocorreu no campus da UnB, tornando-se um espaço de oposição ao regime militar. Embora estivéssemos em férias, assistimos às mesas, plenárias e simpósios, o que serviu também para denunciar a repressão que a reitoria praticava no campus.

Dentro do Unidade alguma coisa se movia. Embora não participasse da tendência acompanhei a saída de um grupo de estudantes. Uma nova tendência estava se formando através de reuniões à parte. Fui convidado a fazer parte de um grupo de estudos sobre a História do Brasil. Ali, na casa de madeira de José Ralf de Oliveira Campos e Tutu, embrenhada no sertão do Lago Sul, encontrei os colegas que já havia visto em reuniões e assembleias. A partir daquelas noites passaram a ser meus companheiros de lutas, de opções políticas e de vida: Arlete Avelar Sampaio, Jorge Augusto Oliveira Vinhas (Jorginho), Paulo Henrique Veiga (Paulinho), Maria Auxiliadora de Medeiros Vale (Dorinha) Luiz Antonio de Oliveira Campos (Bicão), Jackson Semerene Costa (Jacu), Maria Francisca Pinheiro Coelho (Lora), João Nogueira Fanuchi (Camanducaia), Ana Maria Navarro Garcia (Aninha), Wanderlei Antonio Pignati (Pig), Lumi Kihara e seu companheiro Roberto Cardoso Caixeta (Taguá) e naturalmente Maythe de Sousa.

Lembro-me que no final das discussões, após dividirmos os temas que cada um apresentaria nas próximas reuniões, Arlete achegou-se de uma maneira atenciosa, perguntando-me o que achara do encontro. Aquele olhar certeiro, aquela indagação objetiva, que me aproximava e perscrutava-me, completavam o sentido de encantamento que havia tido do encontro. Arlete emanava um senso de credibilidade, de vivência autêntica. Como se diz em italiano: *Arlete era fatta da un solo pezzo.*

Iniciamos um processo de reuniões na UnB que visavam a estruturação de uma tendência estudantil que tivesse como eixo político a reconstrução das entidades livres dos estudantes (locais e nacional); que reivindicasse a luta pelas liberdades democráticas, a anistia ampla e irrestrita para os exilados e presos políticos.

Foi criada uma comissão para redigir um documento síntese daquela discussão. A redação final foi completada por Maythe em folhas cor-de-rosa batidas à máquina. Pedia o fim da ditadura, uma assembleia constituinte livre e soberana e o grupo se reivindicava enquanto tendência pela aliança operário-

-estudantil. Existia uma só cópia desse documento, que nos passávamos quando se queria cooptar um novo integrante, sempre com a aprovação dos demais. Era um processo longo e não imediato até se chegar à leitura e discussão das páginas cor-de-rosa.

Lembro que a minha primeira cooptação foram duas: Antonio Alves e Mário Cantarino Neto, companheiros do clube de xadrez que tinham entrado depois de mim na UnB. Levei-os à casa de minha mãe, e, no quartinho dos fundos, com as portas de casa trancadas, discutimos por toda a tarde ponto por ponto do documento cor-de-rosa.

Não sei bem de quem foi a sugestão do nome Construção. Lembro que Ana Maria Macedo (Cafu), defensora da denominação, cantava parodiando: "Você é meu amorzinho, você é meu amorzão. Você é o tijolinho que faltava na nossa Construção. Liberdades, Liberdades De-mo-crá-ti-cas". Maria de Fátima Carvalho Lima (Fafá), José Mauro Barbosa Ribeiro (Zé Mauro), Antonio da Silva Câmara (Antonio baiano), Fernando Saraiva (Cearazim), Maria Teresinha Ribeiro e Mitchurim Borges Diniz já estavam conosco.

Construção foi se formalizando. Lançou um jornalzinho, fazia reuniões regularmente, criava murais e faixas, preparava coletivamente as intervenções às reuniões, às assembleias. Tinha uma forte representação na Medicina e Arquitetura, boa presença na Economia, na Física e nas Ciências Sociais (graduação e pós-graduação).

Novos espaços: Minha visão do espaço universitário se alargou. Percorria as salas do departamento com Dorinha e Cafu para divulgar as reuniões, coordenados pelo Jorginho; ia às festas noturnas da Arquitetura no período de apresentação de projetos, estimulado pela amizade de Paulinho; descobria as salas das catacumbas da Medicina com os corpos dos mortos indigentes em que os futuros médicos praticavam anatomia e as gaiolinhas na Biologia com ratos brancos e camundongos, coelhos e outros pequenos roedores. Meu desempenho acadêmico melhorou. Passei a frequentar com interesse as aulas. Tomei gosto pela universidade pois compreendia melhor as suas carências e mazelas, o clima de repressão que a reitoria tinha instaurado. Queria melhorá-la.

Em março de 1976, fui aprovado para fazer um estágio remunerado de Sociologia na Unidade Móvel de Orientação Social (UNIMOS) do Serviço Social do Comércio (SESC). Trabalhava-se nas cidades satélites do D.F., principalmente no final de semana. Organizavam-se grupos de lazer, de esportes, cultura e arte, assim como palestras noturnas para trabalhadores/as sobre seus direitos previdenciários. Desse modo, conheci quase toda a periferia de Brasília.

No segundo semestre de 1976, abriu-se outra vez o processo de eleições para o DU Construção se inscreveu, o que demandou um esforço extra para cumprir as exigências que o regulamento da reitoria impunha. Nossos militantes mais reconhecidos ocupavam os postos principais da chapa: Maythe de Sousa, Luiz Campos, Jorginho Vinhas, Arlete Sampaio. Na Biologia, pedimos a Vico Lopes para ser nossa candidata; ela aceitou.

A nossa principal atividade eleitoral acabou sendo a realização de um grande evento artístico. Cartola, o grande compositor popular, tinha acabado de lançar seus dois primeiros LPs, clássicos da canção brasileira. Paulinho entrou em contato com ele indo diretamente à sua casa na Mangueira. Apresentou-se e propôs organizar quatro shows em Brasília. O último seria na UnB, rodando o chapéu para financiar a nossa campanha. Falou em nome de Construção e o grande Cartola topou.

Na verdade, aquela aposta de Paulinho obrigou-nos a ser organizados. E só se tornou possível pela sua tenacidade, que se desdobrou para conseguir o auditório da Escola de Música (EMB), os músicos e a publicidade em tevês, rádios e jornais, as passagens aéreas. Essencial foi também a grande disponibilidade de Cartola. Hospedou-se na casa de Ralf e Tutu, dormindo em um colchonete no quarto de hóspedes. Integrantes do nascente Clube do Choro o acompanharam sem cobrar cachê.

Servi como motorista do mestre por um dia, sem ter carteira de habilitação, dirigindo o Fusca de Paulinho. Saímos do aeroporto direto para TV Brasília, onde foi feita uma entrevista e um take musical. Pedi que tocasse "Acontece" e ele atendeu ao pedido.

No primeiro dia programado para o show, sexta-feira, choveu e poucos compareceram na EMB. No sábado e no domingo, o auditório encheu. Na segunda-feira, Cartola apresentou-se ao ar livre, na praça da Cultura da UnB. Um sucesso! Prometeu falar de nosso grupo a Clementina de Jesus e Nelson Cavaquinho. Em abril de 1977, os dois fizeram suas apresentações no auditório da Escola Parque, sempre organizadas por Construção.

Desta feita, a reitoria não teve como suspender as eleições. De um total de 9.454 alunos, 7.410 votaram. Unidade foi a chapa vencedora com 3.480 votos e Rocine Castello de Carvalho foi eleito presidente. Oficina obteve o apoio de 2.

016 votantes. Construção alcançou 1.454 votos, quase 20% do total. Para nós, uma tendência nova, foi uma vitória. Ganhamos legitimidade junto aos estudantes e o reconhecimento das outras tendências.

A nível nacional, além das lutas locais, os estudantes rearticulavam-se com a intenção de reconstruir a UNE. Aconteciam vários encontros. Em São Paulo, na USP, tinha sido criado o DCE livre Alexandre Vanuchi, com eleições livres, reconhecidas e sustentadas pelos/as estudantes. Era o fruto de uma greve prolongada, organizada na Escola de Comunicação e Artes (ECA) e que se propagara na universidade paulistana. Os líderes daquele movimento, articulados com estudantes da Faculdade de Arquitetura e Urbanismo (FAU), da Filosofia e da Ciências Sociais, criaram a tendência Liberdade e Luta. Começamos a encontrá-los nos encontros nacionais, junto a militantes de outros estados. As palavras de ordem eram comuns: Entidades Livres e Independentes! Liberdades Democráticas! Abaixo a ditadura!

O Bandeijinha: A UnB organizava cursos de verão, durante janeiro e fevereiro, para os estudantes que queriam adiantar a carreira acadêmica ou recuperar os créditos atrasados. Em 1977, quando os cursos iniciaram, a reitoria aumentou o preço das refeições do Restaurante Universitário (R.U.). O Bandejão funcionava em um prédio novo, alcunhado "Palácio da Fome". Era um ponto de encontro importante para trocar informações, distribuir panfletos, organizar reuniões, conhecer novas pessoas.

Foi ali, no dia 14 de janeiro, sexta-feira, que aconteceu a assembleia que decidiu realizar um "Bandejinha" alternativo, boicotando o Bandejão. Foi ali que fiz a minha primeira intervenção em uma assembleia da UnB, em nome de Construção e incentivado por Maythe. Lembro do tremor que tomou meu corpo magro, o calor que subiu pelo pescoço, a voz quase sufocada, a articulação retórica confusa e a reverberação acústica absurda daquele espaço enorme.

Uma coisa era aprovar o boicote ao R.U.; outra coisa era arranjar uma opção plausível, que não prejudicasse os/as estudantes, principalmente aqueles/as que só tinham o Bandejão como recurso barato para a alimentação. Sobrou o final de semana para inventar um restaurante.

Na sede provisória do DU foram repartidos os espaços, escolhidas as comissões, divididas as tarefas. Panelas, talheres, pratos, copos apareceram do nada. Mantimentos foram recolhidos em coletas e doações. Num canteiro de obras da Asa Norte, Paulinho e outros mais fizeram contato com uma senhora que fornecia refeições aos operários. Ao preço de custo, começou a cozinhar para os estudantes. De quebra emprestava suas grandes panelas, que chegavam dentro do Fusca do Paulinho. A gente de Construção brincava que, na prática, se estava concretizando a aliança operário-estudantil!

Na segunda-feira, o Bandejinha abriu o batente. Se piquetava diante do Palácio da Fome e se encaminhava, com discussão política e explicação, os colegas para o nosso refeitório, não muito distante. Tinha gente para tudo: gente organizando a fila e o caixa; gente servindo almoço; gente recolhendo pratos, talheres e copos usados; gente lavando louças e recolhendo lixo. Sem mesas e nem cadeiras, todos/as se sentavam no gramado ao redor do DU Em pouco tempo, conseguíamos servir centenas de refeições, almoço e jantar, diariamente, mantendo o preço de 5 cruzeiros! Um sucesso que ampliou o respaldo de todo o movimento.

Na cidade, o comentário geral era o boicote do Bandejão. Uma tarde, decidimos organizar um pedágio fora do campus para recolher contribuições para o Bandejinha. Preparamos algumas faixas e mais de 100 subimos a rua que nos levava à L2 Norte.

Mal entramos na avenida, fomos cercados por um batalhão de jovens soldados armados da PM. Arrancaram nossas faixas e obrigaram-nos a deitar no campo de futebol ao lado hospital, apontando os seus fuzis sobre nossas cabeças. Senti medo, principalmente porque percebi que os jovens recrutas tremiam segurando suas armas automáticas. Esta mesma sensação de perigo de morte foi relatada pelo colega João Fanuchi no seu livro, "*Um pediatra no interior do Brasil*".

Fomos levados em camburões para uma delegacia no final da Asa Norte. Fomos fichados, interrogados com as perguntas bobas pelo delegado, que não sabia muito bem como se comportar com tanta gente que não tinha feito absolutamente nada de mal: não tinha machucado ninguém, nem roubado, nem depredado nada. À noitinha, fomos liberados. Voltamos ao campus e fomos direto para o DU. O Bandejinha não tinha parado de funcionar, tinha muita gente nos esperando mobilizada. Combinamos e chegamos juntos em passeata, gritando liberdades democráticas e abaixo a repressão. Havia um clima misturado de euforia e heroísmo no ar.

O Bandejinha resistiu um mês. Não conseguimos reverter o aumento dos preços. O capitão era duro na queda. Nós também. Terminamos a experiência de modo brioso. Anunciamos um menu especial para o almoço de sábado. Com uma parte do dinheiro que restara compramos uma quantidade de boa carne. A ala tricolor de Construção (Paulinho, Cafu e eu), mais uma colega de Unidade, ficou sexta-feira à noite cortando aquele monte de carne em picadinhos. Paulinho e Cafu tinham uma cachaça danada de Paracatu; acho que se chamava Pretinha. Eles eram bons de copo; eu sempre fui um desastre. Conclusão: tomei um porre antológico e dormi estendido no gramado. De manhã, o Paulinho já havia combinado tudo com a Rosa, filha do ministro das Comunicações, Quandt de Oliveira. Seguiram para a residência oficial e prepararam tudo na cozinha ministerial. Cogumelos e creme de leite foram oferecidos pela casa. Naquele sábado, o menu final do Bandejinha foi Strogonoff.

Militância, luta e anistia: No começo de 1977, tornei-me um militante organizado. Um militante trotskista. Com Ralf, Paulinho e Tutu fiz ingresso na Organização Socialista Internacionalista (OSI), uma corrente trotskista vinculada ao Comitê pela reconstrução da IV Internacional, participando de um grupo de estudos revolucionários no Fusca do Paulinho. Outros/as de Construção haviam tomado essa decisão anteriormente e outros/as a tomariam em seguida.

Foi uma escolha coletiva de lutar pela democratização do país numa perspectiva de transformá-lo, na sua trilha desigual e combinada, em uma sociedade socialista, que não se inspirava no "socialismo real" e burocrático da URSS e outras formas de governos autoritárias, nem no reformismo carcomido da socialdemocracia.

Não foi uma escolha fácil, pois comportava assumir um compromisso vital de um modo clandestino. Existia uma ditadura militar que nos perseguia, nos ouvia, nos espiava. Que torturava, mas negava que torturava, ameaçando sempre de torturar. Sabíamos que a luta não acabaria ali dentro do campus da UnB. Que nos portava muito além dos currículos universitários. Compromisso também com todos aqueles/as que restavam ainda encarcerados/as, exilados/as, desaparecidos/as, banidos/as.

O Dia Nacional de Luta: Numa perspectiva de unificar o movimento estudantil universitário a nível nacional, foi fixado um dia nacional de luta, 19 de maio, contra as prisões arbitrárias de colegas paulistas e pela anistia ampla, geral e irrestrita.

A preparação do ato público, coincidia com as novas eleições do DU, marcadas para o final de maio. Dentro de Construção acreditávamos que era chegada a hora superar a participação em entidades atreladas à reitoria. O DCE-Livre da USP era o exemplo ao qual mirávamos. Naquele momento, o capitão-reitor estava proibindo no campus a realização do ato público programado. Ameaçava os organizadores do evento com novas punições. Seguia o ministro da Justiça que proibira as manifestações em todo o país.

Decidimos formar uma chapa para o DU, mas não pedíamos o voto em nossos representantes. Convocávamos os/as estudantes a escrever na cédula eleitoral "Por um DCE-Livre", anulando, de fato, o voto. Para Construção, era hora de construirmos nossos grêmios e diretórios acadêmicos de forma livre. Era uma proposta radical, mas absolutamente coerente com o percurso tomado pelo movimento nos últimos anos, em Brasília, em todo o país. Da mesma forma, a nível nacional, a UNE só se reconstruiria sobre bases independentes, pois o regime militar fora o responsável direto pelo seu fechamento.

Esforçamo-nos em mostrar que a preparação do Ato público, que o reitor tentava impedir, era a prova cabal da nossa autonomia, alforriados das correntes repressivas dos representantes do regime militar na UnB. Todo o movimento estudantil divulgava massivamente o dia nacional de luta, em todas as principais universidades do país.

No dia 19 de maio, o campus amanheceu cercado por forças policiais. Até a Rodoviária, na parte central da cidade, foi ocupada por um batalhão da PM, mas ninguém foi impedido de entrar no Minhocão. O temor do reitor e do regime era que saíssemos às ruas da capital federal. Para nós, o importante era mostrar um movimento vigoroso e fortalecido dentro da UnB, coligado com a movimentação nacional como não acontecia há anos.

Naquele dia, aquilo pelo qual havíamos batalhado por quase três anos aconteceu. Na praça da Cultura, agora rebatizada praça Edson Luís, onde mestre Cartola, seis meses antes, tinha nos ofertado sua poesia singular em forma de samba, ali mesmo, mais de 1.000 estudantes da UnB compareceram para se confraternizar com os/as colegas de todo o Brasil, oferecendo seu apoio à luta por liberdades democráticas, contra as torturas e prisões arbitrárias, pela anistia ampla, geral e irrestrita.

Lembro-me daquele evento como um momento bonito. Pode ser que esse seja um comentário ingênuo, despolitizado, até mesmo alienado. Mas o recordo assim, como a canção do Chico: "Foi bonita a festa, pá!". Era um dia bonito de maio, as faixas eram bonitas, as intervenções foram bonitas, a leitura da carta foi bonita... E por ser um ato público bonito, nós não queríamos que acabasse ali e fomos mostrar nossa boniteza diante da feiura da reitoria. Saímos em passeata, bonitos e bonitas, e atravessamos o "Minhocão" cantando "Pra não dizer que não falei em flores". Achegamo-nos àquele prédio de vidros e de infâmia e cruzamo-lo entoando uma palavra de ordem - vinda sei lá de onde, sei lá de quem – direta, precisa e bonita: "Se houver punição, vai haver paralisação". As palavras de ordem, se sabe, têm eficácia quando além de ilustrar o presente, apontam com clareza um rumo futuro. "Se houver punição, vai haver paralisação" indicava uma nova trilha ao movimento estudantil da UnB que o levaria adiante.

A greve: Tenho uma passeata de lembranças da greve, que se misturam com sentimentos e sensações. Fotografias que se sobrepõem. Vocalizes em contraponto.

As eleições do DU tiveram lugar no dia 27 de maio. Oficina venceu o pleito, tendo Flávio Botelho como presidente e meu tio Virgílio Ribeiro Neto como tesoureiro. Não tenho os dados em mão, mas o número de votos "Por um DCE-Livre" foi muito expressivo. Os fiscais não quiseram computá-los à parte...

Dia 30 de maio, à tardinha, o capitão-de-mar-e-guerra suspendeu 16 colegas pela organização e realização do Ato público do Dia Nacional de Luta. A resposta do M.E. foi imediata. Durante a noite, em todos os departamentos, as tendências prepararam os cartazes convocando uma assembleia às 10 horas.

No dia seguinte, 31 de maio, terça-feira, às 10 horas da manhã, o anfiteatro 9 estava lotado. A reunião teve como primeira e única oradora a Maythe de Sousa. Sua intervenção foi clara e definiu o que já estava decidido: uma greve geral por tempo indeterminado, até que as suspensões fossem revogadas. Todas e todos nos levantamos aplaudindo e saímos do auditório em passeata, gritando "Paralisação, paralisação".

Fomos de sala em sala comunicando e explicando os/as colegas a decisão tomada. Quase todos/as aderiam à passeata que percorreu todo o "Minhocão", todo o campus. A UnB parou e a greve começou. Durante o almoço, o Bandejão fervilhava. À tarde foi organizada uma nova passeata para comunicar a greve. De noite, as lideranças das várias tendências se reuniram e instituíram um Comando Central da Greve, paritário.

No dia seguinte, uma nova assembleia foi realizada. Agora, no Teatro de Arena. Muita gente. Duas mil, três mil pessoas. A boa nova se espalhou, os jornais noticiaram, alguns deputados da oposição prestaram solidariedade. O comando central da greve foi ratificado. Os nomes de seus integrantes não foram divulgados, naturalmente.

De tarde, a assembleia permanente continuou no saguão leste da Ala Norte. Muitos/as queriam falar ao mesmo tempo, muitas coisas a dizer. Levantei-me, fui ao centro, sentei-me num banquinho alto e comecei a organizar as intervenções. Por quase duas horas, fiquei ali. Tranquilo. Na mesa. Quando acabou, perguntei a Vico que me acompanhava, se tinha me comportado direito. "Acho que você encontrou o seu lugar", respondeu-me. Durante boa parte da greve, foi como mesa que atuei. Minha voz empostada não necessitava do megafone para falar no Teatro de Arena.

2 de junho, cheguei bem cedo na universidade. Dirigi-me à entrada sul, onde havia marcado um encontro para iniciar os piquetes, pregar os cartazes que tínhamos preparado na noite anterior. A Ala Sul estava lotada de policiais à paisana. Começamos a nos ajuntar. Alguém foi verificar se acontecia o mesmo na Ala Norte. Confirmado. Era uma invasão policial combinada.

A situação foi ficando tensa. Para a nossa fortuna, o pessoal do C.O. acordava cedo e vinha em passeata até o "Minhocão". Chegaram no momento certo. Formamos logo uma roda. Fui o primeiro a falar. Pedi a todos/as que ficassem calmos/as e não aceitassem a provocação da reitoria. João Simplício tomou a palavra fez um discurso vigoroso, puxando no final uma palavra de ordem: "Abaixo a repressão!".

Nunca vou me esquecer. João Simplício, companheiro experiente, estava totalmente certo. Calma, porra nenhuma! Era hora de extravasar a nossa indignação. Levantamo-nos com os punhos alçados: "Abaixo a repressão, abaixo a repressão!". Enfrentamos os policiais com a força da palavra. Eles recuaram e desobstruíram a passagem. Saímos em passeata para congregar os colegas da Ala Norte. No meio do caminho, a palavra de ordem mirou um novo alvo: "Abaixo a repressão, põe pra fora o capitão!". Assim barramos, pela primeira vez, a invasão policial. Naquele dia, João Simplício ganhou para sempre a minha admiração.

No dia seguinte, nova assembleia lotada no Teatro de arena, agora denominado "Teatro da minoria". Três mil pessoas. A greve continuava forte e avançava nas suas propostas. Aprovou-se a participação de uma comissão no III Encontro Nacional de Estudantes, foi designada uma comissão para abrir uma intermediação com a reitoria, com professores e alunos.

Na saída da assembleia, a surpresa. Diversos ônibus, carregados de policiais militares no estacionamento da Ala Norte. Soldados começavam a descer com seus cassetetes, capacetes e escudos. Armados. Uma tropa de choque. Aquilo podia se transformar num massacre. Fomos nos sentando devagarinho no saguão. Começamos a cantar o Caminhando de Vandré. Depois um hino nacional nasceu forte de nossas gargantas. Entoado, afinado, sentido, sem nenhum verso saltado. O policiamento recuou. Os soldados voltaram aos ônibus. Foram-se. Barramos, pela segunda vez, a violência policial.

Durante o fim de semana, o capitão-reitor decretou um recesso de três dias. Estava perdendo sua partida de xadrez. Tinha que buscar uma nova tática. A iniciativa tinha passado ao outro lado do tabuleiro: a greve se fortalecia. Para nós, isso significava consolidar a vantagem posicional e, se possível, obter uma vantagem material.

DCE Livre: Alguns colegas de outras tendências começaram a propor um recuo tático: aceitar a proposta do Conselho Universitário, suspender a greve, esperar numa negociação externa. Foi escrita até uma carta para a esposa de Carter, presidente dos EUA, em visita ao Brasil. Para Construção, duas questões estavam colocadas: a continuidade da greve e a aprovação da criação de um DCE-Livre. A primeira mantinha a pressão do ataque; a segunda era a garantia de construção de uma fortaleza para resistir ao contra-ataque que certamente viria. Uma era garantia da outra. Nossos oradores, principalmente Ralf, defendiam a aprovação de um DCE-Livre.

Uma após outras, as assembleias aprovaram sempre a continuidade da greve, pois a intransigência e a truculência da reitoria só aumentavam. O DU atrelado à reitoria não fazia mais sentido para as pessoas que gritavam pelos corredores do ICC: "A greve continua, põe o capitão na rua!". A cada reunião, a cada assembleia reiterávamos a necessidade da criação de entidades livres (DCE e CAs), sempre com maiores adesões.

Semiclandestinidade, prisões, solidariedade: Desde o primeiro dia da paralisação, saí de casa. Fui para casa de Vico, que morava sozinha depois da morte de seus pais. Em seguida, a Maythe veio também. A trinca inseparável se reunia outra vez. Foi até divertido. Incapazes na cozinha, recorríamos ao Espanhol da W-3 sul. De noite, um conhaque francês que o pai da Vico tinha deixado guardado. Após alguns dias, Maythe voltou para sua casa. Foi presa debaixo do bloco. Com ela, uma boa parte das lideranças estudantis, foram presos em suas residências.

Dia 17 de junho, na saída de uma assembleia que tinha reafirmado a greve, estávamos sendo escoltados fora da universidade pelos advogados da OAB (Sigmaringa, Correa, Grossi). Os policiais nos cercaram. Puxaram o Ralf pelos cabelos. Agarraram o Simplício. Na confusão, dois estudantes me fizeram dar meia-volta rumo à ala norte. Dali andamos, sem pressa, ao estacionamento da Biblioteca. Puseram-me deitado no banco detrás de um carro. Dirigindo devagar e contornando o C.O., portaram-me fora do campus.

Naquela noite, transferi-me para a casa da Cristina Lopes, irmã da Vico, na 305 sul. Ela tinha acabado de dar à luz ao seu primeiro filho, Alexandre. A Cris não me deixava passar diante das janelas, o clima era pesado. Lembrei-me que no prédio do lado, morava a Margrit (Mag) Dutra Schmidt, recém-entrada nas Ciências Sociais, que havia participado às reuniões abertas de Construção. Precisava reatar os contatos com os colegas, saber notícias. Fui até sua casa. Seu pai era um oficial militar. Dirigira a Academia de Polícia de Brasília. Mag me abriu a porta. Conversamos tranquilamente na sala. Assegurou e deu-me sua ajuda. Mag foi eleita, anos depois, presidente do DCE-Livre Honestino Guimarães.

Ana Lúcia Castro me ajudou muito nesse período. Ela, Vico e Maythe fizeram o ginásio na mesma escola e nos conhecíamos bem. Na universidade participava do grupo do João Simplício. Discreta, visitava minha mãe com uma bolsa, onde levava e trazia roupas e objetos. Principalmente, mantinha-a informada do meu paradeiro. A entrada da prumada do apartamento ficou semanas vigiada ostensivamente por dois policiais armados de metralhadoras. Minha mãe saía todo dia para trabalhar no gabinete do ministro da Educação e os meninos, que adivinhavam tudo, corriam ao seu redor, brincando.

Por prudência, mudei novamente de apartamento. Ana Lúcia hospedou-me na sua casa. Só que o namorado de umas das moradoras era simpatizante dos milicos. Logo, peguei meu boné e dei no pé. Fui parar numa casa no Lago Sul. E assim foi indo. Roda viva. De casa em casa.

Fui conversar com a equipe da UNIMOS, onde fazia o estágio de Sociologia. Telefonei duma cabina telefônica no Setor Comercial Sul. Alguns deles desceram. Nem precisei explicar a situação, que bem conheciam. Já vieram com as planilhas que liberavam a minha remuneração. Bastava que preenchesse, assinasse e no final de cada mês eles mandariam à administração do SESC. Só precisava passar no banco e retirar o dinheiro.

SBPC e as expulsões: No dia 18 de junho, a reitoria abriu inquérito para apurar as responsabilidades dos grevistas. 14 líderes foram indiciados na Lei de Segurança Nacional (LSN). As assembleias, as passeatas e as reuniões continuaram pelo campus. A greve também. Dia 21 de junho, a reitoria decretou um recesso acadêmico que duraria até o dia 24 de julho. Foi o modo encontrado para esfriar um movimento que tomara um vulto nacional, com simpatia e solidariedade. Eu continuava em semi-clandestinidade, pulando de casa em casa.

No começo de julho iniciaria a XXIX reunião da SBPC, em São Paulo. Estava programada para ser realizada em Fortaleza, mas o regime proibiu. Dom Paulo Evaristo Arns abriu as portas da Pontifícia Universidade Católica (PUC), na capital paulista e tudo foi organizado às pressas. O beneplácito da maior arquidiocese do Brasil garantiu a sua realização.

Meu pai José morava na rua Monte Alegre, Perdizes, bem em frente à PUC. Não sabia nada da minha participação no movimento estudantil da UnB. Realmente, não sabia quase nada da minha vida. Pedi que me hospedasse. Como a universidade entrara em recesso, disse, aproveitaria o tempo para participar a um evento científico. Fez algumas perguntas, dei respostas evasivas e ele me hospedou. Minha mãe ficou sabendo da minha ida, mas não se comunicou com ele. Prudência.

Todo dia tomava café da manhã com meu pai, descia, atravessava a rua e entrava na PUC. Às vezes, almoçava com ele. Encontrava-me com os companheiros de Liberdade e Luta. Combinávamos intervenções nas várias mesas e plenárias. Clara Ant, da FAU, coordenava o grupo. Se não me engano, Maria Laura também estava e me apresentou uma professora do Ceará, Maria Luiza Fontenele, que viria a ser a primeira prefeita eleita pelo PT. A reunião terminou com um grande ato no TUCA com a presença de Fernando Henrique Cardoso e outros figurões da oposição. Don Paulo Evaristo Arns dirigindo discretamente tudo. Carismático.

Voltei para Brasília na noite de 18 de julho, ignorando tudo que tinha acontecido. De manhã, fui para casa da Cafu. O apartamento de minha mãe, continuava vigiado. Tocou o telefone. Era minha mãe aflita perguntando onde eu estava. Meu pai havia telefonado furioso de São Paulo. Tinha lido o meu nome na primeira página do *Estadão*, entre os 30 expulsos e 34 suspensos da UnB. A Cafu disse-lhe que não devia ficar preocupada, que certamente eu estava bem.

Mais tarde, comuniquei-me com Dona Sebastiana. Disse-me que eu devia seguir adiante pela minha estrada, que me apoiava inteiramente. Era o que eu esperava. Expulso da UnB, continuei plantando com companheiras e companheiros liberdade e luta democrática no quintal do Planalto.

O autor

Marco Antonio Ribeiro Vieira Lima (São Paulo-SP, 1956). Fui batizado no Rio de Janeiro, fiz a primeira comunhão em Brasília, fui crismado em Milão, onde vivo desde 1987. Sou casado com Sabrina. Compartilhamos nossas vidas desde 1994. Somos genitores de Gabriel Maria e Joana. Cresci em Brasília, aonde cheguei em 1963, vindo do Rio, com minha mãe Sebastiana e meus irmãos Paulo Sérgio e Jorge Luiz. Moramos na 405 Norte, no acampamento do IPASE da 207 Sul e, finalmente, em 1967, no bloco G da 208 Sul. Estudei cinco anos, com bolsa de estudos, no Colégio Dom Bosco. Fiz teatro no Colégio Pré-Universitário, toquei violão, joguei xadrez e, claro, muita bola. Entrei em 1974 na UnB, no curso de Ciências Sociais (Sociologia). Participei ativamente do movimento estudantil e na preparação e organização da greve de 1977, que durou 86 dias. Em 30 fomos expulsos. Mais 34 colegas foram suspensos. Muitos foram presos. Tivemos de abandonar nossas casas. Contamos com muita solidariedade. Estive entre os fundadores do PT de Brasília e fui o seu primeiro tesoureiro. Trabalhei por quatro anos no SESC de Taguatinga, como responsável pelo setor de adolescentes e adultos. Morei quatro anos na cidade e participei da criação da Associação de Arte e Cultura. Trabalhei por um ano no Serpro. Escrevi a adaptação para teatro do conto de Ray Bradbury "O Menino Invisível", espetáculo que Humberto Pedrancini dirigiu e do qual participei como ator. Vim para Europa em novembro de 1985. No ano seguinte, fixei residência em Itália. Sou músico: cantor, violonista e compositor. Além de concertos e gravações, sou um estudioso da música brasileira, através de artigos, seminários e conferências--concertos. Sempre dei aulas particulares de violão. De 2003 a 2012 fui o diretor-executivo do Instituto Cultural Brasil-Itália de Milão, em colaboração com o Consulado Geral do Brasil. Por dois anos (2016-2017), fui membro do comitê científico do Museu das Culturas (MUDEC) de Milão, indicado pela prefeitura da cidade. Sou antropólogo. Conclui o mestrado em 2012 e o doutoramento em 2017 na Universidade dos Estudos de Milão-Bicocca, onde ensino, a tempo determinado, Antropologia para formação de docentes e Antropologia Histórica para a pós-graduação. Em 2006, formei-me, sempre na mesma universidade, em Ciência da Educação, o que permitiu o reconhecimento do título de Bacharel em Ciências Sociais (Sociologia) pela Universidade de Brasília (2009), concluindo um ciclo iniciado no longínquo 1974. Colaboro com a cadeira de Antropologia da China, do professor Roberto Malighetti, ministrando um seminário sobre o

Yi Jing. Sou o responsável do "Laboratório Brasil" do Curso de Aperfeiçoamento em Teoria Crítica da Sociedade (Bicocca). Traduzi para o italiano e organizei a edição (2021) do livro de Rafael Valim, *Stato di eccezione: la forma giuridica del neoliberismo,* editora Mimesis. Atualmente estou finalizando um livro sobre a história social do samba. Meu apelido, dado por meus irmãos, é Neném. Na Itália, adotei o nome artístico de Nenè Ribeiro. No batismo, minha mãe me consagrou a Santo Antônio; o dono de minha cabeça é Oxumarê; percorri a pé, em 28 dias, os 780 quilômetros do Caminho de Santiago. Sou comunista.

NO "QUINTAL DO PALÁCIO DO PLANALTO"

Júlio Gregório Filho

A própria situação política do país acabou influenciando a minha ida para Brasília: ali havia uma universidade que nasceu com projetos arrojados e inovadores, apesar de brutalmente atacados, e oferecia a moradia estudantil. Como eu morava no interior de São Paulo e não tinha como estudar e arcar com alimentação e moradia, encontrei dificuldades para permanecer no meu estado. O Crusp, Conjunto Residencial da Universidade de São Paulo, fora fechado em 1968, após o seu cerco por tanques do Exército, que desalojou os estudantes e suas entidades representativas: DCE, UNE e Aurck - Associação de Universitários Rafael Kauan, criada em homenagem ao estudante morto na luta pela criação do Crusp. Essas instituições funcionavam no térreo do bloco G, e o Crusp foi reconquistado a partir da retomada mais vigorosa do movimento estudantil, em 1979.

Logo que cheguei a Brasília, orientado e ajudado por alguns amigos da minha cidade - Marco Antonio Lazarin, Antonio José Escobar Brussi e o João Batista Spina, estudantes da área de humanidades - consegui uma vaga para morar no CO - que era como chamávamos o alojamento estudantil, cujos blocos de apartamentos ficavam em frente ao Centro Olímpico da UnB.

Iniciado o curso de Química, que nos semestres iniciais integrava o curso básico das ciências exatas, integrei-me a grupos que logo se identificaram com as lutas políticas pela restauração da democracia no Brasil. Esses grupos já eram rotulados como sendo de esquerda, apesar de nem todos os participantes terem um comportamento ideológico esquerdista.

UnB teve formatura agitada

Os 506 formandos da Universidade de Brasília que colaram grau ontem à noite, no Quartel-General do Exército, leram em coro uma nota de protesto onde denunciaram o caráter autoritário e unilateral da estrutura universitária. Não faltou, até, quem levasse um cartaz defendendo "Anistia aos colegas injustiçados pelo Reitor", numa referência a alunos punidos antes do fim do 477 e da abertura democrática. A nota afirma: "Manifestamos nossa atitude de inconformismo e colocamos em julgamento a universidade, reivindicando-lhe o direito de participação social, negado pelo poder vigente, para atuar na transformação da sociedade em mais justa e igualitária". O principal problema colocado pelos alunos que deixam agora a universidade é a dificuldade de encarar o mercado de trabalho, qualificado por alguns de escasso e por outros até mesmo de inexistente.

(Página 15)

Morar no CO, convivendo bem de perto com o grupo de estudantes mais "duros" - alguns, tal como eu, não tinham grana para as duas refeições diárias no Bandejão –, associado à vontade de batalhar para mudar a nossa situação de penúria e também a do povo brasileiro, foi uma experiência que me propiciou a participação nas discussões políticas que abordavam o momento sociopolítico do Brasil.

Diante da falta de liberdade para a livre organização e a presença de mecanismos que tentavam tutelar o movimento estudantil, surgiram formas de organização que buscavam contornar esses impedimentos.

Como a existência de Centros Acadêmicos estava proibida e não era desejável criar entidades propostas e tuteladas pela reitoria, na Química foi criado o CEQ - Centro de Estudos da Química, que ocupava um bom espaço no Minhocão e era, em princípio, um local para que os alunos estudassem nos intervalos entre aulas. Estes encontros logicamente abriam a possibilidade de discussão dos problemas do departamento de Química e escolha das reivindicações do grupo. Várias ações, como a criação de um cineclube que era abastecido por filmes obtidos junto a embaixadas pelos estudantes Floriano Pastore, da Química, e Paulo Felipe, da Arquitetura, configuravam uma relação que já mostrava alguma integração entre alunos de diferentes cursos, pois a estruturação curricular da UnB, com regime semestral e matrícula por disciplinas, dentro de um regime autoritário, criava dificuldades para a formação de grupos de estudantes por meio de turmas permanentes.

As sessões cinematográficas aconteciam no auditório Dois Candangos e propiciavam a exibição de filmes que fomentavam a participação, a divulgação de políticas culturais, o debate ainda inicial sobre preservação ambiental, lutas sociais, enfim, a riqueza que o cinema nos proporciona. E, sobretudo, as sessões estreitavam relações de amizade e confiança entre os estudantes, inexistentes num ambiente que estimulava a individualidade e a desconfiança.

Outras ações ocorriam, como por exemplo os encontros chamados "frutoquímica", pois eram servidas apenas frutas frescas para os participantes e também contextualizavam a luta pela preservação do meio ambiente e a boa alimentação, assuntos que não eram tratados com a ênfase que temos hoje.

Esses mecanismos que contornavam as medidas restritivas impostas às formas de organização estudantil fomentavam a sua reorganização. Para a criação de mais um laboratório na Química, o espaço de reuniões foi retirado dos estudantes, e isso exigiu que batalhássemos por um novo local físico, culminando com a disponibilização, por parte da Chefia do Departamento, de uma pequena sala na qual nos reuníamos e discutíamos a situação que vivenciávamos na UnB.

Foi no contexto da falta de um espaço específico que Tereza Cristina Longhin Monteiro e eu nos candidatamos – ela como vice e eu como presidente do CEQ – para essa reconquista. Essa luta já contemplava mais elementos de discussão política que extrapolavam a simples reivindicação de um espaço para estudos acadêmicos.

É claro que alguns estudantes usavam o espaço somente para estudar as matérias que estavam cursando sem participarem de discussões de natureza política.

Para incentivarmos participações e vencermos o medo, que era natural diante da permanente e rigorosa repressão, a pauta inicial registrava coisas simples, como a falta de papel higiênico nos banheiros, situação de higiene e qualidade da comida servida no Bandejão, iluminação e segurança no *campus*, melhorias nos laboratórios. Reunido o grupo e fortalecidas as relações de amizade e confiança, ampliamos as discussões para o cenário político nacional.

A presença de veteranos com alguma experiência política era fundamental nesse processo, pois eles tinham informações que contextualizam as lutas históricas da UnB.

Registro os nomes de colegas que tinham presença marcante no Centro de Estudos da Química: Shozo Ito, Eduardo Pinheiro, Tercio e Afonso – já falecidos – e também Maristela Gonçalves, Rosa Rezende, Rosane Chacaxiro, Alfredo Mendes, Caetano, Edil, Maria Auxiliadora, Deusdeth Dutra. Direta ou indiretamente eles contribuíram para a participação da Química na reorganização dos estudantes da UnB.

Outro evento que demonstrava a evolução da luta política ocorreu no segundo semestre de 1974.

Para o sustento alimentar básico, vários colegas trabalhavam como monitores, cuja bolsa, no valor de 300 cruzeiros, não era suficiente para almoçar e jantar todos os dias do mês no Bandejão. Além do baixo valor, em decorrência do atraso no pagamento dessa bolsa, iniciou-se uma greve de monitores. A repressão veio pesada e alguns colegas que resistiram já ficaram marcados e passaram a ser alvo de restrições por parte dos serviços sociais e acadêmicos da Universidade.

Esse movimento grevista ganhou alguma repercussão na mídia e fez a reitoria, comandada de fato pelo vice-reitor, o capitão-de-mar-e-guerra José Carlos de Azevedo, recuar em relação às punições implementadas e efetuar os pagamentos imediatamente.

Destaque-se que os atrasos no pagamento das bolsas eram comuns em semestres anteriores, sem reações como a que ocorreu naquele semestre.

Entendo ser esse movimento mais uma das sementes plantadas para o renascimento do movimento estudantil na década de 70, sobretudo a partir de 1973/74, com significativa participação dos estudantes da UnB que haviam perdido Honestino Guimarães, morto pelos órgãos de repressão da ditadura.

A participação e as discussões no *campus* se intensificavam, e tudo o que acontecia na UnB, por ser no "quintal do Palácio do Planalto", acabava repercutindo nacionalmente, mesmo num período com imprensa censurada.

Dessas discussões, evidenciou-se a necessidade de reconstrução da UNE, o que levou, em 1976, um grupo de colegas - entre os quais eu estava - a São Paulo para o Encontro Nacional de Estudantes que discutiria as estratégias para a reconstrução desta instituição que tantas lutas empreendeu pela democracia no Brasil.

Para ilustrar o momento, vale lembrar que nosso pequeno grupo se compunha de quatro colegas, recebidos de forma "secreta" no Largo do Arouche, em São Paulo. Numa padaria, na qual deveríamos entrar em determinado horário e fazer um pedido específico de café, a pessoa que lá estava para nos receber faria outra demanda usando algumas palavras que, combinadas com as nossas, comporiam a senha para interagirmos com alguma "segurança", sem cair em armadilhas.

Inacreditável para quem não viveu esse período triste da história do Brasil!

Fomos levados a um local do *campus* da USP e, ao final do dia, recebemos a informação de um cerco ao recinto pelas forças da repressão, situação que exigiu estratégias para a retirada, que ocorreu sem prisões, mas não sem as intimidações que caracterizavam aquele momento.

A reunião foi muito importante, porém a aprovação de formas de organização ficou prejudicada em virtude da infindável discussão acerca das formas de votação. Esse cenário já evidenciava a necessidade de superar, pelo menos naquelas circunstâncias, as diferenças ideológicas entre os grupos que compunham o Movimento Estudantil.

Na hora da votação, discutia-se se o voto seria por delegação ou por estudante presente. No caso de votação por estudante presente, logicamente, os da USP acabariam vencendo todas as proposições, ao passo que, por delegação, haveria maior paridade. Para decidir essa questão, encaminhava-se ao plenário, que esbarrava na mesma dúvida – por delegação ou por estudante presente.

Essa discussão infindável postergou a criação de uma pauta nacional, mas a reunião foi um dos marcos na luta pela reconstrução da UNE, que se deu no Congresso de 1979, realizado em Salvador.

Foi numa continuidade de eventos e lutas que chegamos à batalha para a criação do DCE - Diretório Central do Estudantes. Acabamos conseguindo a criação do DU - Diretório Universitário, negociado com a reitoria em 1976, com as chapas e grupos ideológicos diferentes enfrentando as ações repressivas do aparato policialesco do Estado. Em 1976, na primeira campanha para o D.U., Azevedo expulsa sete estudantes.

Em 1977, puniu com suspensões outros 16, por conta da realização do ato no Dia Nacional de Luta, em 19 de maio, o que desencadeou a greve daquele ano, com repercussão nacional, e consolidou a forte retomada do movimento estudantil em Brasília.

Conforme registros feitos por outros colegas, vieram as ameaças, as advertências, as suspensões, a invasão do *campus*, prisões e expulsões. Algumas expulsões diretas decorreram de inquéritos arbitrários abertos a partir de delações e informações transmitidas por infiltrados no movimento. Outras aconteciam em decorrência das suspensões e consequentes reprovações, ocasionando jubilamentos e a impossibilidade econômica de permanência na UnB e até mesmo em Brasília.

Há que se destacar a grande participação dos "ceolinos", os moradores do Centro Olímpico, que por morarem dentro do *campus*, iniciavam a movimentação diária no período da greve. Quando o *campus* era invadido, os policiais não permitiam a formação de grupos e, muito menos, a distribuição de panfletos, redigidos e impressos em mimeógrafos a álcool.

Surgiu, então, a ideia de se imprimir uma resma de papel, cortada ao meio – de modo que cada folha gerava dois panfletos. De umedecer os pacotes a serem distribuídos e, antes do nascer do sol, colocá-los sobre os pilares que formam o Minhocão para que o tempo seco e o vento os espalhassem. A ideia surtiu efeito e, por volta das nove meia da manhã, com os estudantes se movimentando, os policiais parados e encostados nas paredes dos anfiteatros, com cacetetes nas mãos para impedir a formação de grupos, os panfletos começaram a "cair do céu", convocando uma manifestação pela continuidade da greve com as palavras de ordem: "A greve continua, põe o capitão na rua".

Com as atividades da UnB suspensas e o impedimento de que as pessoas entrassem no *campus*, tivemos a notícia de que um colega, Edilson Robles Louzada, morador do apartamento 123, bloco A do C.O., estudante de Arquitetura e Urbanismo, estava doente e impossibilitado de se movimentar. Montamos um esquema para acessar o bloco e o apartamento, pela beira do lago, fazer o resgate e levá-lo ao hospital de Sobradinho, onde ficou internado durante trinta dias.

Nesse clima de repressão e medo, certo dia, ao chegar em casa - eu já não morava no C.O. -, encontrei os discos quebrados, os livros rasgados e a casa revirada, sem qualquer sinal de furto, evidenciando que não se tratava de ladrão, mas sim de uma, digamos, advertência, tal como cantava Chico Buarque na sua música:

Acorda amor
Eu tive um pesadelo agora...
Atenção
Não demora
Dia desses chega a sua hora
Não discuta à toa não reclame
Clame, chame lá, chame, chame
Chame o ladrão, chame o ladrão, chame o ladrão
Não esqueça a escova, o sabonete e o violão...

Eu estava cursando o último semestre e só me faltavam três matérias para concluir o curso. Havia sido selecionado para uma bolsa de pós-graduação financiada pelo governo francês, quando fui suspenso por trinta dias, fato que gerava as três reprovações, a não conclusão do curso e, consequentemente, a perda dessa bolsa.

Com a invasão da minha casa, saí do Brasil, fui para Lisboa, que ainda florescia em razão da Revolução dos Cravos, e depois para Paris, onde fiquei por cerca de um ano. Digamos que foi tudo "no peito e na raça", porque de dinheiro para tanto eu não dispunha, apesar de já estar trabalhando como professor de Química.

Em Paris, participei de algumas reuniões de grupos que discutiam, no âmbito da *Anistia Internacional,* as formas para o retorno dos exilados políticos.

Retornei ao Brasil e, com a preciosa colaboração do professor Clausius Lima, cujas ações junto ao Conselho Universitário viabilizaram a minha reintegração, cursei as matérias que faltavam. Na solenidade de formatura, manifestei-me lendo, juntamente com um grande grupo de formandos, nota pela melhoria das condições da educação e de trabalho no país. Com um cartaz, pedimos *anistia aos colegas injustiçados pelo reitor*.

Houve repercussão na mídia e, sem nunca ter parado, a luta continuou.

Infelizmente não atingimos tudo o que desejávamos, mas avançamos bastante e certamente deixamos um rico legado para as próximas gerações que, ombreadas conosco, devem continuar combatendo os retrocessos e a barbárie no universo acadêmico e, por conseguinte, na sociedade.

O autor

Júlio Gregório Filho (Catanduva-SP, 19/06/1954). Filho de Júlio Gregório e Sofia Antunes Gregório, fez o curso primário no Grupo Escolar Paulo de Lima Correa, o ginasial e o secundário no Instituto de Educação Barão do Rio Branco, escolas públicas de Catanduva (SP). Ingressou na UnB para cursar Química em 1974, tendo concluído o bacharelado no primeiro semestre de 1979 e a licenciatura no segundo semestre de 1982. Na UnB concluiu os cursos de Especialização em Administração da Educação, em 1990, e o de Avaliação Institucional em 2002. Sua vida profissional foi inteiramente dedicada ao magistério, tendo exercido o cargo de Secretário de Educação do Distrito Federal, de 2015 a 2018, de diretor do Departamento de Inspeção do Ensino da Secretaria de Educação do Distrito Federal (SEDF), diretor de Planejamento Educacional da SEDF, fundador, professor e diretor do Centro de Ensino Médio Setor Oeste, professor no Centro de Ensino Médio Elefante Branco, professor e diretor no Colégio da Asa Norte, atual Centro de Ensino Médio Paulo Freire, professor no Centro de Ensino Supletivo da Asa Sul – CESAS, professor e diretor no Colégio Galois e no Centro Educacional Inei/Asa Sul, professor no Centro Educacional 06 de Taguatinga, no Centro de Ensino Fundamental 04 de Taguatinga, no Colégio Marista de Brasília, no Centro Educacional Objetivo de Brasília e no Colégio Maria Auxiliadora de Brasília. Atuou como conselheiro nos seguintes órgãos colegiados: Conselho de Educação do Distrito Federal, Conselho Superior para a Educação Básica da CAPES, Conselho de Defesa dos Direitos da Criança e do Adolescente do Distrito Federal.

DE PASSAGEM

Não são os heróis que fazem a história, é a história que faz heróis. Mas no nosso caso, será a história ou seremos nós?

Rocine Castelo de Carvalho

Em dezembro de 1972 eu estava dentro de um ônibus, indo de Goiânia para Brasília. Tinha dezoito anos. Olhava aquela paisagem árida, que eu conhecia bem, e que passava por mim rapidamente. Buscava alguma coisa que eu não tinha ideia do que fosse. Talvez a mim mesmo. Alguns anos depois, da boleia de um pequeno caminhão frigorífico, via a mesma paisagem no sentido contrário. Eu tinha aprendido o que era a isotropia do espaço: tanto faz ir ou vir. O tempo, no entanto, só tem um sentido e eu, por causa disso, decididamente, não era mais o mesmo.

Brasília tinha mal completado seus treze anos e tudo na cidade era novidade para mim. Quando eu cheguei a Brasília, vindo de Goiânia, frequentei o Curso Pré-Universitário, que representou para mim um grande impacto. Uma escola moderna, libertária, com professores incríveis. Era um ambiente que para mim representou um discurso político. Ali começaria a minha formação como oposição. Não era uma oposição fundada em princípios políticos, isso só aconteceria depois. Era mais um estado de espírito que se alimentava das lutas contra as censuras e opressões do Estado.

Depois de muitas peripécias, festivais de cinema com filmes do Bergman, mostra de filmes do René Clair, muitos botecos, eventos culturais, passei no vestibular. O ar que se respirava nesses eventos era extremamente contraditório com a opressão política que se instalara em nosso país. E eu estava ali, conhecen-

do pessoas, discutindo política, aprendendo a me indignar. Sim, a indignação é um sentimento pessoal, mas seu aprendizado se dá coletivamente. Deve ser legitimada por seus pares.

Brasília tinha pouco mais de quinhentos mil habitantes. A universidade era uma bolha com dezenas de sotaques. Cheguei na UnB no dia da matrícula, entreguei alguns documentos e recebi em troca uma folha de papel com meu horário já definido. Olhei para aquela folha durante uns cinco segundos e, em seguida, me joguei naquele mar de sotaques que iam e vinham, cheio de curiosidades e de muita esperança. Daqueles mais de quinhentos mil habitantes de Brasília não havia nenhum nascido na cidade que estivesse naquele tumulto.

Nesse tempo eu morava com meu amigo Gonçalo Teixeira Nunes numa área de serviço de um apartamento, cuja quadra fora originalmente construída para os bombeiros que vieram de outros lugares. A situação financeira foi ficando ruim e então os moradores passaram a alugar as áreas de serviço. Era terrível. Muito quente, aquele calor de Brasília, aquela secura. À noite não podíamos abrir as janelas porque costumavam entrar baratas voadoras.

Apesar de tudo, estar ali para mim era o máximo. Longe de casa, da família, eu não sabia que estava rompendo com alguma coisa interna. Apenas ia indo. O Gonçalo tinha passado em primeiro lugar no vestibular e tinha ganhado uma moto e, portanto, me senti um privilegiado de estar ali, convivendo com ele. O Gonçalo tinha uma memória fantástica e era um leitor voraz. Sentia que muitas vezes ele tentava discutir comigo, fazer alguma observação sobre algum autor, mas eu tinha lido muito pouco. Eu me lembro que foi ele que me apresentou a autores como Qorpo Santo, Jorge Luís Borges, Cortázar. No conto "A Biblioteca de Babel", do Borges, fizemos até a conta de quantos livros haveria ali dentro da biblioteca. E assim eu ia me legitimando naquela bolha, naquele universo de uma classe média educada e que não se importava com sotaques.

Em novembro de 1976 eu me tornei o primeiro presidente do Diretório Universitário da UnB. Do momento em que entrei na Universidade até me tornar cabeça da chapa Unidade que venceu as eleições passaram-se três anos.

Quando entrei na UnB o clima político estava agitado. Depois descobri que essa agitação tinha um histórico de perseguições a estudantes e professores que existia quase desde a sua criação. Lendo o Relatório da Comissão Anísio Teixeira de Memória e Verdade pode-se perceber, pelos depoimentos de alunos, professores e funcionários da UnB, a causa de tanta tensão. Mas quando entrei na universidade não sabia nada disso.

A entrada dos calouros era sempre a oportunidade dos vários grupos políticos tentarem arregimentar pessoas para atuarem diretamente ou como simpatizantes. Essas ofensivas tomavam um formato dependendo da posição política do grupo e das personalidades que tentavam atrair os calouros: festas, chopadas, encontros para atividades culturais tudo, era motivo para, de vez em quando, dar um pitaco na política, expor a "solução" para algumas questões e assim ia indo. Acho tudo isso normal e faz parte da vida real. O importante é a pessoa apreender habilidades conceituais e cognitivas para fazer a crítica nem que seja posteriormente.

De vez em quando alguém pulava o muro, saía do Oficina e se mudava de mala e cuia para a Unidade e vice-versa, ou para outra que tivesse uma proposta de ação mais de acordo com seu interesse. Não podemos nos esquecer que éramos muito jovens e as razões para estarmos numa posição ou em outra ia desde divergências políticas até questões de outra ordem.

Compreender a complexidade das decisões a serem tomadas pelos alunos atuantes é muito importante. As disciplinas escolares, as namoradas, precariedade de livros e materiais de laboratório, as aventuras amorosas, as desventuras, as assembleias, os dedos-duros, a repressão, a prisão iminente, e assim temos assunto para deixar qualquer um louco. Mas eram poucos os que ficavam loucos. Íamos seguindo bravamente. Sempre me lembro dos versos:

> Vós, que surgireis da maré
> em que perecemos,
> lembrai-vos também,
> Quando falardes das nossas fraquezas,
> Lembrai-vos dos tempos sombrios
> De que pudestes escapar.
> (...)
> Vós, porém, quando chegar o momento
> Em que o homem seja bom para o homem,
> Lembrai-vos de nós
> Com indulgência.

Como um exemplo de abordagem posso citar o que aconteceu comigo. Como eu conversava sempre sobre música, cinema e temas afins, certo dia o João Maia me chama e pergunta se eu conhecia o Geraldo Vandré. É claro que eu conhecia. Conhecia praticamente todas as músicas dele. O João mostrou um gravadorzinho e nos sentamos num daqueles bancos de cimento, típicos da UnB. Pensei que a gente fosse ouvir as músicas. Sim, ouvimos, mas após cada música o João fazia um discurso, uma interpretação da música como elemento de denúncia das condições do povo nordestino, dentre outros arrazoados. Aí eu percebi a jogada, mas o João é uma figura muito simpática. Então ouvi atentamente porque estava muito interessante. Nos despedimos e nos tornamos bons amigos, que é o que interessa. Antes que me esqueça, acho que ele queria me levar para o Oficina. O problema é que eu morava com o Zé Beto.

Essas conversas sempre apontavam os problemas das universidades no Brasil como tendo origem na ditadura e em sua submissão ao imperialismo. A miséria, a ignorância, a concentração de renda, o autoritarismo político eram fenômenos que mantinham o Brasil no subdesenvolvimento. De vez em quando alguém falava as palavras marxismo, mais valia, exploração do trabalhador. Eu era uma pessoa que queria o fim da ditadura, o fim da miséria, uma universidade democrática. Mas eu percebi, de repente, que não entendia nada. Essas bondades e bons princípios que eu trouxera lá de Goiânia, da convivência com os amigos, não me davam respostas concretas. O curso de Física estava me ajudando a compreender que eu deveria buscar respostas em elementos mais concretos, que alguma lógica deveria existir para dar uma base a esses bons princípios e desejos.

Alguém sugeriu que eu lesse *O Capital*. Li. Ali estava a explicação do que se chamava exploração do trabalhador. A palavra exploração que para mim, até então, tinha um significado de indignação quase cristã, tomava um outro sentido. Havia um esquema, um mecanismo que possibilitava a existência e a reprodução do sistema capitalista. Mas eu só consegui ir até o capítulo que falava do fetiche da mercadoria. Aí eu empaquei. O tal fetiche da mercadoria era um conceito que eu não entendia de jeito nenhum. Depois perguntaram se eu já tinha lido *O Manifesto*. Era assim. A pessoa dizia esse título com tanta intimidade que eu até tinha vergonha de dizer que não tinha lido. Li também. Era muita informação bruta. Faltava-me uma base conceitual para entender tudo aquilo, digerir e mais, como articular esse conhecimento com ações práticas.

A solução de todos esses problemas estava a caminho: os grupos de estudo. Os grupos de estudos eram uma maravilha. Imagine um grupo de pessoas discutindo sociologia, política, marxismo, ligando esses conhecimentos a propostas de ação. Me lembro de algumas discussões e percebo hoje que o ajuntamento de mais pessoas numa discussão não significa maior conhecimento. Às vezes, alguns conceitos pareciam ser definidos de maneira enviesada, para justificar alguma posição política. Mas não importa. Eu estava acumulando discussões e aqueles conceitos, errados ou não, já me eram familiares. Pelo menos os nomes.

Esses estudos e leituras discutidas eram mais interessantes quando líamos as obras de Lênin. *O Que Fazer?*, *Esquerdismo, Doença Infantil do Comunismo* eram as obras mais populares. Os esquerdistas eram os outros, claro. Essas leituras eram tão importantes que às vezes eu, diante de uma questão política, de uma necessidade de fazer uma proposta de ação ao movimento, me perguntava o que o Lênin faria diante dessa situação. Isso era uma clara demonstração de agonia, insegurança, responsabilidade. Era assim. Saía de cada reunião com a cabeça fervilhando, pronto para o outro dia.

Com essas leituras, com as discussões e com os debates eu já tinha progredido enormemente. Eu já dizia com toda desenvoltura que a universidade era um Aparelho Ideológico de Estado. Grande progresso.

A brutalidade da repressão na UnB era a expressão local da selvageria da ditadura no Brasil. Toda repressão executada pelo reitor José Carlos de Almeida Azevedo tinha o objetivo de impedir a organização política dos estudantes. Nós havíamos conseguido eleger os representantes por departamentos. Não foi um trabalho fácil. Essa capacidade de organização deve ter alertado a administração da UnB. Os representantes se fixavam muito nas questões departamentais, o que levou à discussão da possibilidade de termos uma representação que pudesse ampliar o debate para questões de caráter geral, de toda a universidade. A reitoria, por meio do Decano de Assuntos Comunitários, Raimundo Nonato Monteiro de Santana (Santana), admitiu a possibilidade da criação do que foi chamado de Diretório Universitário. Talvez houvesse um temor de que os alunos pudessem criar sua própria organização, independentemente da institucionalidade universitária. Essa possibilidade criou uma divisão no movimento e todos os argumentos pró e contra eram razoáveis.

Era evidente que os argumentos pró e contra a criação de uma entidade de representação estudantil, cujo formato seria definido pela reitoria, era a expressão da alma mater (as divergências mais profundas) das futuras chapas. Quando foi apresentado aos estudantes o primeiro esboço do estatuto, viu-se que era inadmissível. Eu me lembro que começou uma romaria ao Santana (o decano), que de repente ficou mais popular que o reitor. Para mim era tudo enrolação. A reitoria exigia para os prováveis representantes eleitos um critério de MGA, Média Geral Acumulada, depois assembleia com três mil alunos, dentre outros absurdos. Eles sabiam que isso não iria passar pela aprovação dos estudantes e ficaram nos cozinhando. Ao fim e ao cabo optou-se pela estratégia de aceitarmos a criação do DU, usarmos os recursos que seriam providos pela universidade e depois, quem sabe, consolidada a organização, projetarmos algo para o futuro. Era assim que eu via.

Quando penso nesse tempo passado na UnB, com tantos companheiros, amigos e amigas, e em quanto pensávamos diferentes, lembro um parágrafo de Antonio Cândido, no prefácio ao livro *Raízes do Brasil*, de Sergio Buarque de Hollanda:

> A certa altura da vida, vai ficando possível dar balanço no passado sem cair em auto complacência, pois o nosso testemunho se torna registro da experiência de muitos, de todos que, pertencendo ao que se denomina uma geração, julgam-se a princípio diferentes uns dos outros e vão, aos poucos, ficando tão iguais que acabam desaparecendo como indivíduos para se dissolverem nas características gerais da sua época. Então, registrar o passado não é falar de si; é falar dos que participaram de uma certa ordem de interesses e de visão do mundo, no momento particular do tempo que se deseja evocar.

O que a reitoria mais temia era aquilo que a ditadura mais temia, a organização dos trabalhadores, dos estudantes, da sociedade civil. Para a reitoria foi ficando impossível continuar enrolando e adiando as eleições. Finalmente foi marcado o dia do início da campanha eleitoral e a universidade pegou fogo (no sentido figurado). Fazer cartazes, faixas, distribuir panfletos, discutir palavras de ordem, reuniões sem fim. Maravilha. Acho que os dedos duros nunca trabalharam tanto.

Uma semana antes da data prevista para as eleições, eu estou caminhando no corredor central, perto da Física, quando eu ouço alguém gritando do corredor superior para os transeuntes embaixo. Era o Olegário (Olegário José Mundim): "o reitor cancelou as eleições", dizia ele, repetindo o mote de uma maneira muito especial. Havia nessa frase uma mistura de frustação, indignação e mais algumas emoções que a gente não sabe dizer.

O reitor Amadeu Curi tinha suspendido as eleições. Depois ficamos sabendo que o reitor iria fazer um inquérito para punir os excessos de campanha. Lembro-me de uma imagem que não me saía da cabeça: O reitor colocou alguns grãos de milho numa gaiola, atraiu as galinhas e aí puxou a cordinha. Vocês nem imaginam a quantidade de "eu não disse?" que se ouviu. E foi assim, a comissão de inquérito assumiu, fez sua encenação e vieram as punições. O reitor Amadeu Cury puniu os estudantes das chapas e outros por alguns dias.

Infelizmente a história não acaba aí e piora bastante. Alguns dias depois o capitão-de-mar-e- guerra José Carlos de Almeida Azevedo torna-se reitor, novas punições ocorrem e, quando a comissão de inquérito termina seu trabalho, vem as punições pesadas.

Um fenômeno que chama atenção nesses anos de luta é o fato de que todos conhecíamos a brutalidade da ditadura. O desaparecimento do aluno Honestino Guimarães, os casos de prisões arbitrárias, torturas, assassinatos, o caso do jornalista Vladimir Herzog, tudo isso era sabido. E, no entanto, as assembleias estavam quase sempre lotadas, havia passeatas, havia participação de alunos nas manifestações de protestos contra o governo e, particularmente, contra a reitoria. É claro que havia o medo, o temor de ser preso, torturado, desaparecer. Amalgamado a essas informações terríveis, a esses temores, havia uma sensação de ter de lutar. Para dizer uma expressão que é dita hoje: sentíamos que estávamos do lado certo da história. Isso pode parecer meio religioso, mas era assim.

Quando o golpe de 64 aconteceu eu tinha dez anos de idade. Nunca tinha vivenciado a democracia em ação com campanhas eleitorais, debates de ideias e todas essas coisas que hoje se tornaram comuns. Todos os meus colegas de universidade tinham aproximadamente a minha idade. Enfim, apesar do estado de terror em que vivíamos, nós lutávamos por algo que conhecíamos mais por literatura, leitura, discursos, mas não por vivência. A nossa vivência da democracia estava na própria metodologia que adotávamos em nosso movimento, que eram as assembleias e as decisões sempre feitas por meio de reuniões e votações.

Quando vieram as expulsões dos membros das chapas foi um enorme impacto. Mas, lamentavelmente, a nossa cabeça estava mergulhada nesse mar de injustiças, medos e terror. Se fosse hoje seria um escândalo inominável. No entanto, se você ler os jornais da época verificará que não houve indignação ou protestos pelo acontecido, por parte da mídia. Pelo contrário, a mídia estava ao lado dos repressores. Por isso eles se sentiam tão à vontade. Mesmo com toda arbitrariedade que lhe era característica, o reitor precisou legitimar suas ações brutais com uma "comissão de inquérito". Ele queria dizer que não foi ele o responsável pela violência, foi um grupo de pessoas que, por meio de uma verificação objetiva dos fatos, indicou as penas. Será que a necessidade desse procedimento hipócrita mostraria que em algum lugar obscuro havia uma nesga de civilização?

As expulsões e as suspensões dos nossos colegas, particularmente dos cabeças de chapa, tiveram um impacto enorme no movimento estudantil da UnB. Em primeiro lugar podemos dizer que o reitor escolheu com lupa os alunos a serem expulsos. Pessoas como Zé Beto (José Humberto Fernandes Rodrigues), Walter Peninha, Davi Emerich, João Maia (João da Silva Maia), com os quais eu convivi mais de perto, eram figuras extremamente importantes na condução do movimento. Inteligentes, bons de discurso, carismáticos. Seriam expulsos mesmo que não estivessem nas respectivas chapas.

Em segundo lugar, a expulsão teve um impacto em nós, como amigos e companheiros de luta. Um sentimento de injustiça, um sentimento de impotência diante de um poder absoluto, truculento.

Ao invés de nos intimidar tivemos aquele sentimento de continuar a luta dos que caíram, uma questão de honra, de luta contra o autoritarismo, de mostrar que estávamos de pé. Pelo menos para mim esse é um aspecto importante a ser considerado, esse caráter subjetivo das lutas sociais. Eu morava com o Zé Beto há muito tempo, nos tornamos muito próximos, muito amigos. Então foi um choque essa expulsão, principalmente pela proximidade da amizade. Não foi à toa que, a seu convite, fiz vestibular para Universidade Federal do Rio de Janeiro e moramos, de novo e por vários anos, em uma nova república, agora no Rio. Primeiro no Horto, depois na Voluntários da Pátria. Minha filha nasceu quando eu morava nessa república. No Rio de Janeiro, assim que cheguei, fiquei na casa do João Maia, a quem devo muito, principalmente desculpas, por ter ficado em sua casa em plena lua de mel. Era meio sem noção. Obrigado João.

Então é a isso que me refiro, às amizades e ao companheirismo que contam nessas horas.

Acrescento que as posições revolucionárias que visavam uma mudança estrutural na sociedade nunca foram realmente jogadas à massa estudantil. Palavras de ordem como "Por liberdades democráticas", "Por liberdade de comunicação e expressão" estavam presentes, mas isso sempre foi entendido como reivindicações no campo da sociedade liberal burguesa. Aliás, nesse caso assinalado, uma chapa dizia uma frase e a outra chapa propugnava a outra. As questões de cunho revolucionário eram discutidas em "petit comité".

Há uma ideia corrente de que a eleição da chapa Unidade, que foi eleita a seguir, aconteceu em decorrência de um refluxo do movimento estudantil mais revolucionário. Argumentam que, com as expulsões, as lideranças passaram a dar menos importância às propostas de transformações revolucionárias na sociedade e se concentraram em discutir os problemas mais objetivos e locais. Na verdade, o movimento estudantil na UnB nunca deixou de reivindicar a solução do que considerávamos problemas locais, tais como Média Geral Acumulada, jubilamento, alojamento, transporte, contratação de mais professores, melhoria das condições de ensino, melhorias nos laboratórios, dentre outras questões.

O que aconteceu foi que, com a brutalidade das suspensões e expulsões, houve um refluxo do movimento em geral. Sentimos uma diminuição na nossa capacidade de mobilização. Mas deveríamos prosseguir. Nós conquistamos o direito a ter um Diretório Universitário. Colegas foram esmagados e suas vidas viradas de ponta cabeça por conta dessa luta. Não podíamos abandonar o barco de modo algum. Tínhamos que garantir o que havíamos conquistado.

Naquele momento nós poderíamos ter mudado a estratégia argumentando que, institucionalmente, não era possível nenhuma representação, que deveríamos criar uma entidade independente da administração universitária. O problema é que não tínhamos capacidade de mobilização, o movimento entrou num desgaste enorme e só acontecimentos que atingissem elementos concretos que afetassem os estudantes poderiam dar um novo alento à luta. E foi o que aconteceu, mas só em 1977.

Dois acontecimentos marcaram o primeiro semestre de 1977, para o Diretório Universitário: o replay do "bandejinha" e o Dia Nacional de Luta. Mas entre essas duas datas muita coisa aconteceu.

Iniciamos janeiro com uma nota sobre o preço do Bandejão. Havia passado de Cr$5,00 para Cr$8,00 cruzeiros. E já começamos convocando uma assembleia para HOJE (um defeito do ME era não colocar datas nos documentos) às 10h30min em frente ao Bandejão. E assim, com a experiência de 1976, começamos os trabalhos.

Em nosso primeiro Boletim Informativo ressaltamos essa posição política, a de que deveríamos organizar os estudantes na prática.

> A proposta da chapa eleita é garantir a continuidade do M.E., através da participação organizada e massiva (sic) dos estudantes, no sentido de fortalecê-lo, garantindo sua existência. Este fortalecimento que está se dando na prática, não se dá simplesmente e apenas em cima de vitórias, mas mede-se também pela capacidade de organizar, congregar, mobilizar todos os estudantes, canalizando as discussões políticas que permitirão avanços qualitativos do M.E.

No dia 24 de janeiro enviamos ao decano de assuntos comunitários um arrazoado com argumentos econômicos e sociais, gráficos e tabelas que procuravam demonstrar, de maneira racional, porque a reitoria devia aceitar as reivindicações dos estudantes. Eram três páginas de papel tamanho ofício, muito bem escritas. Ao final, uma tabela mostrava que o índice acumulado do custo de vida foi de 490,28% e o índice acumulado do preço do Bandejão chegava a 1600%. A gente desconfiava muito que esse documento era inútil, porque o que guiava a reitoria eram outras racionalidades, mas para o público externo e a imprensa era muito importante.

No dia 28 de janeiro fizemos uma nota "À comunidade universitária brasileira e à população em geral", denunciando a indiferença da reitoria em relação às nossas reivindicações e, mais importante, que "(...) tivemos no dia 21/01/77, 38 colegas foram presos nas imediações do campus pela polícia de segurança do Distrito Federal, armada de camburões e metralhadoras engatilhadas".

Nós éramos perseguidos pelos dedos duros da universidade, pela polícia do Distrito Federal, pela reitoria e pela Polícia Federal.

Convidamos para uma mesa-redonda intitulada "A Grande Imprensa, a censura e a informação", a ser realizada dia 03 de fevereiro, os jornalistas Pompeu de Sousa, Hélio Doyle e Teodomiro Braga, sendo que havia ainda Carlos Castelo Branco e Carlos Chagas a confirmar.

Uma das tarefas do DU para o seu fortalecimento deveria ser o estreitamento das relações com outras entidades de classe, como a OAB e a ABI, dentre outras. O D.U., mesmo manietado e institucionalizado, deveria fazer parte desse grupo de setores onde ainda havia alguma oposição.

Fizemos uma enquete para saber se os alunos concordavam com o jubilamento, com seus critérios e seus objetivos, com o ensino pago, o sistema educacional e a ausência de liberdade de expressão e organização dos estudantes. Segundo o capitão-de-mar-e-guerra, o jubilamento era um instrumento para melhorar a qualidade do ensino na universidade, já que excluía os alunos com deficiências no aprendizado. É uma concepção lamentável. Mas esse é, ainda, o pensamento de muita gente. O resultado foi avassalador:

– 88,7% se posicionaram contra o jubilamento;

– 92,9% se posicionaram contra o ensino pago;

– 92,7% se posicionaram contra o atual sistema educacional;

– 88,7% se posicionaram contra o cerceamento à liberdade do movimento que ora se realiza nas universidades paulistas e à liberdade de expressão e organização dos estudantes.

A luta contra o aumento do preço das refeições e contra o jubilamento fizeram renascer o movimento.

O resultado dessa enquete foi divulgado em uma nota à comunidade no dia 4 de abril de 1977 e foi debatida em assembleia no mesmo dia. Nessa mesma Assembleia fizemos uma nota de "total e irrestrito apoio ao movimento que ora se realiza nas universidades paulistas (...)", que foi tornada pública em 6 de maio de 1977. Essa movimentação do D.U. não era exatamente o esperado pela reitoria.

O dia 19 de maio de 1977 foi escolhido para ser um Dia Nacional de Luta. Era uma tentativa de coordenar um movimento nacional procurando planejar uma organização nacional pelo menos em termos de comunicação. O Dia Nacional de Luta deveria defender a liberdade de expressão e organização dos estudantes, denunciar as prisões e as torturas e desaparecimentos. Do meio daquela passeata que se "arrastava que nem cobra pelo chão", vimos o reitor em uma janela, e então entoamos o mote "se houver punição, vai haver paralisação". Alguns dias depois peguei 29 dias de suspensão.

Na Assembleia que discutiu as punições, esse mote foi invocado para justificar a greve. Tínhamos que honrar a nossa luta. Quase um mês depois eu soube que estava sendo procurado pela Polícia Federal e que um aluno tinha sido detido por engano em meu lugar. E eu estava na casa do meu irmão, que nem esconderijo era. Eu estava indiciado por "ilícitos atentatórios à Segurança Nacional".

A seguir peguei mais 90 dias de suspensão. Saí de Brasília escondido num caminhão frigorífico de volta para Goiânia. Da boleia do pequeno caminhão via os ônibus passarem no sentido contrário, talvez com jovens como eu, indo, quem sabe para a UnB. De Goiânia fui para o Rio de Janeiro, me integrei ao M.E. da UFRJ, me filiei a um partido clandestino e vi, na Bahia, a criação da UNE. Decididamente eu já não era mais o mesmo.

O autor

Rocine Castelo de Carvalho (Goiânia-GO, 07/09/1954), filho de pais paraibanos. Na adolescência teve muito contato com pessoas ligadas à cultura e à oposição à ditadura militar. Graças à inteligência dos pais, a família conseguiu boa evolução financeira e pôde estudar em ótimas escolas de Goiânia. Mudou-se para Brasília em 1972. Um ano depois ingressou na UnB, no curso de Física. Sua atuação política na UnB deu-se sempre no grupo Unidade, mas nunca ligou-se a nenhum grupo clandestino. Em virtude de circunstâncias muito especiais foi eleito o primeiro presidente do D.U. (Diretório Universitário) para mandato tampão, já que os integrantes das chapas originais tinham sido expulsos da UnB. No final de 1977 mudou-se para o Rio de Janeiro e, aprovado no vestibular da Universidade Federal do Rio de Janeiro, formou-se bacharel em Física. Na UFRJ atuou no movimento estudantil participando do Congresso de reconstrução da UNE, na Bahia, como delegado. Participou ativamente da construção da Associação de Moradores de Botafogo, como estratégia para ocupar espaços políticos. Retornou a Brasília em 1980 e fez o curso de licenciatura em Física, na UnB. Tornou-se professor da Fundação Educacional do Distrito Federal, a partir da qual atuou ativamente no Sindicato dos Professores. Em 1986, junto com Rejane Pitanga Lopes, implementou o projeto de educação de presos na Papuda. Uma rebelião dos presos os tornou reféns por 33 horas. Em 1987, mudou-se para São Paulo onde fez o mestrado em Educação - Modalidade Física, na USP. Por concurso, passou a integrar os quadros da Escola Técnica Federal de Química, no Rio de Janeiro, onde atuou na defesa dos interesses dos professores e funcionários e foi presidente da Associação dos Professores. Fez seu doutorado na COPPE, da UFRJ, em Planejamento Energético. Em 2006 foi indicado pelo reitor Luiz Edmundo Vargas para o cargo de diretor geral do Campus Paracambi, do Instituto Federal do Rio de Janeiro, cargo que exerceu até sua aposentadoria.

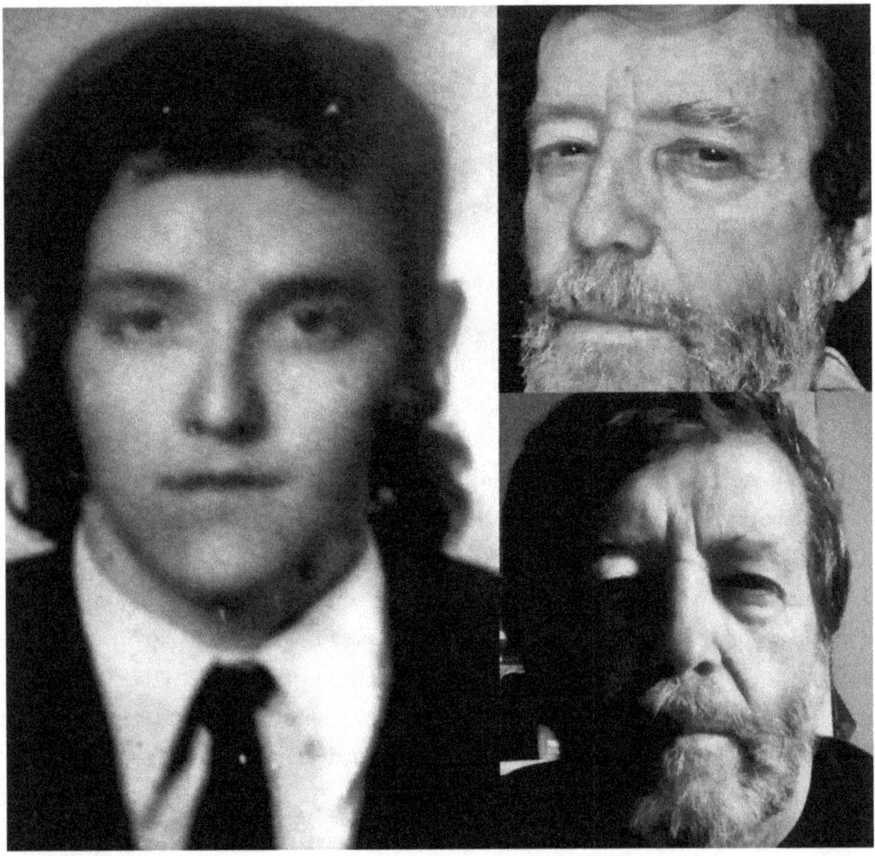

DEFENDEMOS A UnB: CHEGAMOS AO COMBATE À DITADURA MILITAR

Hudson Cunha

Minha vida na Universidade de Brasília começou como servidor público, quando, em 1970, passei num concurso para auxiliar de biblioteca da UnB, em fins daquele ano. Eu me tornei funcionário da Universidade de Brasília, lotado na Biblioteca Central.

Na Biblioteca, passei a cuidar da organização do acervo e do atendimento aos estudantes. Foi quando tive o primeiro contato direto com o movimento estudantil da UnB, então na clandestinidade, pois normalmente em alguns pontos do acervo da Biblioteca, lideranças estudantis deixavam panfletos com denúncias dos passos da ditadura e com afirmações como a de que a União Nacional dos Estudantes - UNE ainda estava viva.

Com o movimento estudantil, atuara como secundarista no Elefante Branco, em 1971. Mas, em 1972, ingressei, por vestibular, como aluno da UnB, sendo obrigado a compatibilizar o meu horário de trabalho com o de estudo de Administração, cursava uma carga semestral reduzida.

Em 1973 e início de 1974 já tinha apoiado a candidatura de Zé Beto (José Humberto Fernandes Rodrigues) para representante estudantil do Departamento de Economia e passei a participar do movimento estudantil, inclusive de algumas reuniões do Conselho de Representantes estudantis.

Como era funcionário da Biblioteca Central, logo "devorei" por leitura muitos livros de marxismo, da história do anarquismo e do socialismo, da realidade brasileira e internacional. Essas leituras me impulsionaram a participar do Movimento Estudantil, em um momento em que os funcionários da UnB tinham pouca participação política e muitos temiam conversar sobre qualquer assunto de política.

Fui abordado, no início de 1974, pelo vice-reitor, o capitão-de-mar-e--guerra José Carlos Azevedo. Ele me disse que, como funcionário, eu não poderia participar do movimento estudantil. Respondi: "Estou exercendo um direito legal, atuo nas representações que o senhor mesmo disse que são legais". E saí andando, inclusive, conversando com um colega. Agora tinha mais uma razão para estar no M.E., opor-me ao autoritarismo do capitão Azevedo, que descaradamente queria me cercear.

Nós, da Economia, víamos a necessidade de manter contato com os demais estudantes do país e seus movimentos. No início de 1973 fui a Belo Horizonte para manter contato com o Diretório Acadêmico de Economia, em nome do M.E., para que participasse do II Encontro Nacional dos Estudantes de Economia em Londrina, no Paraná, no ano seguinte.

Em fins de 1973 passei a atuar mais na política estudantil. A reitoria já tinha dispensado um colega da Biblioteca, que participara da feitura de artigo sobre o gasto alto com a compra de um acervo particular pela UnB. O reitor o demitiu arbitrariamente. E, conversamos, eu estaria na lista para ser o próximo conforme ficamos sabendo. Resolvi adiantar e perguntar se me queriam fora do quadro funcional. O responsável pelo departamento de pessoal da unidade disse que se demorasse a pedir para sair, me demitiriam. Uma semana antes, um colega fora procurado pelo Capitão Azevedo, que foi taxativo: "se você participar do movimento estudantil, será demitido". Foi então que eu disse que formularia o pedido de desligamento temporário.

Também, em 1975, eu me aproximei da preocupação com os rumos da saúde no Brasil, depois até participaria de um núcleo do Centro Brasileiro de Estudos de Saúde (CEBES), que funcionava na UnB, do qual também participava o Carlos Megale, entre outros. Lá, de modo inevitável, debatia-se a organização estudantil.

Na realidade, as representações estudantis eram previstas como simples instrumentos de colaboração departamental. Mas, nós, passaríamos a dar a elas um caráter distinto, como se fossem Diretórios Acadêmicos. Nelas, as deliberações seriam tomadas coletivamente com os demais participantes do M.E. Divulgamos notas políticas e realizamos eventos, em especial debates com convidados de grande importância. Promovemos até mobilizações contra professores mais autoritários.

Em fins de 1975, lançamos o jornal tabloide "Milagre", da representação do Departamento de Economia, feito com textos datilografados em máquinas simples e impresso em mimeógrafo a álcool. O título "Milagre" era uma referência crítica à crise do chamado milagre econômico, denominação dada pela ditadura ao crescimento ocorrido entre 1968-1973, na verdade um desastroso rumo da economia, então em crise, que a ditadura comemorou como escalada perene de desenvolvimento.

E, ainda, criamos o espaço para a representação estudantil no subsolo do Minhocão, antes destinado aos monitores do curso. Até montamos uma livraria tipo sebo, que denominamos LIVRECO (Livre + Economia, Livre+Eco, Livreco), onde vendíamos livros de economia e outros temas, inclusive edições de esquerda, então muito escassos e alguns censurados.

O movimento estudantil da UnB, no Departamento de Economia, era um dos mais organizados, principalmente pela boa capacidade mobilizadora de José Humberto e dedicação do colega Jorge Vinhas. Também, pelos estudos que desenvolvemos de alguns livros de esquerda, às vezes "pateticamente" aplicados ao M.E. A Economia tinha muita influência junto às lideranças de outros departamentos. Vale lembrar, além da Economia, destacavam-se ainda as representações da Arquitetura, da Comunicação, da Medicina, da Geografia, da Geologia, da Física, da Engenharia Civil e da Agronomia.

Em 1976, fiz um segundo vestibular para fugir à possível perseguição do reitor. Matriculado no curso de Ciências Econômicas, ao mesmo tempo que cursava matérias de meu curso, Administração, resolvi assistir algumas aulas de alunos mais avançados e da pós-graduação. Assim, frequentei cursos ministrados por outros professores como Lauro Campos, Edmar Bacha, José Santana, que me levaram a uma preocupação maior para com a realidade brasileira. Alguns deles também dialogavam com o pensamento de esquerda e com a história do socialismo.

Em 1976 fui eleito representante do Departamento de Economia, bem como representante do Instituto de Humanas. E também já participávamos de organizações de grupos estudantis nacionais. Com colegas, fomos ao II Encontro Nacional dos Estudantes de Economia, em Londrina, no Paraná. Conscientizávamos-nos cada vez mais em relação à situação política do país, que era ditatorial, colocando em risco até nossas viagens. Por exemplo, no caminho rumo a Londrina nosso ônibus foi parado tanto na ida quanto na volta. Ficávamos alertas. Pensávamos que era para nos prender. Mesma sensação experimentada no trajeto rodoviário do II Encontro Nacional dos Estudantes realizado em São Paulo, em outubro de 1976. O ônibus em que estávamos foi parado duas vezes, policiais militares fizeram ronda ao veículo, mas prosseguimos sem ser perturbados ou abordados.

Em plena atividade do II Encontro Nacional dos Estudantes, quando as luzes foram apagadas, muitos de nós ficaram sobressaltados e barulhentos. Os organizadores nos acalmaram a todos e a todas. Motocicletas foram levadas ao tablado do palco e seus faróis serviram para iluminar o recinto, enquanto as atividades prosseguiam. E este encontro representou significativo avanço na organização estudantil. Havia muitas propostas divergentes. Por maioria, foi deliberada a realização de Jornada Nacional de Luta Pelas Liberdades Democráticas, a realizar-se no mês de abril de 1977, pelo voto nulo nas eleições de 1976 combinado com a luta por Eleições Livres. Teve repercussão na imprensa a campanha pelo voto nulo.

Na UnB, eu integrava o grupo mais amplo, a Unidade, que organizou-se para concorrer às Representações Estudantis dos diversos departamentos, nas eleições de 1976. Obteve vitória em 80% delas. Estávamos dando o tom para a atuação do M.E. da UnB. Mas, como sempre, tínhamos uma cúpula que direcionava nossas deliberações sempre com a ideia de que deveríamos ser prudentes por vivermos em uma ditadura militar. Havia muito temor de colegas, o que, por vezes, eu analisava como uma visão pouco ousada.

O conflito interno entre trotskistas e os não-trotskistas dentro do grupo Unidade sempre existiu e ele tinha por base visões distintas de suas principais lideranças. Alguns companheiros defendiam a não participação nas representações estudantis, queriam palavras de ordem mais ofensivas e não aceitavam deliberação por maioria no interior do grupo Unidade. Por outro lado, outros membros do movimento estudantil entendiam que ainda havia condições para se avançar com as entidades existentes: "a ditadura está aí, se não tivermos um pé na legalidade seremos presa fácil", analisava-se. Em virtude das divergências, o "racha" seria inevitável e ele ocorreu após a suspensão da primeira eleição do D.U, em 1976. O grupo trotskista dissidente saiu para formar a tendência Construção, mais tarde rebatizada em nova composição como Liberdade e Luta, que se articulava em torno do jornal O Trabalho.

O grupo Unidade teve como uma das suas principais bandeiras dar uma nova qualidade ao movimento estudantil, com desenvolvimento de ciclos de debates nos diversos departamentos e cursos, imprimindo um novo caráter receptivo aos calouros, que deixaram de ser em regra violentas e humilhantes.

Empenhava-se na elaboração de documentos sobre a realidade política, econômica e social brasileira, com a inserção das entidades estudantis na luta por melhores condições de ensino, de vida e trabalho, e pelas liberdades democráticas.

Em 1976, o movimento estudantil desenvolveu diversas lutas. O reitor, para conter o avanço, resolveu punir as principais lideranças com punições de expulsão, suspensão e advertência.

O grupo Unidade, então, defendeu uma tática de recuo por um tempo. Chamávamos de RTO - Recuo Tático Organizado. Ao invés de ações ostensivas, incrementamos a luta de base nos departamentos, no desenvolvimento de trabalho de engajamento nos diversos cursos, nas salas de aula e nos laboratórios. O grupo praticamente dobrou.

Em 1976, para um mandato tampão, a chapa Unidade elegeu a primeira direção do Diretório Universitário, e dela participei como representante do Instituto de Humanas.

O grupo Unidade, em fins de 1976 e início de 1977, se dividiria novamente: um grupo entendia a necessidade de impulsionar mais o movimento estudantil com mais lutas, pois o regime se encontrava fragilizado e era hora de avançar, inclusive com participação nas lutas populares mais gerais contra o regime militar. Os estudantes mais destacados do início do grupo Unidade tinham entendimento diferente, achavam que era hora de simples recuo. E, com a ruptura, criou-se o grupo Debate, Unidade e Ação, que obteve logo uma série de adesões de pessoas que discordavam das outras posições do M.E.

Haveria logo a seguir a eleição para compor a segunda diretoria do Diretório Universitário. Se o grupo Construção só admitia entidades livres, havia um entendimento das demais correntes de que respaldar-se na legalidade para desenvolver o movimento estudantil ainda era uma tática correta frente à truculência do regime e da reitoria. Em assembleia, inclusive, houve a deliberação de que deveríamos participar da eleição do Diretório Universitário. E que todas as correntes do M.E. deveriam lançar suas nominatas. As chapas Oficina, Unidade, Debate-Unidade e Ação participaram das eleições, sendo que se sagrou vencedora a chapa Oficina. É bom lembrar que os grupos Debate-Unidade e Ação e Construção, agora atuando sozinhos, formavam antes com a Unidade.

O Grupo Debate e Ação (assim passou a denominar-se o grupo Unidade, Debate e Ação) deparou-se com a eclosão da greve, quando já elaborava suas ideias sobre a evolução do movimento estudantil. Seus quadros defendiam a participação nas Representações Estudantis e no Diretório Universitário, mas entendiam que o M.E. alcançara estágio capaz de garantir a criação de entidades livres, como o DCE e os Diretórios Acadêmicos.

Durante a greve, o grupo Debate e Ação elaborou manual sobre a entidade, um pequeno livreto, que orientava seus integrantes a defenderem a criação das entidades de base e, ainda, formulou panfleto em favor da proposta de criação do Diretório Central dos Estudantes, com a sugestão que se chamasse Diretório Central dos Estudantes Honestino Guimarães (DCE Livre Honestino Guimarães). Mas, não foi só este o papel do Debate Unidade Ação na greve.

A greve de 77 praticamente ficou a cargo do Debate e Ação, embora sempre procurássemos uma maior distribuição de responsabilidade. A chapa Unidade não dirigia as Assembleias, a chapa Oficina, consultada por ter ganho a eleição do Diretório Universitário, declarou que não era ainda o momento pois a sua posse só estava prevista para o mês de junho de 1977. Já que sobravam só o Debate e Ação e alguns companheiros da Unidade, resolvemos que criaríamos um Comando de Greve com todas as correntes.

Alguns companheiros centralizaram o movimento, uma garantia para que não houvesse desvirtuamento dos objetivos da greve. Uma comissão de estudantes, da qual eu fazia parte, ficou com a responsabilidade de elaboração de faixas e cartazes, que seriam afixados nas salas de aula e nos corredores.

Para melhor organização, antes de cada assembleia, nos reuníamos no subsolo do ICC (Minhocão) com cerca de 20 a 100 participantes. Elaborávamos ali as propostas organizativas, de ação e políticas. Sem dúvida, as nossas diretivas tiveram sucesso durante a greve. Mas ficamos visados, isto se nota quando se lêem os relatórios da repressão daquele período, tanto da própria UnB quanto do SNI. Ambos focaram suas investigações sobre estudantes que assumiram posições de liderança. Isso teria reflexo nas punições e prisões definidas após reunião do reitor-capitão-de-mar-e-guerra Azevedo com o presidente do SNI, General João Figueiredo, e o ditador de plantão Ernesto Geisel.

Sem dúvida, o papel de fornecedor dos principais militantes e dirigentes da Greve de 1977, bem como detentor de um programa amplamente definido, o Debate e Ação foi eleito para a primeira diretoria do DCE Livre Honestino Guimarães tempos depois.

Expulso da UnB, tentei estudar no CEUB, fiz e fui aprovado no vestibular. Mas, com um pretexto armado, me negaram o reconhecimento dos créditos. Então me preparei e fiz outro vestibular, agora para ser estudante na Universidade Federal do Ceará. Aprovado e matriculado.

Lá usei tática diferente da que usei no CEUB. Agi de acordo com uma sugestão do vice-reitor Agamenon: "matricule-se no básico e só depois de matriculado diga que é ex-aluno da UnB e peça o reconhecimento de créditos."

No Ceará, assim como outros e outras alunas expulsas da UnB, não abandonei o M.E. Então, Arlete, Maythe, Megale, Mosart e eu participamos da retomada do movimento estudantil naquele estado, da recriação do Diretório Central dos Estudantes e dos Diretórios Acadêmicos.

Um dos primeiros eventos, registrados pelo SNI, em que atuei, referiu-se à defesa da soberania nacional na Amazônia, contra o Projeto Jari e pela reforma agrária. Logo após o evento fui cercado por um coronel, levei um susto. Ele me esticou a mão cumprimentando e disse: Parabéns, chamo-me Kurt Pessek, meu grupo não é como os outros. Estamos com vocês estudantes nacionalistas.

E, além do DCE, dedicávamos esforços à reconstrução da União Nacional dos Estudantes. Participamos do XXXI Congresso em Salvador, resistindo às investidas e ameaças da ditadura Militar e do grupo direitista do M.E. Maioria, do qual Ciro Gomes fazia parte, que ameaçava sabotar a realização do Congresso de Reconstrução da UNE.

Foi um tempo de extremos. Sobrevivemos com caloroso entusiasmo. E a luta continuou.

O autor

Hudson Cunha (Uberaba-MG, 25/07/1949). Com a saída compulsória da UnB (expulsão em 1977), o mineiro Hudson concluiu o curso de Ciências Econômicas na UFC (Universidade Federal do Ceará), em 1979. Ao regressar a Brasília, graduou-se em Direito, no Ceub, formando-se em 1989. Na Universidade Católica, bacharelou-se em Matemática (2003), qualificando-se para o magistério no ensino de segundo grau. É pós-graduado em Direito Administrativo e Constitucional. Integrou o Movimento Pró-Partido dos Trabalhadores e foi fundador da agremiação. Como economista atuou, por dez anos, como assessor técnico na Liderança do PT na Câmara dos Deputados, inclusive nas legislaturas em que os metalúrgicos Djalma Bom e Luis Inácio Lula da Silva integravam a representação parlamentar petista. É membro do Diretório do PT Cruzeiro DF, da Comissão de Ética e Disciplina do Diretório Regional do PT-DF, secretário geral e jurídico do Setorial de Direitos Animais do PT-DF. É atuante advogado popular, trabalhista e sindical na Região Geoeconômica do DF.

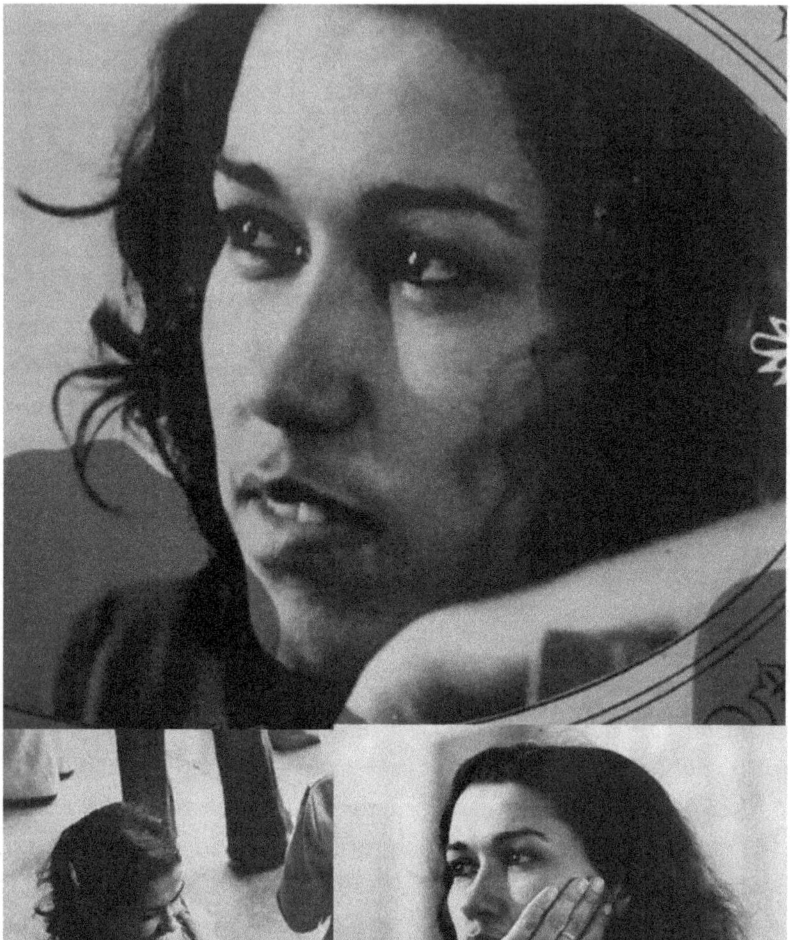

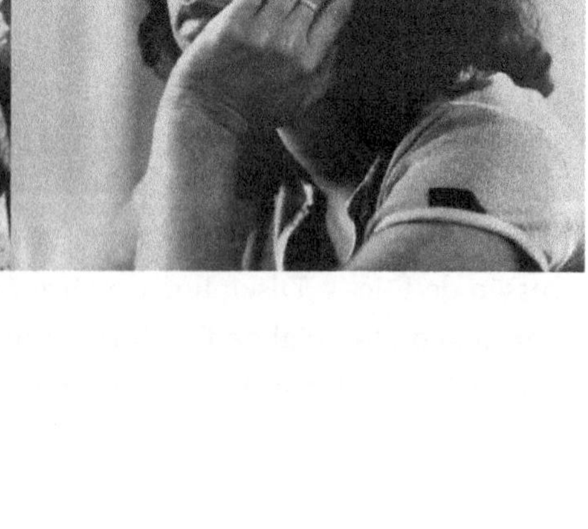

NA DITADURA MILITAR UM CAVALO INTELIGENTE ME SALVOU

Evelyn de Oliveira Pena Cavalcanti Alencar

Ao me pedirem esse depoimento, 44 anos após os traumáticos tempos de repressão ao movimento estudantil em 1977, que já havia ocorrido antes, em 1968, eu me perguntei se seria capaz de escrever algo que somasse para o leitor.

Vasculhei a memória já vivendo nesta São Paulo efervescente, tão díspar da Brasília de céu eternamente azul e do verde infindável que me acolheu por mais de 40 anos, entre idas e vindas, desde quando para lá fui estudar, vinda da pequena Caratinga nas montanhas de Minas Gerais.

Imaginei-me visitando a UnB. Atravessando o "Minhocão" com seus jardins suspensos de bouganvilles crescendo ao estilo Burle Max. Olhando do alto o Teatro de Arena, a imponência e elegância dos brises gigantes de concreto que circundam as janelas envidraçadas da imensa biblioteca. Enxergando mais adiante o prédio da reitoria e sua aura representativa do poder político ditatorial.

Sim, estava tudo lá, o cheiro do lago, dos livros, das flores. A emoção das canções de Violeta Parra, Mercedes Sosa, Geraldo Vandré, Chico Buarque, Caetano Veloso, Raul Seixas, tantos Gils e Miltons sem fim, na nossa lista de heróis e amores, quando a educação para nós extrapolava salas de aulas, a universidade e o país.

Na névoa do tempo vi a coragem de jovens desafiando o mundo, descendo em passeata e invadindo a reitoria aos gritos de Fora Azevedo, o capitão-de-mar-e-guerra, reitor almirante, conhecido pelas "más línguas" como "Mirtes". Responsável pela expulsão de 30 alunos, em 1977, lideranças do movimento estudantil e membros de partidos clandestinos de esquerda atuando no movimento estudantil, ele fez a "limpeza" necessária da casa, em parceria com o então ministro da Educação Ney Braga. Ambos hoje no purgatório se arrependendo de seus pecados cabeludos contra a luta pelo fim da ditadura militar neste país.

Naqueles dias sombrios, nem mesmo a alegria da juventude dissipava o medo que rondava e tinha máscaras: ameaças, telefonemas, o King Kong, um "negão" imenso que levantava dois de uma vez e podia amassar um pescoço com as mãos. Mesmo reconhecido por todos como "dedo duro", não saía da universidade. Ele e outros olheiros que se fantasiavam de estudantes mas eram péssimos em coreografia. Assustavam mais que enganavam.

Um frio na barriga nos acompanhava por todo lado, nos caminhos do campus, nas ruas da SQN 410, onde eu tinha um pequeno apartamento, presente de meu pai para os anos de universidade. Morávamos eu, estudante de Comunicação, e minha irmã Heleny, estudante de Medicina, que chegara à UnB cinco anos antes de mim e já atuava como liderança no PORT (Partido Operário Revolucionário Trotskista).

Muito cedo percebi, na Brasília de 1973, quando cheguei, que o perigo andava à solta e se escondia atrás de qualquer piloti dos blocos de Niemeyer. Esse apartamento foi invadido pela polícia mesmo antes de eu ingressar na UnB, por homens com metralhadoras, um coronel, um sargento e outros três que me pareceram ser de patentes rasas.

Invadiram gritando por Romário Schettino, que segundo eles, teria matado à queima roupa um policial na Avenida W3-norte naquele mesmo dia. Eu tinha apenas 18 anos, estava apavorada, mas havia visto o Romário crescer nas ruas de Caratinga, nossa cidade natal e, obviamente, não acreditei numa palavra daquele bando de torturadores a serviço da ditadura.

Apesar de tenebrosa, hoje consigo achar graça dessa história. Eles chegaram num 20 de junho, dia do meu aniversário, e eu esperava minhas primas trazerem salgadinhos feitos por minha tia. Elas gritaram lá de baixo para que eu fosse ajudar a carregar as coisas. Três andares sem elevador. Os invasores ordenaram que eu inventasse uma desculpa para não descer.

Minha prima Silvia Helena, a primeira a entrar, foi interpelada à queima roupa por um deles: "Te conheço de algum lugar". Prontamente ouviu a resposta: "Eu também te conheço, você vive filando cafezinho na padaria do meu pai, na 706 Norte, e só pode ser sargento, porque te vejo atravessando sempre de volta para a 306 Norte." Dito e feito. Brasília tinha uma estranheza. Mais que hoje, naquela época os poucos moradores sabiam onde moravam sargentos, coronéis, ministros do STF, agentes do SNI, deputados, senadores, funcionários deste ou daquele órgão. Bastava saber o número da quadra.

Passado o primeiro susto, disseram que estavam em busca de armas, rasgaram a capa nova dos colchões que eu tinha feito para a festa, e ficaram lá a tarde inteira, esperando para ver quem chegaria. Não deixaram ninguém sair e levaram dois primos de Caratinga que chegaram para festa para dar uma volta até o Ministério do Exército. Foram devolvidos à noite, depois de terem sido deixados encapuzados, sentados num canto e sendo chutados por quem passava no corredor de um subsolo.

Na festa, comeram salgadinhos, beberam cerveja e foram embora depois de me perguntarem se eu conhecia pessoas de uma pilha de fotos: Alguns eram amigos de minha irmã - que naquela noite não voltou pra casa, graças a Deus – e eu respondia sempre: não conheço, não senhor. Partiram bem tarde, no meio da festa, prometendo voltar a qualquer momento.

Quatro anos mais tarde, quando a notícia de minha expulsão da UnB foi anunciada, eu estava em Caratinga, na casa do meu pai, com meu companheiro, Alcides Bartolomeu, estudante de Biologia e também ativista político. Meu irmão Joy me ligou numa manhã ensolarada e me disse com seu jeito e sotaque bem mineiros:

"Você quer que eu mostre para o pai o jornal ou espero você ir embora?" A manchete de *O Globo* registrava: Azevedo expulsa 30 alunos da UnB. "O nome do Alcides é o primeiro da lista, e o seu é o quarto", acrescentou ele. Eu disse: "Não mostra não". Arrumei a mala e voltamos para o Distrito Federal.

A greve havia estourado em 31 de maio de 1977, em protesto contra a suspensão de 16 estudantes, acusados de terem liderado a realização do Dia Nacional de Luta, um ato unificado do Movimento Estudantil que aconteceu em quase todas as universidades do país. A decisão foi tomada por todas as correntes do Movimento Estudantil. Passávamos dias e noites na UnB, fazendo assembleias, discutindo estratégias, pintando faixas, cartazes, estudando intervenções. Os corredores do subsolo da Biologia e da Medicina eram a casa da tendência Oficina. Existiam muitas outras, trotskistas e comunistas (e suas divisões) e cada uma tinha seu espaço preferido no campus.

Eu ocupava a segunda secretaria do D.U. (Diretório Universitário), cargo ao qual concorri na chapa vitoriosa, Oficina, liderada por Flávio Botelho, na segunda eleição de reorganização do movimento estudantil massacrado em 68, e que voltava a se estruturar como um rastro de pólvora nas grandes universidades brasileiras.

Atrasei minha formatura para participar, mas valeu a pena. O grupo Oficina ganhou as eleições. Com a expulsão acabei só recebendo o diploma de Jornalismo, Rádio, TV e Cinema, depois da anistia de 1979, no ano de 1981, se não me engano. A reitoria me mandou recado de que eu era persona non grata na cerimônia de colação de grau. Recebi o diploma pelo correio. Beto Almeida, grande amigo da época e até hoje, me disse que os alunos formandos me fizeram uma homenagem.

Na verdade, para mim o diploma não fazia grande diferença porque eu já trabalhava em jornal, graças à atuação do nosso querido e saudoso Luiz Carlos Sigmaringa Seixas, que entrou com habeas corpus e conseguiu o que era necessário para tirar meu registro profissional de jornalista. Mas, para muitos outros, a expulsão marcou e atrasou suas vidas profissionais.

Minha mais traumática lembrança deste período é a do dia da invasão da UnB por tropas das PM. Elas já circulavam pelo campo desde o início, mas em 25 de julho passaram a ocupar o interior do Minhocão e toda a universidade, cassetetes à vista, dispersando alunos que tentavam se reunir para manter a greve.

Lembro-me de que eu e meu professor do curso de Comunicação, Milton Cabral Viana, um homem de inteligência brilhante, descemos juntos, correndo, as escadas para o subsolo da Entrada Norte. Um soldado a cavalo tentou nos perseguir escadas abaixo. O cavalo, mais inteligente que ele, se negou. As escadas eram estreitas demais para tamanha proeza. E assim fui salva pelo cavalo.

Nossa vantagem é que conhecíamos o subsolo do "Minhocão" como a palma da nossa mão e nos enfiamos numa das centenas de salas e depois fugimos para o outro lado. Eu tive um branco. Nunca consegui me lembrar de como chegamos até um carro e fomos para casa, embora a universidade estivesse cercada. Naquela época eu não dirigia e nem tinha carro. Naquele dia e nos seguintes muitos foram presos. Alguns foram enquadrados na Lei de Segurança Nacional, com ordem de ficarem incomunicáveis. Sigmaringa reverteu depois a ordem de isolamento. Não escaparam nem filhos de altas patentes das Forças Armadas.

Nesta época eu estava escondida no apartamento do deputado José Alencar Furtado, líder da oposição no Brasil, pelo MDB, presidido pelo deputado Ulisses Guimarães. Dois meses após minha expulsão da UnB, Alencar Furtado foi cassado pelo general Geisel, por ter criticado a ditadura num programa de tevê em rede nacional. O apartamento da SQN 302 já não era mais lugar seguro para mim. Passei por várias casas nesta época porque fui informada de um mandado de prisão contra mim. Nunca conseguiram me pegar.

A vida seguiu, vendi o apartamento da SQN 410, já muito visado pela polícia, e me mudei para a SCLN 103. Outros apartamentos foram invadidos. Meu companheiro foi preso no Guará e Mario Eugênio, jornalista e ex-aluno da UnB, estampou na manchete principal do *Correio Braziliense*: "Estourado aparelho subversivo no Guará". Amigos desde os primeiros anos de faculdade, a política nos afastou e neste dia ele ouviu de mim ao telefone que "era um imbecil e que não tinha noção do papel de marionete que estava desempenhando".

A anistia e a volta de exilados ao país não representaram marco exato para o fim das mortes pela ditadura ou por ela acobertadas. Já casada com o deputado federal Heitor Alencar Furtado, pelo MDB, ele foi assassinado, com apenas 27 anos, por um tipo de matador profissional, numa viatura policial, de posse de uma arma de uso exclusivo do Exército Brasileiro. Heitor foi morto à queima roupa dentro de seu carro estacionado em um posto de gasolina, com um tiro fatal no coração, após comício perto de Paranavaí, norte do Paraná, um mês antes das eleições de 1982. O derramamento de sangue do período marcou todos nós, mas a vida continuou e com ela a luta por dias melhores.

Do grupo de 30 alunos expulsos em 1977, e dos sete expulsos em 1976, além de outros do Movimento Estudantil da época que não foram expulsos, duas mulheres, Érika Kokay e Arlete Sampaio, e dois homens, Paulo Bernardo e Arlindo Chinaglia, elegeram-se deputados e deputadas. Paulo Bernardo foi também ministro de Estado e vice-governador do Distrito Federal.

Nunca pensei que o cheiro podre da ditadura viria de novo nos nausear, poucas décadas após nossa dura conquista da democracia no país. Cada dia percebemos que mesmo os avanços alcançados nos anos Lula, não tiram dela sua maior característica: a fragilidade.

Aprendemos várias lições mas duas delas são inesquecíveis: o impeachment de Dilma Rousseff nos ensinou que a direita não aceita ser derrotada e alijada do processo por muito tempo.

A eleição de Bolsonaro deixou claro que a direita em desespero abre caminho para o fascismo, que hiberna nos esgotos do atraso cultural, social e econômico. Basta um pequeno descuido e de lá saem assassinos de plantão, Ustras, Fleurys, Newtons Cruz e Golberis.

O impeachment de Dilma Rousseff e a prisão de Lula, resultado do processo forjado pelo juiz Moro, sacudiu o Brasil por manifestações populares contra o fascismo, contra o atraso, contra o desrespeito à Constituição, contra a hipocrisia na política, contra as desigualdades sociais. E muito mais.

Neste período perdi a conta do número de vezes que subi e desci a pé a Esplanada dos Ministérios. Mesmo como assessora parlamentar na Câmara Legislativa, o dia a dia nas ruas se impunha e era uma constante.

Neste período percebi dois fatos que muito me alegraram: o movimento estudantil no Brasil continua cumprindo seu papel de abre-alas, sem medo de botar a cara a tapa. E eu, em todos os momentos, correndo de bombas, abraçando pessoas, cantando ou carregando bandeiras contra o impeachment e pela liberdade de Lula, vi ao meu lado muitos daqueles mesmos companheiros que correram comigo dos cavalos, em 1977, invadindo o "Minhocão" e espalhando o terror no campus da UnB. Desta vez, com os cabelos mais brancos.

A autora

Evelyn de Oliveira Pena Cavalcanti Alencar (Caratinga-MG, 20/06/1953). Formada em Jornalismo, Rádio, Tevê e Cinema pela UnB, onde participou do movimento estudantil. Começou sua carreira no jornalismo antes mesmo de formada, tendo trabalhado nos veículos *Jornal de Brasília, Correio Braziliense, Correio do Planalto, Em Tempo, O Globo*, Revista *Veja*, entre outros. Na área governamental foi Oficial de Chancelaria no Ministério das Relações Exteriores, diretora de Comunicação Social da Câmara Legislativa do Distrito Federal, Diretora de Imprensa no Governo do Distrito Federal, e assessora de Imprensa do Espaço Brasil, em Paris. Nos últimos 10 anos tem atuado como "ghost writer" de deputados de partidos de esquerda na Câmara Legislativa do Distrito Federal e no Congresso Nacional.

MILITÂNCIA, MEMÓRIA E UM ESTUDO SOBRE A DITADURA

Sergio Mascarenhas de Moura

Ingressei na Universidade de Brasília em 1976, no Departamento de Engenharia Agronômica e Florestal. Eu acompanhava o curso da ditadura desde o dia do golpe de 1964, quando os tanques entraram em Brasília pelo Eixo Rodoviário, com os canhões apontados para os prédios localizados nas laterais. Vi meus pais se abraçarem chorando. Antes que me explicassem, entendi que nosso país havia mudado e que nada mais seria como antes. Mas eu era uma criança.

Quando entrei para a UnB, um fato que me marcou naquele ano foi a realização, no campus, da 28a. Reunião Anual da SBPC (Sociedade Brasileira para o Progresso da Ciência). Florestan Fernandes deu uma aula aberta em frente ao Restaurante Universitário em que, dizendo-se trotskista (termo que começava a despertar minha atenção), apontava a luta democrática pela derrubada da ditadura como a questão central para os socialistas. Além de, pela primeira vez, ouvir alguém se definir como trotskista, vi alguém com autoridade política e intelectual para falar as palavras ditadura e socialismo, abolidas do dia a dia, inclusive das reuniões estudantis, por conta da extrema vigilância mantida sobre a universidade.

O movimento estudantil na UnB deu um salto naquele ano, com a luta pela criação do D.U. que resultou na expulsão de sete estudantes. Mesmo com este revés, a luta pelas liberdades democráticas saiu fortalecida. A pauta em defesa da Anistia ampla, geral e irrestrita foi uma importante dimensão desta mobilização. Em virtude da realização de um ato público em 19 de maio, o Dia Nacional de

Luta, que denunciava a ditadura e cobrava Anistia e Liberdades Democráticas, o reitor José Carlos de Azevedo puniu 16 estudantes com suspensão. O então presidente do D.U., Rocine Castelo, e eu, pegamos a suspensão por maior período, 29 dias. A UnB se mobilizou imediatamente e entrou em greve geral exigindo a anulação das punições. Era a primeira greve em uma universidade desde 1968.

Na greve de 1977, fui um dos 14 estudantes da linha de frente que foram indiciados com base na Lei de Segurança Nacional. Eu já havia sido preso outras vezes, mas sendo logo liberado. A ordem de prisão daquela vez era por 30 dias iniciais, em regime de incomunicabilidade. Consegui escapar ao cerco na Universidade e fiquei alguns dias escondido. Mas fui convencido por representantes da OAB a me entregar, para o que seria apenas um depoimento. Ao chegar à Polícia Federal, fui preso imediatamente. Após alguns dias no isolamento, passei a dividir uma cela com Flavio Botelho, presidente do D.U., eleito recentemente.

O advogado Sigmaringa Seixas, que tomou generosamente nossa defesa, conseguiu reverter a incomunicabilidade. Contamos com o apoio valoroso de nossos pais, especialmente de nossas mães, que foram incansáveis na defesa de nossa integridade. Como minha mãe Lélia, elas iam todos os dias às portas da Polícia Federal pressionar pela quebra do nosso isolamento. E também participaram de missas de solidariedade aos estudantes, escreveram cartas a autoridades e lançaram documentos.

Simultaneamente às prisões, o capitão-reitor José Carlos Azevedo expulsou 30 estudantes e suspendeu outros 34. Fui um dos expulsos. Apesar de todas essas violências, e da ocupação policial da universidade, novas lideranças surgiram e seguraram a greve até o final de agosto, quando Azevedo decretou mais um recesso. Na retomada das aulas, em 12 de setembro, o movimento perdera força. Mas avançou para uma nota etapa, com a criação das comissões para a implantação dos CAs Livres. Mas eu já estava fora da UnB.

No ano seguinte fui estudar na PUC do Rio de Janeiro, transferindo-me para o curso de Sociologia. Nunca deixei a militância política, mesmo depois da transição conservadora que pôs fim à ditadura. Nunca me afastei também da atividade intelectual. Foi combinando conhecimento teórico com minhas memórias pessoais da militância que produzi minha dissertação de mestrado, "As Memórias e Representações Sociais dos Organismos de Informação Política sobre a Esquerda Brasileira (um Estudo de Caso - 1977-1990)". Foi apresentada ao Programa de Pós Graduação em Psicologia Social da UERJ e tive como orientador o Prof. Dr. Ricardo Vieiralves de Castro.

Como pode ser notado na leitura, o estudo de caso vai além de minha passagem pela UnB, avançando até 1990. Entretanto, a atuação dos organismos de informação da ditadura em relação ao movimento estudantil da UnB ocupa uma parte importante, para a qual recolhi rico material no Arquivo Nacional sobre minha militância política. Foram 19 dossiês produzidos pelo Centro de Informações do Exército (CIEX), pelo Centro de Informações da Aeronáutica (CISA), pelo Centro de Informações da Marinha (Cenimar), e pelo Serviço Nacional de Informações (SNI).

Em um resumo básico, parto da premissa de que, na ditadura, e inclusive na transição, o Estado brasileiro estruturou-se de forma a conter o conflito social delimitando a ação dos setores sociais às suas funções na sociedade. A construção desta representação social justificava a ação repressiva contra qualquer ameaça à estabilidade de seu núcleo. Ao mesmo tempo mapeava os militantes oposicionistas a partir de seus círculos de relações políticas, familiares e pessoais, prestando-se a uma ação profilática de forma a poder extirpar este indivíduo e a quem tivesse influência, com base em uma doutrina de segurança nacional.

Apesar do fim da ditadura, os arquivos do SNI reunidos no Arquivo Nacional permanecem inacessíveis ao público. Apenas o investigado ou parentes de mortos e desaparecidos podem ter acesso às informações recolhidas, e apenas sobre esta pessoa.

No exame das versões da história e representações sociais contidas nas memórias pessoais do militante, analisadas em contraposição às informações obtidas pela ditadura, se organiza este trabalho. O campo teórico-metodológico utiliza a noção de compartilhamento social na construção da memória pessoal de um momento histórico, que assume, em um grupo social determinado, o conteúdo de memória coletiva, descrito por Halbwachs (1990), em relação com o conceito de representação social de Moscovici (1978), onde o processo de produção do senso comum é o foco da psicologia social.

São utilizadas memórias autobiográficas, no sentido de histórias de vida, como desenvolvido por Sá (2005), e memórias geracionais, como em Mannheim (1982). Tema e metodologia guardam, dada a precariedade das informações até hoje obtidas sobre os "porões da ditadura", e ao ainda pequeno número de trabalhos relacionando memórias e representações sociais, um relativo ineditismo.

Acredito que, para além da função acadêmica, a dissertação contribui com o resgate de experiências coletivas, como a do movimento estudantil nos anos 70, tema deste livro. Os dossiês que recolhi têm foco na minha militância política, visto que o estudo contrapõe a memória individual e a representação externa construída, no caso pelos órgãos de informação. Mas, especialmente em relação ao movimento estudantil, os dossiês trazem registros detalhados dos fatos e sobre os protagonistas daqueles fatos que vivemos na juventude, cheios de esperança e certos de que estávamos do lado certo da história.

O inteiro teor da dissertação pode ser lido em https://silo.tips/download/as-memorias-e-representaoes-sociais-dos-organismos-de-informaao-politica-sobre-a.

O autor

Sergio Mascarenhas de Moura (Rio de Janeiro-RJ, 03/04/1958). Jornalista, bacharel em Sociologia e Política pela Pontifícia Universidade Católica do Rio de Janeiro, pós-graduado em Políticas Públicas e Governo pela UFRJ, mestre em Psicologia Social pela UERJ. Após a expulsão da UnB em 1977, passou a viver no Rio de Janeiro, militando politicamente na Liga Operária/Convergência Socialista, na OSI, CLTB e DS. Participou do congresso de refundação da UNE em 1979 e dos congressos de fundação do PT (1980) e da CUT (1983). Saiu do PT em 2004 para participar da fundação do PSOL, onde atuou nas correntes internas Liberdade Vermelha, Liberdade e Revolução, Enlace, Insurgência, Comuna e Coletivo Carmen Portinho. Funcionário concursado (Fiscal de Atividades Econômicas) da Secretaria Municipal de Fazenda do Rio de Janeiro. Vive hoje em Florianópolis (SC).

UMA MÃE CORAGEM NA POLÍCIA FEDERAL

Benedito Tadeu de Oliveira

A greve dos estudantes da Universidade de Brasília, de 1977, até hoje não foi bem entendida e por isso deve ser melhor estudada. Ela precede as greves do Movimento Estudantil que, a partir de 1978, iniciaram a luta pela redemocratização do país e a greve do ABC, quando os trabalhadores da fábrica da Saab-Scania, em São Bernardo do Campo, paralisaram suas atividades, em 12 de maio de 1978, desafiando o regime militar. Esta última paralisação marca o ressurgimento do movimento dos trabalhadores brasileiros, depois de 10 anos de vigência do temido o Ato Institucional número 5, o AI 5.

Iniciada em maio de 1977, por meio de um ato público contra sanções administrativas aplicadas a estudantes pelo então reitor capitão de mar e guerra José Carlos Azevedo, a greve da UnB culminou em 23 de julho com a expulsão de 30 alunos e a suspensão de dezenas de outros.

Para acabar com uma greve realizada a poucos quilômetros dos palácios da Alvorada e do Planalto, em pleno regime militar, o governo do general Ernesto Geisel utilizou diversas *formas* de repressão. Como aluno de Arquitetura da UnB, testemunhei algumas prisões de colegas, entre elas a do meu amigo Luiz Falcoski, que foi algemado pela Polícia Federal numa manhã tumultuada no pilotis do bloco de apartamentos onde morávamos, em uma república de estudantes.

Essa "república" funcionava no apartamento 101 do bloco M da SQN 411. Éramos seis estudantes: Edmundo Octávio Raspanti, João Nogueira Fanuchi, Luiz Antônio Nigro Falcoski, Marcondes Nunes Freitas, Paulo Faccio Neto e eu. Todos de esquerda, uns mais outros menos, o que dependia da tendência política a que pertenciam ou com a qual simpatizavam. Cuidava de nós, e morava na "república", uma senhora de Belém do Pará, a dona Antônia, que nos chamava de "meus meninos" e que, nos nossos aniversários, sempre fazia um bolo doce cor-de-rosa.

Por conta da prisão do Falcoski, e também por conta da qualidade da comida no cárcere da PF, a família me encarregou de levar para ele, sempre que possível, um almoço quentinho e saboroso. Nessas visitas à PF eu sempre encontrava alguma mãe de "prisioneiro político" que, quando avistava seu filho atrás das grades, sempre chorava. E as expressões eram sempre acompanhadas da palavra e da interrogação: por quê?

Numa das minhas idas à PF, encontrei uma mãe que teve uma reação totalmente diferente de todas as outras. Era dona Edite, que tinha viajado mais de 15 horas de ônibus proveniente da cidade de São João da Boa Vista, no interior do estado de São Paulo. Como era uma pessoa muito simples, se vestia também de maneira simples e portava uma mala bem rústica, que parecia um baú. Não me lembro se a mala era de madeira ou, mais provavelmente, de couro cru. Mas o mais interessante não era apenas a aparência dessa mãe.

Surpreendente foi a sua reação quando entrou na PF, reação totalmente diferente das demais mães. Ela chegou, viu seu filho atrás das grades, não verteu uma lágrima e colocou a mala no chão. E logo depois, em pé, exclamou na frente dos policiais:

– Se deixassem meu filho governar este país, isto aqui iria virar um paraíso.

E emendou, sem nenhum medo e com a maior segurança:

– O Brasil iria virar um grande jardim florido.

Pensei cá, comigo, só podia ser mãe do Flavião. Flávio Alberto Botelho, também chamado de Flavão, era estudante de Medicina, na época, e fora eleito presidente do DU pelo grupo Oficina, tendência de orientação posadista. Flávio, que tem uma estatura média baixa, cresceu muito durante a greve de 1977. Seus discursos veementes inflamavam os grevistas. Por isso, a partir da greve, passou a ser conhecido como Flavião. Era chamado também de Ceruso, uma mistura de cearense com Caruso. Esse apelido foi dado pelos seus colegas da Medicina porque ele tem uma aparência de cearense e gostava de cantar ou arranhar o Barbeiro de Sevilha.

O autor

Benedito Tadeu de Oliveira (Cambuí-MG, 19/05/1955). Benedito Tadeu, o Ditinho, fez estudos primários e secundários em Minas, onde viveu até 1973. Mudou-se para Brasília e graduou-se em Arquitetura, na UnB (1980). Seu trabalho de graduação foi premiado no Congresso da União Internacional de Arquitetos, na Polônia (pelo Sindicato dos Engenheiros Egípcios e União de Arquitetos da URSS). Doutor em Restauração de Monumentos pela Universidade de Roma - La Sapienza (1985). Em 1987 ingressou na FIOCRUZ, onde participou da criação do Departamento de Patrimônio Histórico da Casa de Oswaldo Cruz. É membro-consultor do Conselho Internacional de Monumentos e Sítios (Icomos). Dirigiu o Instituto do Patrimônio Histórico e Artístico Nacional (Iphan), em Ouro Preto (MG). Continua sendo servidor da FioCruz e mora em Belo Horizonte (MG).

No alto, à esquerda, Conceição Rodrigues, e à direita, Ciça Fitipaldi. Embaixo, à esquerda, Eliane Vieira, ao lado de Carlos Eduardo Jordão Machado.

ARTE PLURAL, LUKÁCS E A REALIDADE

Conceição Rodrigues

Nós, estudantes do Departamento de Desenho e Plástica, atuávamos bastante no movimento estudantil na UnB, sempre em atividades culturais. Produzíamos toda sorte de imagens, logotipos, ilustrações, diagramação para jornais/boletins, cartazes, faixas, etc.

Criamos uma mostra anual de arte dos alunos chamada Expoarte, cuja inscrição era livre, sem restrições de curadoria. O resultado era sempre uma grande diversidade de trabalhos. Apesar de estarmos em plena ditadura, não havia uma visão única de arte, o que era muito bom.

Falar sobre a relação da arte com o movimento estudantil dessa época requer então um recorte pessoal. Aos dezoito anos e vinda de uma família envolvida com a política (meu pai havia sido cassado pela ditadura militar em 1969), naturalmente me engajei no movimento estudantil.

Eu já tinha uma visão humanista da arte como uma poderosa ferramenta de transformação da realidade. Encontrei no Departamento colegas com a mesma visão, Eliane Vieira, Carlos Eduardo Jordão Machado e Ciça Fittipaldi. Carlos Eduardo, querido amigo, falecido em 2018, já era um super estudioso de Lukács, filosofo húngaro, marxista, cuja defesa de uma arte realista e humanista logo nos encantou. Carlos Eduardo trazia-o para nossos grupos de leituras.

Foram as minhas primeiras experiências de arte, acreditávamos muito no que fazíamos, era de fato nossa forma de militar. Apesar de meu trabalho tomar outra direção após eu ter saído da universidade, vejo como minha passagem pela UnB foi uma experiência enriquecedora, não só em relação ao fazer artístico mas também como experiência de vida, de poder compartilhar com esses colegas um sonho em comum, um projeto de mudança da realidade.

Na Expoarte apresentei uma tela com os operários e suas marmitas na hora do almoço. Íamos aos canteiros de obra desenhar os operários, viajávamos para Goiás Velho, Luziânia, visitávamos as cidades satélites sempre registrando o que víamos. Desenhei o símbolo da nossa chapa Unidade, dois braços entrelaçados, que nada tinham de nossos braços estudantis, eram braços de operários.

Por causa desse desenho e como representante cultural da chapa fui incluída em um grande inquérito administrativo que culminou na expulsão de vários colegas do movimento estudantil, um deles João Maia, que viria a ser meu marido em 1977.

Entrei na UnB em 1973 e saí formada em 1977. Foram anos de boas lembranças e muito aprendizado.

A autora

Maria da Conceição Rodrigues Maia é natural do Rio de Janeiro, onde reside. Entrou para curso de Desenho e Plástica da UnB em 1973, participando e colaborando ativamente com o movimento estudantil. Foi uma das líderes na construção do grupo Unidade. No Rio de janeiro continua dedicada às artes plásticas.

A arte sempre presente

Davi Emerich

Ao contrário dos oportunistas ou de quem anda por sobre o fio da navalha, a arte é buliçosa em sua essência e não costuma se esconder diante dos desafios da vida – nem que à sua frente esteja um regime ditatorial. Ela canta durante o dia, ao entardecer, nas madrugadas e no alvorecer, cada segmento ao seu modo.

Na UnB não seria diferente. O campus na década de 70 foi testemunha de inúmeras iniciativas culturais, nascidas entre os estudantes, sem recursos e sem pompa, mas que marcaram gerações.

Conforme relatam Maria da Conceição Rodrigues Maia e Eliane Vieira, estudantes costumavam ir às embaixadas em busca de filmes como "Belle de Jour" (Buñuel, 1967) para apresentação no auditório ao lado do antigo Departamento de Desenho e Plástica, quase sempre em torno do meio-dia. Também rolavam filmes clássicos da antiga União Soviética, do México, Argentina e, obviamente, brasileiros, sobretudo os curta-metragens.

O teatro era outro ramo muito presente na Universidade. Havia grupos informais, que liam importantes textos de nossa dramaturgia (um deles foi "O Berço do Herói", de Dias Gomes) e faziam exercícios corporais variados. No subsolo da Sociologia e Economia esses exercícios envolviam alunos como o Beto da Economia (José Humberto Fernandes Rodrigues), Eliane Vieira, Carlito Michiles e Maria Veiga. Na Comunicação, Aderbal & Schiran, entre outros, puxavam pensamentos de vanguarda no campo da poesia. O movimento concretista, liderado por Décio Pignatari e pelos irmãos Augusto e Haroldo de Campos, era bem difundido, até mesmo em virtude do diálogo com símbolos e a linguagem sintética da publicidade e propaganda.

Era comum ver muitos estudantes da Universidade com câmeras Super 8, registrando cenas universitárias. Lúcia Farias filmou o Clube do Choro; George Diab, Sérgio Moriconi e Marcos Mendes criaram seus primeiros documentários. Outros alunos de Vladimir Carvalho, Geraldo Sobral e Geraldo Moraes faziam suas primeiras experiências cinematográficas.

A Expoarte, montada sempre na Arquitetura, foi uma realização estudantil memorável. Sem qualquer apoio oficial ou recurso financeiro externo, estudantes de vários departamentos, alguns deles artistas, passavam dias e noites dando vida à exposição. Sua inauguração era sempre um evento político.

A música vinda ao campus pelas mãos dos estudantes era outra rica experiência. Eram comuns shows de artistas que se apresentavam no campus sem cachês, convidados ou por entidades estudantis ou por amigos alunos da universidade. A chamada Turma do Ceará, na origem integrada por Fagner, Ednardo, o poeta e letrista Chico Pontes, e os piauienses Clodo, Clésio e Climério (os irmãos Ferreira) tinham muita ligação afetiva com a UnB.

Estudantes do Desenho e Plástica emprestaram generosamente seus traços ao M.E. Conceição Rodrigues, Eliane Vieira e Carlos Eduardo faziam cartazes e outros desenhos convocando para assembleias, atos políticos ou ilustrando notas e boletins. Ciça Fittipaldi lembra das ilustrações que fazia na campanha pela melhoria do Bandejão, as quais eram afixadas em murais, nos departamentos. Aliás, o mural, que fora proibido pela administração autoritária da Universidade, se constituiu, em muitos departamentos, na primeira grande ferramenta de fermentação de ideias – neles eram colocados notícias, poesias, fotos, textos, frases e pensamentos de autores famosos.

Os grupos de estudos sobre os mais variados temas e pensamentos tornaram-se uma febre no campus. O D.U. passou a ter diretores eleitos para coordenar o setor de cultura. O grupo Unidade fez circular alguns números do *Unidarte*, com poesias, charges, desenhos e tiras dos alunos.

A geração de 70 deu ao país vários expoentes da Arte e da Cultura. Ciça Fittipaldi é uma reconhecida ilustradora de livros, com foco ultimamente em temas indígenas. Carlos Eduardo, professor da Unesp-Assis, recém-falecido, é autor de obras filosóficas como "As Formas e a Vida – Estética e Ética no Jovem Lukács (1910-1918)", pela editora da mesma Universidade.

Mas ao falar de estudantes e arte, não se pode desconhecer o papel de certos mestres na circulação de ideias estéticas no campus na década de 70. Na Comunicação, o impagável Vladimir Carvalho, que formou gerações de cineastas em Brasília; no Desenho e Plástica, Rogério Costa Rodrigues, culto, vanguardista e sempre a trilhar caminhos novos e avessos à burocracia acadêmica; na Arquitetura e Urbanismo, José Carlos Coutinho, entre outros.

Política e arte andaram de mãos dadas na UnB, pela liberdade.

UMA INTEGRANTE DA "MASSA AVANÇADA" VIVEU ANOS DE INTENSA MILITÂNCIA E PAIXÃO NA UnB

Maria do Rosário Caetano

Entre fevereiro de 1973 e julho de 1977, vivi, na UnB, alguns dos anos mais intensos, entusiasmantes e férteis da minha vida. Quando cheguei, matriculada no curso de Comunicação, com opção em Jornalismo, tinha 17 anos. E zero de experiência política. Fizera o curso primário e secundário em Coromandel, uma pequena cidade do interior de Minas Gerais, e o colegial (o curso de Normalista, no período da manhã, e o Científico, à noite), no Cemab (Centro de Ensino Médio Ave Branca), em Taguatinga, uma cidade-satélite da moderna e niemárica capital federal.

Conheci o campus da UnB no dia da inscrição para o vestibular e, um pouco melhor, no dia das provas, quando fui colocada numa imensa sala do "Minhocão" (o ICC - Instituto Central de Ciências), cercada de Marias. Éramos tantas, que o jornal *Correio Braziliense* nos fotografou. E, pela primeira (e única) vez na vida, saí, anônima, junto com muitas mulheres de nome Maria, numa foto na capa do maior jornal da cidade. No qual, um dia, eu trabalharia.

Atravessei o ano de 1973 perdida na imensidão do campus, tentando entender o sistema de créditos, buscando fazer novas amizades, enfim deixar de ser uma jovem interiorana, de formação católica, incapaz de emitir opinião sobre os mais duros tempos da ditadura militar. Em plenos anos da escuridão mediciana, eu ganhara um prêmio (uma caneta tinteiro!) na Sala Martins Penna, do Teatro Nacional, por redação que escrevera louvando a Transamazônica. Tinha 15, quase 16 anos.

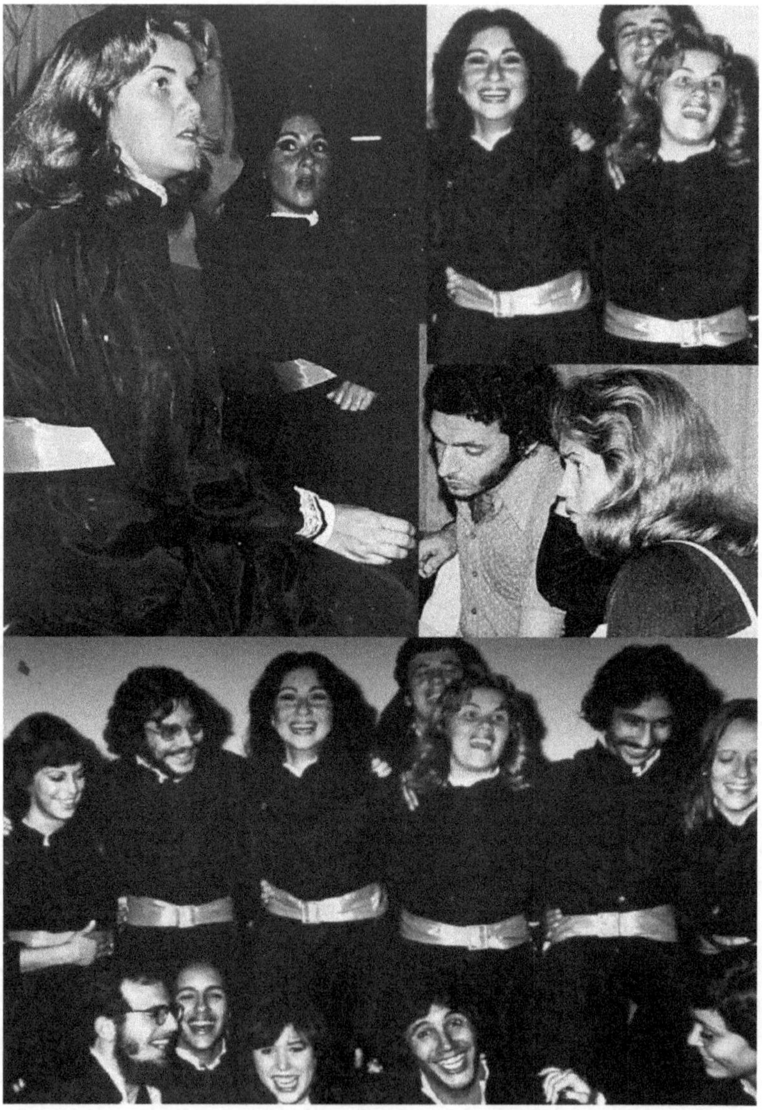

No segundo ano na UnB, a convivência com os colegas do curso de Comunicação foi me entusiasmando. Me convidaram para ajudar a fazer o mural, colado em imensos biombos de cortiça. Recortávamos textos do *Pasquim*, do JB (*Jornal do Brasil*), entre outras publicações, para compor, com nossas próprias notas, um painel do que se passava no país e na Universidade. Em 1975, nosso Mural "ferveu". A estreia de dois filmes – "O Amuleto de Ogum", de Nelson Pereira dos Santos, e "A Rainha Diaba", de Antônio Carlos Fontoura – gerou farta cobertura nos jornais. E os recortes selecionados batiam recorde de leitura. Levávamos o debate para a "aula" de "Corredor 1" (assim chamávamos os murinhos dos belíssimos jardins do "Minhocão"). Em 1975, o ditador Francisco Franco mandou colocar cinco guerrilheiros bascos no garrote vil. Aquele fato incendiou nosso imaginário. No Peru, o Governo Velazco Alvarado prometia a reforma agrária. Aí chegou o trágico 25 de outubro de 1975 e Vladimir Herzog foi assassinado nas dependências do DOI-CODI, em São Paulo. A sociedade civil brasileira começava a acordar de um pesadelo e a se organizar.

Nossas "aulas-debate" de "Corredor 1" passaram a acontecer em salas fechadas. Muitas reuniões. Havia um sentimento geral de que tínhamos que agir, fazer alguma coisa. Eu era uma jovem muito inexperiente, mas cheia de entusiasmo, de vontade de ajudar. Ao concluir o curso Normal em turma especial (habilitada a lecionar até a sexta série) fui dar aula de Comunicação e Expressão na Ceilândia, à noite. Meu dia parecia durar 40 horas. Estudava de manhã (algumas disciplinas à tarde) na UnB, frequentava a Biblioteca Central, pesquisava, ia às Assembleias, fazia cartazes, ajudava a rodar jornaizinhos no "cachacinha" (um mimeógrafo a álcool), via muitos filmes (vários) e não perdia a mostra principal nem as paralelas do Festival de Cinema de Brasília (nos dois anos em que fui professora na Ceilândia, eles aconteceram nas férias de julho). Convivia fraternalmente com meus alunos a ponto de, em alguns domingos, fazer piquenique com eles na Cachoeira da Saia Velha, usando um caminhão "pau-de-arara" como meio de transporte.

Tínhamos certeza, naqueles anos, que derrotaríamos a ditadura, que conheceríamos um Brasil democrático e com justiça social. Um dia, colegas que articulavam a criação do Grupo Unidade (Davi Emerich, meu colega na Comunicação, de quem era mais próxima, à frente) decidiram que eu precisava ser politizada, pois era muito despreparada. Incumbiram Conceição (Maria da Conceição Caldas Rodrigues) de me iniciar. Ela me levou à casa da família (um apartamento na Asa Sul, pois o pai, Francisco das Chagas Caldas Rodrigues, era parlamentar do MDB autêntico) para a primeira "lição": a leitura do "Manifesto Comunista", de Marx e Engels (1848). Passamos uma tarde inteirinha, até as primeiras horas da noite, mergulhadas nesse texto arrebatador. Saí de lá encantada e com várias sugestões bibliográficas. A principal era "História da Riqueza do Homem", de Leo Huberman.

As reuniões se sucediam no subsolo do "Minhocão". E as assembleias começavam a ganhar relevância. Era, pois, chegada a hora de reativarmos as organizações estudantis, mesmo que atreladas à máquina burocrática da reitoria – as R.Es. (Representações Estudantis departamentais) e o D.U. (Diretório Universitário). Luiz Carlos Machado e eu nos candidatamos a representante (ele) e vice-representante (eu) do Departamento de Comunicação e fomos eleitos.

Nossa gestão foi um aprendizado. Nossos professores, todos progressistas, nos davam significativo apoio. O Mural viveu dias de glória, com dezenas de estudantes colaborando. Promovemos debates de muitos filmes, trouxemos o escritor João Antônio ("Malagueta, Perus e Bacanaço"), que fôra um dos grandes nomes da revista "Realidade", para fazer palestra em nosso Departamento. Sucesso total. Na mesma época, com apoio de outros departamentos, promovemos debates com Jorge Bodanzky (de "Iracema, Uma Transa Amazônica", filme co-dirigido por Orlando Senna e interditado pela Censura), com Ignácio Loyola Brandão (do proibido "Zero"), com Plínio Marcos (que vendeu todos os livros que carregara, numa sacola de nylon). Na minha santa inocência, perguntei ao "dramaturgo maldito":

– Por que você não trouxe mais exemplares? Tem gente querendo comprar e os livros acabaram!

Com a franqueza que lhe era característica, ele rebateu: "você está pensando que eu tenho lombo de mula!" (Todo mundo, inclusive eu, caiu na gargalhada)

As eleições para o D.U. (Diretório Universitário) estavam marcadas para o dia 27 de maio. Nós vivíamos o processo eleitoral com dedicação máxima. Duas chapas concorriam e eletrizavam a massa estudantil: a Unidade (liderada por Davi Emerich, João da Silva Maia e José Humberto Fernandes Rodrigues, o Zé Beto) e a Oficina (comandada por Walter Peninha, Bárbara Hartz e Paulo Bernardo Silva, o Paulão da Geologia).

Eu apoiava a Unidade. Andava para baixo e para cima com exemplares do jornal que trazia o nome da chapa, dois braços entrelaçados e os versos *"aprendendo, ensinando/uma nova lição/a certeza na frente/ a história na mão"* (Geraldo Vandré). E dentro, um texto-denúncia do qual jamais me esqueci: "Presente de Grego, ou para os Griecos?" (O texto está no reproduzido no final deste livro).

Os estudantes do grupo Unidade questionavam a compra da biblioteca do crítico literário fluminense Agrippino Grieco (1888 - 1973), composta de 24 mil volumes, adquirida pela Administração da UnB e dada como "presente de grego" à Biblioteca Central. Qual não foi nossa surpresa quando a reitoria suspendeu as eleições e abriu inquérito para investigar as lideranças do Movimento Estudantil. As semanas prosseguiam e trabalhávamos incansavelmente, fazíamos reuniões e mais reuniões. Em seu livro-testemunho "Nem Ficou a Pátria Livre Nem Morri pelo Brasil" (Edição do Autor, 1988), Zé Beto relembra aqueles anos de efervescência na UnB. E faz certeira definição sobre os estudantes que compunham a luta universitária, naquela época:

> *Denominávamos de 'massa avançada' as pessoas que participavam das reuniões, atos, piquetes, assembleias. 'Vanguarda' eram os estudantes que dirigiam estes eventos. E chamávamos de 'massa', o conjunto dos alunos que não estavam cotidianamente nas atividades políticas, mas que elegiam as direções das entidades.*

Eu era uma típica representante da "massa avançada". Estava em todas as reuniões e assembleias, fazia cartazes e piquetes, mas nunca integrei a vanguarda. Era uma obreira. Trabalhava como uma abelha-operária. De todas as reuniões, uma em especial nunca saiu de minha memória. Vivíamos os dias difíceis da suspensão das Eleições do DU e não sabíamos o que aconteceria com os colegas que lideravam o movimento estudantil. Nos reunimos numa sala do subsolo do "Minhocão", umas 30 ou 40 pessoas. Foi aí que o maranhense José Ribamar de Oliveira, o Riba (mais tarde um dos grandes jornalistas econômicos do país) propôs um R.T.O. (Recuo Tático Organizado). Para desespero do Grupo Oficina, de base trotskista, sempre disposto a avançar. A Unidade era tida como o braço do Partidão (o PCB - Partido Comunista Brasileiro) dentro do Movimento Estudantil. O tal do R.T.O. gerou discussões acaloradas e colou-se a Ribamar como um apelido-cicatriz.

Foi naquele momento de espera (em maio ou junho de 1976), que promovemos (a Representação Estudantil do Departamento de Comunicação), o "Encontro de Imprensa Alternativa" (ou Nanica). Tudo na cara e na coragem. Não tínhamos nenhum apoio da reitoria. Muito pelo contrário. Convidamos os principais representantes de jornais independentes - Opinião (Fernando Gasparian), Movimento (Raimundo Pereira), *Pasquim* (Ziraldo), Versus (Marcos Faerman), Coojornal e Lampião da Esquina (ambos de Porto Alegre), De Fato (Belo Horizonte). Alguém relembraria o Binômio, experiência mineira comandada por José Maria Rabelo, então exilado, que denunciara o Massacre da Pacheco Fernandes, ocorrido durante a construção de Brasília (no Governo JK). A equipe candanga que fertilizava o alternativo "Cidade Livre" participaria ativamente (e em janeiro de 1977, lançaria seu número zero).

Estava tudo certo - nos orgulhávamos - para a realização do primeiro "Encontro de Imprensa Alternativa" (ou Nanica). O grande acontecimento se daria no Anfiteatro 9, o ponto nevrálgico das assembleias e grandes debates da UnB. Só que a reitoria proibiu, em cima da hora, o uso de tal espaço. Fernando Gasparian tentou convencer os guardinhas do Serviço de Patrimônio, plantados defronte ao Anfiteatro. Argumentou que não haveria nada de excepcional ali, apenas "um debate de gente civilizada, educada, democrática". Em vão. Eles permaneciam irredutíveis. Afirmavam estar "cumprindo ordens superiores".

O jeito foi realizar o Encontro no Teatro de Arena (ao ar livre, com sistema de som precário). Luiz Carlos Machado, que coordenou a comissão organizadora (da qual fiz parte), transformou sua casa na W3 Sul em uma espécie de "pensão". Lá recebeu dois convidados que incendiaram nosso imaginário: Marcos Faerman, da revista "Versus", que trabalhava no "Jornal da Tarde", vespertino da Família Mesquita, amava a América Latina e parecia um profeta, e o gaúcho Marcelo Oscar Lopes, que atuava no Coojornal e no Lampião da Esquina (não confundir com o importante jornal gay, que seria criado, depois, por Aguinaldo Silva e equipe, chamado apenas "Lampião").

Marcelo Lopes, de cara, avisou que não poderia falar em nome do Coojornal, projeto cooperativo de jornalistas do Rio Grande do Sul. Mas prometeu descrever tal experiência, que vinha fertilizando imaginários coletivistas, Brasil afora. Falaria, isto sim, em nome do pequeno "Lampião da Esquina", pois este dispunha de estrutura organizacional mais simples.

Como não havia dinheiro para pagar as passagens, nem hospedagem, dos convidados, o jeito era deslocar-se até o Congresso Nacional, pedir a deputados do Grupo Autêntico do MDB, que dessem um jeito, arrumassem uma passagem de sua cota parlamentar, ou colaborassem em vaquinha para a compra do bilhete aéreo. Alguns dos participantes, aqueles que podiam, pagaram do próprio bolso. Foi o caso de Fernando Gasparian. O "Movimento" se faria representar por Teodomiro Braga, que dirigia a sucursal brasiliense do importante alternativo, que nascera de um racha do Opinião. Raimundo Pereira não pôde comparecer.

Minha memória registra a presença de Ziraldo, representante do *Pasquim*. Mas, passados 45 anos, há fontes que não se lembram da participação do hoje nonagenário cartunista, jornalista e escritor mineiro-carioca. Naquele ano de 1976, as limitações à liberdade de imprensa eram tantas, que o máximo que conseguimos foi colocar uma nota de umas 15 linhas no *Correio Braziliense*. E não gravamos, nem fizemos fotos do Encontro. Se elas existem (gravação e fotos), foram feitas pelos "serviços de segurança patrimonial" da UnB. Naquele tempo, havia uma pinimba entre os adeptos do uso dos termos "imprensa nanica" (defendido pela turma do *Pasquim*) e "imprensa alternativa" (pelos mais politizados).

Em julho de 1976, de 7 a 14, a UnB ferveu com a vigésima-oitava reunião anual da SBPC (Sociedade Brasileira para o Progresso da Ciência). Nós corríamos de um lado para outro para assistir às palestras de Florestan Fernandes, Oscar Sala, Fernando Henrique Cardoso, Chico Oliveira e grandes nomes das Ciências Sociais, Médicas e Exatas brasileiras. Havia pessoas que assistiam aos debates, pelas gretas de ventilação das paredes de tijolo dos anfiteatros do "Minhocão".

Depois da SBPC, Luiz Carlos Machado e eu fomos representar os estudantes do Curso de Jornalismo no Encontro da Abepec em Caxias do Sul. Fomos encontrar os professores do Departamento de Comunicação de várias Universidades e com eles aprendemos muito. Assistimos a formidáveis palestras, uma delas do filólogo Antônio Houaiss, intelectual de esquerda dos mais respeitados. Fomos (e voltamos) de ônibus, felizes da vida. Fizemos uma parada em Porto Alegre e o jornalista Marcelo Lopes, do Coojornal e do Lampião da Esquina, nos hospedou. Levou dois sustos ao saber que não éramos (Machadinho e eu) um casal (desmaiaria se soubesse que, formanda em Jornalismo, eu era, aos 22 anos recém-completados, virgem!) e que eu não bebia nada que contivesse álcool.

Irônico, ácido até!, bom copo, Marcelo não se conteve ao me ver, num bar, em mesa lotada de experientes jornalistas, solicitar ao garçom um suco de laranja. Falou, para que todos ouvissem: "Minha filha (ele tinha apenas três anos a mais que eu!), se você não bebe nem cerveja, mude de profissão. Quem não bebe jamais será um grande jornalista".

Parceiro do cineasta Jorge "Ilha das Flores" Furtado no roteiro do curta "Temporal" (1984), um dos primeiros projetos da Casa de Cinema de Porto Alegre, Marcelo Oscar Lopes (1952-1991), também contista inspirado, morreu muito jovem (aos 39 anos). Viveu pouco, mas intensamente.

A reunião anual da Abepec aconteceu depois da expulsão dos seis líderes da Unidade e da Oficina somados ao formando (em Medicina), Eduardo Almeida Neto, que se negou a participar da Comissão de Inquérito instituída pela reitoria. Com a expulsão deles, o Movimento Estudantil sofreu um baque. Sete lideranças, as mais experientes, foram retiradas do nosso convívio. Mas nossos ânimos não arrefeceram. Enquanto eles, os expulsos, buscavam reconstruir suas vidas em outras escolas (em Brasília ou em outros estados), nós seguíamos militando, sem descanso, na UnB. Debatendo filmes (lembro-me de polêmica sem fim sobre o longa "Delito de Amor", de Luigi Comencini, que alguns definiam como "um filme importante, pois ajudava a conscientizar as massas" e outros como "um melodrama retrógrado"), fazendo reuniões, promovendo assembleias e tentando retomar o processo eleitoral e montar novas chapas para eleger a primeira diretoria do DU

Em novembro de 1976, a Unidade venceu as eleições com chapa encabeçada por Rocine Castelo de Carvalho. Me coube o cargo de representante do I.C. (Instituto de Comunicação). Dois meses depois, eu concluiria o curso de Jornalismo. Mas seguiria na Universidade, pois fora aceita, por ter MGA (Média Global Acumulada) acima de quatro, para novo curso (dupla opção) em Letras.

Em dezembro de 1976, participei de festa de colação de grau gigantesca, no Ginásio de Esportes, com milhares de alunos. Algo muito genérico, massivo, mas, mesmo assim, nos divertimos. Não sei onde encontrara tempo para participar do Movimento Estudantil naquele segundo semestre de 1976. De manhã, aulas e assembleias. À tarde, estágio no *Jornal de Brasília* (JBr), que vivia momento de muita invenção, sob o comando do jornalista, professor da UnB (meu, inclusive) e dramaturgo Luiz Gutemberg. Ele tinha a intenção de fazer do JBr "o Washington Post do cerrado". À noite, eu dava aulas na Ceilândia.

Depois de três meses de estágio no "Washington Post candango", fui contratada. Encerrei o semestre letivo na Ceilândia e abandonei o magistério, minha segunda paixão. A primeira, naquele momento, era jornal. E seguia na UnB, paixão imensa, como estudante de Língua e Literatura Portuguesa, para viver sete meses de imersão política semelhantes aos 12 vividos em 1976, o "1968" da minha geração.

Naquele final de 1976, começos de 1977, o movimento estudantil – como é comum na esquerda – começava a fragmentar-se em novos grupos. De dentro da Unidade, nascia o D.U. Ação, depois Debate Ação. Assim como a Construção.

Como boa parte dos integrantes do grupo D.U. Ação era ligada ao curso de Engenharia Agronômica e Florestal da UnB, dizia-se que "a turma era maoísta". Eu me liguei a eles e integrei a chapa que disputou (e perdeu) as eleições. Havia, sim, no Movimento Estudantil, quadros com ligações partidárias. Mas a grande maioria dos estudantes-militantes era ligada à esquerda progressista, mas sem filiação a partidos políticos. Eu mesma só me filiaria ao Partido dos Trabalhadores (PT), uma agremiação legal, no começo dos anos 1980, e nele permaneceria por menos de uma década.

Os tempos de militância no grupo Debate Ação foram também empolgantes. Guardo deles duas lembranças perenes. Apaixonada por Jornalismo, atividades culturais (Cinema em especial) e magistério, relembro a primeira delas. Uma das atividades de nossa chapa resultou em um jornalzinho mimeografado (em vermelho). Na capa, vinha escrito em letras garrafais: "Chapa D.U. AÇÃO – DEBATE A Revolta da Chibata". E como complemento: "A Memória Social" - Palestra e Debate com Michel Zaidan Filho, Terça (24), às 8h30. E a origem do texto reproduzido nas cinco páginas esverdeadas: "extraído da revista TERRA ROXA e Outras Terras, do DCE Lodrina".

Na página dois, reprodução fotográfica de página do Correio da Manhã sobre João Candido e os marinheiros que se rebelaram, em 1910, contra os castigos da Armada, acompanhada dos versos *"Há muito tempo nas águas da Guanabara/ o Dragão do Mar reapareceu/ na figura de um bravo feiticeiro/ de quem a História não esqueceu"*. Versos não creditados, mas que todo mundo sabia, na época, e hoje, serem de Aldir Blanc e João Bosco, autores de sucesso que estourara na voz de Elis Regina.

Narrativa minuciosa contava a saga do marinheiro negro, que comandara o levante militar, e no nosso imaginário, era uma espécie de "Encouraçado Potenkin" dos trópicos. Aliás, não conhecíamos o filme de Sergei Eisenstein, realizado em 1925, interditado no Brasil (eu só o veria em março de 1979, no Clube da Imprensa, na Feira da PosseBilidade). E a partir dali – daquele jornalzinho de letras vermelhas, que guardo há 46 anos – leria tudo que se referisse à Revolta da Chibata. Por causa de João & Aldir e do jornalzinho da chapa D.U. Ação.

A outra lembrança da "Turma da Agronomia" teve a Ceilândia como cenário. Como eu era professora em um Centro Educacional daquela satélite (hoje Região Administrativa), convidei os estudantes de Agronomia Zé Pires (José Pires Sabóia) e Helinho (Hélio Lopes dos Santos, com quem me casaria algum tempo depois) para fazer palestra sobre "Hortas Comunitárias" para as mães dos meus alunos. Os dois estudavam as ideias do pedagogo da Libertação, Paulo Freire (1921-1997), então exilado. O pernambucano se ocupava, também, com as práticas agrícolas. Ou seja, com as relações de profissionais da Agronomia com os camponeses. Estes, detentores de saberes relativos ao cultivo do solo, nem sempre eram respeitados pelos técnicos agrícolas e pelos engenheiros agrônomos ou florestais.

Zé Pires e Helinho aceitaram com entusiasmo o convite para a palestra na Ceilândia. E lá fomos nós, num domingo. Eles concluíram suas falas e iniciamos o debate. Como eu trabalhava na cidade-satélite, chamei a atenção das mães para fato, que julgava absurdo. Elas tinham, na frente de suas casas, em maioria barracos de madeira, terrenos grandes e empoeirados, e nenhum canteiro de flores ou hortaliças. Por que não cultivam hortas?

As mulheres se sentiram ofendidas com o tom de minha pergunta, que soou mais como uma crítica. A maioria ficou em silêncio, mostrando contrariedade. Uma ou outra mãe explicou, sem muito entusiasmo, que todas aguardavam a hora de construir a casa de alvenaria no terreno, e que esperavam que isto acontecesse o mais rápido possível. Minha intervenção, de rara inabilidade, cortou o clima do debate.

Ao regressarmos para nossas casas, Zé Pires me deu a primeira aula de Paulo Freire de minha vida. Ponderou:

> pergunte, sempre, com curiosidade, como quem quer aprender, e não como quem sabe tudo e está ali para ensinar. Se você tivesse estabelecido relação dialógica, você conheceria a razão delas – a espera da construção da casa de alvenaria – poderia tê-las motivado a se organizarem para saber das autoridades do BNH quando seriam atendidas. Se fosse em prazo longo, quem sabe elas até se unissem para conseguir sementes/adubos e plantar hortas em seus lotes.

Nunca mais banquei a sabichona!

O ano de 1977 foi vertiginoso. O General Ernesto Geisel comandava projeto nacionalista-autoritário. Mas prometia "abertura política lenta, gradual e restrita". Na UnB, o capitão de mar-e-guerra e físico nuclear, José Carlos de Almeida Azevedo, ligado à linha dura das Forças Armadas, iniciara seu "reinado" como vice-reitor na gestão de Amadeu Cury. Assumira para valer em 1976 e expulsara os sete colegas que tentaram reconstruir o D.U. Controlava a UnB com mão de ferro.

Nada, porém, diminuía o entusiasmo dos estudantes. Até julho (mais uma vez julho, mês de férias), vivemos dias de intensa mobilização. Dia Nacional de Luta, centenas de reuniões, dezenas de assembleias, novo processo eleitoral (em maio, quando Flávio Botelho, da Chapa Oficina, foi eleito para substituir o nosso mandato "tampão"), prisões de muitos colegas. Mesmo assim, vivíamos o sonho da redemocratização do país e lutávamos por um DCE Livre (sem atrelamento à estrutura burocrática da Universidade).

Em maio, iniciamos a Greve Geral. Os piquetes eram diários. Eu morava em Taguatinga. Acordava de madrugada, pegava um ônibus e, com os colegas, ia para as entradas do "Minhocão" pedir aos estudantes que não furassem a greve. Depois, iniciávamos a peregrinação pelas salas de aulas dos Departamentos mais complicados. Geralmente Direito, Letras e alguns poucos outros. A maioria aderiu à greve. Colegas continuavam sendo presos e alguns permaneceram por semanas ou meses encarcerados.

No meu caso, dois fatos merecem registro.

Fato 1 (1976): Quando o clima estava tenso por causa da Comissão de Inquérito que expulsaria os comandos das chapas Unidade e Oficina, duas pessoas visitaram, certa manhã, minha casa em Taguatinga Sul. Eu assistia aulas na Universidade (no Campus, próximo à Asa Norte). A única pessoa presente em minha casa era minha irmã Keka (Joaquina Caetano Cruvinel). As duas "pessoas" perguntaram por mim. Ela respondeu que eu estava na UnB. Disseram que estavam ali para "fazer uma revista". Ou seja, procuravam "material subversivo". Perguntaram se havia armas na casa. Minha irmã respondeu que não. Eles examinaram a casa onde residíamos (quatro irmãs) e nada encontraram. Para não sair de mão abanando, pegaram uma faca na cozinha e dois livros ("Zero", de Ignácio Loyola Brandão, e "Feliz Ano Novo", de Rubem Fonseca). Almocei no Bandejão, naquele dia, fui à Biblioteca Central, pesquisei e no final da tarde peguei o ônibus e regressei a Taguatinga. Quando cheguei, minha irmã (já na companhia de outras duas, ambas professoras), ainda estava abalada e preocupada. Não soube explicar quem eram os "homens", nem como estavam vestidos. Só sabia que tinham levado "a faca de cortar carne" e dois livros retirados da estante.

Fato dois (1977): Como eu era apenas "massa avançada", não tinha articulação para fazer intervenções mobilizadoras em assembleias. Havia, porém, uma especificidade: formada em Jornalismo, contratada pelo *Jornal de Brasília*, meu nome aparecia sempre nas páginas do "Washington Post do cerrado", seja em textos assinados na Editoria de Cidades, seja no Caderno de Cultura. Mas, num dia em 1977, na condição de anfíbia (estudante de Letras de manhã, jornalista à tarde e à noite, quando a pauta cultural o exigia) me preparei para mais um dia de piquetes durante a Greve Geral. Desci do ônibus na L2 Norte e, a pé, caminhei em direção ao Campus, quando um camburão me interceptou e dois policiais me colocaram no apertado cubículo traseiro da viatura. Lá estava (reconheci na hora) a jornalista Rosângela Bittar, respeitada repórter do jornal *O Estado de S. Paulo*, o vetusto *Estadão*. Ela, setorizada no MEC, cobria a movimentação estudantil e nós a conhecíamos (de vista) e a admirávamos. Fiquei assustada. Nunca tinha entrado num camburão. Tremia como vara verde. O que aconteceria dali em diante? Iam avisar minhas irmãs em Taguatinga? O que meus pais (Dona Mariana e Sr. Geraldo Caetano, na minha pequena Coromandel, no interior de MG) diriam se soubessem que a filha estava presa? Pensava mais neles, que em mim.

Fomos levadas para o Setor Policial Sul e, depois de fotografadas de lado, de frente – (já na Nova República, na década de 1980, o fotógrafo Carlos Moura, então cumprindo pauta do *Correio Braziliense*, quando da entrega de documentos policiais ao Arquivo Público, localizou minhas fotos e delas fez as reproduções que estão nesse livro) – fomos colocadas numa sala, onde se encontrava a estudante de Medicina Maria Teresa Gonçalves de Sousa, a Maythe, entre outras alunas da UnB.

A mais jovem e inexperiente do grupo, eu estava meio desorientada. Maythe e as outras ocuparam meu tempo conversando comigo, dizendo que tudo ia acabar bem, que lideranças estudantis procurariam advogados ligados aos Direitos Humanos para nos tirar dali. O que sei é que, no final da tarde, Carlos Chagas, então diretor da Sucursal do *Estadão*, foi, em pessoa, buscar Rosângela Bittar. E que eu, um pouco mais tarde, fui liberada. Ninguém me esperava, ninguém sabia onde eu estava. Peguei um ônibus e fui para Taguatinga.

Quando cheguei em casa, minhas irmãs me contaram que Helinho (Hélio Lopes dos Santos, então meu namorado) contara, por telefone, que eu estava presa, que advogados tentavam me liberar. Elas contaram, também, que haviam ligado para meu pai, em Coromandel, e que ele não acreditara no que ouvira.

Respondera, com sua sinceridade interiorana:

> A Nenén (apelido de filha caçula de oito irmãos) está presa? De jeito nenhum! Estudiosa, honesta e trabalhadeira, ela não rouba, como é que pode ser presa? Entrou na Universidade com 17 anos, deixou de ser professora para ser jornalista, tem emprego fixo há mais de dois anos, como é que pode?! Tem coisa errada aí.

Para Geraldo Caetano, o governo era bom e justo, não colocava ninguém na cadeia sem causa justa. Só ia preso quem roubava e matava. E isso, ele tinha certeza, nenhum de seus oito filhos fazia. Ele confiava nas autoridades militares.

No dia seguinte voltei ao *Jornal de Brasília* para trabalhar. Os colegas me perguntaram por que o editor-chefe não fora me buscar no Setor Policial Sul, como fizera Carlos Chagas com a jornalista Rosângela Bittar. Respondi, de pronto: "*Porque não fui presa como jornalista, fui presa como estudante. Estava indo para a UnB para fazer piquete e não para cumprir pauta*". Simples assim. Passado o susto do camburão, voltei à Universidade, às reuniões e assembleias.

Em 18 de julho de 1977, um ano depois das expulsões dos líderes das chapas Unidade e Oficina, Comissão de Inquérito, instituída por Ato da reitoria número 187/77 e presidida pelo professor Luiz Otávio Moraes de Souza Carmo, propunha a expulsão de 30 estudantes e suspensão por 30 e 90 dias de dezenas de outros.

No dia 19, eu estava de volta à capa do *Correio Braziliense* (desta vez, sem foto como a anônima vestibulanda de nome Maria). E sem ter prestado nenhuma declaração ao mais importante jornal da capital brasileira.

O título, em letras garrafais, anunciava: "LINHA DURA PARA A UnB". Ao lado de uma charge do cartunista Lopes (na qual um militar avisa a um estudante preso: "*Pode sair, você está solto...*", ao que o preso retruca "*Prá ser jubilado?! Nunca!*") vinha a chamada de capa:

> *A reitoria da Universidade de Brasília puniu, ontem, com penas de expulsão e de suspensão 64 alunos que, segundo inquérito, agiram*

de modo a tumultuar a vida universitária levantando reivindicações de natureza estritamente política. Ao divulgar o ato de punição, o reitor José Carlos Azevedo fez uma longa exposição dos motivos que os levaram a essa decisão extrema, salientando que o perdão dos alunos que participaram ativamente do último movimento grevista só serviria para estimular novas violências. A reportagem do Correio Braziliense tentou, ontem, inutilmente, obter declarações de alguns líderes estudantis punidos. Todos se recusaram, demonstrando que, apesar de esperarem punições, estavam chocados com as mesmas. Uma das alunas atingidas pela pena de expulsão, Maria do Rosário Caetano, recusou-se a fazer qualquer comentário, avançando apenas que estava arrumando suas malas para deixar Brasília. (Página 7).

Na página 7, sob a manchete "reitor expulsa 30 e suspende 34" vinham os nomes dos expulsos e suspensos por 90, 30 e cinco dias. Estranhos tempos, aqueles. Eu era jornalista. Trabalhava no *Jornal de Brasília*, situado no Setor de Indústrias Gráficas, afastado uns 400 metros da sede do *Correio Braziliense*. Como era também estudante e estava sendo expulsa da UnB, que tanto amava, seguia o "código de ética" estabelecido entre nós: não darmos declarações individuais sobre o Movimento Estudantil, só nos manifestarmos por meio de notas assinadas coletivamente.

A chamada de capa do *Correio Braziliense* deixa claro que nenhum líder estudantil quis dar qualquer declaração que fosse. Nem eu. Mas, não sei porque, alguém deduziu que eu "estava arrumando as malas para deixar Brasília". Essa ideia jamais passou pela minha cabeça. Eu tinha trabalho fixo (com carteira assinada) e me uniria civilmente a Hélio Lopes dos Santos, que, depois de cumprir punição de 30 dias, regressaria à UnB para concluir o curso de Engenharia Agronômica e Florestal. Viveria em Brasília, trabalhando no *Jornal de Brasília* (ou no *Correio Braziliense* e colaborando com o DF TV, da Rede Globo) até 1994 quando me mudaria para São Paulo.

Em 1979, com a Anistia, os exilados regressaram ao país. Nós, os expulsos da UnB, com apoio do advogado Luiz Carlos Sigmaringa Seixas (1944-2018) e de parlamentares progressistas (como o deputado Ronan Tito, de Minas Gerais), recorremos à burocracia universitária para sermos readmitidos nos quadros da Universidade de Brasília. O que aconteceu em 1980. Voltei e concluí o curso de Licenciatura em Letras (Língua e Literatura Portuguesas). Vivi, pois, oito intensos anos na UnB (o "n" é minúsculo), minha alma mater, instituição criada por

Anísio Teixeira e Darcy Ribeiro, à qual devo tanto. E que neste ano completa seis décadas de existência.

A autora

Maria do Rosário Caetano (Coromandel-MG, 10/06/1955). Formada em Comunicação (Jornalismo) e em Letras – Língua e Literatura Portuguesa, pela Universidade de Brasília (UnB). Integra a equipe da Revista de Cinema. Em 1997, publicou o livro "Cinema Latino-Americano - Entrevistas e Filmes". Participou do livro *Cinema Falado - Cinco Anos de Seminários de Cinema em Porto Alegre* (2001), do álbum "Trinta Anos de Gramado" (2002), da equipe de pesquisadores da "Enciclopédia do Cinema Brasileiro" (Sesc,1997), do "Guia do Cinema Brasileiro" (Filme B) e da coletânea "Memórias do Cinema - Um Idioma Universal" (Mostra de Cinema de SP, 2015). Para a Coleção Aplauso (Imprensa Oficial de São Paulo), escreveu os livros *João Batista de Andrade - Alguma Solidão e Muitas Histórias* (2003), *Fernando Meirelles-Biografia Prematura* (2005) e *Marlene França – Do Sertão da Bahia ao Clã Matarazzo* (2010). Integra a equipe de colaboradores dos livros *Alle Radici del Cinema Brasiliano* (Istituto di Studi Latinoamericani/Itália/2003), traduzido no Brasil pela revista *Alceu* (PUC-Rio -2007) e *Jorge Amado e a Sétima Arte* (EdUFBa/2012). Escreveu o livro-álbum *Festival de Brasília 40 Anos* (2007). Organizou os livros *Cangaço, o Nordestern no Cinema Brasileiro* (2006), *ABD Trinta Anos – Mais Que Uma Entidade, um Estado de Espírito* (2007), *DOCTV – Operação de Rede* (2012) e *Paulo Emilio Salles Gomes – O Homem Que Amava o Cinema e Nós Que o Amávamos Tanto* (2012). É membro da Abraccine (Associação Brasileira de Críticos de Cinema) e participou de cinco livros organizados pela entidade: *100 Melhores Filmes Brasileiros* (2016), *100 Documentários Essenciais* (2017), *Curta Brasileiro - 100 Filmes Essenciais* e *Animação Brasileira - 100 Filmes* (2018), editados pela Letramento, e *Mulheres Atrás da Câmeras - As Cineastas Brasileiras de 1930 a 2018* (Editora Estação Liberdade). Colaborou com o livro-coletânea *O Cinema Brasileiro Hoje: Ensaios de Críticos e Especialistas de Todos País* (edição bilíngue português-inglês, do Centro de Treinamento e Assessoria Audiovisual). Ganhou o Prêmio OK de Jornalismo pelas reportagens "Geraldo Vandré - Para Não Dizer Que Não Falei" e "Plantão de Arapongas". Recebeu, por sua atuação como jornalista cultural, prêmio no Cine PE (Festival de Pernambuco), Troféu Barroco na Mostra Tiradentes, Troféu Elizabeth Teixeira no Festival Aruanda e Troféu Catavento, no Curta Sergipe.

INGRESSO NA CIDADANIA

Maria Maia

O ano de 1977 representou para mim o ingresso na Cidadania. Quando entrei na Universidade de Brasília, com meus 17 anos, recém completos, os estudantes estavam então se levantando contra a ditadura. Foi uma espetacular retomada das lutas democráticas.

Em 1968, houve o golpe dentro do já terrível golpe de 1964, que aprofundou a ditadura. Ampliaram-se os instrumentos do arbítrio com a edição do AI-5 e do famigerado Decreto-lei 477, que vieram para abrir os anos de chumbo, onde os porões, cemitérios e mares foram o local da tortura e do assassinato a mando do Estado.

Na UnB, já fermentava uma oposição à ditadura entre alguns estudantes e professores desde o início da década de 1970. As organizações estudantis livres haviam sido banidas na década anterior. A partir de 1974 passaram a existir as Representações Estudantis, instituições totalmente atreladas à reitoria, idealizadas de cima para baixo que eram, na verdade, instrumentos do reitor, o capitão-de-mar-e-guerra José Carlos de Azevedo. Em 1976 foi conquistado o Diretório Universitário, o DU, também previsto no regimento como entidade controlada, dentro da estratégia de reprimir e calar as manifestações dos estudantes, professores e funcionários.

A crise do petróleo, em 1973, jogou o país numa brutal recessão, colocando um ponto final no chamado "milagre brasileiro", quando a economia brasileira cresceu em média 11,1%. A classe média havia se beneficiado do "milagre", mas os trabalhadores, não! O país cresceu e enriqueceu, mas a classe trabalhadora continuava na amargura.

Na UnB, 1976 marca a expulsão de 7 alunos que participavam das eleições para o DU, suspensas em maio pelo reitor. Seus nomes estão listados nos Cadernos de Notícias e Documentos. Mas não parou por aí. Em 1977, o capitão-reitor continuou com sua sanha contra os estudantes. Durante a greve daquele ano expulsou 30 estudantes e suspendeu 34. Dentre estes estavam as hoje deputadas pelo PT, Arlete Sampaio e Erika Kokay, Neném Ribeiro, Beto Almeida e o meu primeiro marido e pai dos meus filhos, Jorge Vinhas.

Há alguns anos já se delineava o início do fim dos anos de chumbo: a ditadura começava a fraquejar, desde a derrota fragorosa sofrida nas eleições de 1974, quando o MDB, único partido de oposição legalizado – os partidos de esquerda amargavam uma brutal repressão e viviam na clandestinidade – conseguiu eleger 16 senadores, das 22 vagas em disputa e 44% da Câmara.

É esta ditadura já começando a claudicar que os estudantes desafiam bravamente com aquela greve de 77. Ela foi o marco inicial na caminhada para a reconstrução das entidades estudantis legítimas que representassem os interesses dos estudantes dentro da universidade e contribuíssem para mudar aquela situação de repressão tremenda dentro do campus. O capitão-de-mar-e-guerra comandava a UnB de Darcy Ribeiro como se estivesse comandando um navio numa guerra contra os estudantes e o restante da comunidade universitária.

Mas voltemos, ainda uma vez, ao ano anterior de 1976, ano da morte do ex-presidente Juscelino Kubitscheck. Sua despedida, velório e enterro transformam-se na primeira manifestação de massas contra a ditadura em Brasília. Durante o percurso do enterro, que foi da Catedral Metropolitana, na região central da cidade, até o Campo da Esperança, no final da Asa Sul, o povo, consternado com a morte daquele que construiu a cidade e foi dela exilado pela ditadura – estudantes secundaristas, universitários, professores, profissionais liberais, trabalhadores e o público em geral – acorreu àquele velório na Catedral e se deslocou durante horas até o cemitério, gritando a palavra de ordem: "JK, eleito pelo povo!" e "abaixo a ditadura"!

Naquele momento, eu tinha 16 anos e fazia o último ano do então segundo grau, no Colégio Objetivo. Com meus amigos estudantes, fomos àquela manifestação. A esta altura, ainda não participávamos de forma organizada do Movimento Estudantil. Meus amigos e eu, pelo menos, não, e também não me lembro de entidade estudantil secundarista atuando naquele momento em Brasília. Então ali, realmente, eu me tornei "cidadã". Compreendi que existia no país uma ditadura. Eu tinha recém chegado a Brasília, pois vim do Acre para cá em 1975, para estudar. Meus pais fizeram um esforço tremendo para enviar a filha caçula, com 15 anos, pois a recessão econômica brutal de 1973 havia levado o comércio do meu pai no Acre à falência. Minha irmã mais velha veio também e fomos morar num pensionato das freiras vicentinas na avenida L-2 Sul.

Eu sentia o peso da responsabilidade de honrar o esforço de meus pais e estudava para valer. Mas os fins de semana eram dedicados ao Cine Brasília, ao Cine Cultura e ao cinema da Escola Parque 508, todos programados magistralmente por Damata com pérolas do cinema brasileiro e mundial! Então, foi naquela manifestação popular em que se transformou a morte JK, que eu realizei, ainda na minha compreensão juvenil, que a gente vivia numa terrível ditadura repressora e brutal. Expressei assim num poema que fiz aos 15 anos, no ano em que cheguei à Brasília, o medo que a ditadura espalhava no inconsciente coletivo:

> Sentada nessa grama fabricada
> olho para tudo com agonia
> e presente pressinto angustiada
> dez mil olhos no meu dia, meio-dia
> me levanto e corro aperreada
> vago nas calçadas
> tecendo o medo
> entre vigas simétricas, vagas passadas
> apressada tento em vão conter
> o medo em meu peito
> olho para os lados
> no escuro estreito, espreitam...

No entanto, o ano de 1977 me alcançou feliz porque eu completara 16 anos conquistando, em 1976, uma vaga na tão almejada UnB, enchendo meus pais de orgulho por ter sido aprovada em sétimo lugar para o curso de Engenharia Florestal, que acabei trocando, no vestibular do semestre seguinte, por Ciências Sociais. Começaram as aulas e a semente da luta pela cidadania que havia sido plantada dentro de mim no velório de JK recebeu um pouco do frescor da luta cidadã, um pouco mais das águas democráticas para germinar, trazendo o fruto da compreensão do meu lugar na prática política cotidiana, que adquiri ao começar a me inteirar dos problemas do país. Isso porque eclodiu na UnB a histórica Greve de 1977. Nas manhãs ensolaradas de maio e de céu muito azul – o mar de Brasília, no dizer do criador da cidade, Lúcio Costa– eclodiu, finalmente, a primeira greve estudantil de Brasília, desde o advento do 477 e do AI-5.

O motivo imediato da greve foi a punição, com suspensão por tempo variável, de 16 estudantes pela participação no ato do Dia Nacional de Luta, realizado no dia 19 de maio. A greve reivindicava a anulação das punições. Aquela luta levou os estudantes calouros como eu a perceberem, já no início da vida universitária, que por detrás do capitão-reitor estava a própria ditadura e seus dentes de chumbo. Azevedo foi o veneno azedo que a ditadura impôs para acabar com o projeto visionário de Darcy Ribeiro, de criação de uma Universidade com U maiúsculo no coração do país, onde o conhecimento e a formação da cidadania se juntassem, projeto que lhe foi inspirado por outro visionário, Anísio Teixeira.

A 6 de junho, a soberania da universidade foi invadida para tentar acabar com a greve dos estudantes. Alguns estudantes foram presos e intimados a depor. O grau de repressão tomou proporções de tal ordem que não se podia andar em grupo de mais de 3 ou 4 pessoas, que eles consideravam como um motim. Mas quando o número de estudantes se tornava na casa dos milhares, com assembleias de até 5 mil pessoas, eles não tinham como reprimir.

Quantas vezes íamos de ônibus buscar panfletos com nossas propostas em gráficas, que carregávamos na barriga como se estivéssemos grávidas e íamos distribuir clandestinamente. Hoje compreendo que nós estudantes de então éramos como personagens das canções de Violeta Parra que escutávamos: "*Que vivan los estudiantes/Jardín de nuestra alegría/Son aves que no se asustan/ De animal ni policía*".

Nessa época, eu tinha uma melhor amiga que havia feito ainda no secundário, a Anelise, filha de diplomata, também recém-chegada em Brasília. Anelise trouxe fitas de áudio com músicas engajadas latino-americanas de Violeta Parra e Mercedes Sosa e também da norte-americana Joan Baez. Aquelas músicas, juntamente com as de Caetano Veloso, Chico Buarque, Gilberto Gil, Milton Nascimento e outros que escutávamos construíam o nosso imaginário de resistência cultural. Na Universidade, o Centro Acadêmico da Arquitetura, quando Liberdade e Luta elegeu a direção, chegou a trazer Cartola e Clementina de Jesus, antes mesmo que ficassem conhecidos como os grandes músicos geniais que são.

A UnB fervia, resistindo inclusive culturalmente à repressão e ao desmonte da Universidade tal qual foi concebida por Darcy Ribeiro. Grupos teatrais saiam pelo ICC (o Minhocão), representando peças como "O Capitão-Rei Thor no Vale do Urubus". Pedro Anísio fazia filmes em super-8 e a luta pela reconstrução das entidades estudantis tomava corpo.

Desde então a minha vida nunca mais foi a mesma. Nessa época eu era muito jovem, não tinha filhos, e a gente passava os dias e as noites praticamente na universidade. Fazendo militância, participando de discussões, das assembleias, das passeatas, das manifestações, Assistindo clandestinamente filmes como "A Greve", "Outubro" e "Que Viva México", de Serguei Eisenstein, participando ativamente de toda a pauta que o Movimento Estudantil colocou naquele momento. Depois da greve começou a reconstrução das entidades estudantis livres que haviam sido destruídas pela famigerada ditadura. O processo se desdobrou com a reconstrução da UNE. A partir das greves da UnB e da USP abriu-se para os estudantes esta discussão e ela fermentou e se propagou. Assim, em 1979, a UNE foi finalmente reconstruída, naquele grande congresso em Salvador, do qual também participei.

Das correntes políticas que atuavam então no M.E. da UnB, eu me lembro da Unidade, que era ligada ao PC, do Debate e Ação, ligada ao PCdoB e de uma série de correntes de orientação trotskista, como Liberdade e Luta, ligada à Organização Socialista Internacional, a OSI francesa, da qual eu fazia parte, liderada pelo francês Pierre Lambert; havia o grupo Oficina, ligado a Posadas, e depois surgiu a Novo Rumo, ligada à Convergência Socialista, cujo líder maior era o argentino Moreno. Éramos como primos, nós os trotskistas. Éramos de grupos diferentes, mas a gente se dava bem e geralmente, nas assembleias, votávamos juntos.

Extraordinário para mim, naquele 77, foi conhecer o Teatro de Arena, um grande anfiteatro a céu aberto na Praça Maior do campus da UnB, construído à maneira dos teatros gregos. No Teatro de Arena, o orador prescindia de microfone, tal a acústica perfeita do lugar. Comungávamos do amor às palavras bem faladas e, às vezes, vencia a proposta que era melhor defendida nas assembleias gigantescas, pelo puro poder de oratória de alguns estudantes de então. Eram discussões muito ricas sobre o momento que a gente vivia. As discussões convergiram no final para a luta contra a ditadura. O movimento se unificou mais adiante na luta pela Anistia Ampla, Geral e Irrestrita e a imediata libertação dos presos políticos.

Interessante notar que, naquela época, não havia na Universidade nenhuma tendência no campo da direita. Todas eram do arco da esquerda. Todas comungavam dos ideais tradicionais da esquerda, de busca de justiça social e liberdade. Pelo menos eu não me lembro se havia gente de direita como neste momento que passará a ser lembrado como o pior de nossa conturbada história. (Um dia virá em que este bolso-nazismo será condenado pelas mais de 650 mil mortes na pandemia, o que representa 12 vezes as perdas do império norte-americano no Vietnã). Se havia uma ultradireita assim entre as tendências estudantis na UnB da época, elas não conseguiam se impor na vida estudantil.

O M.E. na UnB foi muito vigoroso. E 1977 foi o ano em que houve essa fulguração dos estudantes tomando consciência da vida de nosso país, de que havia uma ditadura militar, de que era necessário se organizar nas fileiras da luta contra a ditadura e se juntar também com o movimento dos trabalhadores.

Também o ICC, obra monumental de Oscar Niemeyer, com paisagismo de Burle Marx, me causou profundo deslumbramento: as alas Sul e Norte, com dois centros de convergência, onde se reuniam os estudantes no período entre aulas, o Restaurante Universitário, onde fazíamos as três refeições, e onde, às vezes, encontrávamos pedra no feijão e lagartas na salada.

Os estudantes ali foram o fermento da luta operário-camponesa-estudantil. Nós, da Liberdade e Luta, lutávamos por esta aliança. Àquela altura, Lula já liderava os metalúrgicos nos sindicatos do ABC Paulista, organizando a categoria para a defesa de seus interesses. Mas acredito que os desdobramentos daquelas greves de 77 na UnB e na USP foram ecoar na grande greve que os metalúrgicos liderados, por Lula, fizeram no ano seguinte, em 1978. E, por sua vez, o desdobramento da greve dos metalúrgicos de 1978 foi a construção da CUT e do PT, no qual, finalmente, a aliança operário-estudantil se realizou. As lutas daqueles estudantes e das correntes trotskistas que defendiam um partido operário independente acabaram desaguando no PT, rio caudaloso que veio a se transformar no mais importante partido da esquerda brasileira, sendo Lula, seu líder máximo, um dos maiores estadista do mundo!

E, muitos anos depois daquela greve estudantil de 1977, muitos anos depois da greve dos metalúrgicos do ABC de 1978, no ano de 2003, Lula se tornou o primeiro presidente operário do Brasil, depois de uma Campanha Contra a Fome, cuja Caravana da Cidadania registrei e transformei no filme de longa metragem, "3 Refeições". A mesma fome que recrudesce hoje debaixo da chibata bolso-nazista. O Partido dos Trabalhadores chegou naquele momento ao poder com sua agenda avançadíssima de desenvolvimento, geração de empregos e de redistribuição de renda, como jamais houve na história deste país. Uma agenda tão avançada, tão revolucionária para a classe trabalhadora brasileira, para os estudantes, para o povo brasileiro que foi pela primeira vez incluído no Orçamento da União. Foi essa a agenda que o presidente Lula implementou em oito anos de governo, e que certamente implementará com sua vitória em 2022. Aos estudantes de 1976/77, aos de agora e aos de sempre, fermentos do pão da liberdade, dedico estas palavras.

A autora

Maria Maia é socióloga, antropóloga e mestre em Comunicação Social pela UnB, tendo defendido a tese "Escritura Fílmica", sobre o processo de criação da linguagem cinematográfica. Como cineasta, realizou 64 filmes, entre curtas, médias e longas-metragens, tendo trabalhado por 20 anos como roteirista e diretora de filmes na TV Senado, onde produziu títulos como *Machado de Assis, Alma Curiosa de Perfeição, Portinari, Poeta da Cor, Zé Lins, Engenho e Arte*; *Sousândrade, O Guesa Errante*; *Athos Bulcão, Ritmo, Forma e Cor*; *JK, um Cometa no Céu do Brasil*; *Chico Mendes Vive*; *Abdias, Raça e Luta*; *Darcy, Um Brasileiro*; *Diretas-Já* e a série *Redescobrindo o Brasil* (Glauber Rocha, Humberto Mauro, Ângelo Agostini, Lampião, Mulheres Pioneiras, Lévi-Strauss). Também acumula vasta produção independente, com filmes experimentais: *Inferno e Paixão*; *Espelhos Abomináveis*; *Mais Uns, Deuses na Cidade, Um dia no Juruá*; *Deuses no Juruá* (este em co-direção com Rogério Sganzerla); *Reservas Extrativistas na Amazônia*. E ainda clips com Renato Matos, Akneton e Susana Morais, o vídeo-poema "O Breu Não Atinge o Jordão", entre outras realizações. Em fevereiro de 2015, abriu a produtora independente sediada em Brasília, Imagem no Ar Produções. Em 2017, produziu o longa documental *3 Refeições*, e os curtas *Tai Chi Chuan, Uma Via para o Tao* e *Monte Vi Deo*. Em 2020 finalizou o longa *Sonia e Lygia*.

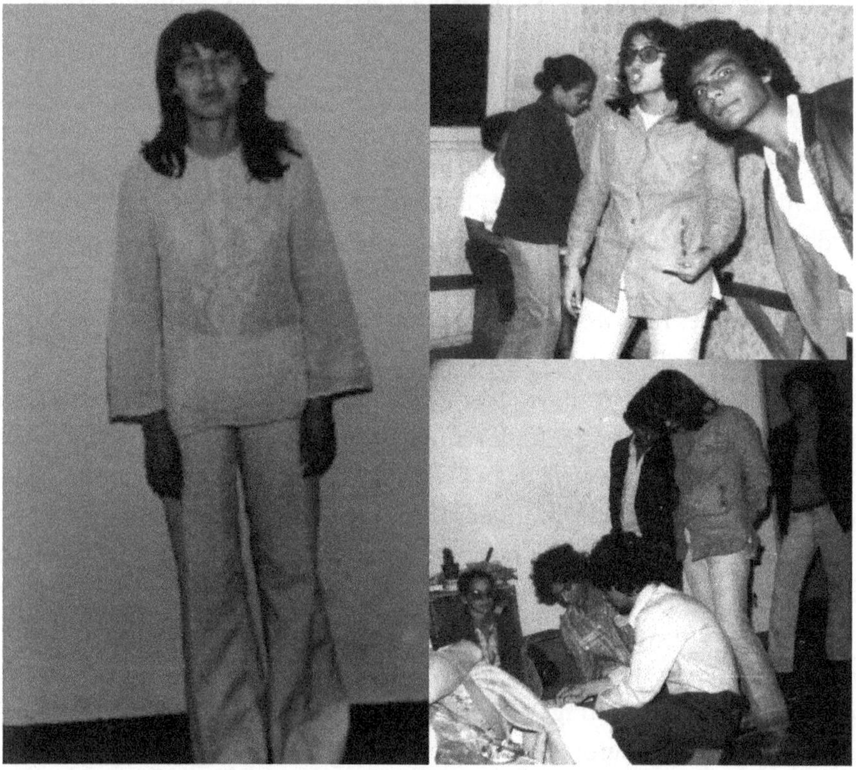

Fotos: Fundo sobre a ditadura militar do Arquivo Nacional. A da esquerda, Durante prisão, produzida pela SSP-DF.

DA BASE PARA A NOVA VANGUARDA

Tereza Cruvinel

Eu era quase caloura na UnB quando estourou a greve de 1977. Havia sido aprovada para Letras no vestibular de julho de 1976. Quando tudo começou eu era uma militantes de base, mas estava na UnB atendendo a um chamado interior para atuar no movimento estudantil ou em alguma forma de luta contra a ditadura. Para isso é que eu deixara o curso de Economia na Católica, que me dava uma perspectiva de carreira no IPEA, onde eu trabalhava como secretária. Já na UnB, mudei-me para Comunicação, decidira fazer jornalismo;

Viemos do interior profundo de Minas para Brasília em 1972, minha mãe com quatro filhos e muita coragem. Depois das peripécias iniciais, fui aprovada numa seleção para o IPEA. Concursos ainda não eram regra. Lá convivi com economistas progressistas que diziam "combater por dento" a ditadura. Alguns deles se projetariam na Nova República. Meu chefe era Eduardo Martini, um economista brilhante que morreu prematuramente num acidente. Lá passei também a ter contato com jornalistas que cobriam economia. Lá me politizei e senti o chamado contra a ditadura.

Quando a greve estourou eu já havia entrado para a tendência Oficina mas era "periferia". Não havia ainda sido apresentada e me filiado ao PORT, o partido posadista clandestino. Isso veio depois. Havia também começado a namorar o Sergio Mascarenhas de Moura, protagonista ativo do movimento estudantil. O ano começou quente, com mobilização contra o preço do "Bandejão", plebiscito do DU, protestos contra o "Pacote de Abril", greve na arquitetura e outros fatos. Muito tímida, eu compareci a tudo mas discretamente, na retaguarda.

Veio o ato de 19 de maio, o ato do Dia Nacional de Luta, do qual tenho nítida e cálida lembrança: subimos para a praça que batizamos de Edson Luís cantando "Para não falar que não falei de flores". Para abreviar, chamávamos a canção de "caminhando". Veio a punição de 16 estudantes pelo capitão Azevedo e a greve. E foram acontecendo, em tropel, todos os fatos neste livro já narrados em vários capítulos: as grandes assembleias e passeatas pelo *campus* e nossa inabalável decisão de continuar com a greve enquanto as punições não fossem revistas.

No Oficina eu era boa tarefeira, adorava fazer cartazes e engrossar piquetes mas jamais falava fora das reuniões menores. Havia uma vanguarda experiente e provada à frente da greve. Nela estavam o Sérgio e meus companheiros da Oficina, que eu admirava muito: o Beto Almeida, amigo até hoje, com aquela capacidade de combinar firmeza e lucidez com serenidade. Gostava muito do Flavio Botelho, que assumira a presidência do DU, tão afetuoso nas relações pessoais. Da Geisa Xaud, que perdi de vista, do Alcides Faria e da Érica Kokay, tão combativa até hoje, como deputada. Guarda ainda hoje a mesma eloquência quando fala. Lembro-me sempre da jovem Érica quando hoje ela aparece em eventos políticos e o mulherio grita: "Me representa". Beto e Érica, em reuniões do PORT, que fazíamos até em piqueniques disfarçados, tratavam da nossa formação teórica. Líamos, para depois discutir, os textos clássicos de Marx e Engels, do leninismo e do trotskismo, começando pelo Manifesto Comunista.

No Oficina falavam muito dos companheiros expulsos em 76, como a Bárbara Hartz, de quem eu seria amiga bem mais tarde, do Eduardo Almeida e do Peninha, que estão neste livro mas nunca conheci pessoalmente.

Mas nunca fui sectária, e apreciava também as qualidades dos expoentes de outras tendências e dos independentes, pois os havia: a oratória do Agamenon de Araújo Sousa, a combatividade do João Simplício, a racionalidade do Ralf Campos, e aquele ativismo elétrico de tantos outros, como o Neném (Marco Antonio Ribeiro Vieira Lima), mais tarde um grande amigo, do Hudson Cunha, do Paulinho Veiga, da Arquitetura, que há pouco partiu dessa vida, do Michel Zaidan, com quem viria a conviver mais tarde na Câmara, do Rocine, primeiro presidente do DU. Admirava a garra das colegas mulheres de outras tendências, como a Arlete Sampaio, a Maythe, a Leila Abdalah, a Maria do Rosário, a Eliane Vieira, a Florianita (Anita), a Mira, entre outras tantas. Cometo omissões por culpa da memória. E não os identifico por tendência para evitar erros que jamais seriam perdoados.

No dia 23 de junho houve a missa no Santuário de Fátima, celebrado por Frei Bernardo e outros capuchinhos. Fui com uma comissão tratar da celebração. Minha mãe achava tudo aquilo muito perigoso mas foi à missa, e participou da reunião de pais. Fiquei gratíssima e orgulhosa por ela ter ido.

O 17 de julho foi um marco. A PF abriu inquérito contra 14 colegas (lista nos Caderno de Notícias e Documentos) com base na Lei de Segurança Nacional, Azevedo abriu inquérito disciplinar, o Conselho Universitário rejeitou o recurso contra as punições e decidimos manter a greve mesmo assim. Começaram as prisões e Sergio, um dos 14, tentou esconder-se mas acabou preso, juntamente com outros 6. Passou a compartilhar uma cela com Flávio. Sigmaringa Seixas, nosso advogado abnegado, e pelo resto da vida meu amigo e oráculo político no jornalismo, cuidava da defesa. Garantia que não estavam sendo torturados. Quando ele morreu, eu e outro companheiro da greve dissemos umas palavras de gratidão à beira do túmulo.

As prisões e os indiciamentos desfalcaram a vanguarda, e no dia seguinte Azevedo fez o resto, com a expulsão de 30 e a suspensão de 34 estudantes (lista nos Caderno de Notícias e Documentos). Abriu-se um buraco na linha de frente. E em 25 de julho, quando terminou o recesso que Azevedo antecipara para esvaziar a UnB, encontramos a universidade completamente ocupada pelas tropas policiais. Agora não era só intimidação, como antes. Era uma invasão, que chegava às portas das salas de aula.

A partir desse momento começa a surgir uma nova vanguarda, como dizíamos. Militantes da retaguarda, como eu, entenderam que teriam de segurar a onda, manter a greve e resistir ao cerco policial. Eu fui dessa turma, pois quase todos do Oficina estavam presos ou haviam sido expulsos ou suspensos, embora nos apoiassem de fora. Venci a timidez e arranjei coragem para falar em reuniões, assembleias e piquetes, naquele esforço derradeiro para segurar a greve.

Naquele dia fizeram uma prisão em massa quando começamos uma assembleia na Entrada Norte. Eu estava entre as meninas levadas para a 2a. DP, na Asa Norte. Os rapazes foram para a sede da PF. Na lista dos 154 presos naquele arrastão, feita pela Secretaria de Segurança Pública, tenho o número 102. No pátio em que fomos colocadas, dei um jeito de me livrar do livro que tinha na bolsa. "Literatura e Revolução", de Trotsky. Abri a tampa de uma caixa de eletricidade, coloquei-o sobre os fios e tampei de novo.

Entre nós estavam Rosa e Margarida, filhas do ministro das Comunicações de Geisel, Euclides Quant de Oliveira. A família delas mandou lanche para todas nós, numa caixa vinda da lanchonete Chaplin, talvez o primeiro fast food de Brasília: sanduíches, refrigerantes e latas de goiabada. Rosa e Margarida foram muito dignas. Já quase noite, Sig apareceu e avisou que seríamos liberadas na medida em que prestássemos depoimento. Um policial, com a lista na mão, começou a chamada: Margarida Quant de Oliveira e Rosa Quant de Oliveira! Elas avisaram que só sairiam quando fôssemos todas soltas. Recusaram o privilégio. Então houve um acordo para a chamada em ordem alfabética. Entre os rapazes havia um filho do senador Catete Pinheiro e um de Marcos Freire. Pelo que sei, também se portaram bem.

Fui presa novamente, mais adiante, com um grupo menor, e dessa vez levada para a Polícia Federal, onde passei uma ou duas noites. Houve interrogatório pesado, mas não violência física. Dessa prisão é a foto ao lado, que o jornalista Edson Luís (Edinho), que partiu em 2020, recuperou no Arquivo Nacional.

Acho que essa turma do final da greve, mesmo não tendo a experiência e o brilho da vanguarda anterior ceifada, cumpriu bem o seu papel, enquanto foi possível. Serei injusta na recordação das pessoas dessa fase, mas tenho grata lembrança de algumas, de todas as tendências: José Carlos Sigmaringa Seixas, irmão do Sig, Arlindo Fernandes, Vera Lopes dos Santos, a graúna, e Guacira de Oliveira, Magrit Schmidt, a Mag, Antonio Leitão, o Toninho da Libelú, José Umberto de Almeida, futuramente um grande amigo, Laurez Cerqueira, Juvenal Mesquita, Silvana Lousada, Maria Luisa da Silva, Vespasiano, o Vespa, Maria Maia, Beatriz Machado, a Bia da Oficina, o Felício, Alfredo Augusto, Paluzinha e tantos outros. Como se chamava mesmo o Mexerica, da Elétrica?

Seguramos a greve ao longo de agosto. Assembleias no Teatro da Minoria ou no "Minhocão" não eram mais possíveis. Até mesmo uma passeata silenciosa que iniciamos foi atacada e dispersada. No Bandejão é que fazíamos pequenas assembleias e atividades culturais. E batíamos talheres para azucrinar a polícia.

Além dos policiais, havia os agentes infiltrados que nos espionavam o tempo todo. Deram também para distribuir panfletos em que nos chamavam de comunistas e aquelas coisas. Guardo um, em que colocavam apelidos em todos nós. Eu era "Terezinha Satanás". De fato por alguns anos me chamei Maria Terezinha. Erro do tabelião. Meu nome devia ser homenagem a minhas duas avós, Maria Tereza. Mais tarde alterei o registro civil.

O primeiro semestre terminaria oficialmente em 31 de agosto e o segundo começaria em 12 de setembro. No fim de agosto alguns departamentos começaram a discutir a volta às aulas: Medicina, Arquitetura, Comunicação, Sociologia e Antropologia, outros mais. Mesmo apresentando condições para voltarem, estavam divergindo da orientação do DU. Era o sinal de que a greve perdia força, estava se exaurindo. Havia o cansaço e a maioria dos estudantes já estava reprovada por excesso de faltas.

No pequeno recesso, chegamos a distribuir panfletos no desfile do 7 de Setembro, com Geisel no palanque. Tentamos fazer subir um balão a gás puxando uma faixa de "abaixo a ditadura" mas o mecanismo falhou. Ali, Álvaro Homem foi preso. No final do mês fui com um grupo do Oficina a São Paulo participar do III Encontro Nacional dos Estudantes. Na violenta invasão policial da PUC, alguns da nossa delegação do Oficina estiveram entre os 900 estudantes presos.

O segundo semestre começou, em 12 de setembro, com os estudantes voltando às salas de aula mas o movimento estudantil na UnB seguia vivo. Em setembro mesmo começamos a discutir a criação do DCE e dos centros acadêmicos livres. Em novembro, uma aventura: Beto Almeida organizou para que eu e Luiza Silva, companheira de Oficina, entregássemos uma carta ao presidente da Venezuela, Carlos Andrés Peres, ainda então um homem de esquerda, uma carta denunciando as violências contra a UnB e os crimes da ditadura. Furamos o cordão de segurança na entrada do Itamaraty, entregamos a carta e vazamos. Não nos pegaram.

No primeiro semestre de 1978, houve um racha no PORT/Oficina. Eu estava no grupo que se juntou à Liga Operária, organização também troskista que fundaria a Convergência Socialista e participaria da criação da PT em 1980. Na UnB lançamos nossa nova tendência, Novo Rumo Socialista. Mas durou pouco. Eu não fora punida na greve mas a ditadura me tiraria da UnB de outro modo.

Em julho, o Alcides Faria e um grupo de simpatizantes foram presos num "aparelho subversivo", como estampou o *Correio Braziliense*. Foram os últimos torturados da ditadura. Eu estava no Rio, em outra atividade política, e passei a ser procurada pela Polícia Federal em Brasília. Estava indiciada também, juntamente com meus companheiros da direção regional, que eram donos do "aparelho", Antonio Carlos Pereira Ramos e Lúcia. Se voltássemos, seríamos presos, talvez torturados, colocando em risco a organização. Na clandestinidade, fui deslocada para a frente operário-popular na Baixada Fluminense, onde fiquei até à anistia, mas essa é outra história. Lá, não só nós da Convergência, mas militantes de outras organizações de esquerda, tínhamos o apoio de D. Adriano Hipólito, arcebispo de Nova Iguaçu, perseguido e violentado pelo terrorismo da extrema direita militar inconformada com os ventos da democratização.

Em setembro a PF prendeu outros 22 militantes da Convergência em São Paulo, entre eles o líder máximo, o argentino Nahuel Moreno. Fizemos uma campanha por sua extradição para outro país, não para a Argentina, onde certamente o matariam. Foi deportado para a Colômbia. A Convergência teve papel relevante na criação do PT mas foi expulsa e acabou fundando o PSTU. Mas eu já tinha me afastado, para trilhar o jornalismo.

Voltei à UnB em 1981 para me graduar. Da minha turma de formatura participava um dos expulsos de 1976, Davi Emerich. Estávamos nos graduando com atraso, mas valera à pena.

A pessoa que me tornei, e os caminhos que segui, nem sempre fáceis, foram forjados pela minha passagem pela UnB, pelo movimento estudantil e pela militância política contra a ditadura nos anos 1970. Na década de 1980 começa minha trajetória no jornalismo político mas nela me guiei, sempre, pelos compromissos e os ideais firmados naquele tempo.

A autora

Tereza Cruvinel (Coromandel-MG, 23/05/1955). Formou-se em Jornalismo na UnB, em 1981, onde também cursou o Mestrado em Comunicação. Desde o início da carreira dedicou-se ao jornalismo político, trabalhado nos veículos *Jornal de Brasília*, *Correio Braziliense*, *Jornal do Brasil*, Globonews e *O Globo*, onde por 24 anos escreveu a coluna Panorama Político. Em 2007, deixou as Organizações Globo para integrar-se ao esforço de implantação da TV Pública no país, no segundo Governo Lula. Como primeira diretora-presidente da EBC - Empresa Brasil de Comunicação, implantou a empresa e TV Brasil. Após o golpe de 2016, juntamente com outros jornalistas, foi afastada da emissora, onde atuava como apresentadora e comentarista. Integra a Frente de Defesa da EBC e da Comunicação Pública. É colunista do portal Brasil247 e da TV247. Ganhou o prêmio Unysis de inclusão digital (2002) e o prêmio Comunique-se de melhor colunista política de opinião (2021). É autora de "Cristina Tavares – Perfil Parlamentar" e de "Quatro anos de um ideal democrático", balanço de mandato na presidência da EBC.

O REITOR, A CONSPIRAÇÃO E EU

Alcides Bartolomeu Faria

Fui expulso da Universidade de Brasília na década de 1970, quando era reitor o capitão-de-mar-e-guerra e físico nuclear José Carlos de Almeida Azevedo. Eu estudava Biologia e fui expulso juntamente com outros 29 estudantes que participavam do Movimento Estudantil, e principalmente por ter sido parte ativa da greve geral de 1977.

Quase trinta anos depois, há cerca de 10 anos, tive um encontro inusitado com ele no Aeroporto de Brasília com o ex-reitor da UnB, o capitão de mar e guerra e físico nuclear, José Carlos Azevedo.

No dia do encontro com Azevedo eu voltava de Manaus e logo após o desembarque me dirigi à praça da alimentação para almoçar. Em busca de um local para sentar-me dou-me conta de que, em uma mesa próxima, estava o ex--reitor, ao celular, no centro de um grupo de 10 ou 12 pessoas.

Ali estava ele, o comandante-mor do campus que, com sua milícia, ocupava todos os sítios e, onde não alcançava com ela, cuidava de colocar escutas – uma delas, por exemplo, foi descoberta no forro do Diretório Universitário. Comentou-se que por queda na voltagem de energia, a reunião pôde ser ouvida pelo rádio de um estudante da Engenharia. Na versão ouvida palavrões chegaram aos ouvidos do reitor – sendo homenageada a sua mãe – acompanhados de "Abaixo a ditadura".

Decidi que iria falar com ele, dizer que eu era um dos "atingidos" e perguntar se tinha algum arrependimento dos danos que causara a estudantes, professores e mesmo ao país com suas ações durante o seu reitorado. Saio em sua direção mas, no meio caminho mudo de ideia, vou até o contêiner, deixo o prato

que tinha à mão e afasto-me. Quando contorno uma das colunas, já distante do local onde estava Azevedo, eis que ele surge na minha frente e pergunta diretamente: "O que foi?"

Segue-se um diálogo estranho e surpreendente, em que ele me diz que a greve foi produto de uma conspiração. Reproduzo o diálogo, aproximadamente, abaixo:

- Eu fui um dos expulsos por você da Universidade de Brasília durante a greve.

- Eu não me lembro de você, mas também não tenho mesmo como me lembrar de todos. Vocês fizeram aquela greve a mando do Ney Braga,[1] que queria nomear mais de 100 pessoas para a UnB e eu não concordei. Ele queria me derrubar.

- Com certeza essa não foi a nossa razão. Aquela greve foi um marco do ressurgimento do Movimento Estudantil no Brasil.

- Mas o que eu posso fazer por você?

- Nada. Apesar de que, com a expulsão, você me impediu de buscar um mestrado em Imunologia, como eu planejava na época. Encontrei outros caminhos e a vida seguiu seu curso.

Parece que eu falei algo sobre "esquinas da vida".

- Mas por que não fez o mestrado? Poderia sim ter feito [pensa por alguns segundos]... Você tem razão, na verdade não tinha mesmo como fazer, considerando a expulsão. Vamos conversar, me procura depois [leva a mão ao bolso do paletó e não encontra seus cartões de visita]... Procure meu telefone, é fácil encontrar na lista, e me ligue.

Não me lembro de minha resposta. Trocamos mais algumas palavras e saio dali surpreso com a atitude dele de cercar-me, oferecer-se para fazer alguma coisa por mim e, principalmente, com sua afirmação de que estávamos, com a greve, no meio de uma conspiração do coronel Ney Braga contra ele. Uma briga no interior da ditadura.

Pensei em procurá-lo em uma de minhas várias viagens a Brasília, mas terminei por não fazê-lo.

Algum tempo depois leio a notícia de sua morte, e a informação de que, como físico, era negacionista contundente da possibilidade das mudanças climáticas devido a emissões de carbono. Não consegui saber, como queria, se car-

1 Ney Braga foi ministro da Educação no Governo Geisel, de 1974 a 1978.

regou pela vida algum arrependimento e nem obter mais detalhes sobre suas visões. Contaria um pouco do Brasil daquele tempo.

O autor

Alcides Bartolomeu de Faria (Nova Andradina-MS, 1953). Biólogo e ambientalista. Durante cinco anos na década de 70 atuou na mobilização estudantil, principalmente, na estruturação/reestruturação do movimento de base na Universidade de Brasília, a partir da chamada Representação Estudantil da Biologia, bem como na criação do Diretório Central de Estudantes. Em 1978, foi preso e torturado nos porões da ditadura, num processo contra a Convergência Socialista. Após a saída da prisão a permanência em Brasília tornou-se impossível, devido à perseguição permanente por agentes da repressão, incluindo uma tentativa de atropelamento. Deixou a cidade e foi para seu estado de origem, Mato Grosso do Sul, onde participou, juntamente com a Comissão Pastoral da Terra, da Igreja Católica, da organização dos trabalhadores rurais, da recriação de seus sindicatos e da criação de mais de 30 associações de moradores, processos que fluíram na direção da construção de uma ferramenta fundamental na luta pelo fim da ditadura e a construção da democracia, o Partido dos Trabalhadores. Foi dirigente regional e membro do primeiro Diretório Nacional do partido. Após a Anistia, retorna à UnB e conclui o curso de Biologia. No final dos anos 1980 e início dos anos 1990, não muito afeito aos processos eleitorais, deixa os marcos do PT e participa da criação de uma organização ambiental. Considerou então que a estrutura do PT era "limitante" para a atuação em um mundo novo, com algumas revoluções em curso. Em seguida participa da criação da Ecoa, uma organização não-governamental ambientalista. Deste então, tendo a Ecoa como fio condutor, participou da criação de mais de 30 organizações ambientais e da criação e coordenação de várias redes e fóruns de ONGs ambientalistas regionais, nacionais e internacionais. Dentre as internacionais, a Coalizão Rios Vivos (que conta com mais de 400 organizações da América Latina, Europa e Estados Unidos) e a Articulação Soja, criada com o propósito de lutar contra a expansão da fronteira agrícola. Dentre as articulações nacionais, atua na Rede Cerrado, Rede Pantanal e no Fórum Brasileiro de ONGS e Movimentos Sociais. Simultaneamente, cuidou de sociedades em empresas familiares.

A RECONSTRUÇÃO DOS CENTROS ACADÊMICOS E DO DCE LIVRE

Zeke Beze Júnior

Não tenho o hábito de narrar em primeira pessoa. Seja na condição de agrônomo ou de acadêmico, habituei-me a redigir projetos, relatórios técnicos e estudos, sempre calcados em dados apurados e quantificados, mas agora acho que o relato de vivências é a melhor forma de atender à proposta deste livro, de descrever em poucas páginas um período tão intenso e tenso como o compreendido por aqueles anos da segunda metade da década de 1970 no movimento estudantil da UnB, durante a ditadura militar, em Brasília, o centro político do País. Busquei na memória e no sentimento os fatos mais marcantes que vivenciei e tentei construir uma progressão histórica do que aconteceu naquele tempo e lugar, claro, segundo minha forma de ver as coisas. Para não desviar a atenção dos fatos em si, não citei nomes e os que participaram dos episódios relatados saberão se localizar neles. Gostaria que meu depoimento acima de tudo pudesse contribuir para alertar sobre os perigos das ditaduras.

Entrei na UnB no vestibular de julho de 1976. Venho de uma família que está em Brasília desde antes de sua inauguração e que não tinha inserção no funcionalismo público ou na política. Meu pai era filho de imigrantes libaneses e, para não fugir à regra, um pequeno comerciante. Fui o primeiro da família a ingressar em um curso superior e não posso deixar de reconhecer o grande esforço que meus pais fizeram para que isso acontecesse.

A Universidade, que pude ver em detalhes depois de matriculado, era bonita, limpa, moderna, inovadora, com amplos gramados e jardins. Tudo mui-

LEIÇÕES
DCE
EMEAR· 1416

to bem cuidado, com uma aparência que dava prazer contemplar. O Instituto Central de Ciências - ICC, com sua arquitetura moderna, padrão Brasília, apelidado de "Minhocão" por sua forma comprida e estreita, possuía um jardim interno de centenas de metros, com vários e bonitos arranjos diferentes de plantas, e abrigava então a maioria dos cursos, inclusive o meu, de Agronomia, área que me atraiu desde a infância convivendo intensamente com a riquíssima natureza do Cerrado.

O primeiro período na UnB, iniciado em agosto de 1976, foi tranquilo. Matriculei-me em disciplinas com carga horária que demandava ficar o dia inteiro na universidade. Convivi em sala de aula com colegas de cursos diferentes, já que nos semestres iniciais as disciplinas básicas são comuns aos cursos da área de ciências exatas, retardando um contato mais frequente com os colegas da Agronomia. Interagi com muitos estudantes de outros estados, atraídos pelo vestibular de julho da UnB, uma das poucas universidades federais que tinham acesso de meio de ano naquela época. Conheci as regras rígidas de rendimento acadêmico que exigiam muita concentração nos estudos, sendo a mais ameaçadora o MGA - Média Geral Acumulada, que se não fosse atingida por três semestres consecutivos resultaria em desligamento do estudante da Universidade.

Entretanto, já no segundo semestre toda essa imagem de organização e tranquilidade se desmoronou brusca e violentamente. O ano de 1977 na UnB trouxe a revelação explícita de uma realidade que eu vivenciara até então como algo mais distante, por meio de notícias de jornal, comentários em voz baixa, cautelosos, receosos. Brasília era uma cidade que convivia cotidianamente com o ambiente militar e arbitrário que dominava a política nacional e local. Havia presença da ditadura por todos os cantos, desde o grande número de militares que ocupavam funções públicas, fazendo sentir a cada momento o ambiente da caserna na cidade, até demonstração mais ostensiva de força como, por exemplo, os tanques de guerra na Esplanada dos Ministérios para garantir o fechamento do Congresso Nacional em alguns períodos.

Assim, a primeira parte da minha vida foi dentro de um regime político ditatorial que, depois de anos de continuidade foi adquirindo certo ar de normalidade, mas sem perder aquela aura de ameaça, de infelicidade, de proibições arbitrárias, inexplicáveis, infundadas, por mais que acenassem com o perigo comunista, o descumprimento da moral e dos bons costumes e coisas do gênero.

No início de 1977, ouvi pelos corredores do ICC notícias vagas, difusas, imprecisas sobre colegas que teriam sido punidos pela reitoria por terem realizado atividades políticas proibidas. Comentava-se que lideranças estudantis haviam citado líderes e países comunistas em reuniões secretas que foram espionadas. Lembro em especial de que teriam feito referências à guerra do Vietnam e ao líder vietnamita Ho Chi Min. Como muitas outras pessoas pelo mundo, sempre tive curiosidade sobre a guerra do Vietnam, que marcou toda uma geração, e acompanhei diariamente as notícias sobre seu desenvolvimento nas páginas do *Jornal do Brasil*. Acho que inconscientemente pensei: será que se eu resolvesse conversar sobre o assunto estaria sujeito também a punições? Era uma atmosfera que lembrava os livros de Kafka, que li muitos anos depois e que me remeteram vivamente a esse período. Ouvíamos ecos de coisas que ocorriam em algum porão ou repartição invisível, distante, misteriosa, mas que afetavam diretamente nossas vidas.

A propósito, a primeira referência a Kafka que ouvi veio de um conhecido Decano de Assuntos Comunitário da UnB, quando eu já era presidente do DCE. Estávamos reunidos tratando da pauta de reivindicações que antecedeu a greve de 1981. O reitor se recusava terminantemente a receber o DCE, para ele uma entidade ilegal, mas o seu decano podia fazê-lo! A certa altura, o decano me pergunta se já havia lido Kafka e respondo que não. Então ele diz que eu deveria ler, para compreender melhor a ideia de absurdo, considerando o quão pouco realista era o projeto do M.E. de desencadear uma greve estudantil na UnB, uma universidade elitista, frequentada por pessoas que nunca seriam motivadas para atividades perigosas e radicais. Algumas semanas depois começava aquela que talvez tenha sido a greve até então com maior nível de adesão voluntária dos estudantes na UnB. Na disputa de quem perpetrava os maiores absurdos, acho que eles ganhavam.

As notícias inicialmente incompletas e imprecisas foram se tornando mais claras. Em síntese, cerca de trinta alunos haviam sido expulsos e outro tanto suspensos pelo reitor devido à participação em atividades políticas ditas irregulares ou subversivas. As lideranças estudantis, que eu desconhecia até então, convocam uma assembleia geral no Teatro de Arena, o espaço físico mais emblemático para o movimento estudantil da UnB. Situado ao ar livre, no grande gramado limitado pelo ICC, a reitoria e a Biblioteca Central, possui capacidade suficiente para que cerca de cinco mil pessoas possam acompanhar razoavelmente bem o que os oradores comunicam. Era um símbolo da capacidade de mobilização estudantil e normalmente era utilizado quando se tinha alguma segurança de que haveria participação significativa. Caso contrário, era melhor fazer as assembleias nas entradas Sul ou Norte do ICC ou em um dos anfiteatros.

Atendi à convocação e fui participar da assembleia. Havia um bom número de estudantes para aquele momento. O clima era tenso, com vários oradores se sucedendo. O ato de intimidação extremo do reitor, um interventor militar da marinha que foi designado para levar excelência acadêmica e disciplina para a UnB, gerou um clima de nervosismo contaminante. Vi ali pela primeira vez as lideranças do movimento que ainda não conhecia. Vi que eram estudantes em tudo semelhante aos demais, jovens como eu e os outros querendo se formar como cidadão, como cientista, como técnico. Chegava a ser cômica a forma tosca com que os representantes da ditadura tentavam na época vender a imagem de opositores como seres imorais, violentos e perigosos.

Ao final, a assembleia aprovou a greve geral para pressionar o reitor a revogar as punições e para reafirmar a necessidade de liberdades democráticas. Um turbilhão de acontecimentos marcantes estava para ser desencadeado na sequência.

Foram formados piquetes para assegurar a efetividade da greve. Cadeiras eram acumuladas nas entradas de sala de aula. Reuniões aconteciam todo momento. Muitos estudantes queriam retomar as aulas. A falta de liberdade, a arbitrariedade e a repressão de anos de ditadura haviam produzido uma geração marcada pelo medo e a omissão. A reitoria fazia de tudo para reestabelecer a sua normalidade, obrigando professores a estarem nas salas de aula e ameaçando os estudantes com novas punições e com o jubilamento que resultaria do não comparecimento às aulas. A duras penas a greve foi sendo mantida, até que ocorreu a invasão policial do campus.

Lembro com clareza de detalhes daquela longa fila de policiais militares saindo de ônibus e caminhões parados no estacionamento do ICC e se dirigindo à entrada da Ala Norte para ocupar a universidade. Um grupo de estudantes resolveu sentar no amplo vão de entrada como uma forma de resistência. Eu estava em pé logo atrás deles e presenciei uma linha de policiais fardados passar logo à minha frente e ir cercando o grupo, que havia sido intimado a se dispersar, mas que resolveu não obedecer e resistir. Completado o cerco, os estudantes começaram a ser conduzidos presos para os ônibus. Alguns mais assustados com toda a opressão da operação e a expectativa de prisão tentaram sair do cerco, mas foram contidos.

Por um mesmo processo de informações vagas, imprecisas, controladas que é o padrão das ditaduras, fiquei sabendo nos corredores da universidade que a maior parte dos presos naquele dia foi fichada e solta e a parte considerada perigosa havia sido mantida presa e incomunicável. Havia então o famigerado Decreto-Lei 477, baixado pelo General Costa e Silva, que tratava especificamente de punições a alunos, professores e funcionários de universidade que se envolvessem em atividades políticas consideradas subversivas, definidas no texto de forma tão vaga e geral que qualquer ação poderia ser considerada como tal.

A partir do dia da ocupação, os policiais militares fardados passaram a ter presença ostensiva no campus. Circulavam pelo ICC, ficavam sentados de guarda na entrada das salas de aula e procuravam desfazer qualquer reunião. A alegação oficial da reitoria é que estavam ali para garantir o direito dos estudantes assistirem às aulas. Mas muitos, inclusive eu, não podiam aceitar voltar às aulas naquela situação de opressão e intimidação, contra qualquer princípio elementar de direitos e liberdade. O sentimento de revolta era imenso, difícil de conter. A sagacidade da reitoria, felizmente, não era suficiente para perceber que estava ajudando a criar toda uma nova geração de lideranças que continuariam a luta daqueles que se sacrificaram ao longo do tempo, alguns perdendo a própria vida, para que o País retornasse ao caminho da democracia.

Os muitos estudantes que se recusaram a voltar às aulas ficaram circulando pelos corredores do ICC, trocando ideias, acompanhando o desenrolar dos acontecimentos, participando de eventuais atos de protesto surpresas convocados pelas lideranças, alguns fora da Universidade, tomando contato com informações importantes sobre o histórico da luta estudantil na UnB e mantendo a queda de braço com a reitoria em relação à volta às aulas.

Foi em um desses dias de andanças pelos corredores do ICC que percebi uma gritaria e em seguida um grupo de estudantes que vinha apressado e nervoso cercando e tentando proteger um colega da perseguição de policiais que pretendiam prendê-lo. Além dos policiais fardados, havia agentes à paisana que ficavam circulando entre os estudantes intimidando, colhendo informações e procurando aqueles que tinham ordens para prender, por não terem respeitado as proibições determinadas. Dois dos mais notórios e atuantes destes agentes ficaram tão conhecidos à época que foram apelidados de King Kong, por sua estatura elevada e excesso de músculos, e Shazam, menor e mais ágil.

Eu estava próximo à sala dos estudantes do Departamento de Agronomia, no ICC Central, quando o grupo passou no corredor do outro lado. Fui mais para perto para ver o que acontecia e vi as pessoas desesperadas procurando alguém que tivesse um carro que pudesse tirar o colega perseguido do local. Tomei então aquela que julgo a decisão que me lançou definitivamente no movimento estudantil, o divisor de águas entre o acompanhar e o participar efetivamente, se engajar. O meu nível de revolta contra tudo aquilo ultrapassou o limite do medo e da cautela.

Sinalizei ao grupo que eu tinha o automóvel, um fusquinha amarelo que posteriormente prestou outros serviços importantes ao movimento estudantil. Seguimos em direção ao estacionamento da Ala Sul. O clima era de muita tensão. Entrei no carro e o colega sentou no banco ao lado. Saí em disparada através do estacionamento da Ala Sul, a avenida L2 Norte e depois até o final da L2 Sul, em um percurso de cerca de dez quilômetros. A cara do colega era de pavor, tendo acrescentado ao receio da prisão o risco de um acidente com o carro. Espalmava a mão sobre o painel, os olhos arregalados e a respiração ofegante. Vale lembrar que prisão naquela época ainda podia significar risco de ser torturado ou mesmo desaparecer para sempre. Não era uma detenção com direito de defesa, audiência judicial, etc. O AI-5, a pérola da ditadura que permitia ao nomeado Presidente da República suspender os direitos políticos e a garantia ao habeas corpus dos cidadãos, só seria revogado em outubro de 1978.

Quando finalmente nos aproximamos de sua casa e percebemos que não estávamos sendo seguidos, fomos nos acalmando. Tivemos então uma rápida conversa e fiquei sabendo seu nome e que era também estudante da Agronomia e atuante na organização do movimento estudantil. Depois segui para minha casa e na medida em que a adrenalina foi baixando o temor das consequências da ação foi crescendo. Fiquei em um estado de alerta permanente, vendo a hora de a polícia bater à porta da casa dos meus pais. Dormi mal, acordei no dia seguinte e li no jornal *Correio Braziliense* a notícia da fuga junto com a divulgação da placa do carro. A tensão aumentou ainda mais, mas o tempo foi passando e não fui procurado. Desta vez se contentaram com o susto, a intimidação e o aviso ameaçador de que estavam de olho.

Hoje, vejo em retrospectiva que tive a sorte de começar a atuar em um período em que a ditadura ensaiava uma distensão política que depois se transformou no processo que ficou conhecido como Abertura. Era a fase do Governo do General Geisel e o regime acumulava o desgaste de anos de perseguições arbitrárias, exílios, tortura de presos e assassinatos de opositores. A vitrine do Milagre Econômico já não estava mais disponível para amenizar a sua imagem e a Crise Internacional do Petróleo trouxe sérios problemas econômicos e sociais, difíceis de serem administrados. A ditadura começou a perder força, não podia continuar mergulhando mais e mais na insanidade que predominou no período Médici.

Enxergo meu engajamento no movimento estudantil, ou melhor, na luta por liberdades democráticas acontecendo em quatro etapas básicas. Primeiro foi ter um mínimo de sensibilidade para perceber que o ser humano precisa de liberdade para se desenvolver, para se realizar, para buscar efetivar suas aptidões, suas necessidades intelectuais e materiais, de oportunidades de vida. Crescer dentro de uma ditadura plantou em mim antipatias e aversões nem sempre conscientes, uma vaga percepção de que não é assim que deve ser. Segundo, se deparar com um caso concreto e agudo de intervenção desta ditadura, mostrando onde podem chegar a injustiça, a violência, a arbitrariedade e a intimidação ilegal. Terceiro, conhecer que existem caminhos e alternativas para, coletivamente, inteirando-se do legado deixado por pessoas e organizações que já vinham historicamente lutando por democracia, agir contra este estado de coisas, acumular força política para mudar. Por último, decidir entrar, ou talvez seja melhor dizer, deixar-se levar pelo fluxo coletivo que é política idealista, limpa, com propósitos de melhorar a sociedade em que vivemos.

A Greve de 1977 foi encerrada pela polícia, mas não totalmente. Como já mencionado, uma parte dos estudantes se recusou a retornar às aulas naquelas circunstâncias e levá-los à força para dentro das salas seria uma ousadia despropositada até mesmo para aquele padrão autoritário e repressivo de atuação da reitoria. Um dos motivos para acreditar que era significativo o número de estudantes que se mantiveram em greve foi que pouco antes do encerramento do semestre, a reitoria reabriu o prazo para trancamento de matrículas. Caso isso não fosse feito, haveria reprovação em todas as disciplinas em que estávamos matriculados, a Média Geral Acumulada – MGA ficaria muito baixa e seria praticamente impossível recuperá-la nos três semestres seguintes, o que levaria a um desligamento em massa de estudantes por jubilamento.

Para muitos de nós, a greve de 1977 não estava encerrada e um dia ela haveria de ser retomada e concluída. Muito trabalho havia de ser feito para mudar a correlação de forças entre movimento estudantil e reitoria dentro de UnB.

Precisávamos avaliar os próprios erros, rever estratégias, inovar nos métodos de mobilização, obter maior adesão voluntária dos estudantes, avaliar melhor as fragilidades e brechas da reitoria, criar novos caminhos.

O Regimento Interno da UnB previa que os estudantes poderiam se fazer representar por dois tipos de entidades estudantis, sendo uma o Diretório Universitário, ao nível geral da Universidade, e o outro a Representação Estudantil, ao nível do Departamento do curso em questão. Apesar das atividades restritas permitidas e do controle sobre a atuação dessas entidades pela administração universitária, o movimento estudantil, em razão das limitadas alternativas de atuação do momento e das consequentes dificuldades para criar participação de massa do estudante, resolveu que seria uma boa estratégia aproveitar esse espaço e tentar aumentar o seu nível de atuação e mobilização.

Eu mesmo cheguei a atuar por um período como Representante Estudantil dos cursos de Agronomia e Engenharia Florestal. Na prática o que acontecia eram reuniões do Chefe de Departamento com o representante estudantil. Após assembleias com os estudantes, era elaborada uma pauta de assuntos referentes ao nível deficiente de ensino, instalações e laboratórios insatisfatórios, falta de espaço para atividades estudantis extracurriculares, entre outras, mas, muito pouca coisa era considerada com seriedade pelo Departamento. Ouvíamos que não tínhamos experiência acadêmica para tratar da maioria dos assuntos e que na medida em que divulgávamos problemas estávamos trabalhando contra a imagem externa dos cursos e prejudicando o nosso próprio futuro profissional.

Muitas recomendações, ou talvez fosse melhor chamar de ameaças veladas, eram feitas no sentido de ter calma, de não provocar agitação, de que havia possibilidade de punições. Existia também o conselho tecnocrático clássico de que se queríamos tratar de política deveríamos ter nos inscrito no curso de Ciências Políticas. De qualquer forma, conseguimos acumular alguma coisa com a experiência da Representação Estudantil, principalmente no sentido de começar a moldar um processo de consulta aos estudantes sobre os reais problemas dos cursos e formular uma pauta legítima de reivindicações que ajudaria muito na constituição do futuro Centro Acadêmico.

A Greve de 1977 havia indicado um fecho para a breve experiência com as entidades atreladas à administração universitária. A reitoria intervira na eleição para o Diretório Universitário e havia expulsado lideranças que haviam participado do processo, punições cuja tentativa de reversão havia conduzido à decisão de uma greve geral. Ficou provado que os controles da administração sobre a representação dos estudantes não permitiriam avançar muito além do que já se tinha alcançado. As entidades atreladas expunham e enquadravam as lideranças às normas controladoras da atuação estudantil do Regimento Interno da Universidade. A palavra de ordem que ganhou os corredores da universidade foi então a de constituir imediatamente as entidades estudantis livres e independentes da reitoria.

As entidades livres eram algo semelhante a uma associação civil sem fins lucrativos, só que sem registro em cartório. Não era um agrupamento anárquico de estudantes reunidos aleatoriamente para fazer política. Tinha estatuto discutido e aprovado por uma assembleia que definia objetivos, instâncias de decisão, regras de funcionamento e critérios para eleger os dirigentes. Seu objetivo central era a defesa dos estudantes em seus direitos a um ensino de qualidade e à liberdade de opinião, expressão e manifestação.

O processo se iniciava, ao nível dos departamentos, com a eleição em assembleia dos estudantes do curso de uma comissão Pró-Centro Acadêmico (Comissão Pró-CA), com a incumbência de preparar a proposta dos estatutos e o primeiro programa de trabalho. Integrei a Comissão Pró-CA da Agronomia e Florestal e as duas primeiras diretorias que consolidaram a entidade. Foi um processo de auto-organização estudantil rico em aprendizado e muito estimulante, que nos legou uma certeza ainda maior do valor da democracia e da participação coletiva. Até hoje encontro colegas desta época que relatam o quanto as experiências vividas no CA os prepararam para sua vida profissional, sindical, política e mesmo empresarial no período pós-redemocratização do País.

O movimento estudantil sempre teve o apoio e a orientação de tendências políticas de variadas linhas de pensamento que atuavam organizadamente, expressando dentro da universidade correntes que estavam presentes na sociedade como um todo. Salvo disputas sem fim para saber quem era mais radical, corajoso ou revolucionário, havia uma acirrada e sadia concorrência entre elas para chegar às proposições que melhor respondessem aos desafios da mobilização estudantil. Eram horas e horas de discussões para avaliar conjuntura, definir estratégias gerais, elaborar programas de atuação e delegar funções. Dificilmente alguma liderança estudantil daquela época estava desvinculada das orientações políticas gerais que eram geradas a partir das tendências políticas. Quando algum calouro que ingressava no movimento estudantil insistia em se dizer independente, sabia-se no fundo que ele já estava sendo trabalhado na área de influência de alguma tendência.

A tendência política a qual eu me vinculava tinha como diretriz central desenvolver a participação de massa do estudante como a melhor forma de acumular força suficiente para enfrentar a reitoria, a representante da ditadura dentro da universidade. Não se tratava de comandar de cima para baixo como uma vanguarda instruída e iluminada, mas de ir até o estudante e vir com ele, a partir do seu dia a dia, da sua inserção acadêmica, da sua situação real para um movimento em que se sentisse participante de fato e que ao mesmo tempo fosse contundente o suficiente para avançar nas pautas estratégicas.

No Centro Acadêmico de Agronomia e Engenharia Florestal (CA Agro-Flor), foi esta a orientação desde o início da sua organização. Idealizávamos atividades uma atrás das outras visando uma comunicação direta com os estudantes e a conquista de sua confiança. Precisávamos nos apresentar em carne e osso e desfazer a propaganda da reitoria de que todo militante estudantil era um mau estudante, agitador e candidato a terrorista, que só traria prejuízo ao verdadeiro estudante.

Frequentávamos todas as aulas e tirávamos boas notas. Desenvolvemos atividades extracurriculares organizadas pelo CA vinculadas ao tema da agronomia e florestal, mas com um viés crítico e questionador, como um programa de experiências de tecnologias alternativas e de horta comunitária orgânica. Criamos vários grupos de estudos para discussão de livros e autores, como Paulo Freire, por exemplo, que tratavam de assuntos relevantes para o conhecimento do povo do campo e da realidade agrária brasileira, temas que não eram tratados nas engessadas salas de aula. Trouxemos palestrantes para falar sobre a democracia, a depredação da Amazônia e do Pantanal e a necessidade de Reforma Agrária e de apoio à agricultura familiar, entre outros temas. Projetávamos filmes. Conseguíamos clandestinamente livros proibidos, que eram muitos, e os colocávamos à disposição dos interessados. Com o tempo, a atuação do CA criou uma espécie de universidade paralela, com assuntos que motivavam um bom número de colegas. Nossas mentes foram se abrindo mais e mais.

Duas iniciativas estratégicas do CA da Agro-Flor foram muito importantes para que a entidade alcançasse um nível de mobilização de destaque na universidade, estimulando estudantes de outros departamentos a continuar seus esforços de constituir os próprios centros acadêmicos. Uma foi a criação do

Informativo Agro-Flor, que era publicado regularmente e mantinha o estudante informado de toda a ação do CA e a outra foi uma ampla pesquisa sobre as condições de ensino do Departamento.

O Informativo Agro-Flor era peça chave para levar à frente a orientação de estreitar contato com os estudantes, sendo transparente e mostrando os caminhos que o centro acadêmico estava trilhando, nem que às vezes houvesse discordâncias ou dúvidas em relação às posições que expressávamos. O informativo era impresso em papel ofício utilizando um pequeno mimeógrafo manual, que apelidamos de cachacinha, por causa do seu consumo intermitente de álcool para imprimir. A diretoria do CA discutia a pauta de assuntos, as tarefas de redação eram distribuídas e uma vez prontas, as matérias eram datilografadas em estêncil, que seria fixado no rolo de impressão do mimeógrafo e que não permitia mais que umas trinta cópias nítidas, sendo necessário fazer sempre mais de um estêncil com o mesmo conteúdo. O foco principal do Informativo eram os assuntos relacionados aos cursos de agronomia e florestal e as atividades desenvolvidas pelo CA, mas sempre introduzíamos pautas relacionadas à luta política, com cautela para não assustar o estudante médio. Não queríamos ser apenas pregadores de verdades, queríamos criar força política para enfrentar a administração da Universidade. Por sua regularidade de publicação e conteúdo o Informativo conseguiu entrar efetivamente no dia a dia dos estudantes.

Para a pesquisa sobre qualidade de ensino, a diretoria do CA preparou um questionário a ser respondido pelo maior número possível de estudantes do Departamento. Percebíamos um descontentamento em relação aos cursos. Ouviam-se muitas reclamações nas conversas isoladas de corredor, nas reuniões da diretoria e em assembleias do CA sobre, entre outras, o empenho, a competência e a arbitrariedade de professores, a falta de instalações para aula e pesquisa na Fazenda da UnB, onde deveriam acontecer as aulas práticas do curso, e o conteúdo deficiente de disciplinas. Ao mesmo tempo a chefia do Departamento ora dizia que os problemas não existiam e eram criados para mera agitação, ora falava que os estudantes não tinham experiência para avaliar questões de ensino. A UnB, assim como a ditadura, precisava muito de uma imagem de competência, e para isso muitas vezes empurrava os problemas para debaixo do tapete, negando-os e prejudicando a formação das pessoas envolvidas.

Com base nesse acúmulo de discussões preparamos um questionário abrangente, que cobria os principais aspectos para avaliar cada disciplina dos cursos de agronomia e florestal. Entrávamos em sala de aula, pedíamos autorização do professor, explicávamos aos estudantes do que se tratava a pesquisa, distribuíamos o questionário e pedíamos que os respondessem e depois levassem até a sala do Centro Acadêmico. Havia os professores que não permitiam que tivéssemos espaço na sua aula, figurinhas carimbadas, que não agiam por excesso de cautela profissional ou medo, como muitos, mas porque realmente eram simpatizantes da ditadura e viam o movimento estudantil como um mal - sabe-se lá como tinham sido contratados! Nesses casos, acirrávamos a discussão para que os estudantes percebessem mais claramente os métodos arbitrários e de intimidação que prevaleciam na Universidade - melhorar o ensino e conseguir liberdades democráticas eram coisas intimamente associadas. Quando ainda assim não conseguíamos, esperávamos terminar a aula e distribuíamos o questionário na saída dos estudantes da sala.

Houve um bom número de questionários respondidos e percebemos que estávamos no caminho certo. A Diretoria do C.A. processou as respostas, analisou detalhadamente o conteúdo da informação, qual era sua dimensão, sua amplitude e produziu, como resultado final, uma proposta de pauta de reivindicações que foi levada à discussão e aprovação em uma assembleia departamental. Depois de muito trabalho, tínhamos chegado a um potencialmente poderoso instrumento de mobilização dos estudantes. O próximo passo foi apresentar a pauta à administração do Departamento.

Nesta época, sempre havia duas lutas em uma, porque primeiro era preciso mobilização e muita pressão para o centro acadêmico ser recebido pela administração da universidade, que dificultava em tudo o que pudesse a organização das proscritas entidades livres. Caso não houvesse um mínimo de demonstração de força de mobilização, não se tinha chance de ser recebido. Era necessário fazer assembleias representativas, atos de protesto, colar cartazes nos corredores denunciando a recusa em receber o CA, publicar matérias no informativo questionando qual era problema que a administração via em tratar da melhoria do ensino com os estudantes.

Uma vez recebidos, as respostas eram as mesmas de sempre, negando os problemas e alegando que não estávamos preparados para aquela discussão, acompanhadas dos costumeiros conselhos-ameaças de não causar confusão, de ir para sala estudar porque essa é a tarefa do estudante, que havia o risco de punições.

Chegado nesse ponto da mobilização, não dava para recuar, perder o pique, repetir procedimentos que não estavam dando certo ou desistir. Resolvemos organizar a greve no departamento. Depois de mais de dois anos da greve de

1977, período em que prevaleceu uma descrença e um imobilismo desanimador na UnB, vimos que havia real possibilidade de propor uma greve em assembleia dos estudantes de Agronomia e Florestal. Restava começar a prepará-la com cuidado para não sofrer uma derrota na tentativa de aprová-la, o que poderia confirmar que aquele imobilismo poderia durar ainda muito mais tempo.

A partir do retrato que obtivemos com a pesquisa sobre o nível de ensino, fomos evidenciando aos estudantes aqueles problemas mais graves por meio de ações pontuais de questionamento e de pequenas rebeliões, como foi o caso de um conhecido professor, responsável por uma das disciplinas mais importante do curso. As aulas eram dadas com descaso, sem empenho, com muitas brincadeiras e historinhas, e quando havia algum conteúdo era algo extraído de um pequeno livro texto. Havia uma quase unanimidade, turma após turma, semestre após semestre, sobre o quanto o ensino aí era ruim.

No semestre em que eu e outros colegas da direção do CA estávamos matriculados na disciplina, depois da repetição dos mesmos problemas e de várias solicitações para a substituição do professor não serem atendidas pela administração, resolvemos submeter à aprovação da turma uma atitude de enfrentamento. Propusemos pegar o livro texto, irmos todos para a biblioteca e lá estudar o seu conteúdo durante o horário da aula da disciplina até que o departamento decidisse agir. Todos aceitaram, se levantaram e passando diante do professor atônito nos dirigimos para a biblioteca. Algumas semanas depois, sobre protestos inconformados, a administração do departamento nomeou provisoriamente um professor substituto e retornarmos à sala de aula. Outros casos semelhantes foram acontecendo a partir deste exemplo de que era possível agir.

Sentimos a confiança geral dos estudantes na ação do CA aumentar, ao mesmo tempo em que percebíamos a dificuldade da administração universitária em comprar, como antes, uma briga cega para reprimir a direção do movimento. Estavam começando a ceder. Marcamos a data da assembleia para votar a greve e forçar o Departamento a dar respostas efetivas à pauta de reivindicações. Depois do longo período de refluxo pós-greve de 1977, o CA Agro-Flor entrou em greve, aprovada por uma assembleia representativa e com uma ampla adesão voluntária. Não foi praticamente necessário fazer piquetes. Obtivemos conquistas importantes, como, por exemplo, melhorias nas instalações de ensino e pesquisa da Fazenda, colocar em discussão a questão dos professores em tempo parcial, que na época comprometia seriamente o nível de ensino, e receber apoio do departamento para projetos extracurriculares de iniciativa do Centro

Acadêmico. O CA da Agro-Flor foi um dos primeiros centro-acadêmicos na UnB a fazer uma greve após o trauma de 1977.

Estudantes de vários outros departamentos foram constituindo seus centros acadêmicos, uns aproveitando as experiências dos outros, até que se criou um padrão de atuação, um movimento forte na direção de que todos os estudantes estivessem representados. Com o tempo, o Conselho de Centros Acadêmicos, a segunda instância deliberativa do Diretório Central de Estudantes, abaixo da Assembleia Geral e acima da Diretoria, se transformou em um poderoso e democrático espaço de avaliação de realidade e formulação de propostas legítimas para o desenvolvimento do movimento estudantil da UnB. Em uma época em que ainda era difícil mobilizar grande número de estudantes para as assembleias gerais, o Conselho de CAs cumpriu papel fundamental na preparação do ME para voos mais ousados.

A efervescência na criação dos CAs prosseguia, com discussões por todos os cantos da Universidade sobre nível de ensino e liberdades democráticas, com formulações de pautas de reivindicações, pressão para abrir negociações com a administração e greves departamentais que começaram a se multiplicar. Ao mesmo tempo, variados movimentos culturais, de costumes e de expressão artística pipocavam por todo o campus. Uma ansiedade, uma busca necessária por liberdade, por autonomia, por abertura de horizontes tomava conta de uma parcela expressiva dos estudantes. O grande desafio do ME passou a ser então o de juntar todos esses movimentos de base localizados nos departamentos e faculdades, em uma luta geral da Universidade, em ações para fortalecer o DCE na sua luta estratégica contra a administração autoritária e repressiva da reitoria e por uma gestão democrática da universidade.

O Diretório Central de Estudantes Honestino Guimarães da UnB foi criado pelos estudantes de modo totalmente independente da reitoria logo após a curta experiência, já mencionada, de atuação no Diretório Universitário - D.U., órgão previsto no regimento interno da Universidade e que atrelava o movimento estudantil a diversas limitações no interesse da manutenção da gestão antidemocrática da universidade. O nome do DCE é uma homenagem ao estudante da UnB, liderança importante do movimento estudantil em Brasília, que foi preso pela ditadura e nunca mais retornou ao convívio com sua família, seus colegas, sua geração, seu País. Um dos maiores dramas da história da UnB até hoje não resolvido satisfatoriamente. A prisão de uma pessoa como qualquer um de nós, sem acusação formal, sem direito a defesa, sem condenação, arbitrária, violenta.

Meus pais conheciam parentes próximos da família do Honestino, pioneiros da construção de Brasília como eles.

A estruturação do DCE foi bem mais complexa que a dos centros acadêmicos. Envolvia lidar com milhares de estudantes de cursos diferentes, distribuídos em um campus extenso. É uma organização de dimensão política maior, com visibilidade externa à universidade e que interage mais com a cidade e os demais movimentos sociais e políticos do País. Atrai a atenção das tendências políticas organizadas por ser uma melhor possibilidade de apresentar e comprovar suas teses e estratégias. O movimento estudantil foi um precursor do despertar de outros movimentos de massa da sociedade que foram se refazendo da inatividade forçada após um longo período ditatorial. Nessa época, em Brasília, por exemplo, o ME chegava regularmente, ainda que com profunda desconfiança, às páginas dos jornais e aos programas locais de TV, por ser um dos poucos movimentos políticos que se faziam ouvir na sociedade para além dos ditames do regime político vigente.

As duas primeiras gestões eleitas do DCE encontraram muitas dificuldades na montagem e consolidação da recém-criada organização estudantil. Em parte porque começar algo novo nunca é fácil, ainda mais que a criação dos CAs corria em paralelo e a experiência e acúmulos da mobilização de base ainda estavam ganhando corpo. Por outro lado, existia a necessidade de uma melhor leitura por parte da vanguarda estudantil do que acontecia naquele momento na UnB, das demandas dos estudantes, dos limites de ação da reitoria, dos espaços que as lentas mudanças na política nacional permitiam ocupar e, principalmente, de uma revisão dos métodos de convencimento, mobilização e condução da ação dos estudantes na direção de um programa de ação que realmente motivasse uma participação coletiva ampla.

Depois do mergulho no dia a dia do estudante, do convívio intenso com suas expectativas, aspirações, reivindicações, disposições de agir proporcionada pelo movimento de criação dos CAs, era preciso retornar com esse acúmulo para a formulação de uma intervenção geral, ao nível da universidade. Era esse o papel da vanguarda e a articulação política que eu integrava decidiu lançar uma chapa para concorrer à terceira eleição para a diretoria do DCE. Fui escolhido então para encabeçar a chapa, em grande parte pelo trabalho realizado no CA Agro-Flor.

A campanha eleitoral para o Diretório foi intensa. Envolveu a elaboração, divulgação e discussão de programas de trabalho para a entidade, o preenchimento das paredes da universidade com longas faixas de papel jornal pintadas com palavras de ordem, a distribuição de milhares de impressos e incontáveis entradas em sala de aula para apresentar o programa da chapa e convidar os estudantes a votar. Ao final, conseguimos vencer a eleição.

Os dois primeiros passos para o início da gestão foram o de aproximar o DCE dos estudantes, começando por uma presença física por onde ele circulava mais intensamente, e criar fontes de recursos para sustentar as ações que pretendíamos levar adiante. A sede do DCE era uma construção antiga em madeira e vidro situada em uma área isolada, a cerca de trezentos metros do ICC, por onde transitava muito pouco estudante. Descobrimos um local apropriado, que originalmente era uma sala de aula, vizinha à entrada sul do ICC, e que vinha sendo utilizada como mero depósito de livros da Editora da UnB. Solicitamos uma reunião com o Decano de Assuntos Comunitários, apresentamos a demanda, com todos os argumentos legítimos possíveis, e obtivemos um sonoro não. Nem aquela sala, nem outra qualquer. Ao final da reunião, o Decano, com sua ironia tradicional, ofereceu alguns livros da Editora da UnB, para que deixássemos de ler o que não presta. Um deles, de Joaquim Nabuco, eu terminaria lendo muitos anos depois. No fim, foi um presente útil.

Foi criado o primeiro impasse, o primeiro desafio para a nova Diretoria do DCE. Convocamos o Conselho de CAs, a principal instância de mobilização dos estudantes que tínhamos no começo da gestão – com o tempo, a assembleia geral foi se tornando cada vez mais fundamental. Discutimos o que fazer: meter o rabo entre as pernas, simplesmente protestar, espernear ou pensar uma reação tão forte quanto a resposta recebida? Faríamos um movimento a sério ou continuaríamos num clube fechado de lideranças revoltadas? Fomos à luta. Organizamos um mutirão, abrimos a porta da sala, retiramos as centenas de livros e os depositamos no prédio da reitoria, para que fossem armazenados em local apropriado. Nenhum livro foi amassado, sujado ou rasgado. Todos foram entregues intactos. Não havia possibilidade de acusação de vandalismo e o pleito era legítimo. Quem se comportava mal era a autoritária administração universitária, que de todas as formas tentava sufocar a organização do DCE. Acreditávamos que os estudantes estavam percebendo isso.

Passamos a usar a sala como sede do DCE, mas pouco depois a diretoria da entidade foi intimada judicialmente em uma ação de esbulho possessório e reintegração de posse movida pela reitoria. Recorremos, como sempre, ao apoio da Ordem dos Advogados do Brasil - DF para nos assistir na audiência convocada pelo juiz. No dia da audiência aconteceu algum imprevisto, o advogado que nos acompanharia chegou bastante atrasado e tivemos que nos virar sozinhos perante o juiz e a representação da reitoria. Apresentamos nossos argumentos e em determinado momento mais exaltado na discussão com os representantes da reitoria, fomos seriamente advertidos pelo juiz.

Com a anuência do Conselho de CAs, foi convocada uma assembleia geral para denunciar a ação de retaliação da reitoria. Fomos surpreendidos com um número bom de participantes para o padrão da época. Pudemos sentir um clima de solidariedade à diretoria do DCE. Algo estava mudando. Os excessos, os despropósitos da reitoria estavam cada vez mais evidentes. Percebíamos o crescimento da saturação com aquele estado de coisas. No final, não recebemos a visita do oficial de justiça com notificação para desocupar a sala, que provavelmente seria acompanhado de força policial, reabrindo as feridas profundas de 1977. Algum tempo depois ficamos sabendo que por algum motivo o processo foi arquivado.

Consideramos a questão da sala um ganho tático, mas tínhamos que voltar ao nosso foco estratégico de criar uma pauta comum da universidade para a melhoria do nível de ensino, a garantia de liberdades democráticas e o fim da gestão autoritária da Universidade. Sentíamos que nos aproximávamos disso. A movimentação nos CAs era intensa e a conjuntura política nacional favorecia, com o crescimento dos movimentos sindicais de metalúrgicos, bancários e professores, a edição da lei da anistia, e de outras pautas democráticas. Entretanto, outro episódio marcante se entremearia neste contexto e contribuiria para acelerar o alcance dos objetivos perseguidos.

Na época, a reitoria promovia os Encontros Internacionais da UnB, que traziam nomes conhecidos do meio acadêmico e da política, com viés ideológico quase sempre de direita, para palestras, muitas delas realizadas no auditório Dois Candangos, destinadas a um seleto público de convidados, o que, evidentemente, excluía os estudantes. O Dois Candangos é uma edificação do início da construção da Universidade, com linhas arquitetônicas modernas, típicas de Brasília, e fica localizado no limite oeste do campus, ao lado da via L3 Norte e muito próximo da movimentada avenida L2 Norte, permitindo o acesso fácil para quem é de fora da Universidade.

Um convidado especial despertou a atenção de todos. Tratava-se de Henry Kissinger, conservador de direita que havia sido poderoso Secretário de Estado dos EUA na época da Guerra Fria, em um período marcado, entre outras ações de intervenção americana pelo mundo, pela Guerra do Vietnam e pelo apoio às ditaduras da América Latina, em especial a de Augusto Pinochet no Chile. Seria praticamente impossível ao movimento estudantil da UnB não agir e se omitir de se manifestar contra a presença na universidade de figura tão emblemática do que combatíamos e contra mais um arroubo autoritário da reitoria de impor unilateralmente à universidade, gastando dinheiro público, suas preferências e seus métodos antidemocráticos. Juntava-se agora ao já questionado programa dos Encontros Internacionais da UnB o convite a uma personalidade com este perfil, em um momento em que finalmente entrava no horizonte do País uma perspectiva real de redemocratização.

A manifestação de protesto começou com uma assembleia convocada pelo DCE na entrada norte do ICC e rumou em passeata com cartazes e palavras de ordem até a frente do Dois Candangos, convidando mais estudantes a aderir ao longo do caminho. Em pouco tempo, um número grande de participantes, engrossado por pessoas que chegavam de lugares da cidade vizinhos ao campus, cercava o prédio onde acontecia a palestra. O clima de tensão foi crescendo. É difícil começar uma manifestação, mas é mais difícil ainda conduzi-la ao resultado desejado, administrá-la para que não tome rumos que façam o tiro sair pela culatra, ainda mais em períodos políticos de arbitrariedade e repressão. Existiam na época dois riscos principais da coisa desandar. Um vinha da atuação de provocadores das forças de repressão infiltrados no movimento, que faziam de tudo para radicalizar e criar situações críticas para justificar a intervenção da força bruta baixando o sarrafo. Outro vinha de grupos isolados de estudantes que, em momentos de revolta e nervosismo, não pensavam muito nas consequências políticas do que faziam, ou outros que queriam ver o circo pegar fogo só pelo prazer estético da confusão.

Felizmente o grupo maior de estudantes que havia participado da assembleia geral e atuava em conexão com a diretoria do DCE, na tentativa de dirigir a manifestação, conseguiu contornar dois momentos de muita tensão. O primeiro foi quando alguns começaram a lançar pedras em direção às pessoas que participavam do evento, entre as quais estava uma parte do corpo diplomático das embaixadas em Brasília, que saíam do auditório e discretamente tentavam passar às margens da manifestação em direção ao estacionamento. Alguém teve a ideia de ir até um mercado próximo, adquirir ovos e distribuí-los entre os manifestantes para serem lançados no lugar das pedras.

A ideia funcionou. O planejado inicialmente era uma manifestação em que não houvesse constrangimento individual a terceiros, mas muitas vezes é preciso ceder os anéis para não se perder os dedos. Terminou que os ovos foram um grande espetáculo e virou marca registrada da manifestação. Era uma grande comemoração coletiva quando um ovo era lançado, percorria uma longa parábola no ar e se espatifava em um terno ou vestido chique. Criou-se em alguns momentos até um clima de bom humor generalizado, quando alguns dos atingidos, por ironia, complacência ou, quem sabe, simpatia com o movimento, sorriam ou acenavam para os manifestantes e continuavam seu caminho. Seguramente eles teriam dinheiro para lavar suas roupas ou comprar outras. A agressividade perigosa das pedras virou o circo bem humorado dos ovos.

O outro momento de tensão foi quando começou a circular a notícia de que um grupo estava fazendo apelo aos demais participantes para forçar uma invasão do auditório. O cheiro de tragédia começou a se fazer sentir. O auditório estava cheio de políticos, diplomatas, autoridades e, o principal, Henry Kissinger. Haveria fatalmente uma reação incalculável da repressão. Veio à mente a invasão policial de 1977, o clima de violência que intimidou e jogou o movimento em um marasmo que durou anos e a possibilidade de se perder todo o avanço na mobilização dos estudantes que se tinha conseguido nos tempos recentes.

A solução neste caso foi simples e direta. Convocamos uma assembleia de emergência com os presentes, com colegas saindo para todos os lados para chamar e reunir o maior número possível de estudantes, e colocamos o assunto em discussão abertamente. A proposta de invasão foi descartada e todos se espalharam novamente com a notícia do que a soberana assembleia, e não um grupo isolado, tinha deliberado. A decisão foi respeitada.

Neste meio tempo chegou a tropa de choque da PM e fez duas longas fileiras de homens armados, formando um corredor que liberava a pista que dava acesso à entrada subterrânea do Dois Candangos, para que Kissinger e os que ainda estavam lá pudessem sair em veículos. As linhas de policiais ficaram de frente para os manifestantes com o cano das armas em uma diagonal, apontando parcialmente para cima, mas na direção dos estudantes. Os que ajudavam a coordenar a manifestação procuraram ficar circulando entre os policiais e os estudantes, tentando manter a calma na situação. Até hoje fico me perguntando se aquelas armas estavam carregadas, com aqueles canos de aço a poucos centímetros dos nossos rostos.

Depois de horas de manifestação sob um sol intenso, todos aguardavam o desenrolar da situação. Já era próximo do horário de almoço e alguns começavam a debandar. Foi quando um camburão da PM surgiu do subterrâneo do prédio e alguém enxergou Kissinger no banco de trás da viatura, sentado sobre os joelhos de um policial para ficar mais protegido, com a cabeça próxima ao teto da viatura. Ninguém tinha plena certeza de que era o Kissinger mesmo e só no dia seguinte uma foto nos jornais comprovou que realmente era ele que passara à frente dos manifestantes. De qualquer modo, a possibilidade lógica daquilo ser uma ação de evasão e o quadro cômico desenhado foi suficiente no momento para uma explosão de gritos de comemoração, uma saudação de vitória da manifestação.

No dia seguinte, as pessoas que participaram da manifestação começaram a se encontrar pelos corredores do ICC. Havia um código de identificação dos que estiveram lá, que era a pele vermelha, queimada pelas longas horas ao sol, e um ar de triunfo, de satisfação, de leveza que eu não tinha visto ainda na universidade. Um clima de otimismo e autoconfiança predominava. As pessoas se cumprimentavam, saudavam umas às outras. Apesar do clima de tensão e dos riscos, a manifestação chegou ao fim sem nenhum ferido ou preso. A repercussão do ato na imprensa foi imensa. Jornais do mundo todo estampavam manchete sobre o sufoco sofrido pelo poderoso Kissinger, as elegantes vestes borradas por ovos e, o que mais nos interessava, chamou a atenção para a organização do ME, para a Universidade e para o País na luta pelas liberdades democráticas e pelo fim da ditadura. A reitoria sofria derrota histórica. Passou por um constrangimento vergonhoso por sua prepotência e descaso com os reais interesses da comunidade universitária.

O otimismo gerado com a manifestação foi carreado para o fortalecimento da mobilização que acontecia na universidade. A maioria dos estudantes dos departamentos já havia constituído seus centros acadêmicos livres da tutela da reitoria e as greves estudantis localizadas passaram a ser constantes. Avaliamos que era hora de levar à deliberação do Conselho de CAs uma proposta de greve geral da Universidade para gerar um esforço coletivo, uma pressão mais forte sobre a reitoria para destravar as negociações das pautas departamentais e atender às reivindicações que se arrastavam sem soluções, com protelações e tentativas de desmobilizar os estudantes. A meta de preparar a greve geral foi aprovada e também um plano para sua preparação.

Realizou-se a consolidação das pautas de reivindicações localizadas que colocou um número grande de estudantes no rol dos interessados diretos na Greve Geral. Mas não era apenas a perspectiva de melhoria do ensino que motivava. Era perceptível a saturação com a forma como a administração universitária se portava e havia uma quase repugnância com os métodos autoritários e desrespeitosos com a auto-organização estudantil que ela rotineiramente adotava. Parecia que a Universidade pertencia ao reitor.

Foi feito um amplo trabalho de divulgação e reforço do entendimento sobre essa realidade da universidade junto à massa dos estudantes. O Informativo do DCE regularmente prestava contas diretamente aos estudantes e aos CAs sobre como evoluía o quadro das negociações das pautas localizadas. Os C.A.s redirecionaram as ações departamentais para uma grande e única mobilização da universidade. Por fim, foi avaliado que havia chegado o momento da convocação da assembleia geral para decidir sobre a greve. Cartazes pela universidade toda, informativos impressos, avisos em salas de aula e inúmeras reuniões localizadas, entre outros meios, deixaram todos cientes sobre a realização da assembleia, do que seria discutido e da proposta de greve que seria apresentada.

A assembleia geral é o ponto culminante do movimento. A participação do estudante é direta, sem intermediação, para que manifeste perante todos os outros colegas sua opinião, sua proposição e seu voto. Independentemente de ser dirigente de entidade estudantil ou participante de tendência política, qualquer estudante pode expressar seu ponto de vista aos demais e tentar obter apoio para ele. Decisões de grandes assembleias eram quase garantia de que seriam aceitas pelo conjunto dos estudantes e implementadas.

O Teatro de Arena foi preparado com a instalação da mesa da coordenação da assembleia, das caixas de som e a distribuição de tarefas pelas comissões de voluntários que ajudavam no desenvolvimento dos trabalhos, como a comissão de segurança que monitorava provocações de infiltrados da reitoria e da polícia. O dia era de sol forte. Colegas percorriam a universidade fazendo os últimos apelos ao comparecimento. As lideranças aguardavam ansiosas, fazendo apostas sobre qual seria o tamanho da assembleia. O fluxo de estudantes chegando foi aumentando, se intensificando até que estávamos diante de cerca de cinco mil colegas. Os corações aceleraram e as expectativas foram crescendo diante da possibilidade de se viver um momento histórico para o M.E. da UnB. Lembro-me dos que conjecturavam se todo esse pessoal não teria se articulado para vir barrar a greve.

A assembleia foi iniciada e dezenas de oradores manifestaram suas avaliações e proposições. A maioria dos dirigentes de centros acadêmicos e de tendências políticas defendeu a greve, mas houve aqueles que foram contra por achar que os estudantes estariam em sério risco de perder o semestre e muitos teriam que retardar a tão esperada formatura. Encerradas a custo as discussões, chegou a hora da diretoria do DCE encaminhar a votação das propostas. Havia um maço de proposições escritas sobre a mesa para sintetizar e a tensão cresceu. Como analisar tudo aquilo num prazo tão curto e não gerar reações negativas daqueles que não tivessem suas proposições representadas na votação final? A alternativa foi usar a intuição, lembrar das intervenções dos oradores e perceber o que realmente era fundamental a assembleia decidir naquele momento. Por fim, as proposições encaminhadas à votação foram aceitas sem muito problema.

Como presidente do DCE, fiz a última defesa entre os oradores da proposta de greve geral. Mostramos o quadro dos movimentos generalizados dos departamentos, com centenas de estudantes em greves localizadas e o impasse criado pela intransigência da administração universitária. Apelamos à solidariedade que deveríamos ter com os colegas e à necessidade de combater a gestão autoritária da reitoria e de se criar um modelo de condução democrática da universidade, com canais institucionais de discussão que permitissem a intervenção de estudantes e professores. Comprometemo-nos a trabalhar para que a greve fosse feita com adesão e intensidade fortes o suficiente para que não se estendesse a ponto de levar à perda do semestre, como em 1977. Trabalharíamos com a ideia de um começo, um meio e um fim da greve, quando a pauta fosse considerada suficientemente atendida pela assembleia.

Lembro-me do último e carregado apelo que fiz aos presentes: ou a UnB acorda e reage ao reitor, ou se cala e tudo permanece como está. Senti no ar o silêncio da reflexão coletiva que ocorria naquele momento. Não houve xingamentos ou protestos, como era comum acontecer. As pessoas estavam realmente ponderando que era hora de fazer alguma coisa. Mesmo aquela massa silenciosa e cautelosa que é sempre maioria em assembleias tão grandes parecia disposta ao sacrifício. A greve foi aprovada por uma ampla maioria. A euforia tomou conta de todos nós – ainda que a mesa da assembleia visse cair ao seu lado latas e garrafas vazias arremessadas por descontentes mais exaltados que deixavam a assembleia. Eram sorrisos, choros e gritos de comemoração por toda parte. A greve não concluída de 1977 seria finalmente terminada e a reitoria teria que receber o DCE para negociar e desta vez não chamaria a polícia militar para auxiliá-la.

O período da greve foi longo e intenso e relatá-lo em detalhes exigiria muito mais espaço do que temos aqui para escrever. Fazendo uma síntese da síntese, o principal é que a greve teve uma forte adesão dos estudantes e os piquetes foram poucos e pontuais. O nosso melhor argumento de convencimento dos fura-greve era a representatividade da assembleia que aprovou a greve e das demais que aconteceram na sequência, sempre muito representativas. Pouco tempo depois os professores também entraram em greve, o que aumentou ainda mais a pressão sobre a reitoria, cada vez mais isolada.

A comissão de negociação da greve, aprovada em assembleia e coordenada pela diretoria do DCE, levou a pauta de reivindicações à reitoria. Pela primeira vez o DCE e os CAs, as entidades ilegais, foram recebidos pelo reitor, mas antes disso vários jogos de pressão e ameaças aconteceram, como a vez em que o reitor tentou me atingir pessoalmente, dando uma declaração falsa com destaque no jornal Correio Brasiliense de que eu não era estudante da UnB e que estava aí infiltrado para fazer agitação. Eu estava no último ano do curso de agronomia e minha mãe foi aos prantos ao campus tentar me localizar para saber o que estava acontecendo. Com o apoio da OAB entramos com ação de calúnia contra o reitor que foi obrigado a publicar um pequeno desmentido, nas páginas secundárias do jornal. É provável que até hoje alguns daquela época ainda achem que a falta de escrúpulo do reitor era uma informação verdadeira.

Depois de várias assembleias representativas e reuniões de conselho de CAs, de atos de protesto pela cidade e pelo campus, articulações para obter apoio de segmentos sindical e da política, um sem número de informativos, entre outras atividades, conseguimos ter atendidas a maior parte da pauta de reivindicações. A greve foi encerrada por uma grande assembleia geral e o sentimento predominante ao final foi de vitória, apesar do desejo compreensível de muitos de querer prorrogá-la até conseguir a queda do reitor, o que não se mostrava ainda viável pela correlação de forças naquele momento – o ódio que a figura do reitor despertava por seus longos anos de desmandos e arbitrariedade era muito forte, principalmente entre aqueles que viveram os anos mais duros da ditadura e sentiram na pele a suas piores ações. A administração universitária recebeu as entidades livres dos estudantes, desconsiderando o seu próprio Regimento Interno, aceitou negociar a pauta de reivindicações e providenciar o atendimento de boa parte desta, não houve punições às lideranças, os estudantes não perderam o semestre e o movimento acumulou mais energia e confiança para novas mobilizações.

A ditadura, até há pouco tempo aparentemente imbatível, e a reitoria, sua representante na Universidade, estavam entregando os pontos. Apesar dos segmentos mais reacionários – como o representado pelo General Sílvio Frota, com suas tentativas estapafúrdias de endurecer novamente a ditadura - que procuravam a todo custo reverter esta tendência, a redemocratização estava em curso. Pouco tempo depois o movimento das Diretas Já tomou conta das ruas do País e em Brasília o M.E. da UnB esteve desde o começo puxando a fila das manifestações. Em 1985 começa a Nova República, em 1988 o País passa finalmente a ter uma Constituição democrática, legítima e em 1989 ocorre a primeira eleição direta pós-ditadura para presidente da República.

Algumas lições importantes ficaram para mim daqueles agitados anos setenta e início dos oitenta. A primeira é que em determinados contextos se omitir não é uma opção. A segunda é que nenhuma situação política é irreversível, imutável, permanente. Por último é que de fato existe vontade popular, sentimento coletivo de povo, que quando despertado abala qualquer estrutura estabelecida fora do que é razoável para a história e as aspirações desse povo.

Logo após a formatura, em 1983, fui trabalhar em São Paulo com assentamento de trabalhadores rurais, participando dos primeiros esforços na tentativa de se criar uma política de reforma agrária pós-ditadura.

O autor

Zeke Beze Júnior, 64 anos, agrônomo (UnB), com mestrado em Desenvolvimento Sustentável (UnB). Trabalhei e militei até recentemente como assessor e consultor nos setores público e sindical nas áreas de reforma agrária, desenvolvimento rural, agricultura familiar, meio ambiente e extensão rural. Desenvolvi trabalhos principalmente em São Paulo, no Nordeste e em Brasília. Atualmente estou aposentado e me dedico a experiências de recuperação ambiental em um sítio no Entorno de Brasília.

PARTE III. IN MEMORIAM

Fotos: Fundo sobre a ditadura militar do Arquivo Nacional

JOÃO SIMPLÍCIO LOPES MARTINS (Jacinto-MG, 13 de abril de 1946 - Brasília, 13 de abril de 1986)

Muito novo para morrer, muito triste para viver

Marília Martins de Resende, Anelino de Resende
e Carlos Geraldo Megale

João Simplício, estudante de Medicina expulso da UnB em 1969 com base no decreto-lei 477, esteve no Uruguai, onde aproximou-se dos Tupamaros, retornou à UnB em 1972 e foi novamente expulso em 1977. Trabalhou como metalúrgico e militou no sindicalismo até retornar à UnB depois da Anistia. Não concluiu o curso. Suicidou-se no dia de seus 40 anos.

Por tudo o que viveu, Simplício pode ser considerado um mártir do movimento estudantil da UnB. Honestino Guimarães foi expulso, preso, torturado e morto pela ditadura, e seu corpo nunca foi encontrado. Simplício foi duas vezes expulso da UnB e também foi preso e processado em outro momento da ditadura. Sobreviveu mas não resistiu às feridas que a perseguição deixou em sua alma. Recorreu ao suicídio, deixando um verso de Torquato Neto como despedida: "Muito novo para morrer, muito triste para viver".

A seguir os depoimentos de sua irmã Marília Martins de Resende, do amigo e depois cunhado, Anelino José de Resende, e do também grande amigo Carlos Geraldo Megale.

Depoimento de Marília Martins de Resende

Meu irmão João Simplício Lopes Martins, nascido em Jacinto-MG, era o oitavo entre os 12 filhos de nossos pais, José Alves Martins e Nadir Lopes Martins. Em meados de 1949 nossa família mudou-se para Pedra Grande, município de Almenara, onde nosso pai passou a trabalhar como comerciante.

No início de 1956, mudamo-nos para Belo Horizonte, para que as filhas pudessem fazer o curso Normal, que não existia em Almenara. Nosso pai continuou trabalhando em Pedra Grande, visitando a família periodicamente. Em 1959 nosso pai foi sozinho para Brasília, em busca de condições melhores para família na nova capital, como o fizeram muitos brasileiros na época. Estabeleceu-se como comerciante na cidade-satélite do Gama.

João Simplício fez os três primeiros anos do Curso Ginasial em Belo Horizonte, quando fomos todos para Brasília, em 1964, ele concluiu o primeiro grau no Colégio Setor Leste. Em seguida matriculou-se no CIEM (Centro Integrado de Ensino Médio), então prestigiosa Escola de Aplicação da UnB, onde fez o colegial, entre 1965 e 1967.

No primeiro semestre de 1968 foi aprovado no vestibular da UnB para Medicina. Ele deixou três filhos e dois netos.

Depoimento de Anelino de Resende

A militância estudantil entre 1968/69; Em fevereiro de 1968, João Simplício e eu, juntamente com outros 118 estudantes, ingressamos no Instituto Central de Ciências Biológicas (ICCB) da UnB, através de vestibular que previa um curso básico nos dois primeiros anos, depois do qual haveria a opção por um dos ramos das Ciências Biológicas. Na época, Biologia, Medicina, Psicologia e Agronomia.

As particularidades do currículo dariam origem a lutas estudantis que teriam impacto em nossa formação política.

Nas escolas tradicionais de Medicina, o primeiro ano era sempre dedicado à matéria Anatomia, à dissecação e estudo de um cadáver. Já na UnB, começamos com oito horas diárias de Bioestatística, seguidos por 30 dias de Química Geral e assim por diante. Ou seja, teríamos pela frente dois anos de estudo "integrado", como se dizia. O modelo inovador estimulava a colaboração entre alunos que seguiriam diferentes cursos.

No segundo semestre de 1968, João Simplício, eu e outros colegas decidimos disputar o comando do nosso Diretório Acadêmico, o DA-ICCB, com uma chapa independente, a Avanço, numa disputa acirrada com a chapa apoiada pelo presidente da FEUB, Honestino Guimarães. Fui candidato a presidente, tendo João como vice-presidente de Relações Institucionais.

Nossa vitória foi um reconhecimento por nossa atuação nas lutas que travamos pelo aperfeiçoamento do currículo, por melhores condições de ensino, por garantia de vagas de acordo com as opções feitas no vestibular, contra a ditadura e por liberdades democráticas.

Quando a reitoria e a direção do ICCB decidiram que só os primeiros quarenta classificados no vestibular de 1968 poderiam cursar Medicina, houve uma revolta geral. Com uma forte mobilização revertemos a decisão, mas o ICCB decidiu então selecionar os 40 pela nota média obtida nos dois primeiros anos do curso. Fomos novamente à luta e vencemos.

As mobilizações, inicialmente relacionadas com nosso próprio curso, passaram a tratar de outros problemas da vida universitária, como o aumento abusivo do preço do Bandejão, o que nos levou a protestar liberando as catracas e promovendo almoço grátis para todos.

Em 1968, a UnB sofreu duas invasões seguidas, a de junho e a mais violenta, em agosto. Para escapar das prisões, tínhamos nossos esconderijos, e um deles era o prédio que seria destinado à Teologia e hoje é sede da Fundação Educacional do Distrito Federal. Passamos algumas noites frias ali, escondidos no matagal.

Em julho de 1968, na véspera de um desfile militar, espalhamos sobre a pista do Eixo Monumental uma grande quantidade de "miguelitos", que nós mesmos fabricamos. Tratava-se de um prego sem cabeça, dobrado de tal forma que ao cair no chão teria sempre uma ponta para cima. Foram tantos pneus furados que o desfile teve que ser suspenso para que houvesse uma varredura do asfalto. João Simplício estava nisso, com o entusiasmo de sempre.

Nessa época a ditadura já havia indicado o capitão-de-mar-e-guerra José Carlos de Azevedo como vice-reitor para comandar o esquema de repressão e controle no campus. Certa feita, quando eu caminhava com outros para o "Minhocão", ele me chamou pelo nome, foi caminhando a meu lado e dizendo: "Quero te alertar que o Serviço de Inteligência está de olho em você. Sabemos que você está sendo ingenuamente usado pelos comunistas para promover agitação. E que você é o único membro da família que conseguiu chegar ao ensino superior. Você é a esperança econômica para a família, evite as más influências".

Ele batia e assoprava.

Veio o AI-5 e a ditadura entrou em sua fase mais violenta. Para a repressão ao movimento estudantil editaram o Decreto-lei 477. Em julho de 1969 João Simplício, eu e outros estudantes fomos expulsos com base no decreto, ficando proibidos de estudar em qualquer universidade pública pelo prazo de três anos.

Rumo à Pátria Grande: Fora da UnB, decidimos fazer algumas viagens para conhecer mais a realidade brasileira, e depois a de alguns países da América Latina. Conhecemos e admiramos a geografia do interior de Minas, a gente receptiva do campo, provamos o pão-de-queijo e partimos para Goiás. Em Goiânia, ele teve uma crise de epilepsia. Havia deixado de tomar regularmente o remédio.

Ali decidimos ir para o Chile, onde o governo socialista de Salvador Allende atraía muitos exilados brasileiros. Sem dinheiro, começaríamos a aventura pelo Uruguai. De lá iríamos de ônibus para Santiago do Chile. Em 16 de setembro de 1969 partimos de Goiânia, viajando de ônibus e de carona. Chegamos a Montevideo no dia 22.

O Uruguai: Antes de seguirmos para o Chile, resolvemos visitar a Faculdade de Medicina local. Para quem estava fugindo da repressão, foi uma surpresa avistar, defronte ao prédio antigo e neoclássico da Faculdade, um outro prédio que tinha, na fachada, uma bandeira vermelha e uma placa com a foice e o martelo desenhados. Era a sede do Partido Comunista, algo impensável no Brasil dos militares.

Ali travamos amizade com um estudante originário de Rivera, cidade que faz fronteira com Santana do Livramento, no Brasil. Nossa história de perseguidos políticos despertou sua simpatia. Ele morava numa pensão para estudantes pobres, mantida por padres católicos, e fomos para lá. Nessa noite eu e João Simplício conversamos muito com Ayala, este era seu nome.

Ele também era um ativista político. Nessa altura nós já havíamos lido textos de Guevara sobre a guerrilha e obras de Mao-Tsé-Tung e de Lênin. Decidimos ficar algum tempo em Montevideo. Conseguimos quarto numa pensão barata para estudantes. Por sugestão do Ayala, resolvemos nos matricular na Faculdade de Medicina. As matérias que cursamos na UnB foram aceitas como créditos.

No Uruguai, nesta época, havia uma política de ajuda financeira a perseguidos por regimes autoritários e assim, em 1970, ganhamos uma bolsa que nos permitia pagar a pensão e ainda sobrava algum dinheiro. O compromisso era devolver os valores quando as finanças pessoais permitissem. A cozinha coletiva da pensão nos permitia reduzir os gastos com alimentação.

O Uruguai era, até então, um exemplo de democracia burguesa. Mas já era possível perceber que a direita se preparava para instalar um regime autoritário.

Os Tupamaros: O Ayala hoje é um desaparecido político. Através dele, fizemos contato com o Movimento de Libertação Nacional Tupamaros (MLN-T), e seguindo o princípio da solidariedade latino-americana, junto com outros dois brasileiros criamos um grupo de apoio.

Em abril de 1971 João Simplício escreve para sua irmã Marília, no Brasil: "Nada certo ainda sobre o passeio de nosso amigo. Fico por aqui. Prá você, para os nossos, um abraço. João Simplício".

A mensagem era cifrada, porque a ditadura costumava até violar correspondências. Assim ele informava que Ayala continuava desaparecido. No envelope, colocou como remetente "Juan Martinez".

Na chegada ao Uruguai, notamos que os Tupamaros, com suas ações militares muito bem planejadas e executadas, gozavam de grande apoio popular. Soubemos que sua capacidade organizativa interna nem permitia absorver todas as pessoas que queriam se integrar ao grupo armado, originário do movimento dos trabalhadores em usinas de açúcar do interior do país.

Eles adaptaram a teoria do foco guerrilheiro, desenvolvida por Regis Debray e Che Guevara, à realidade do Uruguai, onde a maioria da população vivia em cidades, passando a defender a guerrilha urbana.

A partir de agosto de 1970, a repressão desencadeada pelo governo Pacheco Areco se intensifica, e surgem sinais de uma radicalização da sociedade uruguaia. Pairava no ar um ambiente de guerra civil.

Em 06 de setembro de 1971, um subcomando dos Tupamaros realizou a espetacular "operação abuso", que retirou 111 revolucionários da Penitenciária Punta Carretas. Demolida, em seu lugar hoje existe um luxuoso shopping. Outra ação semelhante ocorreria em um presídio feminino. Nessa fase, quando os Tupamaros planejavam se organizar como Exército Popular, a polícia consegue arrancar de militantes presos e barbaramente torturados a estrutura e funcionamento da organização. E com isso vieram as quedas em série.

Fui avisado de que nossa pensão estava cercada. Para não sermos presos no Uruguai, optamos por voltar clandestinamente ao Brasil, numa viagem arriscada, de ônibus, até Santana do Livramento, e de lá para Goiânia.

O retorno: De volta ao Brasil, João Simplício passou a morar e trabalhar em Belo Horizonte. Os três anos da proscrição universitária estabelecidos pelo Decreto-lei 477 terminariam em julho de 1972, mas o retorno à universidade exigia a apresentação de uma certidão negativa da Junta Militar. Ao tentar retirá-la, uma irmã dele foi informada da existência de um processo que impedia a emissão. Tempos depois, advogados conseguiram anular o processo e ele pôde voltar à UnB. Eu também voltei em julho de 1972.

Após a volta do Uruguai nós nos reunimos com militantes com quem tínhamos contato e começamos a discutir nossa atuação política no Brasil. Dessas articulações surgiu o Movimento Revolucionário Tiradentes (MRTi)

O movimento estudantil começou a se reorganizar na UnB e culminou na greve de 1977. Por sua destacada participação, João Simplício foi novamente expulso pelo reitor Azevedo, com outros 29 estudantes.

A partir de 1978, o movimento sindical também ressurgiu com força e grandes greves aconteceram em Osasco e no ABC paulista. Pelegos como Joaquinzão, apoiador da ditadura que comandava o Sindicato dos Metalúrgicos de São Paulo, passaram a enfrentar forte oposição sindical. João Simplício foi para São Paulo atuar no movimento operário e sindical. No ano seguinte, com a aprovação da Lei da Anistia, centenas de exilados voltaram ao Brasil. Leonel Brizola cria o PDT. Em fevereiro de 1980 é criado o Partido dos Trabalhadores, o PT. Mas João acabaria voltando a Brasília e à UnB para concluir o curso de medicina, depois que a Anistia possibilitou a reintegração.

Epílogo: No dia 13 de abril de 1986 João Simplício completaria 40 anos. Eu estava de plantão ortopédico quando fui avisado da sua morte.

Um choque. Após delegar o plantão a um colega, fui ao seu apartamento e deparei com uma cena que lembrava a farsa do enforcamento de Vladimir Herzog. Ele usou uma fina corda presa a um gancho na parede, praticamente de sua altura, o que o levou a dobrar os joelhos para produzir o enforcamento.

Em um caderno escreveu o verso de Torquato Neto: "Muito novo para morrer, muito triste para viver". João Simplício foi exemplo de perseverança na luta.

Depoimento de Carlos Geraldo Megale

João Simplício e eu nos tornamos grandes amigos logo no início do curso de Medicina, em 1972. Eu estava chegando à UnB, mas ele retornava, depois de ter sido expulso em 1969. Construímos uma amizade solidária, fraterna, ética e baseada na confiança mútua, fosse em questões políticas ou pessoais.

Em 1969, manifestações pela melhoria do Bandejão resultaram na abertura de sindicância baseada nos relatórios do Serviço de Proteção ao Patrimônio (SPP) e da Assessoria de Segurança e Informação - ASI/UnB. Foram identificados 152 participantes da manifestação. Concluída a sindicância, 25 estudantes foram punidos com base no famigerado decreto-lei 477. Entre eles João Simplício e Anelino, que nem havia participado do protesto.

Veio o AI-5, o endurecimento da ditadura e os dois, fora da UnB, acabaram indo para o Uruguai, como já relatou Anelino: matricularam-se na faculdade de Medicina, fizeram contato com os Tupamaros e criaram um grupo de apoio. Quando o cerco se fechou, retornaram ao Brasil para não serem presos.

João Simplício foi viver e trabalhar clandestinamente em Belo Horizonte, mas ia frequentemente a São Paulo para contatos e reuniões políticas. Numa dessas viagens ele disse ter visto Honestino Guimarães pela última vez na vida, num banco da rodoviária paulistana. Não se falaram, ambos estavam na clandestinidade e podiam estar sendo seguidos.

Quando se completaram os três anos de banimento universitário previstos pelo decreto-lei 477, João Simplício retornou à UnB. Foi morar no alojamento dos estudantes, no Centro Olímpico. Foi então que o conheci, e passamos a conversar sobre o curso, as condições de ensino, as reivindicações e as representações estudantis, os preparativos para a criação do Diretório Universitário, o DU

Com outros colegas, formávamos grupos de discussão sobre Medicina Comunitária, saúde pública, tuberculose e hanseníase como doenças sociais, experiências da medicina chinesa e cubana, entre outros temas. Tratávamos também de drogas, indústria farmacêutica e indústria médica tecnológica e da CEME (Central de Medicamentos), órgão federal que se propunha a realizar pesquisas e a produzir medicamentos nacionais.

À medida que nos conhecíamos melhor, e fomos criando vínculos de confiança, começamos também a ler e discutir textos de Marx e Engels, Lênin, Trotsky, Gramsci e outros pensadores revolucionários.

Mas tínhamos também interesses culturais. Na poesia, João era fã de Torquato Neto. Falávamos de teatro, das peças de Vianinha, das músicas de Chico, Gil e Caetano. E também de Raul Seixas, pois João gostava de rock. Em 1979, tornou-se fã da banda U2.

Entre nós dois, o nível de confiança e amizade permitia também a abordagem de nossas questões pessoais. Ele era muito comprometido com a luta política, mas também com os estudos e com seu trabalho de professor na Fundação Educacional do Distrito Federal - FEDF, em que eu também trabalhava. Dávamos aulas à noite no Gama, que fica a 34 km do centro de Brasília. Íamos de ônibus da UnB até lá.

Na primeira eleição para o D.U., em 1976, ele e Arlete Sampaio tentaram me convencer a ser cabeça de uma chapa de composição entre a tendência Unidade e outras correntes. Por insegurança e por sentir-me despreparado para a tarefa, não aceitei.

O ano de 1977 foi marcado pela grande greve que fizemos contra a punição de 16 colegas, por José Carlos Azevedo, após o ato público de 19 de maio. Em muitos depoimentos deste livro a greve já foi descrita: A repressão foi pesada, a universidade terminou sendo ocupada pela polícia, Azevedo expulsou 30 e suspendeu 34 colegas, e 14 deles foram presos e indiciados pela Lei de Segurança Nacional. João era um deles e foi preso quando saía do Bandejão e ia pegar um ônibus para ir dar aula no Gama.

Depois que foi solto, João Simplício foi para São Paulo e passou a trabalhar como metalúrgico, participando da vida sindical no ABC, que ganhava novo impulso com o surgimento de novas lideranças, como Lula. Em julho de 1979, após novo vestibular, entrei para Universidade Federal do Ceará, juntamente com Manoel Mozart Machado, outro expulso. Lá já estavam também Arlete Sampaio, Maria Tereza (Maythe) e Hudson Cunha, outros expulsos.

Eu mantinha contato com João Simplício por cartas, trocávamos informações sobre nossas lutas e nossas vidas. Ele agora atuava no meio operário e eu continuava no movimento estudantil. Recebia dele alguns jornaizinhos da oposição sindical metalúrgica de São Paulo, que eu distribuía entre os estivadores do porto de Fortaleza, e quando eu ia a Brasília, entre os trabalhadores da construção civil.

Depois da Anistia muitos dos expulsos puderam retornar à UnB mas ele preferiu continuar em São Paulo. Em janeiro de 1980, eu terminei meu curso de

Medicina na UFC. Então consegui junto ao Ministério da Saúde uma bolsa para especialização na Faculdade de Saúde Pública da USP. Lá nos encontrávamos para conversar e eventualmente ir ao teatro ou a um show. Às vezes eu colaborava com a oposição sindical em panfletagens e outras atividades.

Em 1984 ou 1985, João Simplício voltou a Brasília e retornou à UnB, amparado pela Lei da Anistia. Voltou também para FEDF. Foi ensinar Ciências Físicas e Biológicas no Gama e filiou-se ao Sindicatos dos Professores do Distrito Federal - SINPRO/DF.

Após concluir a especialização eu voltei para Brasília, onde entrei, por concurso, para o quadro de médicos da Secretaria de Saúde e também para o Programa Integrado de Saúde Escolar, da Secretaria de Educação. Novamente fui atuar no Gama. Nessa época eu já vivia com a Márcia, minha companheira até hoje. Morávamos na SQN 404, onde ele nos visitava com frequência. Ele e Márcia tinham em comum a condição de asmáticos e conversavam muito sobre o controle dessa patologia, que nunca limitou a atuação política dele.

Em 1986, a passagem do cometa Halley pelos céus do Brasil despertou muito interesse. No dia 11 de abril, uma sexta-feira, um amigo nosso, Carlos Alberto Camargo Campos, o Carlão, nos convidou para irmos ver o fenômeno na cidade histórica de Pirenópolis. Voltando do Gama, encontrei o João na Rodoviária de Brasília, vindo da UnB. Conversamos por uns 40 minutos e o chamei para ir conosco. Ele disse que tinha que estudar para as provas da UnB e corrigir provas de seus alunos. Foi nosso último encontro e nossa última conversa.

Voltamos de Pirenópolis no domingo, 13 de abril. Quando voltei do Gama, no dia seguinte, ao abrir a porta a Márcia me perguntou:

- Sabe quem morreu?

Respondi de chofre: João Simplício.

- Como você soube? - perguntou ela.

Eu não soube, expliquei, estou dizendo isso agora.

Assim perdi um grande amigo que, após tantas lutas e enfrentamentos, atravessando uma profunda depressão, no dia em que faria 40 anos, no final de semana da passagem do cometa Halley, sozinho em seu apartamento, deu fim à própria vida.

Demorei a entender sua decisão, mas hoje sei que foi a depressão que o levou. No 30° dia de sua morte, o SINPRO/DF organizou uma homenagem a ele. Foi projetado um filme de Renato Tapajós (documentário sobre as greves no

ABC e em São Paulo), onde João é o primeiro entrevistado e diz: "Eu acho que nós vamos ficar aqui dentro do Sindicato, na nossa casa, garantir nossa causa, nossa diretoria e nossa luta, certo? A gente vai lutar até a vitória mesmo".

O autor

Anelino de Resende (Itauçu-GO, 13/11/1946). Nascido na fazenda Serrinha, filho de pais lavradores e analfabetos, estudou em escola rural que atendia a alunos de diversas idades e estágios, simultaneamente. Para completar o curso primário caminhava diariamente três quilômetros. Fez o curso ginasial em instituição presbiteriana em Goiânia, com bolsa do MEC, e seguiu para o Colégio Estadual de Goiânia, estudando à noite para poder trabalhar durante o dia. Primeiro, como office boy em uma imobiliária, depois como Auxiliar administrativo em um hospital. Fez vestibular para Universidade Católica de Goiás (cursos de Matemática e Física). Após dois meses, resolveu dedicar-se com afinco ao cursinho pré-vestibular porque decidira fazer Medicina. Em 1968, foi aprovado no vestibular da UnB, para o Instituto Central de Ciências Biológicas. Após dois anos de curso básico e mobilizações coletivas, os estudantes conseguiram que todos os colegas que haviam optado pelo curso de Medicina poderiam segui-lo. A UnB havia decidido antes que só os 40 melhor classificados teriam vaga garantida. Era o seu caso, mas mesmo assim ele participou da mobilização e passou a militar no movimento estudantil. Em 1968, foi eleito presidente do Diretório Acadêmico do Instituto Central de Ciências Biológicas e, em 26 de julho de 1969, foi expulso da UnB com base no Decreto-lei 477. Partiu com o colega João Simplício para o Uruguai, como já relatado. Matriculados na Faculdade de Medicina e apoiando os Tupamaros, acabaram voltando ao Brasil quando o cerco ao grupo armado se fechou. Retornou à UnB após os três anos de proscrição fixados pelo decreto 477. Fez residência médica e especialização em Ortopedia/Traumatologia. Já casado e com duas filhas, mudou-se para São Paulo, onde deu plantões em clínicas privadas e trabalhou no Hospital do Servidor Público Municipal. Simultaneamente, militava em associações de bairros, prestando serviço médico gratuito e atuando como professor voluntário de Biologia. Manteve-se atento ao movimento sindical do ABC, Osasco e capital paulista. Presenciou a fundação do PT. Regressou a Brasília em 1982 e assumiu, por concurso, a função de médico ortopedista no Hospital Regional de Sobradinho (HRS/SES/FHDF). Com outros colegas fundou a Cooperativa de

Professores Quilombo dos Palmares (1982), projeto inédito, cujo objetivo era atuar em escolas que formassem estudantes conscientes e cidadãos transformadores. Atuavam em escolas de ensino médio e pré-vestibular mas a experiência encerrou-se em 1987. Participou da criação da residência médica no HRS, onde realizava procedimentos de alta complexidade. Dedicava-se também, de forma inovadora, à prevenção de deformidades e doenças da coluna vertebral. Desde dezembro de 2016 ocupa a cadeira 25 da Academia Nacional de Medicina Legal. Atualmente dedica-se à militância ecológica, tentando ajudar na recuperação do bioma devastado do cerrado.

Fotos do Fundo sobre a ditadura militar do Arquivo Nacional,
exceto a inferior da direita.

PAULO HENRIQUE VEIGA
(Petrópolis-RJ, 10/09/1952 – Brasília-DF, 23/02/2022)

O arquiteto que lutou por moradia digna

Luiz Philippe Torelly

O arquiteto Paulo Henrique Veiga, carinhosamente conhecido como Paulinho, faleceu em 23/02/2022, aos 69 anos, após longa enfermidade. Natural de Petrópolis/RJ, veio para Brasília em 1972, para estudar Arquitetura na UnB. À época o país estava imerso na ditadura militar instaurada em 1964. Havia tortura, prisões clandestinas e ilegais, mortes e desaparecimentos. Estava em plena vigência o Ato Institucional N° 5, promulgado em 1968, que assegurava ao regime poderes autoritários e ditatoriais. As correntes políticas da sociedade e do parlamento que se opunham ao regime eram perseguidas e havia uma forte censura à imprensa.

As eleições parlamentares de 1974 mostraram que havia um crescente descontentamento da população com a ditadura. A sociedade brasileira votou majoritariamente no antigo MDB, único partido de oposição permitido. A partir de então, lentamente, os movimentos civis de oposição começam a se articular, especialmente o sindical e o estudantil. Seguindo as pegadas libertárias de 1968, o movimento estudantil ressurge e paulatinamente começa a se organizar para colaborar com a reconquista da democracia.

Havia, por parte do regime, um forte controle social, com agentes infiltrados de forma dissimulada ou abertamente, como foi o caso na UnB, para qual fora nomeado como reitor um capitão-de-mar-e-guerra, de sombria memória, José Carlos de Almeida Azevedo.

O movimento estudantil começou a mostrar vitalidade e pluralidade de organização. Todas as tendências políticas eram contra a ditadura e de certa forma refletiam as correntes de opinião da sociedade, especialmente do pensamento de esquerda. Paulinho que havia sido eleito em 1975 como representante do Centro Acadêmico da Faculdade de Arquitetura, ao arrepio da autorização da reitoria, destacou-se como uma liderança expressiva.

Em 1977 houve uma ascensão das lutas populares que acabou resultando no denominado "Pacote de Abril ", conjunto de medidas autoritárias que incluíram o fechamento do Congresso Nacional por duas semanas. O objetivo era impedir o crescimento da oposição nas eleições do ano seguinte, o que abalaria ainda mais o regime militar, atingido pela crise do petróleo, com alto endividamento externo e inflação em crescimento.

Os estudantes de Arquitetura da UnB deflagraram um movimento pela mudança da estrutura curricular do curso e entraram em greve. A insatisfação era generalizada e após um ato público, no Dia Nacional de Luta, 19 de maio, o reitor suspendeu 16 alunos. Foi o estopim para uma greve geral de longa duração, ocupação policial do campus, expulsões, suspensões e prisões de vários alunos. Paulo Veiga foi um deles. Ligado à corrente de inspiração trotskista Liberdade e Luta, foi obrigado a concluir seu curso em Goiânia, na Pontifícia Universidade Católica de Goiânia (GO).

De volta a Brasília em 1980, participou da criação do Partido dos Trabalhadores, o PT, e da Central Única dos Trabalhadores-CUT. O movimento sindical renascia e ele foi um dos fundadores do Sindicato dos Arquitetos do Distrito Federal. Profissional liberal, atuava junto com os colegas para assegurar a defesa do salário-mínimo profissional e a democratização do acesso ao mercado de trabalho.

Cedo percebeu a necessidade de defender uma política urbana e habitacional que favorecesse a inclusão dos trabalhadores de baixa renda. Foi membro ativo dos movimentos sociais de assessoria técnica para os assentamentos habitacionais precários e sem infraestrutura existentes no Distrito Federal. Vinculou-se à Campanha Nacional pela Reforma Urbana, que resultou na aprovação do Estatuto da Cidade em 2001, com um conjunto de dispositivos legais que favorecem o reconhecimento da função social da propriedade e o planejamento participativo.

Graças a esses movimentos, várias comunidades do Distrito Federal tiveram assegurado seu direito de ocupação e a uma habitação condigna. Dentre elas destacamos o Paranoá, as Vilas Planalto e Telebrasília e o Areal. Paulinho também foi um dos articuladores da Lei de Assistência Técnica Pública e Gratuita, lei distrital número 11.888/2008, que assegura apoio às famílias de baixa renda, para a construção de suas casas. A lei é de autoria do também já falecido arquiteto e deputado federal Zezéu Ribeiro.

São pessoas como o Paulinho, que acreditam na ampla participação democrática e no reconhecimento dos direitos fundamentais e na justiça social, que nos permitem sonhar com um futuro melhor. Salve Paulinho!

O autor

Luiz Philippe Peres Torelly, 67 anos, é Arquiteto e Urbanista formado pela UnB em 1979, especialista em habitação, planejamento urbano e preservação do patrimônio cultural, área em que exerceu diversas funções públicas nos últimos 43 anos. Foi presidente do Sindicato dos Arquitetos do DF, diretor-presidente do Instituto de Planejamento Territorial e Urbano do DF, Secretário de Habitação e Desenvolvimento Urbano do DF, Diretor do Instituto do Patrimônio Histórico e Artístico Nacional por duas vezes e professor universitário, entre outras funções públicas. Em 2015 foi premiado com o título de Arquiteto do Ano, na categoria Servidor Público, pela Federação Nacional dos Arquitetos – FNA. Em 2021 recebeu Moção de Louvor da Câmara Legislativa do DF, por relevante contribuição para a História, a Cultura e a Educação no Distrito Federal. Aprendiz de escritor, tem muitos artigos, ensaios e dois livros publicados: *Patrimônio Cultural e Desenvolvimento Sustentável* e *Memória e Patrimônio* (Crônicas e outros escritos), e um no prelo: *O Mármore e a Murta: Antônio Vieira.* Jesuítas, Cativos e Bandeirantes no Século XVII.

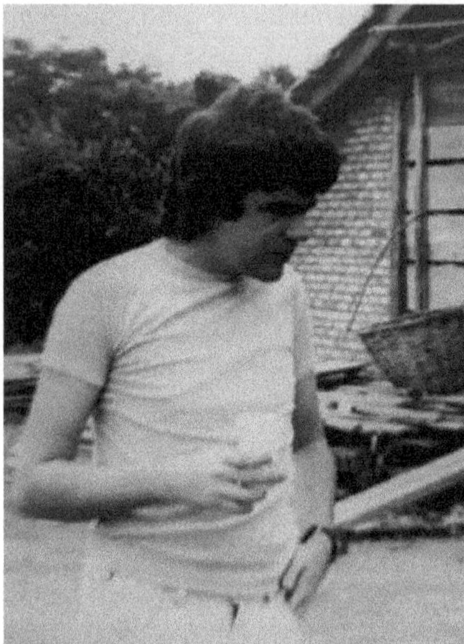

FELÍCIO SALA NETO
(Ouro Fino-MG, 13/08/1951 - Brasília-DF, 26/05/ 2007)

Das montanhas de Minas para a militância na UnB

Ana Lucia Tostes de Aquino Leite

Felício Sala Neto nasceu no interior de Minas Gerais, filho de Arturo Antonio Sala, imigrante italiano, e de Maria Conceição Alvarenga Sala, donos de pequeno comércio que atendia os agricultores que vinham à cidade vender o excedente da produção e comprar insumos básicos. Adolescente, em Ouro Fino ele participou de grupos de jovens ligados à Igreja Católica que, com abordagem progressista para a época, analisavam o Evangelho e liam textos de Leonardo Boff, expoente da Teologia da Libertação no Brasil.

Em 1972 Felício chegou a Brasília para estudar e trabalhar. Entrou na UnB no primeiro semestre de 1973 para o curso de Ciências Biológicas, que conciliava com o trabalho à noite, no aeroporto, como aeroviário na Vasp. De temperamento calmo e ponderado e espírito ávido por mudanças, engajou-se no Movimento Estudantil, juntando-se ao grupo Oficina, corrente trotskista/posadista e, por ter liderança entre os colegas e bom trânsito junto aos professores, logo se tornou representante estudantil da Biologia, juntamente com dois outros amigos, Fernando Queiroz Cunha e Alcides Bartolomeu de Faria.

No movimento estudantil encontrou eco aos seus questionamentos políticos e um espaço rico em discussões.

Como representante estudantil atuou na defesa de colegas e de ideias junto ao Instituto Central de Ciências Biológicas (ICCB), e teve participação ativa na reconstrução do Movimento Estudantil. Participou ainda do Comitê de Anistia do Distrito Federal, que tinha como objetivo libertar os presos políticos e garantir a volta dos exilados.

Foi candidato ao cargo de segundo tesoureiro pela Chapa Oficina, na eleição para o Diretório Universitário (DU). Em 1977, por sua atuação na greve geral dos estudantes, foi preso e punido com 30 dias de suspensão pela Comissão de Inquérito 187/77.

Formou-se no mesmo ano. Em 1978 ingressou no mestrado em Biologia Molecular na UnB e em 1983 entrou para o quadro de funcionários de nível superior desta mesma instituição, sendo lotado no Núcleo de Medicina Tropical, laboratório de Imunologia, sob a coordenação do Professor Carlos Eduardo Tosta, que voltara recentemente do doutorado, e de quem havia sido estagiário durante a graduação.

Após o fim da ditadura, Felício participou ativamente das diversas eleições para reitor, bem como nas eleições para governador do Distrito Federal. Como lembra o professor Carlos Eduardo Tosta, "nos períodos de campanha eleitoral, Felício ficava entusiasmado e defendia com extrema autenticidade e coerência suas posições. Engajava-se de corpo e alma na luta política".

Em uma ocasião, em 1994, aproveitou o intervalo de um jogo de futebol em Santa Maria (cidade satélite de Brasília) para convencer os participantes a votar em Cristóvam Buarque para governador. Foi azar: inadvertidamente havia se metido em um reduto de adversários, rorizistas ferrenhos, e teve que deixar o local apressadamente.

Felício Sala Neto foi muitos. O companheiro de uma vida. O pai sempre presente. O colega que lutava pelos direitos da classe. O amigo que ouvia e aconselhava com extrema sensibilidade. O cidadão consciente de seus direitos e também de suas obrigações. O lutador-conciliador nas tantas crises vividas pela Universidade de Brasília. Sentia-se plenamente feliz quando se engajava em um projeto de pesquisa envolvendo trabalho de grupo. Era, acima de tudo, o ser cordial e generoso que jamais negava um pedido de ajuda.

Faleceu em 2007, aos 55 anos de idade. Deixou a mulher Ana Lucia, os filhos Ana Carolina e Pedro Ivo, o neto Lucas, uma infinidade de amigos e muitas saudades.

A autora

Ana Lucia Tostes de Aquino Leite (Manhumirim -MG, 1956). Bióloga e Mestre em Ecologia. Chegou a Brasília aos dois anos de idade. Ingressou na UnB, em 1976. Na representação estudantil da Biologia teve os primeiros contatos com o Movimento estudantil e iniciou sua militância junto ao Grupo Oficina. Foi presa na invasão da universidade em 1977. Em 1980 casou-se com Felício Sala Neto, seu companheiro de curso e militância. Foi professora na Secretaria de Educação do Distrito Federal, diretora do Programa Nacional de Educação Ambiental do Ministério do Meio Ambiente e consultora na área ambiental.

ORISMÉLIA MOTA GOMES (Caucaia-CE, 14/04/1952 - Brasília-DF, 11/09/2020)

Orís, aquela que se dedicava ao trabalho que não rende glória

Orlando Cariello

Orismélia, cearense, chegou a Brasília para estudar e adotou a cidade com imensa paixão. Nunca mais a deixou. Como tantos jovens sensíveis aos problemas do povo brasileiro e à desigualdade social, apareceu no movimento estudantil na UnB quando este se reerguia, na segunda metade da década de 1970, após anos de sufocamento desde a implantação da ditadura militar de 1964, agravado com a decretação do AI-5 em 1968.

Na Universidade de Brasília os estudantes encaminhavam a terceira eleição para o Diretório Universitário, entidade legal prevista no estatuto da UnB, sob a ameaça da repressão e os rigores do Regimento Interno da instituição, que punia com a exclusão sumária os estudantes identificados como indisciplinados ou "subversivos".

A primeira eleição fora suspensa em maio de 1976 e os principais candidatos das chapas lideradas por Davi Emerich (Unidade) e Walter Peninha (Oficina) foram expulsos da instituição. Em novembro do mesmo ano, a chapa da Unidade, liderada por Rocine Castelo, foi eleita. Em maio de 1977, nova eleição. Entre as chapas concorrentes, Orís, como todos a chamavam, identificou-se com a nova tendência Debate, Unidade e Ação (D.U. Ação), suas propostas, sua interpretação da sociedade brasileira, com a prática e com o "astral" de seus integrantes e apoiadores.

A partir de então, engajou-se na luta, viveu a grande greve de 1977, que durou meses, enfrentou a ocupação policial do campus, a prisão e a expulsão de dezenas de colegas. Em 1979 comemorou a vitória, na eleição para recém-criado DCE Livre Honestino Guimarães, de chapa liderada por Zeke Beze, do grupo Debate e Ação (nome que substituiu o DU Ação). Incorporou-se às campanhas democráticas, como a da Anistia e a das diretas-já! e à luta socialista. Formou-se em Estudos Sociais, mais adiante, pela UNICEUB.

Orismélia tinha profundo senso crítico e fina ironia, aplicados tanto aos adversários quanto aos companheiros e amigos, nesse caso nas questões políticas e ideológicas, mas também naquelas relativas à coerência no comportamento pessoal. Orís não chegou a exercer liderança política pública, exposta em palanques, mas, nas lutas estudantis ou populares de que participou, foi incansável, assumindo tarefas imprescindíveis na retaguarda. Um tipo de trabalho que não costuma render glórias ou popularidade, mas sem o qual pode-se dizer que um movimento de massas não se sustenta.

Foi assim também nas suas participações em eleições, como na de 1986, apoiando candidaturas do Partidos dos Trabalhadores, quando conheceu Edilson, também cearense, o companheiro com quem viria a ter o filho Léo e a neta Maria Luísa, e que esteve a seu lado até seu último dia de vida. Com essa união, Orís tornou-se nora do incansável operário comunista e poeta popular do cordel nordestino José Alberto e de sua Edite. Quem conheceu a dupla sabe que eles não abrigavam qualquer um. Orismélia partiu em 11 de setembro de 2020, em Brasília, vítima da Covid-19. Deixou muitas saudades.

O autor

Orlando Cariello, arquiteto e urbanista formado pela UnB, com importante participação no Movimento Estudantil. Integrou a direção da FEUB (Federação dos Estudantes Universitários de Brasília). Prosseguiu seus estudos realizando mestrado. No doutorado, defendeu tese sobre "Políticas Federais de Habitação no Brasil (1964 a 2002) e Reprodução da Carência e da Escassez da Moradia dos Trabalhadores". Tem especialização em Planejamento Urbano e Planejamento Habitacional. Foi professor no curso de Arquitetura e Urbanismo da Faciplac (Faculdades Integradas da União Educacional Planalto Central) e da FAU/UnB. Trabalhou na Novacap (Companhia Urbanizadora da Nova Capital do Brasil) de 1974 a 2008 e presidiu a empresa ao longo do ano de 1995.

JOSÉ CARLOS TERAMUSSI (Novo Horizonte-SP, 02/05/1950 – Brasília-DF, 1988)

Zé da Roça, a alma do campo

Davi Emerich, Carlos Geraldo Megale e
Luiz Antônio Teramussi

José Carlos Teramussi, o Zé da Roça, tinha terra vermelha correndo em suas veias. Boa terra. Nascido em maio de 1950 em Novo Horizonte, interior de São Paulo, era o filho mais novo, de três, dos micro produtores de café Alexandre Teramussi e Josefina Moreto Teramussi. Iniciou os estudos em Novo Horizonte, continuou em Rinópolis e terminou o científico em São Caetano do Sul. Estudando à noite, nessa última cidade trabalhou como feirante, vendedor ambulante e funcionário da Light.

Entrou para o curso de Engenharia Agronômica e Florestal da UnB no segundo semestre de 1972. Formou-se em 1977.

Sempre esteve em sintonia com o ideal camponês. Na UnB fez parte do grupo dirigente do Movimento Estudantil, especialmente no período de 1975 a 1977. Foi eleito vice-presidente da Representação Estudantil da Agronomia em 1976 e integrava, em julho do mesmo ano, a chapa Unidade para o DU, cujas eleições foram suspensas por ato da reitoria.

Após se formar, foi professor da Fundação Educacional do Distrito Federal, onde lecionou várias disciplinas. Exerceu a função de engenheiro sanitário em

SUCAM

Mato Grosso do Sul e em foi assessor da Universidade de Viçosa, em MG. Acabou fixando-se, mais tarde, na década de 1980, em Taguatinga (DF), onde chegou a montar um pequeno restaurante. Lá militou no então PCB (Partido Comunista Brasileiro), ainda ilegal, e nas fileiras institucionais do PMDB, juntamente com Davi Emerich, expulso da UnB em julho de 1976. Ajudou a organizar movimentos de moradores, esteve na linha de frente da campanha das diretas-já na cidade e da campanha pela representação política dos habitantes do Distrito Federal. Não gostava de falar nas grandes reuniões e eventos, seu ponto forte era ajudar a organizar ações, sempre de conteúdo político.

Morreu em um acidente de carro em 1988 aos 38 anos, na rodovia DF-001, entre Taguatinga e Brazlândia. Foi casado com a jornalista Rosane Maior Morais e teve dois filhos - um rapaz, hoje com 34 anos, e uma filha, que faleceu dois anos após a morte do pai.

O autor

Luís Antônio Teramussi, irmão de Zé da Roça, é médico formado pela UnB e reside em Brasília.

Fotos: Fundo sobre a ditadura militar do Arquivo Nacional

AREOLINO MOREIRA BONFIM
(Crateús-CE, 21/08/1942 – Brasília-DF, 2016).

No meio do caminho tinha um bode

Davi Emerich e Carlos Geraldo Megale

Areolino Moreira Bonfim, mais conhecido como Ceará, talvez tenha sido uma das figuras mais folclóricas e conhecidas do Movimento Estudantil da UnB. Nasceu em Crateús (CE), filho de Sebastião Bonfim Filho e Maria do Socorro Bonfim. Morador do C.O. (Centro Olímpico), na verdade o campus era praticamente a sua residência. Dizia-se que entrara na universidade para trabalhar na limpeza e, por esforço próprio, acabou tornando-se aluno de Sociologia. Sua matrícula é de 1972. Era bolsista e trabalhou repondo livros na Biblioteca. Fazia um tipo guerrilheiro romântico.

Um tanto desleixado, óculos largos, cabelos desalinhados e um pouco avermelhados, barba imensa, sandálias e bolsa de couro com alça comprida, voz estridente e estranha, gingava um pouco ao caminhar. Não era de concordar com ninguém, não pertencia a nenhuma tendência, passava a ideia de que pretendia montar o seu próprio grupo. Tinha por hábito andar com vários livros debaixo do braço, a maioria versando sobre revolução. Houve uma época que foi albanês, defendia Enver Hohxa, que depois caiu em desgraça. Gostava de usar a torto e a direito as expressões materialismo dialético e materialismo histórico. A paixão por esse ou aquele revolucionário não durava um semestre. Havia nele algo de iconoclasta. Participava das assembleias e reuniões estudantis, foi punido com suspensão por 90 dias em 1977.

Certa madrugada de sábado, ele saiu da Biblioteca com um grupo de umas seis pessoas em direção ao C.O. Ao atravessarem o cerrado, encontraram um despacho, de umbanda ou candomblé, muito comum nas cercanias. Continha uma garrafa de pinga, uma vela acesa e um bode, amarrado e vivo. Sem dar bolas às apreensões e cismas dos companheiros, Ceará levou o bode, o sacrificou, descarnou e organizou um churrasco na tarde do mesmo dia, entrando pela noite. Ele casou-se, constituiu família, teve duas filhas. Morou algum tempo em Ceilândia, onde deu aulas em escola pública, depois fixou-se em Sobradinho, também no Distrito Federal. Por conta de acidente vascular cerebral, pelo que se sabe acontecido em 2016, infelizmente já não está entre nós.

JOSÉ RIBAMAR OLIVEIRA (Codó-MA, 07/03/1954 – Brasília-DF, 01/06/2021)

Um dos grandes nomes do jornalismo econômico brasileiro

Maria do Rosário Caetano

Ao falecer, aos 67 anos, vítima de Covid-19, em junho de 2021, José Ribamar Oliveira, o Riba, era um dos mais respeitados e premiados jornalistas econômicos do país. Passou por veículos como o *Jornal do Brasil*, *O Globo*, *Estadão*, *Veja*, *IstoÉ* e ajudou a fundar o *Valor Econômico*, em 2000, no qual manteve coluna semanal (às quintas-feiras), com análise de temas político-econômicos.

No tempo da militância estudantil na UnB, Ribamar estudava Jornalismo. Era metódico e presente em todas as reuniões. Falava só o necessário. Nunca se exaltava. Sua participação mais notável aconteceu em momento de muita tensão. Após a reitoria suspender, em maio de 1976, as eleições para o D.U. (Diretório Universitário), às quais concorriam duas chapas – a Unidade, liderada por Davi Emerich, e a Oficina, liderada por Walter Peninha – foi instalada comissão de inquérito pela burocracia universitária. A vanguarda estudantil (acompanhada pela "massa avançada") realizava reuniões constantes no subsolo do Minhocão, para preparar as Assembleias Gerais, abertas a todos os estudantes. Compareciam em média de 50 a 70 alunos (incluindo os candidatos das "chapas suspensas"), que se comprimiam no chão, em desconforto que jovens pareciam não sentir.

Numa das reuniões mais tensas da vanguarda e de sua "massa avançada", o grupo Oficina, vertente ligada ao trotskismo-posadista, sempre aguerrida, cobrava atitudes mais ousadas, novos avanços. A turma da Unidade, ligada ao PCB (o Partidão), pedia cautela, lembrava que o momento era muito difícil. Os "oficineiros" não davam trégua. Ribamar, com sua calma costumeira, pediu a palavra, fez sua análise de conjuntura, e propôs um R.T.O. (Recuo Tático Organizado). O clima esquentou. A proposta, além de enfurecer a turma da Oficina, não foi aprovada, mas ele, por certo tempo, ganhou um aditivo ao seu apelido: transformou-se no "Riba RTO".

Depois do curso de Jornalismo, Ribamar fez Economia na mesma UnB. Da soma acadêmica surgiu um dos mais respeitados nomes do jornalismo na imprensa corporativa brasileira. Conquistou, entre outros, dois Prêmio Esso de Jornalismo, com a reportagem "O Escândalo dos Precatórios" , em 1997, e pelo trabalho "O Dia em que o Brasil quebrou", em 2012. Também foi Assessor de Imprensa do Ministério do Planejamento (no ano do lançamento do Plano Real, 1994) e do Banco Central. Publicou, com parceiros, o livro "A Era FHC, Um Balanço" e "Anatomia de um Desastre". Em 2022, a sala de imprensa do Ministério da Economia ganhou o seu nome.

MAGELA
MOVIMENTO
MAO TSETUNG

HÉLIO LOPES DOS SANTOS
(Rio de Janeiro-RJ, 01/06/1949 – Brasília-DF, 02/10/2010)

Um pioneiro de Brasília que amava o Flamengo, a MPB e lutava por justiça social

Maria do Rosário Caetano

Helinho (ou Zé Bunitim, apelido que ganhou do amigo Zé Pires Sabóia) iniciou seus estudos, na UnB, no curso de Geologia. Fez novo vestibular e, aprovado, transferiu-se para Engenharia Agronômica e Florestal, curso que concluiria na segunda metade da década de 1970. Começou sua militância estudantil no grupo Unidade e, depois, com colegas da Agronomia e Florestal (entre outros cursos) criaria o grupo D.U. Ação, rebatizado Debate Ação.

Filho de um experiente funcionário de carreira do DASP (Departamento Administrativo do Serviço Público) e de uma dona de casa, ambos de origem afro-brasileira, Helinho chegou a Brasília quando a cidade estava sendo erguida pelo Governo Juscelino Kubitscheck e não passava de um imenso canteiro de obras. Tinha onze anos e integrava família de onze irmãos. Cresceu na SQS 107, como um típico brasiliense, apaixonado pelo Flamengo, por MPB, cinema, samba e carnaval.

Quando concluiu o curso ginasial, foi estudar no Colégio Agrícola de Barbacena, em Minas Gerais. O irmão mais velho, Hamilton Lopes dos Santos, o "Pantera Negra", com militância política em 1968, exilou-se na França (onde vive até hoje e milita no Partido Verde). De 1975 a 1978, Hélio Lopes dos Santos participou ativamente de assembleias, reuniões e piquetes em todas as mobilizações e greves da UnB. Na Greve de 1977 foi punido com suspensão de 30 dias, conforme relatório de Comissão de Inquérito número 187/77, cuja deliberação final foi assinada pelo reitor (físico nuclear e capitão-de-mar e guerra) José Carlos de Almeida Azevedo, em 18 de julho de 1977. Atuou como um dos mais ativos vendedores do jornal *Movimento* no campus da Universidade.

Quando Mao-Tsé Tung morreu (em setembro de 1976), o jornal comandado por Raimundo Pereira imprimiu imensa estampa (desenhada por Elifas Andreato) do líder da Revolução Chinesa em sua capa e atingiu recorde de vendas. Num só dia, Helinho vendeu 50 exemplares. Depois de formado, Hélio Lopes dos Santos dedicou-se ao magistério. Por concurso público, tornou-se professor de Práticas Agrícolas, na Fundação Educacional do Distrito Federal.

Militou no Sindicato dos Professores e dirigiu o Colégio Agrícola de Planaltina. Integrou o núcleo de fundação do PT, no Cruzeiro Novo, Cruzeiro Velho e Sudoeste, e seria, inclusive, administrador desta R.A.-DF (Região Administrativa do Distrito Federal), no Governo de Cristovam Buarque e Arlete Sampaio (1995-1998). Morreu vítima de um tumor cerebral, aos 61 anos, e foi enterrado no dia em que Dilma Rousseff disputou (e classificou-se em primeiro lugar) no primeiro turno das Eleições de 2010.

MANOEL AUGUSTO DOS SANTOS (CRISTINÁPOLIS - SE, 28/11/1944 - ARACAJU-SE, 17/10/2003)

Um Coronel contra a ditadura

Davi Emerich, Carlos Geraldo Megale
e Walter Peninha

Em pleno regime militar, ditadura por todos lados e com um capitão de fragata na reitoria da UnB, a patente mais simpática e querida no campus por um largo período era a de Coronel, na verdade o apelido do estudante Manoel Augusto dos Santos, que teve participação ativa na construção do movimento estudantil em quase toda a década de 70.

Coronel, também conhecido por Coró, um apelido cuja origem se perdeu no tempo, talvez possa ser classificado como o decano do movimento nesse período, pela longevidade de militância e pela influência política exercida, sobretudo junto ao seu grupo de referência ideológica, o posadismo, de tendência trotskista.

Nascido em novembro de 1944 em Lagarto, Sergipe, o mundo então sendo sacudido pela II Guerra Mundial, em uma família com vários irmãos, Manoel iniciou estudos básicos na cidade natal, completados depois em Aracaju. Aos 26 anos ingressou no curso de Biomedicina na UnB, matrícula 70/09127.

Com suas marcas registradas – sandálias havaianas nos pés, cabelos curtos em meio a colegas cabeludos, barba rala puxando para o sarará – em pouco tempo já participava dos primeiros passos na retomada do movimento estudantil da UnB. Em particular, na área da saúde, tendo a Medicina como polo irradiador.

Lutas ainda pequenas, pouco contestatórias ao regime até 1975, mas que acumulavam energias para ações políticas mais ousadas e visíveis nos anos posteriores.

Morou no Centro Olímpico, vivia de bolsa estudantil, meio salário mínimo, trabalhou como repositor de livros na Biblioteca e servindo refeições aos estudantes nos restaurantes velho e novo.

É dessa época o caso do rato, ocorrido em 1975, que ficou famoso na universidade e que mereceu, o rato, até foto com destaque no *Jornal de Brasília*.

O restaurante velho, com partes de madeira, uma roleta de ferro alta, reunia em sua porta estudantes empobrecidos que recolhiam comida trazida para o lado de fora pelos que tinham recursos para se servir do lado dentro, carecia de higiene. As bandejas e utensílios eram de aço de qualidade, porém o aspecto de sujeira dominava o ambiente. Bandejas eram empilhadas pelo chão, ratos e baratas indesejáveis eram comuns no ambiente.

O restaurante novo, já construído, continuava fechado. Não se sabe quem e como, mas um certo dia, um sábado, na segunda rodada de panelões de feijoada, um prato sempre aguardado por todos, foi encontrado um rato escaldado, para desespero dos estudantes. O fato acelerou a inauguração do restaurante novo.

Manoel, já com os apelidos Coronel e Coró, fazia parte da equipe que naquele dia servia os estudantes, do lado interno do balcão.

Sempre atuante, embora com relativa discrição, seu nome consta dos vários relatórios dos órgãos de vigilância e informação da universidade, todos vinculados aos aparatos de repressão do regime. Tais relatórios versavam sobre a luta da Medicina por melhorias no hospital-escola, a briga pelo barateamento dos preços das refeições e a libertação de estudantes presos pelo Doi-Codi.

De fala mansa e poucas palavras, Coronel se destacava mais na organização de sua corrente ideológica. Era respeitado por todos, pelos iguais e adversários, um feito quando se leva em consideração que a universidade, pela sua própria natureza libertária, era um caldeirão a céu aberto, a fervilhar ideologicamente.

Integrou, na condição de delegado, a chapa Oficina nas eleições para o Diretório Universitário, suspensas pela reitoria em julho de 1976.

Mesmo antes de se formar em 1979, Coronel já virara professor da Fundação Educacional do Distrito Federal (matrícula 98005), ministrando as disciplinas de Ciências Biológicas e Física. Sindicalizou-se em 1983, com o registro 5652. Também deu aula de Biologia no CEUB e AEUDF. Chegou a montar um bar perto do CEUB, o Boca da Noite, administrado por uma de suas irmãs. Sempre foi solteiro. Faleceu em 17 de outubro de 2003, em sua residência, em Brasília.

JORGE GUSHIKEN
(Osvaldo Cruz – SP, 21/03/1954 – Brasília, 27/08/1978)

Japa, o companheiro zen

José Umberto de Almeida

Jorge Gushiken nasceu no interior de São Paulo, filho do senhor Zenske Gushiken e da senhora Michiko. O jovem mudou-se para Brasília, fez vestibular na UnB e foi aprovado para cursar Geologia. Hoje, a entidade representativa dos estudantes, aqueles que escolheram a mesma carreira que ele, leva seu nome - Centro Acadêmico da Geologia Jorge Gushiken (CaGeo JG).

Na Universidade Jorge iniciou, com entusiasmo, sua militância no Movimento Estudantil. Até sua morte prematura, aos 24 anos, dedicou-se ao estudo e à luta por justiça social e pela democratização do país.

Um acidente de carro ocorrido quando voltava do Encontro de Estudantes de Geologia, no ABC Paulista, causaria sua morte. Tudo se passou no dia 27 de agosto de 1978, nas cercanias do município de Valparaíso, em Goiás, o que só faria aumentar o sofrimento da família Gushiken. Afinal, sua mãe, Dona Michiko, fora enterrada dois dias antes do filho. A causa do óbito do jovem estudante foi traumatismo craniano. Ele chegou vivo ao Hospital de Base, em Brasília, foi atendido, mas não resistiu. Os ferimentos foram muito graves. Jorge era primo do líder bancário Luiz Gushiken (1950-2013), que viria a ser ministro-chefe da SECOM no primeiro Governo Lula.

Os colegas e amigos próximos de Jorge Gushiken guardam dele a imagem de um rapaz muito bonito, de cabelos longos e fartos. Em meados da década de 70, ele caminhava pelo ICC, o Minhocão, com seu andar discreto, olhos que decifravam o futuro e mãos que construíam, operosas, o presente. Nos braços, o último exemplar do jornal alternativo (editado por Fernando Gasparian) *Opinião*, que logo seria vendido a um transeunte. Jorge equilibrava-se entre o intenso e exigente curso de Geologia e as inúmeras atividades do Movimento Estudantil.

Ponderado, escolhia as palavras meticulosamente. Sua postura zen era notória. Mostrava tolerância infinita com os amigos. As namoradas – atenção para o plural aproximavam-se dele com naturalidade desconcertante. Nenhum esforço parecia partir dele. As coisas simplesmente aconteciam.

Houve um período, naquela década de 1970, em que Levy da Amélia (o estudante de Engenharia Levy Melo Souto) costumava disponibilizar seu apartamento, um latifúndio de três grandes quartos na SQN 405, para infindáveis discussões sobre a conjuntura política. Ao final dessas reuniões, Jorge tocava seu violão para embalar o sono de alguns sem-teto acolhidos por Levy. Além de "aparelho" político, essa casa virou uma generosa pensão, lugar de passagem para colegas até que conseguissem encontrar um alojamento para chamar de seu.

Jorge sempre deixava exemplares do *Opinião* para Levy vender. Até hoje há quem desconfie que o dono do apartamento distribuía o jornal entre amigos próximos e os pagava ao Jorge com grana própria. Tudo para ajudar o companheiro zen.

Nos registros da Polícia Federal, que manteve Jorge preso por 30 dias durante a greve de 1977, está registrado (com o linguajar e os erros próprios dos "redatores" do aparelho repressivo):

> JORGE GUSHIKEN: aluno de Engenharia Civil (sic), participante ativo do Movimento Estudantil, participando da passeata pelo campus em solidariedade aos universitários e operários presos em São Paulo, por liberdades democráticas e pela anistia irrestrita aos presos políticos. Depois do recesso participou de quase todos os eventos do Movimento Estudantil que deflagraram e mantiveram a greve. No dia 2 de agosto de 1977 foi preso no campus quando estava reativando a greve, pois era um dos líderes, com um grupo de 50 estudantes e, nesta ocasião, estava de posse do material constan-

> te das fls. 97/98. Recebeu carta do reitor pedindo para retornar às aulas e ao ler a carta ficou revoltado, considerando essas cartas do reitor verdadeiros panfletos, isto é, da mesma natureza que os panfletos distribuídos ou deixados por terceiros no campus da UnB.

Por ocasião do falecimento de Jorge Gushiken, a Chapa Debate Ação, que ele apoiava e que concorria às eleições para o Diretório Universitário, emitiu nota intitulada "Tributo a um Companheiro".

A nota realçava sua imagem singular, suas posições firmes em defesa das liberdades democráticas, suas intervenções curtas, mas muito bem pensadas. Sua firmeza nos debates e seu companheirismo no encaminhamento das decisões tiradas em assembleias. E lembrou ainda os 30 dias em que Gushiken esteve preso, com outros colegas, sob forte tensão e ameaças de enquadramento na Lei de Segurança Nacional.

A prisão sedimentou no estudante paulista-brasiliense a convicção de que o Brasil necessitava de ambiente democrático para implantação de políticas sociais mais justas.

Jorge Gushiken foi sepultado no cemitério Campo da Esperança, em Brasília. Em 1993, seus restos mortais foram transferidos para o Cemitério Parque Bom Jesus, em Cuiabá, cidade onde residem seus familiares. Deixou saudades entre seus amigos, além de fragmentos de sonhos nas mentes e corações daqueles que compartilharam com ele lutas ainda inconclusas. Lutas por uma sociedade mais humana e justa.

ROBERTO CAIXETA CARDOSO
(Patos de Minas-MG, 19/01/1952 – Brasília-DF, 20/11/1976)

Vida breve, vida imensa

Lumi Kihara

Para os amigos do Departamento de Física, ele era o Taguá. Apelido bem merecido porque não perdia oportunidade de queixar-se do suplício de vir ao campus em ônibus sempre lotado, saindo de Taguatinga, onde ficou uns tempos hospedado na casa da tia. Minha amiga Claúdia Hoffman, uma ativista dada a transformar os protestos em happenings de resistência, me contou que o apelidara de Miguelito, talvez por causa dos caracóis dos seus cabelos. Eu o chamava muitas vezes de Betinho.

Era um cara que disfarçava a timidez com gozações e brincadeiras. Não seria líder nem de estudantes e muito menos de outras multidões. Tinha mais dúvidas que certezas, mas o desejo de buscar novas formas de pensar a política e o Movimento Estudantil – saindo da área de influência de seus grandes amigos do Partidão – o levou a participar das primeiras reuniões para a formação do grupo Construção. Se não concordava com tudo, pelo menos compartilhava, de muitas maneiras, o que se discutia. Mas a aliança operário-estudantil, uma das principais linhas programáticas da Libelú/Construção, lhe parecia algo um tanto irrealizável mesmo para quem, como ele, tinha um pai operário.

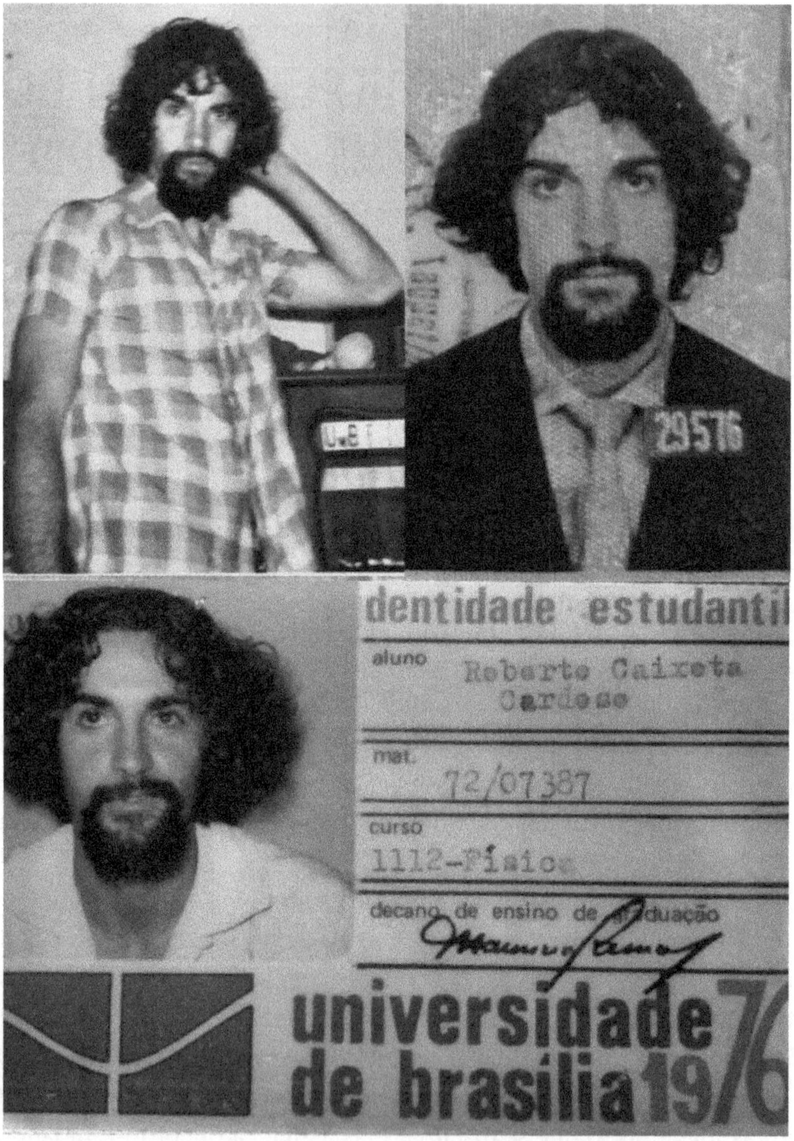

29576
dentidade estudanti
aluno
Roberto Caixeta
Cardoso
mat.
72/07387
curso
1112-Físic
decano de ensino de
universidade
de brasília
1976

Chegado ao existencialismo de Sartre, Roberto gostava de Maiakovski e amava física quântica mais do que tudo. Estudava russo e já conseguia ler alguma coisa dos grandes físicos soviéticos. Depois de assistir a um dos filmes de Sergei Eisenstein, Ivan, o Terrível (trilogia), identificou semelhanças físicas com o personagem. Para os pais, era um menino prodígio, excepcionalmente inteligente e motivo de orgulho. Professor da Fundação Educacional do Distrito Federal, gostava de dar aulas e até tentou me ensinar algo sobre o que tanto tomava seu tempo, mas desistiu quando viu que seria esforço jogado fora.

No dia 20 de novembro de 1976, Roberto saiu bem cedo de casa para a aula de prática esportiva. Era o que faltava para concluir a graduação. No bilhete, que escreveu enquanto eu ainda dormia, percebi bom humor e disposição para terminar logo o semestre. A gente morava naqueles puxadinhos da SQN 408, habitados principalmente pelas famílias do Corpo de Bombeiros, que transformavam as áreas de serviço em kitinetes para locação.

Por volta do meio-dia eu o aguardava na biblioteca da UnB, onde fui fazer trabalho em grupo. Um pouco mais tarde, vi uma movimentação na entrada. Alguém havia sido atropelado logo depois de descer do ônibus na parada localizada bem perto dali. Um local tranquilo, pouco trânsito e, acho, com quebra-molas. Reconheci o estojo e os cadernos dele nas mãos de alguém que tinha ajudado a socorrê-lo. Roberto já havia sido levado para o Hospital de Base por uma patrulha que fazia ronda pelo campus. Lembro-me de rostos desconhecidos compungidos e não sei se foi ali que me contaram que seu corpo havia sido arrastado por uns 200 metros, preso às ferragens do carro do atropelador.

Ele ficou quatro dias em coma no Hospital de Base, período em que amigos, colegas e companheiros de militância mobilizaram-se, percorrendo salas de aula em busca de doadores de sangue AB-RH negativo e tomando outras iniciativas burocráticas e de amparo aos familiares. Por iniciativa de seu amigo Rogério, que ele amava, saiu uma pequena notícia em *O Globo*, com o nome do atropelador e a fuga. Causa da morte: politraumatismo, lesões produzidas por instrumento contundente.

O atropelador, um rapaz de 19 anos, sem carteira de habilitação, achou mais conveniente fugir ao invés de prestar socorro. Saiu impune. Lembro-me vagamente da primeira audiência em que ele se fez representar por um advogado que, descontraidamente, conversava com o juiz sobre a partida de tênis do fim de semana, antes de a audiência começar.

Este depoimento é a oportunidade de resgatar a leveza, a alegria e a serenidade, às vezes melancólica, de uma pessoa cuja lembrança e imagem foram solapadas pela morte violenta.

A autora

Lumi Kihara, companheira de Roberto, estudou Comunicação/Jornalismo na UnB entre 1974/1981, quando participou do movimento estudantil militando na tendência Construção. Na greve de 1977 foi punida com suspensão por 90 dias pelo reitor José Carlos de Azevedo. Duas de suas irmãs também se graduaram na UnB. Kazuko Kihara, da primeira turma de Medicina, e Queico Kihara, engenheira civil. Depois de formada em jornalismo, trabalhou no *Jornal de Brasília* e atuou no Sindicato de Jornalistas do Distrito Federal. Atualmente é servidora aposentada do Ministério Público Federal e vive em São Paulo.

PAULO SÉRGIO REZENDE DE ALMEIDA GALEÃO
(Natal, 06/05/1954 – Pirenópolis, 04/09/2021)

Sonhos permanentes

Marco Antonio Ribeiro Vieira Lima

Estudante da Arquitetura, Galeão foi um dos militantes mais ativos e queridos no Movimento Estudantil da UnB após a greve de 1977. Com Mariluz Gomes Furtado e Fernando Saraiva (Cearazim), recolheu a herança política e a combatividade de Paulinho Henrique Veiga no Centro Acadêmico. Esteve à frente, também, da criação do DCE-Livre Honestino Guimarães, do qual foi diretor na gestão liderada por Margrit Schmidt.

Muita gente boa se aproximou da luta contra a ditadura motivada por seu proselitismo. No "papo de orelha", era imbatível. Essa qualidade o fez pessoa extremamente popular na UnB e em Brasília. Quando, em 1980, teve um aneurisma cerebral e foi operado de urgência, o Hospital de Base quase se viu submerso pela presença e carinho de tantos amigos e colegas.

Galeão iniciou uma geração de pessoas na Astrologia. Tinha um livro de efemérides, e quando queria conhecer alguém (ou paquerar alguma), convidava para que tal pessoa se sentasse do outro lado de sua prancheta e tomasse um vinho, enquanto isso desenhava um mapa astral. O papo bom durava horas. O quadro de Andrea Carrera bem retrata a sua prancheta, construída por suas mãos taurinas, naquele espaço subterrâneo, mágico e especial que ele criou: a Toca do Galeão,

na CLN 403. Quando me convidou para ir morar na Toca, aceitei na hora. O Paulinho Goiano trabalhava na parte de cima, num laboratório de fotografia, e nós dormíamos embaixo com o Loro, o seu papagaio e maior confidente.

Daquela prancheta e da mesa de serigrafia que Galeão construiu saíram muitos cartazes que viajaram Brasil afora. O mais famoso surgiu de uma ideia que Margrit, a Mag, trouxe do Congresso de Reconstrução da UNE, em Salvador. Um cartaz publicitário, com tons e listas azuis e verdes, que afirmava: "Sonhos, acredite neles". Galeão encontrou não sei onde uma frase de Lenin que se encaixava muito bem: "É preciso sonhar, mas com a condição de crer em nosso sonho, de observar com atenção a vida real, de confrontar a observação com nosso sonho, de realizar escrupulosamente nossas fantasias".

Eu tinha o livro de Adam Ulan sobre a revolução russa com a foto histórica de Lenin discursando na Praça Vermelha, após a Revolução, com Trotsky ao lado. A foto, dividida em duas partes, foi reproduzida pelo Paulinho Goiano, juntada por Galeão com a frase de Lenin sobreposta e o slogan colocado em letras grandes. A tonalidade era azul. Aquele cartaz representava tudo aquilo em que nós acreditávamos e pelo qual lutávamos. Virou material da campanha financeira de nossa corrente de professores, em nível nacional. Anos depois apareceria numa novela da Globo, contou-me Galeão orgulhoso.

Nos anos 1980, ele mudou-se para Pirenópolis e seu carisma espalhou-se pela cidade histórica goiana. Foi um dos fundadores da Rádio Meia-Ponte, a primeira rádio comunitária do Brasil, criou o núcleo do PT e participou das eleições. Numa ocasião, foi preso. Incomodava sempre os poderosos. Em colaboração com Silvinho Cavalcante, companheiro da Arquitetura, trabalhou para o IPHAN (Instituto do Patrimônio Histórico e Artístico Nacional) na conservação da cidade e na reconstrução da Igreja Matriz, atingida por um incêndio.

A sua casa no centro histórico virou uma referência. Muita gente passava ali para afinar opiniões e descobertas. Galeão era uma antena, uma árvore secular plantada no cerrado e banhada por águas emendadas e cachoeiras que partiam para todo o país. Aquela jabuticabeira no centro do quintal era a sua cara. Sua esposa, Cristina, criou ali um ateliê, Adobe, dando consistência artesanal ao local. Continuava firme na militância. No Facebook, na seção "orientação política" escreveu: "Revolução Permanente". Morreu de enfarte fulminante.

WALLACE JOSÉ SESANA
(Colatina-ES, 09/01/1956 – Brasília-DF, 08/12/2017)

Um capixaba-brasiliense apaixonado por rock e MPB

Davi Emerich e Hudson Cunha

Wallace José Sesana, amante do rock e da MPB, era uma pessoa do bem, que acreditava na justiça social. Com seu jeito alegre, sempre ativo no movimento estudantil, conquistou muitos amigos na UnB.

Cursou Engenharia Elétrica e entrou no rol dos 30 estudantes expulsos na Greve de 1977, por conta de sua intensa militância e participação política. Integrou o grupo Oficina, juntamente com a sua então companheira, Geysa Brasil Xaud, aluna do curso de Psicologia.

Foi preso pelo DOPS (Departamento de Ordem Política e Social) em abril de 1976, quando, segundo relatórios dos serviços de informação de órgãos da UnB, retirava de uma gráfica de Brasília cerca de 3.000 exemplares de um jornal do grupo Oficina.

Uma grande assembleia foi realizada na entrada Sul do Instituto Central de Ciências, o Minhocão, com centenas de estudantes, na manhã do dia 14 de abril, pedindo a soltura do aluno de Engenharia Elétrica e a liberação do material impresso. Obviamente, a reitoria e a cúpula da UnB nada fizeram diante do episódio.

Sesana entrou, por concurso, para os quadros do Banco do Brasil, em 1977, participou do movimento sindical e se aposentou em 2005 por problemas de saúde.

Com sua companheira Consuelo Oliveira Passos, foi pai de Gabriel Passos Sesana, formado em Direito pela UnB, em 2011. Com sua última mulher, a psicóloga Claudiana Jacobino Lima Sesana, em 2002, teve seu segundo filho, João Pedro Jacobino Sesana, que estuda no Canadá.

CARLOS EDUARDO JORDÃO MACHADO
(1957 – São Paulo, 18/08/2018)

Um estudioso da estética e ética do jovem Lukács

Luiz Antônio Nigro Falcoski

Carlos Eduardo Jordão Machado, o Cadu, foi um dos grandes amigos que ingressaram na mesma Turma de Arquitetura e Urbanismo da UnB em julho de 1973. Logo em seguida migrou para o curso de Desenho e Plástica, no qual se destacou. Teve grande importância intelectual e política no movimento estudantil da UnB, de 1974 a 1977, particularmente atuando em torno do grupo Unidade e colaborando na formação política de seus quadros e lideranças, a partir da perspectiva marxista. Esteve à frente com outros estudantes de ações e realizações culturais como a Expoarte e a edição do jornal tablóide Anti-tese. Contribuiu para a elaboração de cartazes e outros materiais gráficos e artísticos voltados à retomada das mobilizações estudantis.

Na edição da Expoarte II, em outubro de 1975, liderou a organização de debates sobre questões como a da produção da arte inserida e comprometida com a realidade social e como instrumento para se superar a alienação cultural, em sua formulação, da sociedade capitalista. Já tinha grande domínio sobre o conceito de forma e conteúdo em Hegel, em Marx sobre a relação sujeito e objeto na arte e, em Lukács, sobre a relação entre conteúdo e forma e a importância do chamado realismo socialista. Era seu grande amigo o intelectual marxista José Paulo Netto, que participou desse ciclo de debates na Expoarte II.

As edições da Expoarte e o Jornal Anti-tese revelam o grande talento, brilhantismo, inovação e criatividade de Cadu nesse rico período do movimento estudantil da UnB. E que mantinha comigo, com a Conceição Rodrigues, Eliane Vieira e Ciça Fitipaldi, do Curso de Desenho e Plástica, uma relação fraternal.

Desde 1987 Cadu era professor de Filosofia e História na Unesp, campus de Assis-SP. Sua produção acadêmica no Mestrado abordou amplamente o expressionismo sob a orientação de Paulo Arantes. Sua tese de doutorado analisou As Formas e a Vida - Estética e Ética no Jovem Lukács, publicada em livro.

Foi colaborador e autor de inúmeros artigos, por muitos anos, das revistas Temas e Presença, em especial sobre a renovação do pensamento da esquerda e da democracia como valor universal, conceito este trabalhado no Brasil principalmente pelo pensador, já falecido, Carlos Nelson Coutinho. Infelizmente, e com muita tristeza para os amigos e toda a comunidade de intelectuais e egressos da UnB da década de 70, ele nos deixou em 18 de agosto de 2018. Cadu está presente em nossos corações e continua nos inspirando com a sua rebeldia, despojamento, luta e irreverência cultural.

PARTE IV. CADERNO DE IMAGENS E TEXTOS BREVES

IMAGEM DE UMA LUTA

Esta é uma das mais belas imagens da greve de 1977. Todos os dias, durante semanas, os estudantes cruzavam espaço entre o Minhocão (ICC) e o Teatro de Arena para realizar as grandes assembleias em que discutiam os rumos do movimento, apesar do cerco policial, das ameaças e prisões.

OS ESTUDANTES QUE SE TORNARAM PARLAMENTARES

Pela ordem, de cima para baixo: Arlete Sampaio, Érika Kokay, Chico Floresta, João Maia, Arlindo Chinaglia, Paulo Bernardo, Antônio José Ferreira (Cafú) e Augusto Carvalho (com seus nomes parlamentares).

Estudante combativa, parlamentar atuante em muitas frentes

Erika Jucá Kokay, Fortaleza (CE, 15/08/1957). Aprovada no vestibular de da UnB de 1976 para o curso de Psicologia, encontrou o campus em clima de ampla e efervescente mobilização estudantil. Engajou-se no Grupo Oficina atuando nas mais diversas frentes (assembleias, debates, trabalhos comunitários, grupos de estudo). Participou ativamente das palestras e conferências da vigésima-oitava Reunião Anual da SBPC (Sociedade Brasileira para o Progresso da Ciência), realizada na UnB. No final do mês de julho de 1976, menos de duas semanas depois do término da grande reunião científica, a reitoria expulsou sete alunos, quatro deles do Grupo Oficina e três da Unidade. Erika seguiu na luta política. Seria expulsa da UnB, junto com 29 colegas, por Comissão de Inquérito instalada pela reitoria durante a greve de 1977. Bancária (funcionária da CEF), Erika integrou-se ao sindicalismo e seguiu na luta em Brasília. Em 1980 regressou à UnB e concluiu o curso de Psicologia. Participou da fundação do PT, partido em que milita há 42 anos. Elegeu-se deputada distrital em 2002 e em 2010, e deputada federal em 2010 e em 2018, atuando nas mais diversas frentes, da defesa da democracia à dos direitos de mulheres, negros e comunidade LGBTQIA+.

Foto inferior: EBC/Agência Brasil

Paulão da Geologia, de líder estudantil a ministro de Estado.

Paulo Bernardo Silva (São Paulo-SP, 10/03/1952). Na UnB dos anos 1970, todos o conheciam como o Paulão da Geologia, líder estudantil dos mais atuantes. Participou ativamente da reconstrução do M.E. e das Representações Estudantis, integrando-se ao Grupo Oficina. Em 1976, candidatou-se ao cargo de secretário-geral nas primeiras eleições para o DU (Diretório Universitário), encabeçando com Walter Peninha e Bárbara Hartz, a chapa Oficina. Participou de debates memoráveis, de muitas assembleias e da vigésima-oitava Reunião Anual da SBPC (Sociedade Brasileira para o Progresso da Ciência), ocorrida pela primeira vez no campus da UnB, entre 7 e 14 de julho. No final do mês, ele seria expulso, não pelo decreto-lei 477, mas pelo Regimento Interno da Universidade, junto com mais seis colegas, acusados de "politizarem as eleições". Ao invés de procurar outra instituição para dar prosseguimento ao curso de Geologia, Paulo Bernardo decidiu dedicar-se à luta sindical. Funcionário do Banco do Brasil, militou no Sindicato dos Bancários de São Paulo e depois mudou-se para o Paraná, onde continuou na luta sindical. Foi diretor da Federação dos Bancários do Paraná, tendo Londrina como sua base. Também militou no PT (Partido dos

Trabalhadores) desde a sua fundação e elegeu-se deputado federal pelo Paraná por três legislaturas. Foi secretário de Fazenda de Mato Grosso do Sul, Secretário Municipal de Fazenda de Londrina e ministro do Planejamento, no Governo Lula, e das Comunicações, no Governo Dilma Rousseff. Paulo Bernardo foi casado duas vezes. Do primeiro casamento, com Marta Teresa Santos, nasceram três filhas. Depois, com a deputada e ex-senadora Gleisi Hoffmann, presidente do PT, teve um filho e uma filha.

De estudante a líder sindical, parlamentar e agente cultural

Augusto Carvalho (Patos de Minas-MG, 27/06/1953). Tem o seu nome fortemente identificado com os movimentos estudantil, cultural e político no Distrito Federal. Na UnB, compôs o grupo Unidade e foi representante da Sociologia em 1974, participando e falando em várias assembleias nas quais se discutiram os estatutos do Diretório Universitário. Presidiu o sindicato dos bancários de 1980 a 1984, abrindo espaços à renovação de outras entidades de trabalhadores da cidade. O sindicato que liderou teve papel primordial na retomada e afirmação de um rico movimento cultural em Brasília e por seus palcos passaram vários músicos brasileiros, alguns então desconhecidos, e representantes da Nova Trova cubana. No teatro, o Sindicato também viabilizou apresentações de peças e autores novos e consagrados. A entidade, por vários anos, manteve um atuante Cine Clube, com a projeção de vários filmes clássicos e cults. Foi deputado federal por cinco mandatos, participou da elaboração da Constituição de 1988, sendo autor de várias emendas de interesse dos trabalhadores. Também exerceu mandato de deputado distrital. Participou das grandes jornadas da redemocratização, como a campanha das diretas-já, Anistia e representação política do povo de Brasília, entre outras.

Em seus mandatos parlamentares, destacou-se pela atuação na fiscalização das contas públicas. Juntamente com Gil Castelo Branco criou a ONG Contas Abertas, uma das entidades de fiscalização dos gastos públicos mais respeitadas do país. Preside a Associação Nacional de Funcionários do Banco do Brasil - Anabb. Na colagem, com Lula, em ato dos bancários.

◄▪♦▪►

Na foto da esquerda, nos tempos da UnB. À direita, atuando na Câmara, em foto da Agência Brasil.

O líder que veio a presidir a Câmara e a ocupar interinamente a Presidência da República

Arlindo Chinaglia Júnior (Serra Azul-SP, 24/12/1949). Entrou para o curso de Medicina em 1970 e teve intensa participação nas mobilizações pioneiras daquele departamento, que impulsionaram a reorganização do M.E. na UnB. Entre elas, a greve de 1970, pela garantia de vagas para todos os aprovados no vestibular de Medicina, na tenebrosa era Médici. Foi o primeiro levante na UnB depois da invasão policial-militar de 1968. Formou-se em 1975, foi por três vezes presidente do sindicato dos médicos de São Paulo, vice-presidente da Federação Nacional dos Médicos, fundador do PT, do qual foi presidente estadual e secretário-geral nacional. Após um mandato de deputado estadual, elegeu-se deputado federal por sete vezes, tendo presidido a Câmara no período 2007-2009. Neste cargo, assumiu interinamente a Presidência da

República, substituindo o ex-presidente Lula. Na Câmara foi líder da bancada, da minoria, presidente de diversas comissões e também presidente do Parlamento do Mercosul.

◄▪♦▪►

Foto à direita, Agência Câmara.

O economista que ocupou cargos importantes no Poder Executivo antes de começar a carreira parlamentar

João da Silva Maia, potiguar de Brejo da Cruz, nascido em setembro de 1953, fez Engenharia Civil na UnB e, após a expulsão em 1976, ingressou na Universidade Federal do Rio de Janeiro, formando-se em Economia. Atualmente, exerce o seu terceiro mandato de deputado federal pelo Rio Grande do Norte. Foi Secretário de Planejamento da Prefeitura do Rio de Janeiro (1988-1989), Secretário-Executivo do Ministério da Economia, Fazenda e Planejamento (1990) e Secretário Nacional de Economia (1991-1992).

◄▪♦▪►

Cafú, professor popular, militante aguerrido e deputado distrital

Antônio José Ferreira, conhecido por Cafu, natural de Anápolis (31/03/1951), cursou Geografia na UnB e participou de várias mobilizações estudantis até 1977. Em Brasília, foi também um professor de cursinhos muito popular entre secundaristas que se preparavam para o vestibular e integrou o Movimento em Defesa da Amazônia. Entre 1995 e 1999 foi deputado distrital, eleito pelo PT-DF, dirigindo seu mandato para a defesa das crianças, mulheres, negros, sem-teto e sem-terra. Hoje vive em Anápolis.

LÍDERES DESTACADOS E EVENTOS MARCANTES

Combatendo uma ditadura (que não foi punida)

Bárbara Hartz (Novo Hamburgo-RS). Ingressou na Faculdade de Arquitetura da UFRGS no início da década de 70. Ao mudar-se para Brasília, enquanto aguardava uma suposta transferência para UnB, que nunca ocorreu, ocupou-se com a realização de cursos de Artes Plásticas e Música como aluna especial. Ao perceber que teria de fazer novo vestibular, tentou realizar um antigo sonho de ser psiquiatra, ingressando no curso de Medicina da UnB, mas logo viu que seus talentos estavam mais voltados para a Comunicação, prestando novo vestibular para cursar Jornalismo. Sua atuação no movimento estudantil pela criação do Diretório Universitário (D.U.) e o restabelecimento da democracia, motivou a sua expulsão da universidade em 23 de julho de 1976, junto com outros seis alunos.

A convite do então deputado Francisco Pinto, passou a trabalhar na cobertura política de Brasília para o jornal Movimento, tornando-se uma jornalista reconhecida pelo Ministério do Trabalho. Posteriormente, em São Paulo, atuou em diversas redações como uma das pioneiras do Jornalismo de Tecnologia da Informação e Comunicações (TICs), nos anos 80 e início dos 90. Depois, tendo criado a sua própria empresa, prestou serviços de comunicação corporativa a dezenas de empresas de TICs durante 22 anos. Teve ainda um papel pioneiro na motivação e promoção da inovação associada à sustentabilidade com várias iniciativas, a partir de 2004, que culminam na Comunidade da inovação. Na foto maior, encontra-se com o fotógrafo Edu Simões em manifestação em São Paulo.

Maninha, guerreira nas lutas estudantis, sindicais e parlamentares

José Umberto de Almeida

Maria José da Conceição Maninha (Januária-MG, 13/12/1948). Foi de Honestino Guimarães que ela ganhou o apelido de Maninha, pelo qual passou a ser chamada na UnB, onde entrou em 1967 para fazer o curso de Medicina. Mais tarde incorporou-o ao nome. Por sua intensa atuação no movimento estudantil, foi desligada da UnB em 1970 e presa em 1971, ano em que, por decisão judicial, conseguiu voltar ao curso de Medicina. Mais tarde seria julgada com base na Lei de Segurança Nacional e considerada inocente de todas as acusações. Evitando exposição na linha de frente, a jovem continuou apoiando e organizando o movimento de resistência e arregimentando jovens para seu grupo político, a Ação Popular. Mesmo após se formar, em 1974, continuou acompanhando de perto o movimento estudantil, incentivando sua organização e apoiando de diversas formas a nossa geração 70.

Lembro-me de episódio em que estive envolvido pessoalmente, ocorrido em julho de 1977. Quando a Polícia invadiu o Campus da UnB, durante dia muito tenso, para efetuar diversas prisões de estudantes, houve um verdadeiro corre-corre pelo "Minhocão". Em disparada me vi encantoado em um dos laboratórios de Biologia, onde funcionários me esconderam em uma câmera fria, cheia daquelas culturas em placas de Petri. Não tenho ideia do tempo em que permaneci ali. Provavelmente minutos, mas minha magreza e camiseta fina fizeram parecer horas. O resultado foi que contraí pneumonia. Fui acolhido pelo casal Maninha e Hélio Doyle, em seu apartamento na Asa Norte, onde permaneci em tratamento por vários dias.

Maninha foi fundadora do Sindicato dos Médicos do Distrito Federal, vindo a ocupar sua segunda presidência. Elegeu-se deputada distrital e federal pelo Partido dos Trabalhadores, agremiação que ajudou a fundar. Hoje milita no PSOL (Partido Socialismo e Liberdade).

Zé Pires, um articulador maranhense e paulofreiriano

José Umberto de Almeida

O maranhense Zé Pires, ou José Pires de Saboia Júnior, nasceu em 29 de setembro de 1952. Mudou-se para Brasília em 1966. Estudou no colégio Elefante Branco, onde revelou-se liderança capaz de mobilizar, organizar e resistir ao autoritarismo da direção daquele Colégio. Com centenas de colegas, participou de manifestações e protestos por liberdades democráticas num ambiente de intenso controle do aparato militar. Ainda muito jovem driblava esse controle ditatorial com ações que evitavam expor os colegas sob sua liderança. Um deles, Hélio Lopes dos Santos, (que ele apelidou de Bonitinho) continuaria seu companheiro de lutas na UnB, onde iniciaram o curso de Engenharia Agronômica e participaram ativamente do reerguimento do movimento estudantil na década de 1970.

Zé Pires não se limitava a mobilizar e organizar os estudantes por melhores condições de ensino e por liberdades democráticas. Preocupava-se, sobretudo, em disseminar suas ideias socialistas contribuindo para elevar o nível de conscientização política. Isto, sem descuidar dos estudos em grupo sobre teorias políticas e socialistas. Para além dos clássicos marxistas, gostava de indicar livro como "Subterrâneos da Liberdade", de Jorge Amado, sobre a luta dos comunistas durante o Estado Novo.

Em sua militância política, motivou inúmeros colegas que se transformaram em importantes lideranças na luta pelas causas democrático-populares e pelo socialismo, mesmo que nem todos tenham seguido, posteriormente, esse caminho.

Durante a greve de 1977 na UnB, resistência que durou mais de 90 dias e enfrentou a ocupação policial e militar do campus, Zé Pires cuidava sobretudo de pensar o movimento e de articular ações muitas vezes surpreendentes, agindo de forma coletiva, primeiro em discussão com os companheiros mais próximos, depois com todas as lideranças daquela luta. Acabou preso "preventivamente" por 29 dias na Polícia Federal, com diversos colegas e, por isso foi jubilado da Universidade no final de 1977. Foi indiciado na Lei de Segurança Nacional como todos os outros presos.

Voltou a São Luís, sua cidade natal, em janeiro de 1981, e ingressou na UEMA (Universidade Estadual do Maranhão) para concluir o curso de Agronomia. Na Universidade maranhense continuou apoiando o movimento estudantil, a luta pela anistia ampla geral e irrestrita, as Diretas Já, a luta contra a instalação da Alcoa no Maranhão, e contribuiu para a eleição de deputados constituintes comprometidos com os anseios populares. Lutou contra a oligarquia Sarney que tanto mal fez ao Maranhão.

Nos subterrâneos de seu tempo, exerceu intensamente a solidariedade aos combatentes do povo e aos perseguidos pela ditadura. Por algum tempo, ligou-se ao trabalho de educação popular na periferia pelo método Paulo Freire de alfabetização, proscrito pelos governos militares.

Na origem de Zé Pires está uma família tradicional e conservadora. Seu pai, Pires Saboia, foi deputado federal pela Arena mas sempre apoiou o filho e seus amigos. Sua casa, notoriamente de cozinha farta e sabor inigualável, conduzida com maestria pela mão de dona Iracema, era um porto seguro para os companheiros de luta do filho.

Zé é casado com Cida, companheira de todos momentos dos últimos 50 anos e parceira do ideário socialista. Têm três filhos e vários netos. Exerce a profissão de agrônomo e mantém as qualidades pessoais admiradas pelos amigos e reconhecidas pelo adversários, como alegria de viver, sensibilidade, irreverência, solidariedade e espírito crítico.

Um médico comprometido com a saúde pública

Gastão Wagner de Sousa Campos está na raiz do renascimento do movimento estudantil da UnB, década de 70. Formou-se em 1977. Médico, é referência nacional na área sanitária e de saúde pública. Foi do Centro Brasileiro de Estudos da Saúde (Cebes), entidade com papel destacado na criação do SUS. Preside a Associação Brasileira de Saúde Coletiva - ABRASCO e é professor da Unicamp. Em uma das fotos da colagem aparece, em pé, ao lado de Ribamar Oliveira, Florianita Coelho e Olegário Mundim. Em uma outra, abaixo, com a líder estudantil da Medicina, Leila Abdallah. De chapéu, visitando as corredeiras do Poço Azul, nas cercanias de Brazlândia (DF), em 1975.

ARTE NO CAMPUS, PELA BELEZA E A LIBERDADE

A Expoarte, montada no departamento de Arquitetura, foi o ponto cultural mais alto do renascer do movimento estudantil da UnB. Representou amadurecimento e reafirmou pluralidade de ideias que o regime militar teimava em bloquear. Conceição Rodrigues, na foto, de pé, é autora dos dois quadros retratando os trabalhadores candangos. Ciça Fittipaldi é autora da ilustração sobre a lenda do guaraná, e Eliane Vieira, da gravura que retrata mulher com um guarda-chuva. Elas, juntamente com Carlos Eduardo Jordão Machado, o Cadu, todos do Departamento de Desenho e Plástica, tiveram papel destacado na produção do evento.

A aquisição da biblioteca do crítico literário Agrippino Grieco (foto 1) pela Biblioteca Central da UnB gerou artigo polêmico de Mosart Machado (foto 2), então companheiro da estudante Lúcia Faria (foto 3), autora de importante documentário sobre o Clube do Choro de Brasília (foto 4).

PRESENTE DE GREGO, OU PARA OS GRIECOS?[1]

Manoel Mosart Machado

A Administração da UnB "doou" à Biblioteca Central um "badaladíssimo presente", tão caro quanto inútil, e a Biblioteca recebeu embrulhada em laudatórias manchetes a coleção do crítico literário Agrippino Grieco.

A Biblioteca só tomou conhecimento deste "presente", no valor de Cr$1.100.000,00 no momento de ir ao Rio de Janeiro embalar e transportá-la para o DF, e já nesta oportunidade foi possível antever o seu real valor para a Biblioteca Central da UnB.

Ao chegar aqui, constatou-se que a aquisição não foi um negócio tão da "China" como fora proclamado pela imprensa local. Verificou-se que na mais otimista das avaliações o acervo da BCE já possuía mais de 40% das 24.000 obras da tão celebrada coleção, pelo fato de que, por força de contrato de compra e venda, as obras não poderão ser separadas, ou seja, a BCE será obrigada a receber em seu acervo mais uma coleção completa de José de Alencar, Machado de Assis, Erico Verissimo, Humberto de Campos etc. etc.

Outro fator que deve ser levado em consideração – a quase totalidade dos livros, além de brochuras, são velhos e, portanto, frágeis, e devido ao manuseio, muito em breve deverão ser encadernados, encarecendo ainda mais o "presente".

No intuito de justificar tão "valiosa" aquisição os seus defensores começaram a destacar o valor incalculáaaaaavel de algumas obras ditas raras que integram a coleção, ficaram entusiasmados ao ponto de esquecerem que a Biblioteca

1 Texto publicado, sem assinatura, no jornal *Unidade*, na campanha para as Eleições do DU (Diretório Universitário), previstas para maio de 1976. As eleições acabaram sendo suspensas pela reitoria e, menos de dois meses depois, sete estudantes, seis integrantes dos principais cargos das chapas Oficina e Unidade, foram expulsos (ver Caderno de Notícias e Documentos). O sétimo, Eduardo Almeida Neto, negou-se a depor na Comissão de Inquérito instalada pela reitoria para respaldar a expulsão dos estudantes.

da UnB é universitária e tem como finalidade assessorar e complementar a formação e a aprendizagem da comunidade universitária, devendo, portanto, ter um acervo moderno e atualizado e não preocupar-se em acumular obras que ficam atrás de grossas e pesadas portas blindadas, mantidas à temperatura constante e trancada a 7 chaves, para serem exibidas a visitantes ilustres.

Deveriam lembrar, também, que este tipo de livro ficaria muito bem em museu, o que não é o caso da BCE da UnB.

Comenta-se na Biblioteca e na UnB em geral, que a compra desta coleção visou beneficiar muito mais aos herdeiros do Sr. Grieco, que aos interesses da BCE, já que elementos da administração estariam ligados por laços de amizade à família do falecido crítico literário, e por isso foi desviada uma verba que seria muito mais útil na aquisição de material bibliográfico mais de acordo com as reais necessidades da Biblioteca.

Para reforçar esta versão está o fato de que a direção da Biblioteca não foi avisada e muito menos consultada sobre a validez e oportunidade da compra.

E, enquanto a administração da UnB faz compras de livros desnecessários à BCE, e à revelia dos seus dirigentes, o atual acervo à disposição dos alunos tornou-se cada vez mais ultrapassado e, a cada dia que passa, menos obras da bibliografia citada pelos professores são localizadas em suas estantes.

Se fizermos um estudo mais detalhado (excetuando alguma parte do acervo) verificaremos que a maioria dos livros são velhos e não respondem às nossas necessidades e deveriam ter sido descartados há muito tempo.

Os periódicos, seção da Biblioteca onde estão as publicações mais atualizadas, teve seu acesso proibido a alunos de graduação, sob alegação de estar havendo roubos e depredações, ou seja, os alunos de graduação são ladrões e depredadores, já que os professores e pós-graduandos continuam a frequentá-lo normalmente.

Outro ponto a ser discutido é que, ao invés da direção da UnB comprar uma coleção de utilidade tão duvidosa, deveria melhorar a iluminação da Biblioteca, que atualmente está muitíssimo aquém das necessidades reais, coisa nunca observada ao contemplar obras raras, mas totalmente cegos à escuridão nas escadas de acesso à Biblioteca, pois só a visitam durante o dia.

A BCE continua a cumprir espetacularmente seu papel: ser o cartão postal da UnB e ponto obrigatório do roteiro dos ilustres visitantes, durante o dia, é claro.

ANISTIA E REINTEGRAÇÃO

**Estudantes expulsos da UnB em 1976 e 1977
em reunião com o reitor José Carlos de Azevedo**

No dia 14 de novembro de 1979, o deputado Ronan Tito (MDB-MG) acompanhou um grupo deles em audiência com o reitor José Carlos de Almeida Azevedo, físico nuclear e capitão de mar-e-guerra ligado à área de informação. A delegação estudantil, formada pelos expulsos Walter Peninha (Medicina), Maria do Rosário Caetano (Letras) e Erika Kokay (Psicologia) fez-se acompanhar de lideranças estudantis como Arlindo Fernandes de Oliveira (Economia, diretor do DCE), Hélio Lopes dos Santos e Hamilton Hetzinger Santos (ambos da Engenharia Agronômica e Florestal). Os expulsos conseguiram a reintegração mas precisaram recorrer à Justiça, que lhes garantiu o retorno à Universidade de Brasília para concluírem seus cursos.

O advogado que combateu a ditadura e defendeu os estudantes

Luís Carlos Sigmaringa Seixas (Niterói-RJ, 07/11/1944). São Paulo (SP), 25/12/2018. Formado em Direito pela Universidade Federal Fluminense - UFF, Seixas exerceu a advocacia e foi deputado constituinte (1987-1991), sendo reeleito deputado federal para mais dois mandatos (1991-1995 e 2003-2007). Conselheiro da OAB-DF (1976-1984), destacou-se no enfrentamento da ditadura militar. Foi um dos principais colaboradores na elaboração do livro histórico *Brasil, Nunca Mais*, coordenado por D. Paulo Evaristo Arns, que identificou mais de 400 torturadores. Foi do PSDB e depois do PT, e como amigo pessoal do ex-presidente Lula, integrou sua defesa e acompanhou-o à Curitiba após a sua prisão em 2018. Foi consultor da Anistia Internacional, membro da Comissão Brasileira de Justiça e Paz e vice-presidente do Comitê Brasileiro de Anistia em Brasília. Incansável defensor dos estudantes da UnB presos e/ou processados nos anos 70, ligou definitivamente o seu nome às lutas por liberdade na universidade. Sigmaringa, no coração de todos nós, faz parte da Geração 70 da UnB, e recebe a nossa emocionada homenagem. Foi sepultado em Brasília.

Reunião da SBPC mobilizou estudantes como nunca se vira no campus da UnB

Em 1976, de 7 a 14 de julho, a Universidade de Brasília sediou, pela primeira vez, uma Reunião Anual da SBPC (Sociedade Brasileira Para o Progresso da Ciência) – a vigésima-oitava. Com um belo cartaz vermelho, marcado por temas sociais, o evento incendiou a imaginação dos estudantes. A presença de cientistas como Oscar Sala, Florestam Fernandes, Fernando Henrique Cardoso e Chico Oliveira estimulava a lotação dos muitos anfiteatros do "Minhocão". Milhares de alunos assistiam às conferências e palestras, alguns deles até pelas gretas de arejamento dos espaços programados. O faziam entrincheirados em móveis retirados de salas de aula. Nessa foto, do acervo de Alcides Bartolomeu de Faria (Biologia), vê-se plateia que lotou todos os assentos do Anfiteatro 9. Além de Alcides (na quarta fileira, à esquerda, com a mão na boca), sentado ao lado de Walter Peninha (Medicina), podem ser vistas as estudantes Maria do Rosário Caetano (Jornalismo), Sandra Regina Pimentel, de lenço na cabeça (Administração), e Beatriz Cleto (Jornalismo), na segunda fileira, à esquerda). E mais: Felício Oscar Sala, na quarta fileira, à direita, ao lado do rapaz de camisa xadrez e bigode. Atrás dele, duas fileiras, com a mão no rosto, o professor de Comunicação Luiz Gonzaga F. Motta, o Baga. A UnB voltou a sediar a Reunião Anual da SBPC em 1987 (trigésima-nona edição), 2000 (quinquagésima-segunda), e 2022 (septuagésima-quarta).

Fonte: Fundo sobre a ditadura militar do Arquivo Nacional

1977: Ato público pela unificação das lutas do Movimento Estudantil

Rocine Castelo de Carvalho, presidente do D.U., em primeiro plano na fotografia, carregando um saco de panfletos que seriam distribuídos durante a manifestação. Ao lado, Luiz Antônio Nigro Falcoski (Pró-C.A. de Arquitetura e Urbanismo) segurando jaqueta jeans com a mão esquerda. Ivaneck Perez da Silva (Biologia) empunhando faixa por Liberdades Democráticas, de calça e camisa clara. Carlos Geraldo Megale (Medicina), ao fundo, atrás da faixa, à esquerda, de calça branca e camisa listrada. Na saída do Instituto Central de Ciências, o "Minhocão", prédio principal da UnB, em Ato Público realizado no dia 19 de maio de 1977, convocado e promovido pelo Diretório Universitário (eleito em 20 de novembro de 1976), iniciado nos gramados da Faculdade de Educação. A passeata prosseguiu até a reitoria em meio a palavras de ordem de "Fora Azevedo", "Por Liberdades Democráticas" e "Se houver punição, vai haver paralisação". O término da manifestação se deu no R.U. (Restaurante Universitário). Esse Ato Público simbolizou o início, retomada e unificação das lutas do Movimento Estudantil, em nível nacional, por liberdades democráticas, e antecederam o novo pleito do DU, que se realizaria em 25 de maio de 1977.

Proibido pela reitoria em meio a punições e violações de direitos estudantis, essa manifestação e Ato Público culminaram com o início da Greve Geral da UnB, em 31 de maio de 1977.

◂▪◆▪▸

Peninha: da luta estudantil para o movimento sindical

Nessa colagem, Walter Peninha é visto em diferentes manifestações políticas. Em 1987, com outros líderes sindicais no Sinpro (Sindicato dos Professores do Distrito Federal), como organizador da grande Manifestação contra o Plano Cruzado II que ficou conhecida como Badernaço. Ainda em 1987, em manifestação popular na Esplanada dos Ministérios, como militante do Sinpro e Secretário-geral da CUT. Em outubro de 1995, quando era administrador de Brasília, com Yasser Arafat, líder da Organização para a Libertação da Palestina.

Imprensa Alternativa teve encontro histórico no Teatro de Arena da UnB

No primeiro semestre de 1976, a UnB sediou concorrido Encontro da Imprensa Alternativa (ou Nanica, como dizia a Turma do *Pasquim*). Organizado pela Representação Estudantil do Departamento de Comunicação, o evento reuniu representantes dos principais jornais independentes do país. Nessa colagem, vemos Marcelo Oscar Lopes, do Coojornal e do Lampião da Esquina, ambos de Porto Alegre; Marcos Faerman, da revista Versus; Teodomiro Braga, que representou o jornal *Movimento*; Fernando Gasparian, do semanário Opinião, Luiz Carlos Machado, representante estudantil da Comunicação, e Ziraldo, do *Pasquim*.

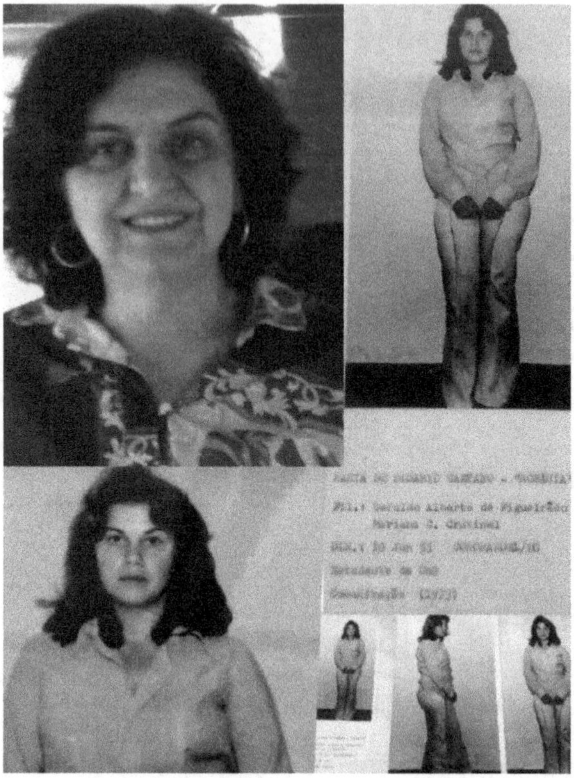

Fotos de Maria do Rosário Caetano.
Fonte: Fundo sobre a ditadura militar do Arquivo Nacional

Duas jornalistas no mesmo camburão

Durante a Greve de 1977, que culminaria com a expulsão de 30 estudantes e punição de outros 60, houve muitas prisões e detenções no campus da UnB e nas superquadras vizinhas. Em maioria de estudantes, mas também de jornalistas. Numa manhã, a estudante (de Letras) e já jornalista profissional Maria do Rosário Caetano descia de um ônibus, na L2 Sul, a caminho do "Minhocão" para participar dos piquetes. Foi parada por policiais, já no campus, e colocada num camburão, dentro do qual encontrava-se a respeitada jornalista Rosângela Bittar, do *Estadão*, setorista do MEC (Ministério da Educação e Cultura). As duas foram encaminhadas para o Setor Policial Sul. As fotos tomadas pela Polícia (de Maria do Rosário) foram encontradas, já durante a Nova República, pelo repórter fotográfico Carlos Moura, no Arquivo Nacional, em Brasília, quando ele produzia reportagem visual para o *Correio Braziliense*.

OUTRAS LIDERANÇAS QUE MARCARAM O MOVIMENTO ESTUDANTIL NA UnB DOS ANOS 70

O grupo Unidade teve vários expoentes e lideranças na UnB. Acima, Arlindo Fernandes de Oliveira, futuramente consultor do Senado, que representou o Brasil, de 1982 a 1984, em Budapeste/Hungria, junto à Federação Mundial das Juventudes Democráticas; Eliane Fleury Seidl, da Psicologia, depois professora do mesmo Departamento; Paulo, da Psicologia e que integrou chapas e a diretoria do DU; e Ângela Noronha Serpa, a Mira, da Comunicação (foto recente), hoje residindo em São Paulo.

Fonte: Fundo sobre a ditadura militar do Arquivo Nacional. Na foto à esquerda, Angela Serpa, a Mira, falando em assembleia geral. Na imagem da direita, tirada pelos serviços de informação da reitoria, ela está marcada com o número 1.

Fernando Trindade, à esquerda, discursando em ato político em praça pública de Brasília. Diretor do DCE em 1979 e diretor da UNE no biênio 1982-83, hoje é consultor técnico do Senado Federal. Caetano Araújo (abaixo) também é Consultor do Senado e ex-professor da UnB. Foi representante da Sociologia em 1975. Hoje é também diretor-geral da Fundação Astrojildo Pereira, do partido Cidadania. Rita Medeiros, acima e à direita, foi liderança da Unidade entre 1977 e 1978 e militou no jornalismo por 25 anos. Atualmente é empresária.

Fonte: Fundo sobre a ditadura militar do Arquivo Nacional. Ao centro, Ângela Maria Otero Cariello, que entre os anos de 1975 e 1981 conciliou o curso de Medicina com intensa militância política e estudantil e a criação de seus quatro filhos. Por ocasião de sua participação no Congresso de Salvador, em 1979, que reconstruiu a UNE, Ângela estava no quinto mês de gravidez de sua quarta gestação, a da filha Andrea. Ela é casada com o arquiteto Orlando Cariello Filho e continuam atuantes na luta democrática e socialista.

Fonte: Fundo sobre a ditadura militar do Arquivo Nacional. Heitor Matallo Junior, de camisa branca, marcado com um Y na foto acima, tirada pelos serviços de informação durante uma assembleia geral. Foi expulso da UnB em julho de 1977.

Foto superior: Fundo sobre a ditadura militar do Arquivo Nacional. Acima, Vera Lopes dos Santos, a Graúna, assim apelidada em referência à personagem dos quadrinhos de Henfil, estudante de Ciências Sociais, atuou no CACISO e no DCE, formou-se em 1982 e mora em Brasília, onde atua na área de Saúde Pública. Na foto inferior direita, GUACIRA CÉSAR DE OLIVEIRA, também estudante de Ciências Sociais e militante ativa do M.E., hoje é coordenadora da ONG CFÊMEA (Centro Feminista de Estudos e Assessoria).

Fonte: Fundo sobre a ditadura militar do Arquivo Nacional. Na colagem acima, destaque para Virgílio Ferreira Neto e Agamenon de Araújo Sousa. Virgílio, nas fotos 1 e 3, de camisa xadrez, participando de assembleia no Teatro de Arena. Hoje ele é jornalista em Marabá (PA). O sergipano Agamenon, sem camisa e de costas (foto 1), e com a mão na bolsa (foto 2), arrancando gargalhadas do colegas. Os dois foram expulsos da UnB pela atuação que tiveram na greve de 1977.

Fonte: Fundo sobre a ditadura militar do Arquivo Nacional. Juarez Pires da Silva, com os braços abertos, em assembleia no Teatro de Arena (foto 1). Na foto 2, ele aparece no canto, à direita, com o número 2, marca feita pelos "guardinhas" que passaram a atuar como espiões da reitoria. Marcado com o número 1, Carlos Alberto Almeida, o Beto. Os dois foram expulsos da UnB em 1977.

Parte da Turma Aviso Prévio, dos formandos em Comunicação de 1981, que totalizou 32 alunos. Quase todos eles ingressaram na universidade na segunda metade da década de 70 e muitos deles apoiaram ou participaram ativamente do movimento estudantil. O registro fotográfico foi feito na sala do Diretório Acadêmico. Davi Emerich, ao centro, expulso em 1976, voltou à universidade por decisão judicial, com base na Lei da Anistia. Na foto, entre outros alunos, Tereza Cruvinel, da comissão editorial deste livro, Cecília Maia, Maria da Graça Ramos, Miriam Aquino, Alba Rosa Costa e Franklin Rodrigues da Costa.

Momento de lazer

Em meados dos anos 1970, na efervescência do movimento estudantil, um dia de descontração de estudantes da Biologia da UnB, numa fazenda próxima a Brasília. Felício Sala Neto deu uma de cozinheiro e preparou um virado de frango, prato típico de Ouro Fino, MG. Na foto 1, de pé Ana Lucia Tostes de Aquino Leite, Daniel Louzada, Iara Vilela, Fernando Queiroz Cunha, Mirian, Alcides Bartolomeu Faria e Evelyn Pena. Agachados: Ângela Varella, Felício, George Rebêlo, José Pedro, Luiz, Araquém Nascentes Alves e Maria Tereza Seabra Soares de Brito. Na foto 2: Fernando Cunha. Na foto 3: José Pedro, Mirian, Fernando Cunha, Ana Lucia e George. Na foto 4, José Pedro e Fernando Cunha, hoje professor da USP.

Homenagem e agradecimento da comissão editorial aos fotógrafos

Os textos registram a História, as imagens a eternizam. Este livro é um exemplo dessa verdade. Nossos agradecimentos aos fotógrafos Kim-Ir-Sen Pires Leal e André Dusek, este, ex-aluno da UnB na década de 70, que cederam gentilmente algumas de suas imagens para essa edição coletiva. Agradecemos, também, a Moreira Mariz, autor da foto de Dusek sendo detido pela polícia no exercício de seu trabalho. A Carlos Moura, que no cumprimento de pauta diária para o *Correio Braziliense* encontrou, no Arquivo Nacional, no alvorecer da Nova República, fotos de estudantes presos durante a greve de 1977. E as reproduziu com zelo e rara competência. A Jardel Rodrigues, da SBPC (Sociedade Brasileira para o Progresso da Ciência), que fotografou as várias Reuniões Anuais dessa importante instituição. Algumas delas compõem a "colagem" do professor Renato Janine Ribeiro. Nela vemos, à direita, foto do atual presidente da SBPC e professor de Ética da USP assinada por J.R. Duran, grande nome da fotografia brasileira. Agradecemos também a José Claro, fotógrafo do Departamento de Comunicação da UnB, nas décadas de 1970 e 1980.

E ao agradecer a esse grupo de fotógrafos que acabamos de nomear, lembramos que esse livro formatou – em grande parte – suas colagens com fotos de arquivos dos serviços de segurança da reitoria da UnB e dos aparelhos de informação da ditadura militar, somadas a fotos domésticas de estudantes, autores desses testemunhos coletivos. Recorreu também a valiosos arquivos da Agência Brasil (EBC-Empresa Brasil de Comunicação), da Agência Câmara e da Agência Senado.

Mesmo assim, algumas fotos podem não ter tido seus autores identificados. Neste caso, solicitamos a seus titulares e depositários que nos contatem para que, em edição digital ou em futuras edições impressas, possamos fazer as devidas correções. Para tanto, segue o e-mail da Alameda Casa Editorial (adm@alamedaeditorial.com.br).

Por fim, homenageamos dois grandes fotógrafos do Brasil e da causa democrática que nos deixaram recentemente: o mineiro Orlando Brito (1950-2022) e o cearense Dida Sampaio (1968-2022), ambos brasilienses adotivos. Que a luz continue a incidir sempre sobre essa bela arte e seus artífices!

Fernando Travassos Falcoski, o Fernando TRZ, nasceu em Brasília, em 1979. Ele assina a capa de "UnB Anos 70 – Memória do Movimento Estudantil". Formado pela UNESP Bauru, Fernando TRZ é designer gráfico, músico, pianista, produtor musical, radialista e programador musical da Rádio UFSCar 95,FM. Atua na música independente desde o final da década de 1990. No interior de São Paulo, integrou a banda Mercado de Peixe e, como produtor musical, atuou no selo e Ponto de Cultura "Coletivo Samacô". Em 2005, mudou-se para São Paulo, onde viveu por dez anos. Experimentou período musicalmente intenso, que lhe assegurou importantes vivências. Integrou diversas bandas e acompanhou artistas como Maria Alcina, Lucas Santtana, Cérebro Eletrônico, Pipo Pegoraro, Aláfia, além de sua banda autoral Lavoura, com a qual produziu quatro álbuns. Em 2015 regressou a São Carlos, interior de São Paulo, e passou a integrar a banda Liniker e os Caramelows, com a qual realizou quatro turnês internacionais e tocou em diversos festivais do mundo como o Primavera Pro (Barcelona), Fusion (Alemanha), Glastonbury (UK), Down the Rabbit Hole (Holanda), Summer Fest (NY, EUA), Womad (Austrália e Nova Zelândia). Também lançou dois álbuns em carreira solo ("TRZ Trio" e "Solstício", disponíveis nas plataformas digitais).

PARTE V. CADERNO DE NOTÍCIAS E DOCUMENTOS

NOTÍCIAS E DOCUMENTOS SOBRE O MOVIMENTO ESTUDANTIL NA UnB DOS ANOS 1970

Revista *Veja*, na edição 465, de junho de 1977. Destaca o conflito entre os estudantes e o reitor na greve daquele ano.

Revista *Veja*, de agosto de 1977, destaca a cassação do deputado Alencar Furtado pelo AI-5, em 29/077, fato que teve grande impacto sobre os estudantes em greve naquele ano.

Repercussões das punições de 1976 e 1977 na mídia

ULTIMO ATO DE CURY: 15 SUSPENSÕES

No último ato de seu mandato, Amadeu Cury assinou, terça-feira, pena de suspensão para 15 alunos (15 dias [illegible] cinco deles, 10 para outros cinco e cinco, para o restante). O ato da Reitoria nº 401/76 baseia-se nos dispositivos dos estatutos e regimes da UnB, no parágrafo único do artigo 2º do regimento do Diretório Universitário, na Resolução do Conselho de Administração da UnB e no Parecer do Conselho Federal de Educação, a respeito da ilegalidade de

panhas eleitorais para o DU. Esse aluno havia rejeitado, oficialmente, sua participação na comissão, após decisão da assembléia geral dos alunos (considerada ilegal pelo reitor), realizada na sexta-feira passada, voltando a sua participação.

Ontem foi realizada, às nove e 30, mais uma assembléia geral dos alunos, onde foi apresentada a proposta de realização de um plebiscito, na quinta e sexta-feira da próxima semana. Serão

puderam comparecer - declarou Aírton Soares.

Enquanto os alunos se reuniam no anfiteatro 9, os vigilantes da UnB arrancavam das paredes do Minhocão, os cartazes que convocavam a participação dos alunos a essa assembléia e à Comissão de Inquérito, onde seis alunos depuseram, a partir das 15 horas, ontem. Inclusive, apenas um deles não recebeu a suspensão da reitoria. Por isso, muitos

Fonte: Fundo sobre a ditadura militar do Arquivo Nacional. Sem identificação do veículo.

Lista dos suspensos pelo reitor Amadeu Cury conforme notícia anterior

Suspensão por 15 dias: Barbara Hartz, Carlos Michiles, João Maia, José Humberto Rodrigues e Milton Biagi;
Suspensão por dez dias: Davi Emerich, Eduardo de Almeida Neto e Walter Peninha;
Suspensão por cinco dias: Álvaro Antônio Batista da Silva, Carlos Geraldo Megale, Leila Abdalah, Manoel Augusto dos Santos e Olegário José Mundim.

JORNAL DE BRASÍLIA
02-06-76

Comissão de Inquérito da UnB investiga até mesmo os professores

A comissão de inquérito disciplinar que investiga as infringências cometidas durante as campanhas para o Diretório Universitário — DU pelas duas chapas (*Unidade* e *Oficina*), ouviu ontem, mais seis elementos (três de cada chapa). Os depoimentos estão sendo feitos por hierarquia na composição das chapas e, ontem, depuseram o 2º. secretário, 1º. tesoureiro e 2º. tesoureiro de cada uma.

Nos depoimentos de ontem, uma inovação: as perguntas que antes eram mais gerais, visando identificar a possível ajuda externa nas campanhas, foram feitas, desta vez, sobre a participação de professores da UnB nas campanhas e se houve, por parte deles, alguma colaboração de segurança impetrado pelos estudantes contra a decisão da Reitoria, em suspender as campanhas e adiar as eleições. Ontem, Moura Rocha acertou os últimos detalhes com os alunos e preferiu não divulgar o teor da alegação para evitar, segundo ele, medidas preventivas por parte da Reitoria.

Alguns dos alunos suspensos na sexta-feira passada, perderam o direito de renovar as suas vagas no alojamento estudantil (C.O.) para o próximo semestre e afirmam que estão preocupados, pois, segundo informam, moram no alojamento estudantil porque são carentes de recursos e, se sairem do C.O., terão como opção as vagas de apartamentos na Asa Norte, que custam em torno de 500

Jornal de Brasília, 02/06/76

Sábado, 24 de julho de 1976

FOLHA DE S. PAULO

Reitor da UnB critica a SBPC

BRASILIA (Sucursal) — "A Sociedade Brasileira para o Progresso da Ciência está pouco convidativa como associação científica, devido à infiltração de elementos que nunca deram qualquer contribuição à Ciência". Essa é a opinião do reitor da Universidade de Brasília, capitão de Mar e Guerra José Carlos de Azevedo, referindo-se à 28.ª Reunião Anual da entidade, realizada nesta capital na semana passada.

Disse, mais, que não vai nessa opinião "qualquer critica pessoal", mas que ele considera a SBPC uma instituição muito importante para admitir como associados individuos que pretendam fazer dela um partido politico, desvirtuando seus objetivos e fazendo com que seus encontros venham a ser verdadeiros "happenings".

O capitão Azevedo, reitor da Universidade de Brasilia, recentemente aplicou numerosas e drásticas punições a diversos alunos que pretendiam eleger seu Diretório, determinando suspensões de várias semanas a muitos estudantes; há dias, ameaçou aplicar o 477 nos que concorreram às eleições (por ele impedidas) do Diretório, após os resultados finais da comissão de sindicância que mandou instaurar na Universidade.

Disse ainda o capitão de Mar e Guerra que nas reuniões da Sociedade "qualquer individuo, independentemente de seu valor intelectual, e por haver pago as modestas taxas de inscrição e anuidade, se sente à vontade para molestar o ambiente de tranquilidade necessário à vida intelectual".

"Isso não acontece com intensidade na área cientifica — declarou o reitor — mas sim na área de humanidades. De qualquer forma não pretendo me filiar a ela, fato que, aliás, não prejudicará em nada à SBPC".

EXCLUSÃO

As conclusões da comissão de inquérito instaurada na Universidade de Brasilia para apurar "irregularidades ocorridas durante a campanha eleitoral realizada pelos estudantes, com vistas às eleições do Diretório Acadêmico", poderão levar o reitor, capitão-de-mar-e-guerra José Carlos de Azevedo, a "excluir" alguns alunos e a suspender vários outros. A declaração é do decano de Assuntos Comunitários da UnB, e presidente da Comissão de Inquérito, prof. Raimundo Santana; acrescentou que o reitor deverá apresentar sua conclusão sobre quais as punições a serem aplicadas até segunda-feira. Segundo o professor, as conclusões da Comissão de Inquérito orientaram as decisões finais "de uma maneira geral, não especificando, contudo, nomes de alunos e a respectiva punição"; consta dessa orientação — disse — uma gradação de penalidades, de advertência, repreensão, sus-

Folha de S. Paulo, 24/07/1976

Folha de S. Paulo, 27/07/1976

Sem recorrer ao 477, UnB pune mais 19

18 Terça-feira, 27 de julho de 1976 FOLHA DE S. PAULO

UnB expulsa 7 estudantes

BRASILIA (Sucursal) — O reitor da Universidade de Brasilia, prof. José Carlos de Azevedo, expulsou, ontem, sete alunos e suspendeu outros 12, com punições que variam de trinta a noventa dias. A decisão do reitor foi tomada após analisar as conclusões da Comissão de Inquérito, instaurada para apurar as irregularidades ocorridas durante as campanhas realizadas com vistas à eleição da presidência do Diretório Acadêmico.

De acordo com o reitor, a Comissão de Inquérito procurou limitar as punições ao Regimento Interno da Universidade, evitando, com isso, a aplicação do decreto-lei 477, do qual "os 43 estudantes que prestaram de-[illegible]ntos eram candidatos em potencial". [illegible]plificando, disse o reitor que as in-[illegible]s cometidas pelos estudantes estão [illegible]tas no 477, como a "responsabilidade [illegible] elaboração de documentos não permitidos e a participação em assembléias ilegais".

"Se eu quisesse aplicar o 477, não sobraria nenhum dos alunos que prestaram depoimento na Comissão de Inquérito", afirmou José Carlos de Azevedo, "mas não quero caracterizar minha não disposição de aplicar o decreto como uma atitude politica".

"Mas, a UNB não tem um compromisso politico"?, indagou um dos jornalistas presentes à entrevista do reitor, que respondeu categoricamente: "de maneira alguma, não temos compromisso nenhum, com politica nenhuma".

Continuando, disse José Carlos Azevedo que considera o 477 como "uma punição excessiva, árdua demais para os estudantes, mas se a universidade não tivesse um Regimento Interno, a aplicação do 477 seria inexorável".

Falando do Regimento Interno, que, embora mais ameno, pode se assemelhar ao decreto 477, disse o reitor que a diferença entre os dois documentos é que o regimento prevê uma gradação de penalidades.

RESOLUÇÃO

Segundo a resolução do reitor da UNB, cujo primeiro parágrafo justifica a não aplicação do 477 com a afirmação de que "seria injusto aplicar-se aos estudantes a penalidade máxima", os sete alunos expulsos são: Berbara Hartz, David Emerich, Eduardo de Almeida Neto, João da Silva Maia, José Umberto Fernandez Rodrigues, Paulo Bernardo da Silva e Walter Ney Valente.

Foram suspensos por noventa dias, os alunos João Simplicio Lopes Martins e Manoel Mozart Machado; por sessenta dias, Bruno Bormann Zero, Fernando Duarte Lobo Machado Veloso, Flávio Alberto Botelho, Manuel Augusto dos Santos, Olegário José Mundim e Wallace José Sesana; e, por trinta dias, Euripedes Alvarenga Barbosa, Maria Angela Noronha Serpa, Júlio Gregório Filho e Maria Auxiliadora de Medeiros Valle.

Aos alunos expulsos ficou vedada a participação em quaisquer cursos de graduação, pós-graduação, aperfeiçoamento, extensão ou especialização, oferecidos pela UNB, bem como a participação em quaisquer outros programas, ainda que de forma não remunerada. Igualmente, ficou proibida a contratação desses alunos pela Fundação Universidade de Brasilia sob qualquer modalidade, entre elas a de prestação de serviços.

Ficaram suspensas pelo prazo de um ano e meio as concessões de alojamentos, bolsas ou quaisquer outros benefícios outorgados pela Universidade aos alunos suspensos.

Folha de S. Paulo, 27/07/1976

A lista dos 7 estudantes expulsos referida na matéria anterior

Bárbara Hartz
Davi Emerich
Eduardo Almeida Netto
João da Silva Maia
José Humberto F. Rodrigues
Paulo Bernardo da Silva
Walter Peninha.

Reitoria suspende estudantes da UnB

Da Sucursal de BRASILIA

A Universidade de Brasília suspendeu os alunos Carlos José Micheles, João da Silva Maia, Barbara Hartz, José Humberto Rodrigues e Milton Biagi por 15 dias de aulas, afirmando que eles "orientaram, coordenaram e participaram ativamente da assembléia realizada no dia 21 de maio, de reunião não autorizada no dia 25 e na colocação de faixas e cartazes

rar "irregularidades havidas durante a campanha".

A Reitoria assinou o ato baseando-se no estatuto da UnB e no regimento do diretório universitário, além de um parecer do Conselho Federal de Educação que considera ilegal a realização de assembléias estudantis na Universidade. Os cartazes e faixas afixados pelos alunos convocando para assembléias ou reuniões e que eram arrancados à noite pelos guardas do serviço de proteção ao patrimônio da Universidade, estão sendo retirados das pa-

caiam sobre grupos restritos de estudantes. A assembléia-geral permanente, uma das propostas surgidas, não será instituída, considerando a dificuldade de manter reunido um número considerável de alunos havendo aulas normais.

MDB participa

Os deputados Santilli Sobrinho, Alvaro Dias, João Cunha, Luís Henrique e Airton Soares, todos do MDB, estiveram presentes à assembléia para "prestar apoio aos estudantes". Falando em nome do grupo,

Estado de S. Paulo, 07/05/1976

Levantamento do gabinete do reitor da UnB sobre os abaixo assinados de apoio aos estudantes da UnB punidos em 1976

UNIVERSIDADE DE BRASÍLIA
GABINETE DO REITOR

LEVANTAMENTO DO "ABAIXO-ASSINADO", ENCAMINHADO AO MINISTRO DA EDUCAÇÃO E CULTURA, NEY BRAGA. (Punições - DU/UnB).

	Nº ASS.	ASS. IDENTIFICADAS	ASS. LEGÍVEIS
UFMG	3.229	-	1.721
UFBa	252	-	199
USP	572	-	124
UNICAMP	726	-	288
UCMG	1.479	-	540
- UnB	2.400	1.655	1.234
DEPUTADOS	10	10 (MDB)	10
TOTAL GERAL	8.668	1.665	4.116

Fonte: Fundo sobre a ditadura militar do Arquivo Nacional.

JORNAL DO BRASIL □ Terça-feira, 7/6/77 □ 1º Caderno

suspendem aulas e reúnem-se hoje

PM invade UnB e prende 30

Brasília — A Polícia Militar ocupou a Universidade de Brasília depois do meio-dia de ontem, obrigou cerca de 100 estudantes a se perfilarem com as mãos para cima, identificando-os e levando 30 deles presos para local desconhecido. Às 15h o assessor de Relações Públicas da PM, Tenente Paulo Enio, disse que nada podia informar sobre o destino dos estudantes presos, pois "eles não estão com a PM".

Ao todo, cerca de 70 pessoas, entre estudantes, professores e jornalistas, foram presas, ontem, nesta Capital. As 10 mulheres ficaram numa cela do Comando de Operações Especiais (COE), do quartel da Polícia Militar. Os homens foram transportados para o ginásio da Academia da PM.

Estudantes serão indiciados

Belo Horizonte — A Superintendência Regional da Polícia Federal informou, ontem, terem sido postos em liberdade os 130 estudantes detidos durante o fim de semana, mas que cerca de 100 serão indiciados e enquadrados na Lei de Segurança Nacional. "Serão, apenas, os que vieram de outros Estados para o Encontro", disse um porta-voz.

Só hoje o Cônsul da República Federal da Alemanha em Belo Horizonte, Joaquim Berger, estará em condições de fornecer pormenores sobre a prisão do físico alemão, cujo nome não revelou, feita por engano durante as manifestações. Ele está no Brasil como convidado oficial e esteve detido no DOPS, com mais 100 pessoas, todas já liberadas.

Casos mineiros

De acordo com o porta-voz da Superin-

passada, dia 30 de maio, foi enviado ofício circular a todos os diretores de unidades, dando ciência do caráter ilegal de que se revestia o III Encontro Nacional de Estudantes, anunciado para o dia 4 de junho".

Não é a primeira vez que o professor Eduardo Cisalpino, um médico de 48 anos, nascido em Barbacena, tem seu cargo de Reitor ameaçado. Em junho do ano passado, ao ser interpelado pelo Comandante da IV Divisão do Exército, General Antonio Bandeira, devido à permissão para a realização de eleições no DCE — as primeiras com a participação direta dos estudantes, desde 1968 — chegou a apresentar sua renúncia ao Ministro Ney Braga, que a rejeitou.

Manifestos

Professores e intelectuais mineiros, em

Jornal do Brasil, 07/06/1977

CORREIO BRAZILIENSE

Orgão dos "Diarios Associados". Londres, 1808, Hipolito José da Costa. Brasilia, 1960, Assis Chateaubriand

LINHA DURA PARA A UnB

A Reitoria da Universidade de Brasília puniu, ontem, com penas de expulsão e de suspensão 64 alunos que, segundo o inquérito, agiram de modo a tumultuar a vida universitária levantando reivindicações de natureza estritamente política. Ao divulgar o ato de punição, o Reitor José Carlos Azevedo fez uma longa exposição dos motivos que os levaram a essa decisão extrema, salientando que o perdão dos alunos que participaram ativamente do último movimento grevista só serviria para estimular novas violências. A reportagem do **Correio Braziliense** tentou, ontem, inutilmente, obter declarações de alguns líderes estudantis punidos. Todos se recusaram, demonstrando que, apesar de esperarem punições, estavam chocados com as mesmas. Uma das alunas atingidas pela pena de expulsão, Maria do Rosário Caetano, recusou-se a fazer qualquer comentário, avançando apenas que estava arrumando suas malas para deixar Brasília. **(Página 7)**

Correio Braziliense, 19/07/1977

Jornal de Brasília

Reitor expulsa 30 e suspende 34 alunos grevistas da UnB

Jornal de Brasília, 19/07/1977

EXEMPLAR DE ASSINANTE VENDA PROIBIDA

FOLHA DE S. PAULO

Alunos da UnB presos e soltos

Os juros devem baixar, adverte Geisel em Manaus

Só 1 h de almoço

Folha de S. Paulo, 26/07/1977

FOLHA DE S. PAULO

Um jornal a serviço do Brasil

26/07/1977

A Crise da UnB

A Universidade de Brasília amanheceu ocupada por forças policiais, e o primeiro dia letivo, após o recesso forçado pela greve iniciada em fins de maio, caracterizou-se por tumultos semelhantes aos que levaram à suspensão das aulas. A nota emitida pela Reitoria, à tarde, diz, polidamente, que 140 pessoas foram retiradas do "campus"; os estudantes presos, de acordo com jornalistas que testemunharam os episódios, eram em número superior a 250. Oficialmente, as tropas estavam lá para garantir uma ordem de "habeas corpus" concedida domingo; extra-oficialmente, a ocupação estava decidida muito antes de o juiz tomar conhecimento do pedido, e continuará enquanto a situação não voltar ao normal. No comunicado, a Reitoria informa que está pronta a garantir a presença de estudantes e professores; os alunos garantem que não vão continuar ausentes e os mestres começam a organizar-se para tomar posição no conflito.

Dois meses se passaram desde as manifestações de 19 de maio, que estão na raiz da crise. [illegible] período, tantas coisas aconteceram que, a [illegible]tura, é difícil separar causas e consequências [illegible]u apontar qualquer dos lados como único [illegible]sável.

[illegible]ce claro que o ponto de partida para uma [illegible] isenta do que está ocorrendo na UnB é a aplicação de sanções aos estudantes que participaram o movimento de 19 de maio. Os alunos acusaram o reitor José Carlos Azevedo de excessivamente rigoroso — foi o único a punir, embora as manifestações tenham atingido todo o País — e entraram em greve de protesto.

Conquanto as suspensões tenham amparo legal, o fato de ter sido a UnB a única a adotá-las evidencia uma direção rígida, que não se dispôs a concessões para evitar o choque. É preciso não esquecer, todavia, que as penas não eram inarredáveis, cabendo recurso ao Conselho Universitário.

Deflagrado o parede, a Reitoria insistiu para

Brasília

Só que, na segunda-feira, a assembléia de estudantes exigiu um pouco mais. O Conselho que se reunisse e revogasse as suspensões, porque eles iriam esperar a decisão em greve. Era a exigência da capitulação incondicional da Universidade, que nem sua administração, nem o Governo, se mostraram dispostos a aceitar.

O que levou a esse radicalismo pouco sensato, depois de feito o acordo? Os órgãos de segurança, que apontavam influências ideológicas no movimento, em seu início, mostravam que os alunos suspeitos de vinculações esquerdistas ou haviam desaparecido do "campus" ou se empenhavam no restabelecimento da normalidade. A ruptura do pacto devia-se à outra ala que, baseada em informações veiculadas por setores do MEC — à revelia do ministro Nei Braga — esperava a queda do reitor a qualquer momento. Bastava sustentar o movimento mais alguns dias, que o afastamento já estava decidido.

O impasse gerou um curto recesso, durante a visita da sra. Rosalynn Carter, seguido de outro mais longo, que terminou domingo último. E, nesse interregno, correu o inquérito sobre a agitação na Universidade, resultando em trinta expulsões e trinta e quatro suspensões. Talvez seja um pouco impróprio falar em moderação ante tal número. Entretanto, é necessário lembrar que as punições foram aplicadas seguindo o regimento interno da UnB e não o decreto-lei 477, exatamente para dar oportunidade aos expulsos de continuarem seus cursos em outras escolas, ainda neste semestre. Na prática, apenas tornou-se obrigatória a transferência.

Assim chegamos ao dia de ontem. Na volta às aulas, os soldados chegaram primeiro que os estudantes, e a situação continua indefinida. A Reitoria acredita que, com o passar do tempo e o

Editorial do jornal *Folha de S.Paulo*

UnB, aos 15 anos, ainda indefinida

Negada tendência de "arenização"

Nas mãos do reitor, todos os poderes da universidade

O Estado de S. Paulo, 22/05/1977

Correio Braziliense, 19 de julho de 1977

Fac-simile parcial da decisão do reitor José Carlos de Azevedo, de excluir da UnB 30 alunos e suspender 34, com base em inquérito disciplinar sobre a greve e 1977.

UNIVERSIDADE DE BRASÍLIA
GABINETE DO REITOR

Por tudo isso o Reitor, com fundamento nos textos de ordenamento da Universidade de Brasília, — considerando o que consta dos autos do Inquérito, conduzido por uma douta, íntegra e isenta Comissão; a farta documentação comprobatória dos delitos cometidos; a análise dos antecedentes de cada indiciado; a gravidade de cada falta; e, ainda, apreciada minuciosamente a defesa — e visando preservar esta Universidade de ocorrências que a denigrem e impedem que seja preservada a sua posição condigna no cenário das instituições de ensino superior idôneas,

R E S O L V E :

1. Aplicar aos alunos indiciados as seguintes sanções disciplinares:

a) Exclusão da UnB, de acordo com o Art. 13 do Regimento Disciplinar, para os seguintes alunos:

AGAMENON DE ARAÚJO SOUSA	Matrícula 76/28676
ALCIDES BARTOLOMEU DE FARIA	Matrícula 73/01422
ANTONIO RAMAIANA DE BARROS RIBEIRO	Matrícula 76/08381
HEITOR MATALLO JUNIOR	Matrícula 74/15265
HUDSON CUNHA	Matrícula 76/17989
JOÃO SIMPLÍCIO LOPES MARTINS	Matrícula 68/0203
JORGE AUGUSTO DE OLIVEIRA VINHAS	Matrícula 73/10200
JOSÉ RALF DE OLIVEIRA CAMPOS	Matrícula 75/71097
JUAREZ PIRES DA SILVA	Matrícula 74/05936
LEILAH ABDALLAH	Matrícula 73/0549
LIGIA TEREZINHA LOPES SIMONIAN	Matrícula 76/71105
MANOEL MOSART MACHADO	Matrícula 75/01811
MARCO ANTONIO RIBEIRO V. LIMA	Matrícula 74/11995
MARIA ANGELA DE NORONHA SERPA	Matrícula 73/14841
MARIA AUXILIADORA DE MEDEIROS VALLE	Matrícula 74/06282
MARIA DO ROSÁRIO CAETANO	Matrícula 73/06636
MARIA TEREZA GONÇALVES DE SOUZA	Matrícula 73/13926
MICHEL ZAIDAN FILHO	Matrícula 76/70559
OLEGÁRIO JOSÉ MUNDIM	Matrícula 76/16026
PAULO HENRIQUE VEIGA	Matrícula 72/13549
SERGIO MASCARENHAS DE MOURA	Matrícula 76/02375
VIRGILIO RIBEIRO NETO	Matrícula 74/04387
WALLACE JOSÉ SESANA	Matrícula 73/13241

CATISUMI IWAKAWA	Matrícula 73/03615
CLAUDIA HOFMAN MOTA	Matrícula 73/0339
ENEIDA BUENO BENEVIDES	Matrícula 76/06141
EVERALDO MAIA QUEIROZ	Matrícula 72/10591
FELICIO SALA NETO	Matrícula 73/09147
FRANCISCO DAS CHAGAS LISBOA DOS REIS	Matrícula 73/01278
GEYSA MARIA BRASIL XAUD	Matrícula 75/11965
HAILHI LAURIANO DIAS	Matrícula 71/0416
HELIO LOPES DOS SANTOS	Matrícula 76/12010
JOÃO CONSTANTIN KEFALAS	Matrícula 75/02630
JOÃO FRANCISCO DE S. CASTRO GOMES	Matrícula 75/03113
JOÃO NOGUEIRA FANUCHI	Matrícula 73/13829
JOSÉ CARLOS TERAMUSSI	Matrícula 72/16611
JUVENAL LIRA DE MESQUITA	Matrícula 73/1258
LUCIA FARIAS FERREIRA	Matrícula 73/0654
LUIS ANTONIO NIGRO FALCOSKI	Matrícula 73/11931
LUMI KIHARA	Matrícula 74/11901
MARIA DE FÁTIMA CARVALHO LIMA	Matrícula 74/12161
MARIA FRANCISCA A. DE SOUZA	Matrícula 76/07903
RAIMUNDO NONATO AIRES	Matrícula 76/01158
SOLOMON CYTRYNOWICZ	Matrícula 75/18218

b) suspensão da UnB, por noventa dias, de acordo com o Art. 12 do Regimento Disciplinar, para os seguintes alunos:

AREOLINO MOREIRA BONFIM	Matrícula 72/0932
EURIPEDES ALVARENGA BARBOSA	Matrícula 73/1374
IVANECK PEREZ DA SILVA	Matrícula 75/11698
LUCIANO A. GONZAGA VILARINO	Matrícula 76/09361
MITCHURIM BORGES DINIZ	Matrícula 75/26377
NEWTON CAMARGO DE PAULA	Matrícula 74/27168
ROCINE CASTELO DE CARVALHO	Matrícula 73/08132

c) suspensão da UnB, por trinta dias, de acordo com o Art. 12 do Regimento Disciplinar, para os seguintes alunos:

ADERVAL BORGES DA SILVA	Matrícula 73/0637
ADILSON MARCONDES	Matrícula 72/09479
ANA LUCIA DO CARMO LUIZ	Matrícula 76/15701
CARLOS HIDEMI YESUGUI	Matrícula 76/13905

d) suspensão da UnB, por cinco dias, de acordo com o Art. 12 do Regimento Disciplinar, para os seguintes alunos:

ALÍCIO RODRIGUES BOAVENTURA	Matrícula 74/15451
PEDRO PAULO ELEUTÉRIO DE BARROS LIMA	Matrícula 76/06929

2. Ficam canceladas, pelo prazo de um ano, as bolsas que os alunos suspensos possuam, vedada ainda, por igual período, a concessão de novas bolsas ou benefícios quaisquer.

UNIVERSIDADE DE BRASÍLIA
GABINETE DO REITOR

3. Os alunos excluídos da UnB devem desocupar os alojamentos em que residem no Centro Olímpico até o dia 22/07/77.

4. Os alunos suspensos devem desocupar os alojamentos em que residem no Centro Olímpico até o dia 03/9/77.

Brasília, 18 de julho de 1977.

JOSÉ CARLOS DE ALMEIDA AZEVEDO
Reitor

Fonte: Fundo sobre a ditadura militar do Arquivo Nacional

Destaque de trecho do despacho do reitor, afirmando que o objetivo dos estudantes era **"atingir a sociedade e o poder constituído"**.

Por tudo isso, movido unicamente pelo dever de fazer Justiça, decido com a convicção serena de que esses moços são obreiros de um grupo solerte e insidioso que busca, na ofensa e no desrespeito aos mestres, na coerção aos colegas e no aviltamento às instituições, atingir a sociedade e o poder constituído.

Transcrição, para maior visibilidade, da lista contida no recorte de matéria do *Correio Braziliense* e no ato decisório do reitor.

Estudantes expulsos: Agamenon de Araújo Sousa; Alcides Bartolomeu de Faria; Antônio Ramaiana de Barros Ribeiro; Arlete Avelar Sampaio; Carlos Alberto de Almeida; Carlos Geraldo Megale; Erika Jucá Kokay; Evelyn de Oliveira Pena; Flávio Alberto Botelho; Florianita Coelho Braga; Heitor Matallo Júnior; Hudson Cunha; João Simplício Lopes Martins; Jorge Augusto de Oliveira Vinhas; José Ralf de Oliveira Campos; Juarez Pires da Silva; Leilah Abdallah; Ligia Terezinha Lopes Simonian; Manoel Mosart Machado; Marco Antônio Ribeiro V. Lima; Maria Angela de Noronha Serpa; Maria Auxiliadora de Medeiros Valle; Maria do Rosário Caetano; Maria Tereza Gonçalves de Souza; Michel Zaidan Filho; Olegário José Mundim; Paulo Henrique Veiga; Sérgio Mascarenhas de Moura; Virgílio Ribeiro Neto; e Wallace José Sesana.

Estudantes suspensos por 90 dias: Areolino Moreira Bonfim; Euripedes Alvarenga Barbosa; Ivaneck Perez da Silva; Luciano A. Gonzaga Vilarino; Mitchurim Borges Diniz; Newton Camargo de Paula; e Rocine Castelo de Carvalho.

Estudantes suspensos por 30 dias: Aderval Borges da Silva; Adilson Marcondes; Ana Lúcia do Carmo Luiz; Carlos Hidemi Vesugui; Catisumi Iwakawa; Claudia Hofman Mota; Eneida Bueno Benevides; Everaldo Maia Queiroz; Felício Sala Neto; Francisco das Chagas Lisboa dos Reis; Geysa Maria Brasil Xaud; Hailhi Lauriano Dias; Hélio Lopes dos Santos; João Constantin Kefalas; João Francisco de S. Castro Gomes; João Nogueira Fanuchi; José Carlos Teramussi; Juvenal Lira de Mesquita; Lúcia Farias Ferreira; Lumi Kihara; Luís Antônio Nigro Falcoski; Maria de Fátima Carvalho Lima; Maria Francisca A. de Souza; Raimundo Nonato Aires; e Solomon Cytrynowicz.

Estudante suspensos por 5 dias: Alício Rodrigues Boaventura e Pedro Paulo Eleutério de Barros Lima.

Notas dos editores: Nessa mesma data a Polícia Federal indiciou, com base na Lei de Segurança Nacional, os seguintes integrantes da lista acima: José Ralf de Oliveira, Michel Zaidan Filho, Paulo Henrique Veiga, Antonio Ramaiana de Barros Ribeiro, Luiz Antônio Nigro Falcosky, Hudson Cunha, Sergio Mascarenhas de Moura, João Simplício Lopes Martins, Rocine Castelo de Carvalho, Maria Angela Noronha Serpa, Florianita Coelho Braga, Maria Auxiliadora de Medeiros Vale e Leila Abdalah. Contra eles foram expedidos mandatos de prisão por 30 dias. Seis estudantes e uma estudante foram presos imediatamente.

Trecho de carta aberta dos estudantes à população na greve de 1977

CARTA ABERTA À POPULAÇÃO

A população brasileira recebe mais uma dose de arbitrariedade e injustiça quando o Reitor da UnB expulsa e suspende 64 alunos, acusando-os de anarquia e agitação. Na verdade, houve uma greve coesa dos alunos da UnB contra punições aplicadas pelo mesmo Reitor a 16 colegas, quando do Ato Público pela Liberdade, realizado em todo o país no dia 19 de maio. Só na UnB houve punições.

Recesso escolar, espancamentos e prisões foram incapazes de acabar uma greve que tem ao seu lado a razão de quem luta pela liberdade e o apoio da população, que vê a cada dia piorarem as suas condições de vida, e suprimido o seu legítimo direito de organização e expressão. Incompetente para o diálogo, o Reitor pune.

Nós estudantes não somos bagunceiros ou anarquistas. Queremos estudar, porém, estudar para solucionar os graves problemas da população brasileira e não para encher os bolsos das grandes empresas estrangeiras. Queremos o ensino, a ciência aplicada para acabar com a fome, as favelas, as doenças de massa etc. Queremos uma universidade útil à população. Que adianta estudar se isso não acaba com a poluição, com o analfabetismo, com a seca ?

Lutamos por liberdades democráticas para que a população possa discutir livremente e se organizar em sindicatos, associações de bairro visando a solução de seus problemas. Visando organizar a economia, acabar com os salários de fome, com a inflação.

Não nos deixam discutir porque optaríamos por soluções populares. Por exemplo, por um plano de transporte de massa eficiente e barato e que não fosse assassino. Só que isso não interessa às multinacionais automobilísticas

Kissinger sitiado na UnB durante 2 horas

O Estado de S. Paulo, 19/11/1981

Chapas que concorreram ao Diretório Universitário- D.U. em 1976 e em 1977

Na Eleição marcada para maio de 1976, suspensa por ato unilateral do reitor José Carlos Azevedo. Duas chapas estavam inscritas, Unidade e Oficina.

CARGO	Chapa UNIDADE	Chapa OFICINA
Presidente	Davi Emerich	Walter Peninha
	João da Silva Maia	Barbara Hartz
1º Secretário	José Humberto e Rodrigues	Paulo Bernardo Silva
2º Secretário	Fernando Duarte L. M. Veloso	Juvenal Lira de Mesquita
1º Tesoureiro	José Carlos Teramussi	Margley Machado de Moura
2º Tesoureiro	Júlio Grego Rio Filho	Severino Firmino dos Santos
Dir. de As. Estudantis	Arlete Avelar Sampaio	Eurípedes Alvarenga Barbosa
Dir. de As. Culturais	Maria da Conceição C. de C. Rodrigues	Aderbal Borges da Silva
Dir. de Divulgação	Manoel Mosart Machado	Wallace José Sesana
Dir. de Esporte	Maria Auxiliadora de M. Valle	Antônio Flávio Testa
Delegado IE	Rocine Castelo de Carvalho	Eunice Borges
Delegado IB	Paulo Sérgio de Carvalho	Manoel Augusto Santos
Delegado IH	Bruno Bormann Zero	Oscar Gonçalves Caiado
Delegado IA	Paulo Faccio Neto	Maria José Pena de Abreu
Delegado IC	Maria Angela Noronha Serpa	Aníbal Ferreira Mendes
Delegado FA	Regina Cely Mencarini	Adi Maria Dias Cardoso
Delegado FT	Olegário José Mundin	Milton Biagi
Delegado FS	João Simplício Lopes Martins	Flávio Alberto Botelho
Delegado FE	Olgamir Francisco de Carvalho	Maria Celina D. de Leandro Oliveira

Eleição realizada em novembro de 1976. Inscreveram-se as chapas Unidade, Oficina e Construção. Vitória da chapa Unidade. Resultado da votação:

CARGO	CHAPA UNIDADE	VOTOS
Presidente	Rocine Castelo de Carvalho	3.480
Vice-Presidente	Carlos Geraldo Megale	3.426
Primeiro Secretário	Antônio Ramaiana de Barros Ribeiro	3.427
Segundo Secretário	Percival de Sá Cruz Júnior	3.427
Primeiro Tesoureiro	Ricardo Ferreira da Silva	3.419
Segundo Tesoureiro	Heleci Heleno Ferreira	3.411
Diretor de Assuntos Estudantis	Lucas Vieira Barros	3.311
Diretor de Assuntos Culturais	Paulo Sérgio de Carvalho	3.410
Diretor de Divulgação	José Carlos C. Barroso	3.344
Diretor de Esporte	Catsumi Iwakawa	3.354
Delegado do IE	David Duarte Lima	3.384
Delegado do IB	Eliane Maria Fleury Seidl	3.374
Delegado do IH	Hudson Cunha	3.402
Delegado do IA	Carlos Adalberto Estuqui Filho	3.371
Delegado do IC	Maria do Rosário Caetano	3.370
Delegado da FA	Antônio de Jesus Machado	3.326
Delegado da FT	Reinaldo Rios Maciel	3.369
Delegado da FS	Heverton Octacílio de Campos Menezes	3.266
Delegado da FE	Maria da Conceição Correia de Caldas Rodrigues	3.373

CARGO	CHAPA OFICINA	VOTOS
Presidente	Alcides Bartolomeu de Faria	2.016
Vice-Presidente	Flávio Alberto Botelho	2.029
Primeiro Secretário	Wallace José Sesana	2.012
Segundo Secretário	Oscar Gonçalves Caiado	1.998
Primeiro Tesoureiro	Juvenal Lira de Mesquita	2.026
Segundo Tesoureiro	Felício Sala Neto	2.000
Diretor de Assuntos Estudantis	José Jorge Bazaga	1.954

Diretor de Assuntos Culturais	Carlos Fernando Assis Paniago	1.966
Diretor de Divulgação	Aderval Borges da Silva	1.986
Diretor de Esporte	Luiz Gonzaga da Cunha	1.996
Delegado do IE	Luiz André de Oliveira	1.936
Delegado do IB	José Pedro Thomé Neto	1.953
Delegado do IH	Marisia Dias Oliveira	1.916
Delegado do IA	Adi Maria Dias Cardoso	1.943
Delegado do IC	Evelyn de Oliveira Pena	1.954
Delegado da FA	Durvalino Couto Filho	1.959
Delegado da FT	Milton Biagi	1.954
Delegado da FS	Eurípedes Alvarenga Barbosa	1.951
Delegado da FE	Regina Helena da Silva Nascimento	1.982

CARGO	CHAPA CONSTRUÇÃO	VOTOS
Presidente	Maria Tereza Gonçalves de Souza	1.454
Vice-Presidente	Luís Antônio de Oliveira Campos	1.438
Primeiro Secretário	Jorge Augusto Vinhas	1.448
Segundo Secretário	Arlete Avelar Sampaio	1.352
Primeiro Tesoureiro	Mitchurim Borges Diniz	1.407
Segundo Tesoureiro	Paulo Rogério Gonçalves	1.430
Diretor de Assuntos Estudantis	Maria Auxiliadora de Medeiros Valle	1.453
Diretor de Assuntos Culturais	José Ralf de Oliveira Campos	1.434
Diretor de Divulgação	Paulo Henrique Veiga	1.416
Diretor de Esporte	Antônio José Ferreira	1.409
Delegado do IE	Nélio Jaime Carneiro	1.447
Delegado do IB	Virgínia Lopes	1.424
Delegado do IH	Maria Cecília Martha Campos	1.410
Delegado do IA	José Mauro Barbosa Ribeiro	1.436
Delegado do IC	Lumi Kihara	1.418
Delegado da FA	Ana Maria Navarro Garcia	1.426
Delegado da FT	Gilberto Cordeiro Teixeira	1.417
Delegado da FS	João Nogueira Fanucchi	1.410
Delegado da FE	Maria Teresinha Ribeiro	1.414

Eleição realizada em maio de 1977. Inscreveram-se as chapas Unidade, Oficina, Construção e DU Ação. Vitória da chapa Oficina.

CARGO	CANDIDATO	CHAPA	TOTAL DE VOTOS
Presidente	Flávio Alberto Botelho	Oficina	3.105
	Maria Ângela Noronha Serpa	Unidade	1.994
	Antônio Ramaiana de B. Ribeiro	D. U. Ação	1.429
Vice-Presidente	Juvenal Lira de Mesquita	Oficina	2.961
	Luiz Antônio N. Falcoski	Unidade	2.103
	Manoel Mosart Machado	D. U. Ação	1.458
Primeiro Secretário	João Francisco de S. C. Gomes	Oficina	2.885
	Lucas Vieira Barros	Unidade	2.002
	Hudson Cunha	D. U. Ação	1.566
Segundo Secretário	Evelyn de Oliveira Pena	Oficina	2.988
	Rocine Castelo de Carvalho	Unidade	2.063
	Francisco de Assis S. Dantas	D. U. Ação	1.462
Primeiro Tesoureiro	Virgílio Ribeiro Neto	Oficina	2.950
	Reinaldo Rios Maciel	Unidade	2.051
	Mauro Assis	D. U. Ação	1.443
Segundo Tesoureiro	Martiniano Lopes Batista	Oficina	2.922
	Ana Rita de Almeida França	Unidade	2.067
	Tarcísio Araújo	D. U. Ação	1.529
Diretor de Assuntos Estudantis	Felício Sala Neto	Oficina	2.941
	Eliane Cunha E. C. Vieira	Unidade	2.073
	Ivaneck Perez Alves	D. U. Ação	1.499
Diretor de Assuntos Culturais	Marísia Dias Oliveira	Oficina	2.905
	Sueli Aparecida N. Garcia	Unidade	2.113
	Hélio Lopes dos Santos	D. U. Ação	1.476

Diretor de Divulgação	Wallace José Sesana	Oficina	2.914
	Marcus Vinicius L. Freire	Unidade	2.061
	Maria do Rosário Caetano	D. U. Ação	1.545
Diretor de Esporte	Luiz Gonzaga Cunha	Oficina	3.058
	Oliveira Alves Vieira	Unidade	1.987
	Vespasiano Trestini	D. U. Ação	1.478
Delegado do IA	Maria de Fátima Machado	Oficina	2.936
	José Carlos S. Grillo	Unidade	2.053
	Daniel Gonçalves Mendes	D. U. Ação	1.468
Delegado do IB	Fernando Queiroz Cunha	Oficina	2.857
	Paulo Sérgio de Carvalho	Unidade	2.052
	José Humberto de Almeida	D. U. Ação	1.517
Delegado do IC	Ana Beatriz Mendes Cleto	Oficina	2.952
	Ney Gabriel Luzzi Rosauro	Unidade	2.023
	Ros'Anne Maior Morais	D. U. Ação	1.467
Delegado do IE	Douglas dos Santos Junior	Oficina	2.894
	Levy Emmerick	Unidade	2.090
	Jorge Gushiken	D. U. Ação	1.448
Delegado do IH	Marinalva Viana Queiroz	Oficina	2.886
	Ricardo Ferreira da Silva	Unidade	2.155
	Orismélia Maria M. Gomes	D. U. Ação	1.512
Delegado da FA	Marco Aurélio B. Paola	Oficina	2.922
	Denise Nogueira Gregori	Unidade	2.026
	Neide Alves Dias	D. U. Ação	1.487
Delegado da FE	João Bosco de Souza Natal	Oficina	Vetado pela reitoria
	Noemi Margarida F. Arruda	Unidade	3.586
	Maria do Rosário Medina Zago	D. U. Ação	1.970

Delegado da FS	Valter José Coser	Oficina	2.830
	Leila Abdallah	Unidade	2.072
	Daniel Henrique S. Domenico	D. U. Ação	1.504
Delegado da FT	Milton Biagi		2.865
	Carlos Alberto P. Rayol		2.011
	Levy Melo Souto		1.566

PARTE VI. CRONOLOGIA, FILMOGRAFIA E BIBLIOGRAFIA

CRONOLOGIA DOS FATOS MAIS IMPORTANTES DO MOVIMENTO ESTUDANTIL NA UnB DOS ANOS 70

Tereza Cruvinel

O movimento estudantil foi duramente golpeado pela ditadura no Brasil, no final da década de 1960, mas a UnB continuou no centro dos preocupações dos organismos de vigilância e repressão. Segundo o relatório da Comissão da Verdade Anísio Teixeira, em dezembro de 1969 o SNI enviou ao reitor Caio Benjamin correspondência intitulada "Atividades subversivas na Universidade de Brasília", advertindo sobre o "renascimento do movimento estudantil".

E como este livro demonstra, isso começaria mesmo a acontecer a partir de 1970, ganhando força crescente nos anos seguintes, culminando na grande greve de 1977. Segue a cronologia dos fatos mais importantes, avançando até o ano de 1985, quando se encerra, com o fim da ditadura, o período de ataques à UnB, com a eleição do primeiro reitor pelo voto direto da comunidade universitária.

1970

Fevereiro - Mobilização contra o aumento dos preços do Bandejão. Mobilização da Medicina contra a decisão da reitoria, de que só metade dos aprovados no vestibular fariam o curso.

Março - Mobilização contra a criação da Assessoria Estudantil, órgão de espionagem dos estudantes para municiar a reitoria e comunidade de informações. Mais mobilizações da medicina por questões do curso.

Maio - Estudantes tomam conhecimento do assassinato de Olavo Hanssen em São Paulo. Ele era dirigente do PORT (Partido Operário Revolucionário, trotskista), foi preso, brutalmente torturado e sua morte apresentada como suicídio por auto envenenamento, apesar das muitas contradições dos laudos médicos. Estudantes da UnB pretendiam divulgar o assassinato em congresso eucarístico no final do mês mas foram presos antes do evento.

Foram sequestrados e torturados: Gilson Dantas, Abaetê Sassi, Maria Regina Peixoto, Heleno e Edvaldo, estes últimos militantes da organização Ação Popular (AP). Sobrenomes omissos nos dossiês. Na mesma época foi preso Hélio Doyle, por atuação na Ala Vermelha do PC do B.

1972

Abril - Demissão do professor e arquiteto Frank Svensson com base no Decreto-lei 477, caso único entre docentes. Foi indiciado em inquérito contra membros do PCB.

Maio – Grande mobilização da Medicina pela contratação de mais professores. Foram também ao MEC e conseguiram a contratação de 8 e a promessa de mais 12 para o ano seguinte.

1973

Junho - Prisões do "grupo de Caratinga" - Em 15/06 a estudante Regina Célia Peixoto Bittencourt foi presa pela PF no apartamento em que morava. Por estarem no local também foram presos Francisco Carlos Moss e Roberto David de Sanson Neto. Os agentes ficaram no apartamento esperando a chegada de outros estudantes, prendendo ainda Luiz Carlos Machado e Paulo Roberto Fonseca. Na república em que morava Moss prenderam outros integrantes do chamado "grupo de Caratinga", por contar com muitos oriundos daquela cidade mineira. Eram eles José Aurélio de Oliveira Michiles, Maurício dos Santos Pollari, Carlos José de Oliveira Michiles, Ilton Paula Guimarães de Oliveira, Maria Auxiliadora de Medeiros Valle e Maria de Fátima Medeiros Valle. E ainda os estudantes Romário César Schettino, Valtair Antônio de Almeida, Miriam Martins Macedo, Marisa Martins Macedo, Zuleika Maria de Souza Porto, Maria das Graças de Sena, Antonio Correia Pinheiro (Toninho), José Souza de Neto e João Bosco Mendonça. No total, mais de 30 pessoas presas, boa parte da UnB, na operação em que já havia sido presa e torturada antes a hoje jornalista Miriam Leitão.

Agosto - Alunos da Medicina começam a luta pela implantação da Representação Estudantil. Começa de fato a reorganização do movimento estudantil.

Data imprecisa – Foi preso o estudante de economia Rogério Dias, acusado de pertencer ao grupo que tentava reestruturar a organização ALN, de Carlos Marighela.

1974

Fevereiro/março - Os estudantes intensificam a mobilização para as eleições das representações estudantis.

18/04 - Acontecem as eleições nos departamentos.

Setembro - A mecanografia do Instituto de Ciências Exatas recusou pedido dos estudantes para a reprodução de um documento. O SPP foi consultado e submeteu a questão ao decano de assuntos comunitários, que desautorizou a impressão. Mesmo assim os estudantes conseguiram publicar o Boletim Informativo número 4, contendo a denúncia de ação violenta de um vigilante do alojamento estudantil contra estudantes.

Ainda no segundo semestre houve uma greve de monitores que contribuiu para energizar o movimento. Os pagamentos das bolsas estavam atrasados e o movimento grevista chamou bastante atenção.

13/09/74 - Inauguração de sala do Conselho de Representantes. (Sala de preparo do anfiteatro 10).

16/09/74 - Um grupo de 60 alunos vai ao MEC e ao Ministério da Justiça entregar carta-denúncia sobre a repressão na UnB e o caso do vigilante.

25/09/74 - Um grupo de estudantes de Medicina foi ao MEC e entrega Carta Aberta relatando problemas no curso, que eram vários.

10/10/74 - Cerca de 350 estudantes participam de assembleia geral em que debatem a aprovação do estatuto do futuro Diretório Universitário (DU).

25/10/74 - Alunos pedem ao Decano de Assuntos Comunitários autorização para o conselho provisório de representantes realizar ciclo de palestras na UnB, uma delas com o bispo D. Tomás Balduíno, sobre a situação do índio no Brasil; o pedido é negado e o evento acontece fora da UnB.

31/10/74 - Conselho provisório de representantes convida o ministro da Indústria e Comércio, Severo Gomes, para palestra na UnB. Ministro é informado pelo reitor, por telefone, de que a entidade não tinha amparo regulamentar. O ministro, mesmo assim, comparece em 5/12.

20/11/74 - Conselho Provisório de Representantes realiza seminário e publica mais um Boletim.

1975

Em 1975 e 1976 o movimento estudantil na UnB entra em nova fase. O Conselho de Representantes Estudantis, embora sem amparo no regimento, consolida-se como espaço maior de representação em busca do Diretório Universitário.

25/4 - Data prevista para a realização de novas eleições para representantes estudantis.

26/6 - Intenso debate em Assembleia Geral sobre a eleição do D.U. Aprovada resolução que cedia a algumas restrições impostas pela reitoria para agilizar o processo.

2/10 e 3/10 - Realizado plebiscito entre os estudantes sobre a criação do D.U.

9/10 - Assembleia Geral decide pela continuidade da luta pelo D.U. com denúncias, à comunidade, parlamentares e outras autoridades, de que a direção da UnB descumpria a previsão regimental da entidade estudantil.

15/10 - Um grupo de estudantes leva ao MEC a reivindicação de criação do Diretório Universitário.

Fato nacional conexo: Neste dia houve missas em todo o Brasil em protesto contra o assassinato de Vladimir Herzog. Estudantes da UnB participam, em Brasília, da missa no Santuário de Fátima. Após a missa foram presos os estudantes Paulo Bernardo (Geologia) e José do Patrocínio Paes Landim. Davi Emerich escapa de ser preso ao ser retirado no carro de um parlamentar.

1976

27/01 - Concentração defronte a reitoria, exigindo a reabertura do Restaurante Universitário, pois estava fechado durante o horário de verão.

Um aumento de preços foi anunciado para quando fosse reaberto, superior a 50%. Estudantes sabotam o restaurante universitário criando o "Bandejinha", refeições simples, elaboradas e servidas pelos próprios estudantes, a preços bem reduzidos. Vitória: Bandejão reabre com reajuste de apenas 11%. Funcionários que ganhavam até 3 salários-mínimos ganharam direito ao preço básico e foi instituída a comissão de fiscalização sanitária.

20/02 - Greve da Medicina - Mais de 200 sextanistas da Medicina enfrentavam problemas no internato que realizavam nos hospitais da rede pública do Distrito Federal. Faltava supervisão e orientação aos internos, havia sobrecarga de trabalho e corte de bolsas de estágio. Após infrutíferas tentativas de diálogo com a UnB, o MEC e a Fundação Hospitalar do DF, a Medicina entrou em greve no dia 20.

24/02 - O reitor Amadeu Cury publica ato aplicando punição de repreensão a 97 estudantes de Medicina, acenando com penas mais duras, como suspensões e expulsões.

25/02 - Estudantes de Medicina voltam às aulas lançando carta aberta à população, ao MEC, à FHDF e à UnB, expondo a indignação com as punições e registrando pequenas vitórias obtidas junto à FHDF.

15/03 - Aprovados os Estatutos do D.U.

13/04 - O jornal estudantil Oficina, da tendência de mesmo nome circula com críticas ao desleixo da administração para com o alojamento estudantil e à inexistência de alojamento feminino.

14/04 - Em Assembleia Geral, estudantes pedem pela liberdade de Wallace Sesana e cobram a liberação dos 3.000 exemplares do jornal da Oficina apreendidos no dia anterior. Foi eleita uma comissão para levar estes pleitos ao reitor.

09/05 - Começa a campanha eleitoral para a eleição do D.U., marcada para 27 de maio. A polarização era entre a chapa Oficina e Unidade. Panfletos, murais, faixas e cartazes tomaram conta do ICC e demais prédios do campus. As plataformas incluíam reivindicações de cunho local, como a oferta de café da manhã no restaurante universitário, a melhoria na iluminação do campus e o fim do MGA e do jubilamento. Mas temas políticos nacionais, como o fim do AI-5, do Decreto-Lei 477/69 e da censura, também frequentam as plataformas das chapas.

19/05 - Com base em relatório da Secretaria de Segurança Pública, ilustrado com numerosas fotografias, a reitoria instalou uma comissão de inquérito para apurar responsabilidades pela infringência de normas legais na campanha para o D.U. No dia seguinte a reitoria suspende o pleito.

21/05 - Revoltados com a decisão, os estudantes fazem grande assembleia geral.

19/06 - Foi realizada uma mesa redonda sobre a imprensa independente e a liberdade de imprensa, com seguranças da UnB postados ostensivamente à frente do anfiteatro.

25/06 - No último dia de seu mandato o reitor Amadeu Cury, sem esperar as conclusões da comissão de inquérito, assina ato suspendendo um total de 13 estudantes, por participação destacada na assembleia de 21/05/76 e pelo teor do material utilizado na campanha para o D.U. Os bolsistas perdem o benefício.

Suspensão por 15 dias: Barbara Hartz, Carlos Michiles, João Maia, José Humberto Rodrigues e Milton Biagi;

Suspensão por dez dias: Davi Emerich, Eduardo de Almeida Neto e Walter Peninha;

Suspensão por cinco dias: Álvaro Antônio Batista da Silva, Carlos Geraldo Megale, Leila Abdalah, Manoel Augusto dos Santos e Olegário José Mundim;

25/05 - Neste mesmo dia, o vice-reitor José Carlos de Almeida Azevedo toma posse como reitor indicado pelo regime.

26/05 - Os estudantes fazem nova assembleia geral, e neste dia começam as oitivas de depoimentos pela comissão de inquérito.

28/5 - O novo reitor baixa ato impondo novas punições aos estudantes, agora pela participação na assembleia de 26/05. Suspende 13 alunos, por prazos que variam de 5, 10, 15 e 30 dias. A medida alcançou 7 dos punidos anteriormente e integrantes das duas chapas que disputavam o DU. Os punidos perdem as bolsas e o direito à residência no alojamento.

Ademais, ficaram impedidos de participar de quaisquer cursos ou programas da UnB, de serem eventualmente contratados pela FUB, de residirem no alojamento, receber bolsas e quaisquer benefícios.

Eventos nacionais conexos - Entre as primeira e a segunda leva de punições, a UnB sediou a 28ª Reunião Anual da Sociedade Brasileira para o Progresso da Ciência (SBPC), entre 7 e 14 de julho de 1976. A participação estudantil foi intensa.

22/08 - Fato nacional conexo - A morte do ex-presidente Juscelino Kubitschek em um acidente causa grande comoção nacional. Houve manifestações na saída do corpo do Rio para Brasília, onde foi velado na Catedral. Os estudantes da UnB juntam-se aos populares que foram chorar a morte do fundador da cidade. Levam o esquife até o cemitério Campo da Esperança, aos gritos de "abaixo a ditadura" e cantando uma variação da música "Peixe Vivo".

31/08 - Assembleia Geral no "Bandejão" contra as punições impostas aos estudantes.

11/11 - Assembleia Geral discute a retomada das mobilizações para a eleição do D.U.

20/11 - A eleição finalmente acontece, com a vitória da chapa Unidade. Desta vez, participou também uma terceira chapa, a Construção, de orientação trotskista como a rival Oficina.

1977

Janeiro - Entre os dias 14 e 31 de janeiro acontecem várias assembleias. Diante de novo aumento de preços do Bandejão, os estudantes retomam a experiência do "bandejinha" e voltam a preparar e servir refeições a preços módicos, boicotando, uma vez por semana, o RU. Alguns alunos chegam a ser presos e fichados pela polícia ao fazerem pedágio na Avenida L-2 Norte, arrecadando fundos para custearem o "bandejinha".

Fato nacional conexo - Em 13 de abril, apesar das promessas de abertura, o presidente Geisel fecha temporariamente o Congresso e baixa o "Pacote de Abril", conjunto de medidas casuísticas destinadas a evitar nova vitória eleitoral da oposição, como a de 1974.

19/4 - Estudantes realizam assembleia em que discutem o "pacote de abril", e a política de MGA e jubilamentos da UnB. Dez dias depois, coincidindo com a eleição de representantes estudantis nos departamentos, o D.U. realiza plebiscito sobre o jubilamento e o ensino pago.

27/04 - Incidente entre alunos e seguranças que queriam impedir a continuidade do mural no D.U., na parede central do térreo do Restaurante Universitário

04/05 - Cerca de 300 estudantes vão em passeata até a reitoria da UnB e ali uma comissão entrega ao reitor o resultado do plebiscito, de rejeição avassaladora ao jubilamento e ao cerceamento da liberdade de expressão e organização dos estudantes. Protestavam também contra a prisão de estudantes na PUC de São Paulo, no dia anterior.

06/05 - Os estudantes da Faculdade de Arquitetura e Urbanismo entram em greve pela melhoria do curso e contra a falta de professores. Às 12hs do mesmo dia o D.U. promove uma reunião no "Bandejão", para discutir jubilamento, paralisação e solidariedade aos presos em São Paulo. No dia seguinte, ocorrem reuniões nas salas da representação da Medicina e da Física. Quase todos os departamentos manifestam solidariedade à Arquitetura.

12/05 - Cerca de 100 estudantes reúnem-se na Entrada Norte do ICC e se encaminham para a reitoria, com faixas alusivas ao problema do jubilamento. Lêem nota da representação estudantil da Comunicação (contra o choque de horários, a falta de professores e de equipamentos), um abaixo-assinado com cerca de 130 adesões, da Representação Estudantil das Ciências Sociais, denunciando os mesmos problemas apontados pela Comunicação. Pediam também a participação estudantil na elaboração da grade horária.

19/5 - Para essa data estava marcado um "Dia Nacional de Luta" a ser realizado pelos estudantes em todo o país. Na UnB, a despeito da proibição anunciada pela reitoria, o ato aconteceu. Os oradores protestaram contra as prisões em São Paulo, contra a tortura a presos políticos, reivindicando Anistia e a volta das liberdades democráticas. O espaço em que ocorreu o ato, entre a quadra de basquete e a Faculdade de Educação, foi batizado como Praça Edson Luís. De lá foram em passeata à reitoria onde, observados da janela por Azevedo, avisaram: "se houver punição, haverá paralisação".

20/05 - Azevedo baixa ato da reitoria aplicando a 269 estudantes do curso de Arquitetura e Urbanismo a sanção disciplinar de repreensão, por conta da greve que já durava duas semanas.

23/05 - Estudantes da FAU voltam às aulas e tem início o período oficial de campanha para a nova eleição da diretoria do D.U.

26/5 - Eleição para o D.U. A chapa vencedora é Oficina, encabeçada por Flavio Alberto Botelho.

30/05 - Publicado o Ato da reitoria nº 173/77 punindo 16 alunos por participação no ato de 19/05. Onze alunos são suspensos por três dias, três alunos por 10 dias e dois recebem a pena de 29 dias de suspensão. Todos os punidos têm suas bolsas cortadas e fica vedada a eventual contratação pela Universidade. Os que moravam na residência universitária são obrigados a deixá-la. Entre os punidos, integrantes da chapa vencedora para o DU e da diretoria que encerrava o mandato.

São eles:

- Suspensos por 29 dias: Rocine Castelo de Carvalho (ex-presidente do DU) e Sérgio Mascarenhas de Moura;

- Suspensos por 10 dias: Caetano Ernesto da Fonseca C. Pereira de Araújo, José Ralf de Oliveira Campos e Michel Zaidan Filho;

- Suspensos por 3 dias: Bruno Bormann Zero, Carlos Geraldo Megale, Flávio Alberto Botelho, Leila Abdallah, Manoel Augusto dos Santos, Manoel Mozart Machado, Olegário José Mundim, João Simplício Lopes Martins, Maria Auxiliadora de M. Valle, Milton Biagi e Wallace José Sesana.

31/05 - Assembleia geral dos estudantes, convocada na véspera, lota o anfiteatro 9 e a greve é aprovada, tendo como principal bandeira a anulação das punições. Dali saíram em passeata que cruzou o ICC Norte, seguiu para a Faculdade de Tecnologia (Engenharias) e, por fim, chegou ao R.U., onde a assembleia recomeçou às 11h40. Comissões foram às demais unidades (Faculdade de Educação, Educação Física, Biblioteconomia, Hospital de Sobradinho etc.) anunciar a greve. Piquetes foram organizados com bloqueio do acesso às salas de aula por carteiras escolares e grupos de estudantes.

1/6 - Os bloqueios de sala de aula são refeitos logo cedo. Entre 8hs e 9hs da manhã, soldados da PM anotavam nomes de todos os que chegavam de carro. Às 9hs30min, no hall de entrada do ICC Sul, cerca de 700 estudantes assistiram à peça teatral, "O Rei Thor e seu séquito". Convidados anteriormente para palestrar sobre o tema "Constituinte", os deputados do MDB Airton Soares, João Gilberto e Santilli Sobrinho solidarizam-se com a greve, no Teatro de Arena ocupado por cerca de 1.500 estudantes. Depois, no Bandejão, foi apresentada a peça "O Rei Thor no Reino dos Urubus". À tarde, mais piquetes. A greve estava consolidada.

2/6 - PMs e informantes dos órgãos de segurança começam a circular pelo campus, espionando os movimentos dos estudantes. Um grupo de estudantes decide pernoitar na universidade.

3/6 - Professores reúnem-se com o reitor. Assembleia no Teatro de Arena aprova a entrega de carta-denúncia à primeira dama americana Rosalynn Carter, que estava para chegar de visita ao Brasil. Seu marido, Jimmy Carter, tinha o respeito aos direitos humanos como bandeira. Os estudantes declaram-se em assembleia permanente até que as punições sejam revistas.

- Azevedo publica artigo em que aponta a greve como obra de "uma minoria". Estudantes respondem ironicamente apelidando o Teatro de Arena de Teatro da Minoria.

- Ante a continuidade da presença de policiais, estudantes decidem não fazer mais vigília noturna.

- Os professores que foram tentar mediar a crise com o reitor voltam com o resultado: Azevedo não reveria as punições mas disse-lhes que os estudantes poderiam interpor recurso contra elas junto ao Conselho Universitário (Consuni). Ofereceu o anfiteatro 9 para que discutissem, na manhã seguinte, a suspensão da greve até o exame do recurso. Garantiu que ninguém seria molestado ou preso, e para isso, pediu ao comando da PM a retirada das tropas que estavam no campus.

- Ainda nesse dia 3/6 o reitor decretou recesso extraordinário nos dias 6, 7 e 8 de junho, o que coincidia com a visita de Rosalynn Carter a Brasília. Os estudantes resolvem não aceitar a oferta de reunião no Anfiteatro 9.

3 a 5/06 - O II Encontro Nacional dos Estudantes deveria acontecer nestes dias em Belo Horizonte mas houve repressão, com prisões em massa. Entre os presos de diversos estados estava Carlos Adalberto Estuqui, da Arquitetura da UnB, que fora representando o movimento estudantil em greve. Foi submetido a interrogatório.

4/06 e 5/06 - Primeiro final de semana depois do início da greve.

06/06 - Ocorre a mais repugnante ação policial durante a greve. Há uma invasão policial-militar do *campus* universitário, que será seguida de outras, produzindo reação externa progressiva de solidariedade. Às 10hs45m, cerca de 1.800 estudantes, em assembleia no "Teatro da Minoria", cercado por policiais, decidiram pela continuidade do movimento. Ao meio dia alguns estudantes são presos pela PM. Um professor chegou ao final da Assembleia, dizendo ter informação de que os estudantes seriam duramente agredidos, e que cabia às lideranças impedir que isso ocorresse. O professor pediu enfaticamente a dispersão dos grevistas para não serem vistos como provocadores. Os estudantes acolheram a recomendação, pois a continuidade da greve já estava decidida.

Nesse dia, o repórter fotográfico Marcos Santilli entregou a carta dos estudantes a um assessor de Rosalyn Carter. A carta denunciava a situação dos direitos humanos no Brasil (prisões políticas, torturas, assassinatos e desaparecimentos), destacando, em particular, a falta de liberdade de organização e expressão na UnB, que estava sob ocupação policial-militar.

07/06 - As mães de três estudantes presos na Polícia Federal escrevem carta a Geisel denunciando os constrangimentos a que eram submetidas, com buscas até em suas partes íntimas, quando visitavam os filhos, cujo único crime foi o de manifestar seus pensamentos, como garantido pela Constituição. E que, mesmo após 20 dias de prisão, dos 9 presos, somente quatro haviam prestado depoimentos até aquela data. Divulgam a carta à imprensa.

10/6 a 13/6 - Grandes assembleias continuam a ocorrer diariamente no Teatro de Arena. Uma comissão conjunta de alunos e professores foi tirada para ir ao MEC em busca de solução. Inutilmente.

13/6 - Comissão do D.U. entrega pedido de revisão das punições ao reitor, que o trata como recurso e o despacha para o Conselho Universitário, emitindo seu parecer favorável à manutenção das punições. Em uma resolução, determinou o fim da greve e acenou com novas punições, que poderiam incluir expulsões.

15/6 - Assembleia no Teatro de Arena e encenação da peça "Os sapos da tia Azedinha". Foram lidas cartas de apoio de estudantes de universidades de outros estados e recebidas as delegações de secundaristas que foram levar solidariedade aos grevistas.

16/06 - O presidente do D.U. denuncia na Assembleia a distribuição, pelos agentes infiltrados, de uma falsa nota da tendência Unidade defendendo o fim da greve e criticando as outras tendências. Todos entendem que foi uma manobra dos espiões para tentar dividir o movimento.

17/06 - A assembleia discute temas diversos, mas as atenções estavam voltadas para a reunião que o Consuni faria à noite para examinar o recurso. Eram quase 22hs quando um grupo liderado pelo presidente do D.U., Flávio Alberto Botelho, voltou da reitoria. O resultado foi anunciado a uma assembleia bem menor na Ala Norte: por maioria de votos, o Consuni havia referendado as punições de Azevedo. Os presentes entoaram a palavra de ordem: "A greve continua, põe o capitão na rua".

17/06 - O Delegado Jones Gomes Fontenelle, da Superintendência da Polícia Federal, presidia o inquérito que tramitava no Superior Tribunal Militar (Inquérito SP/DRF/DF nº 44/77, Proc. Nº 827/77 da Auditoria Militar), alegando fortes indícios de que os estudantes cometeram crimes contra a Segurança Nacional. Neste dia ele indicia 14 estudantes com base na LSN: José Ralf de Oliveira, Michel Zaidan Filho, Paulo Henrique Veiga, Antonio Ramaiana de Barros Ribeiro, Luiz Antônio Nigro Falcosky, Hudson Cunha, Sergio Mascarenhas de Moura, João Simplício Lopes Martins, Rocine Castelo de Carvalho, Maria Angela Noronha Serpa, Florianita Coelho Braga, Maria Auxiliadora de Medeiros Valle e Leila Abdalah. São expedidos mandados de prisão por 30 dias contra eles. Seis estudantes e uma estudante são presos neste mesmo dia.

18/06 - Azevedo determina a abertura de inquérito disciplinar. A PF prende 9 estudantes, a vanguarda do Movimento Estudantil na UnB. Os advogados Sigmaringa Seixas e José Gerardo Grossi, tomam a defesa dos presos.

20/6 - As prisões aumentam a revolta dos estudantes. Mais de 2 mil participam da assembleia geral neste dia. Um "informe", obtido com os advogados, dava conta de que os presos passavam bem e não estavam sendo torturados. A seguir a assembleia converteu-se numa grande passeata que percorreu o campus cantando o Hino Nacional, o da Independência e o "Peixe Vivo". Pediam a soltura dos colegas e mantinham o refrão: "a greve continua, põe o capitão na rua!" Dirigiu-se por fim à reitoria, com nova palavra de ordem: "1, 2, 3, minoria são vocês".

21/06 - Movimento intenso no campus e greve mantida. Nos registros da espionagem, examinados mais tarde, começam a aparecer os nomes de estudantes antes não "fichados". Uma nova vanguarda estava se formando e assumindo a linha de frente, no lugar dos que estavam presos ou precisaram recuar para não o serem.

21/06 - reitor decreta, com a instrução da reitoria 05/77, novo recesso da Universidade de 22 de junho até 24 de julho. O primeiro período letivo se encerraria em 31/8 e segundo semestre letivo começaria em 12/9, terminando em 2/12. O recesso forçado esvazia o campus.

14/07 - São revogados os mandados de prisão dos alunos e alunas que ainda não haviam sido presos.

18/07 - Faltando uma semana para o fim do recesso, a comissão de inquérito conclui seus trabalhos, indicando punições individualizadas a estudantes que constavam de um relatório detalhado da Secretaria de Segurança Pública. Apenas Paulo de Tarso Braz Lucas, representante dos estudantes, votou contra. Azevedo então suspende 34 estudantes e expulsa outros 30. E como das outras vezes, cortou bolsas de estudo e o direito de morar no alojamento. Lista completa nos Caderno de Notícias e Documentos.

25/07 - Reinício das atividades, com escassa presença em salas de aula. Pequeno grupo de alunos, contrários à greve, havia conseguido na Justiça um Habeas Corpus que lhes assegurava o direito de assistirem às aulas. Com o pretexto de cumprir o HC, a reitoria chamou as tropas. Logo pela manhã, quando os piquetes começavam a ser montados, soldados da PM entraram no ICC, e com violência e uso da força, fizeram um arrastão de estudantes, prendendo 153. A PM não sairia mais do campus, configurando o quadro de ocupação policial.

15/08 - Os estudantes tentam fazer uma passeata silenciosa pelo ICC, que é imediatamente reprimida pelos policiais. Eles ainda saem armados atrás de dois estudantes que fugiram, semeando pânico.

16/08 - Estudantes lançam o panfleto "Manifesto da Greve da UnB", defendendo a continuidade da paralisação com o argumento de que a reitoria vinha dando sinais de recuo (quanto a faltas, menções e aspectos menores). Lembravam a solidariedade recebida do movimento estudantil em nível nacional e de outras instituições.

18/08 - O D.U. e a Comissão Centralizadora da Greve divulgam boletim denunciando o sequestro do estudante de Agronomia José Pires de Sabóia Júnior, retirado de seu apartamento juntamente com um filho de 4 anos de idade. E convoca para uma missa programada para a noite na Igreja Dom Bosco, que a polícia acabou impedindo.

19/08 - Professores entregam carta a Azevedo, com mais de cem assinaturas, criticando a repressão e pedindo o fim da ocupação militar que tornava impossível o desenvolvimento de atividades acadêmicas.

22/08 - O reitor encaminha para o Consuni um recurso dos estudantes contra as 64 punições aplicadas em função da greve.

26/08 - O presidente da comissão de inquérito, o decano Luiz Otávio do Carmo, relata o recurso ao Consuni, recusando a apelação. O Conselho também o rejeita, com os votos contrários do vice-reitor Marco Antônio Rodrigues Dias e do professor José Carlos Córdova Coutinho, da Arquitetura.

Final de agosto - Diante da repressão e da completa asfixia, a greve perde força. Primeiro foram os alunos de Ciências Sociais que decidiram voltar às aulas, desde que as tropas fossem retiradas. A Medicina tomou a mesma decisão.

31/08 - Encerra-se o primeiro semestre letivo.

07/09 - Durante do desfile de 7 de Setembro foi preso o estudante Álvaro Homem, que panfletava o texto "Por uma verdadeira independência".

12/09 - Após o recesso de 12 dias as aulas são retomadas. Não há mais clima para a greve, embora a nova vanguarda tente manter o movimento aceso com entradas nas salas de aula, apelando aos colegas para se manterem fora das salas. Ninguém, entretanto, queria perder outro semestre.

30/09 - Os estudantes fazem reunião no R.U. em que discutem a criação dos centros acadêmicos livres nos departamentos.

17/10 - Nova manifestação no Bandejão, criticando o enquadramento de colegas na Lei de Segurança Nacional e o mecanismo do jubilamento.

28/10 - A PM volta ao campus, mas em estado de prontidão, por conta de uma assembleia convocada para o Anfiteatro 9, que diante da interdição daquele espaço, não aconteceu naquele início de manhã. Seria realizada ao meio dia, no Bandejão, com mais de 300 estudantes, e ali foram constituídas as Comissões Pró-CA de cada departamento, mirando a futura criação do DCE Livre.

07/11 - Os estudantes realizam uma passeata silenciosa no "Minhocão" e chamam uma assembleia, que começa com cerca de 300 estudantes. Em discussão, os rumos do movimento estudantil: CAs Livres, luta contra o jubilamento, interdição da assembleia anterior e outros mais. Ao final, grupos saíram pelo ICC, gritando palavras de ordem. Bloqueados pela polícia, subiram para o mezzanino, onde interromperam aulas, houve confusão e um vidro quebrado. Mudam-se para o Bandejão, onde fazem um balanço da instalação das comissões pró-CA em vários departamentos.

Esta foi a última mobilização de 1977, mas ela apontava para avanços na próxima etapa, graças ao impulso da greve. O ano letivo encerrou-se tardiamente, em 22 de dezembro.

1978

10/01 - Panfletagem durante o vestibular. A reitoria pediu que sua ASI (Assessoria de Segurança e Informação) apontasse quem distribuía. O texto dizia que o papel da universidade é desenvolver a ciência e o conhecimento, não dar sustentação a um regime ditatorial. A ASI apontou como distribuidora a aluna de História Maria Luiza Silva, da Oficina.

16/02 - Decisão Judicial do Juiz-Auditor Fernando P. Nogueira determina o arquivamento do processo penal, com base na Lei de Segurança Nacional, aberto em junho de 1977 contra 14 estudantes, acolhendo parecer do Procurador da Justiça Militar, Roberto Menna Barreto, que não via ofensa à Segurança Nacional nos atos dos indiciados. O corregedor Milton Fiuza discorda. O processo só será encerrado, por decisão colegiada dos ministros do STM, em 09 de agosto de 1978.

07/03 - As tendências do movimento estudantil distribuem panfletos, devidamente apreendidos. O grupo Debate e Ação foca no aumento dos preços do R.U. e denuncia demissões de professores por terem apoiado a greve. Um novo grupo se apresentava, o Novo Rumo Socialista, fruto de um racha no grupo Oficina. Era também de orientação trotskista, vinculado à organização Liga Operária, dirigida internacionalmente pelo argentino Nahuel Moreno

20.07 - Manchete do *Correio Braziliense*: "Estourado aparelho subversivo no Guará". Na véspera, a PF havia prendido em um apartamento naquela cidade satélite o militante da Liga Operária/Convergência Socialista, o estudante expulso da UnB Alcides Bartolomeu de Faria, que fazia reunião com simpatizantes da área cultural. Foram os últimos torturados da ditadura.

05/09 e 06/09 - Vitória na luta pelo DCE Livre com a eleição realizada nestes dois dias. Cinco chapas concorreram: Debate e Ação, Construção, Novo Rumo Socialista, Oficina e Unidade. Venceu Debate e Ação, grupo estudantil que formulou a proposta aprovada sobre a forma de criação do DCE livre, um mês antes.

1979

Fato nacional conexo: Em primeiro de janeiro de 1979 o Brasil passou a viver sem o AI-5, revogado na véspera por Geisel.

20/01 e 21/01 - Comissão Pró-UNE reúne-se no Rio de Janeiro, acompanhada por entidades estudantis de vários estados brasileiros. E também por agentes do CISA-RJ. UnB presente.

29/05 - Acontece em Salvador (BA) o XXXI Congresso da União Nacional dos Estudantes, o chamado congresso de refundação. Uma cadeira ficou vaga na composição da mesa, a do último presidente da entidade, Honestino Guimarães. UnB presente.

27/06 - Assembleia dos estudantes da UnB no Anfiteatro 9 discute o velho problema do jubilamento.

Fato nacional conexo - Em 28 de agosto o Congresso Nacional aprova a Lei da Anistia.

Logo depois alguns alunos expulsos na greve de 1977 tentam obter a reintegração com base na Lei da Anistia e enfrentam má vontade e procrastinação da reitoria. Recorrem à Justiça e conseguem voltar.

1980

Maio - O reitor José Carlos de Almeida Azevedo é reconduzido a mais um mandato pelo general-presidente João Batista Figueiredo.

26/05 - Cerca de 2.300 estudantes participam de uma assembleia geral e cerca de 900 deles saem depois em passeata de protesto contra a recondução de Azevedo.

27/05 - Com a universidade paralisada por piquetes e barricadas, acontece o Fórum de Debates da UnB, articulação do DCE e da ADUnB, a associação de docentes que surgiu durante a greve de 1977.

29/05 - Cerca de 3.000 estudantes reúnem-se em assembleia geral no Teatro de Arena e aprovam a paralisação das aulas até o dia 2/06. Azevedo tomou posse à tarde no MEC, com os estudantes protestando na frente do prédio.

18/11 - Protesto contra a visita do Secretário de Estado norte-americano Henry Kissinger à universidade. O ato foi quase espontâneo, visto que a maior parte dos líderes estava em Cabo Frio, no XXXIII Congresso da UNE.

1982/1983

Fatos mais destacados:

– Acontecem greves esparsas em alguns departamentos e a postura de Azevedo torna-se mais negociadora.

– Em 1983 ocorre a greve de professores e alunos.

1984

Fato nacional conexo - Um grande movimento de massas varre o Brasil, a campanha das diretas-já.

23/04 - Na UnB, estudantes decidem em assembleia entrar em greve até à votação da emenda e irem para a frente do Congresso. Na noite de 24 de abril, véspera da votação, muitos dos cidadãos que enfrentaram a repressão comandada pelo general Newton Cruz são estudantes da UnB. O general executava as "Medidas de Emergência" baixadas pela ditadura, que já não contava com o AI-5.

25/4 - A Emenda Dante de Oliveira, propondo a volta das eleições diretas para presidente, deixa de ser aprovada por apenas 22 votos. É grande a frustração nacional e a revolta estudantil.

27/04 - Os protestos e a repressão continuam. Um confronto entre estudantes e policiais na Avenida L-2 resulta em violência e dezenas de prisões.

Contexto UnB - A lista sêxtupla para a escolha de reitores, suprimida em 1979 para favorecer Azevedo, voltou a ser necessária com a mudança na lei, aprovada em dezembro de 1983. O novo diploma legal fixava o prazo de 6 a 8 meses para que os reitores nomeados com base na regra anterior fossem substituídos. Era o caso de Azevedo e o prazo para sua substituição acabava em agosto de 1984. Começa uma nova luta.

Maio - Estudantes realizam uma eleição informal para compor a lista sêxtupla. Azevedo informa que em agosto reunirá o colégio eleitoral oficial para a escolha.

20/06 - Professores e estudantes da UnB entram em greve buscando apressar o processo.

09/07 - Estudantes ocupam a reitoria com palavras de ordem contra Azevedo, pedindo sua imediata substituição.

31/7 - Um grupo de alunos entra em greve de fome pela substituição de Azevedo.

Agosto - O colégio eleitoral da UnB se reúne e aprova os seis mais votados passam a compor a lista. Entre eles os professores Cristovam Buarque e Décio Garcia Munhoz, que figuraram na lista dos estudantes.

1985

Fato nacional conexo: Com a não aprovação da emenda das diretas-já, o PMDB forma com dissidentes do PDS a Aliança Democrática que em janeiro elege, pelo Colégio Eleitoral, Tancredo e Sarney como presidente e vice, respectivamente. Chegava ao fim o ciclo militar e o poder voltava aos civis. Tancredo morre sem tomar posse e é sucedido por Sarney. Começa a Nova República

13/03 - O professor Geraldo Ávila, um dos nomes da lista sêxtupla para escolha do reitor, toma posse como sucessor de José Carlos de Almeida Azevedo. Ele tinha respeito acadêmico mas não era o preferido dos estudantes. Cristovam Buarque havia vencido as "prévias" informais. As manifestações de descontentamento o tiraram do cargo em uma semana. Sucedeu-lhe o anterior vice-reitor, Luiz Otávio do Carmo, para uma gestão pró-tempore: o suficiente para a organização da consulta formal a estudantes, professores se funcionários.

18/06 e 19/06 - Finalmente aconteceu a eleição direta e paritária. Cristovam Buarque venceu-a nos dois turnos. Tomou posse em 25 de julho.

Este momento simboliza a vitória do movimento estudantil dos anos 70, que enfrentou a ditadura e Azevedo nos tempos mais duros, deixando o legado de lutas para a geração dos anos 80, que viu o fim da ditadura e a aurora da democracia.

FILMOGRAFIA: OS 60 ANOS DE HISTÓRIA DA UnB, DE SUA UTOPIA CRIADORA ÀS INVASÕES MILITARES, ESTÃO REGISTRADOS EM FILMES E VÍDEOS

Berê Bahia e Maria do Rosário Caetano

A UnB tem sua história ligada em profundidade ao cinema. Além de ter sediado um dos primeiros cursos dedicados ao ensino cinematográfico do país, criado por Paulo Emilio Salles Gomes, sob o estímulo de Pompeu de Souza, a instituição foi filmada desde sua utopia fundadora.

Seis cineastas e videomakers, em especial, dedicaram a ela muito de sua criatividade. Caso de Vladimir Carvalho, Jorge Bodanzky, Maria Coeli Vasconcelos, Marcos de Souza Mendes, Márcio Curi e Jimi Figueiredo. E não podem ser esquecidos nomes como Nélson Pereira dos Santos, que com seus alunos realizou o curta "Fala Brasília", Hermano Penna, que filmou, correndo risco de vida, a invasão militar da UnB, ocorrida em 1968, Fernando Duarte, que dirigiu, com Vladimir Carvalho o seminal "Vestibular 70", e dezenas de professores e alunos que atuaram no CPCE (Centro de Produção Cultural e Educativa), em especial durante a gestão de Cristovam Buarque à frente da reitoria.

Sob o comando primeiro de Geraldo Moraes (1939 - 2017), depois de José D'Arrochela, a instituição transformou a UnB em fértil centro audiovisual. Nomes como os de Célia Ladeira, Carlos del Pino, Nilson Araújo, Armando Bulcão, Silvia Ribeiro, José Eduardo Belmonte, Liloye Boubli, Adriana Vasconcelos, André Luís da Cunha, Ana Cristina Campos, Fernando Villar, Elza

Ramalho, Alfredo Viana, César Mendes, entre muitos outros, produziram acervo que reúne mais de 300 títulos. Estas produções estão distribuídas em catálogo de 215 páginas, abordam 29 assuntos e podem ser agrupadas em diversas programações com uma ou mais temáticas. A mesma interpretação pode ser aplicada às séries, nas quais episódios podem ser exibidos separadamente, ou em conjunto, adequando-se a vários contextos.

Antes de destacar a seleção de títulos do CPCE, coloca-se, aqui, ênfase nos principais filmes (a maioria documentários, havendo apenas uma ficção, "Campus Santo", de Márcio Curi, no conjunto longa duração), somados a curtas e médias-metragens. Todos têm a UnB como tema ou fonte de origem.

Dois títulos se destacam, por serem, dedicados integralmente a refletir sobre a história da UnB: "Barra 68 – Sem Perder a Ternura", de Vladimir Carvalho, e "Utopia Distopia", de Jorge Bodansky. Na enumeração que se segue, estão dezenas de filmes e vídeos que trazem a história da Universidade de Brasília, criada há 60 anos, ou a trajetória de professores (Darcy Ribeiro, Oscar Niemeyer, Pompeu de Souza, Heinz Forthmann, Rogério Costa Rodrigues, Vladimir Carvalho) ou aspectos de sua vida acadêmica, social ou cultural.

Uma cineasta, a mineiro-candanga Maria Coeli de Vasconcelos, ganha um perfil especial, por seus 60 anos de dedicação a Brasília, cidade adotiva e amada, na qual vive e trabalha desde que deixou sua Belo Horizonte natal.

– "Invasão da UnB" (1968) - Registros documentais da invasão do campus da Universidade Brasília por tropas militares, em 1968, realizados pelo aluno-cineasta Hermano Penna (utilizados por Vladimir Carvalho no longa documental "Barra 68 – Sem Perder a Ternura").

– "Vestibular 70" (1970) - Documentário de Vladimir Carvalho e Fernando Duarte. 35 milímetros, preto-e-branco. Direção de fotografia: Fernando Duarte. Montagem: Eduardo Leone. Música: Caetano Veloso. O filme mostra a participação de 5.400 estudantes no exame vestibular para ingresso na UnB. A narrativa cria densa atmosfera, na qual as características arquitetônicas da Universidade, aliadas a tratamento não-realista da imagem e trilha sonora, ajudam a retratar o clima de tensão competiva nesse doloroso rito de passagem para a vida profissional. Duração: 17 minutos.

– "Itinerário de Niemeyer" (1968-1974) – Documentário. Direção e montagem de Vladimir Carvalho. Fotografia de Fernando Duarte. Música de Villa-Lobos, Chico Buarque e outros. 16 milímetros, preto-e-branco. O filme registra a trajetória profissional de Oscar Niemeyer a partir de exercício curricular (uma entrevista concedida a alunos do Departamento de Cinema do ICA – Instituto Central de Artes da UnB), entre setembro e novembro de 1968, sob coordenação do cineasta-professor Maurice Capovilla. Em 1974, Vladimir Carvalho montou o material, sob o seguinte procedimento: "Niemeyer adotou a arquitetura do chamado 'concreto aparente', na qual não se procura disfarçar a mão do homem, deixando as texturas à mostra. Nós, também, no filme, não procuramos esconder o cinema. Por isso aparece toda a movimentação da equipe e dos aparelhos cinematográficos".

– "Heinz Forthmann" (1985-1990) – Documentário de Marcos de Souza Mendes. Fotografia de Tucker Marçal e Waldir Pina. Montagem de Manfredo Caldas e Francisco Sérgio Moreira. Trilha sonora: Cantos Carajá e Jawari. Cinebiografia documental do cineasta, fotógrafo e professor da UnB, o germano-brasileiro Heinz Forthmann (1915-1978), suas memórias do SPI (Serviço de Proteção ao Índio) e da Universidade de Brasília, ao lado de Darcy Ribeiro, Orlando Villas-Boas, Rosita Forthmann, Vladimir Carvalho e Luis Humberto. Média-metragem de 55 minutos, em 16 milímetros.

– "O Vidreiro" (1992-1997) – Documentário de Marcos de Souza Mendes. Fotografia de Fernando Duarte. Montagem: Francisco Sérgio Moreira. O filme registra o trabalho de construção de três vidros, com sopro e maçarico, pelo mestre vidreiro Joaquim Ferreira Lima, funcionário aposentado do Departamento de Química da UnB. Duração: 27 minutos. Colorido, 16 milímetros.

– "Barra 68 – Sem Perder a Ternura" - Direção e roteiro de Vladimir Carvalho (2000). Fotografia de André Luiz da Cunha. Direção de produção e montagem de Manfredo Caldas (em parceria com Vladimir). Música de Marcus Vinícius e Luiz Marçal. Colorido, 35 milímetros. Duração: 80 minutos. O filme retrata a invasão da UnB, em 1968, a partir de depoimentos e visitas aos locais, dentro do campus, onde ocorreram os conflitos, analisando parte da história do Golpe Militar de 1964, as consequências do AI-5 e o fechamento do Congresso Nacional. O cineasta Hermano Penna conta como conseguiu, clandestinamente e nas condições mais adversas, filmar o que se passava (os militares prendendo os estudantes). &Ea cute; lembrada a luta de Darcy Ribeiro, no início dos anos 1960, para implantar uma universidade pública em Brasília. Alunos que foram detidos numa quadra de basquete revisitam o local e reencenam a experiência vivida. Isaura Botelho, viúva de Honestino Guimarães, dá seu testemunho sobre o companheiro, presidente da FEUB (Federação dos Estudantes Universitários de Brasília) e desaparecido político. O filme dá voz ao reitor, o capitão-de-mar-

-e-guerra e físico nuclear, formado pelo MIT-USA (Instituto de Tecnologia de Massachusetts), José Carlos de Almeida Azevedo (1932-2010).

– "Kiss Kiss Kissinger" (1981) – Documentário com direção e montagem de Jimi Figueiredo. Produção: Aurélio Rios, Felipe Ghisi, Jimi Figueiredo. Som: Verônica Carriço (colorido, super 8, 17 minutos) - Henry Kissinger (hoje com 98 anos, na época com 58), secretário de Estado norte-americano, nos Governos Nixon (73/74) e Ford (74/77), visita a Universidade de Brasília e é cercado por centenas de estudantes, que jogam ovos e tomates nos convidados.

–"A Cultura do Arroto" (1981) – Documentário com direção, fotografia e montagem de Jimi Figueiredo. Produção: Jimi Figueiredo e Verônica Carriço (colorido, super 8, 15 minutos) – O filme mostra a efervescência cultural da Universidade de Brasília nos shows musicais e apresentações de teatro e dança, que aconteciam durante o horário de almoço dos estudantes.

–"UnB: A Construção da Liberdade" (1988), de Jorge Bodanzky. Produção do CPCE. Fotografia de David Pennington. Narração da atriz Carmen Moretzshon. O filme, que registra impressionante plano aéreo do ICC (o popular Minhocão) compõe-se com relato da história da criação da UnB, projeto inovador comandado por Anísio Teixeira e Darcy Ribeiro (sem cátedras, com abertura ao professor de notório saber), enriquecido com depoimentos de Luís Humberto, Venício Artur de Lima, José Geraldo de Souza Jr e Dércio Garcia Munhoz. Imagens do Flaac (Festival Latino-Americano de Arte e Cultura). Duração: 10 minutos.

– "Cinema Novo e Outros Cinemas" (2005) - Documentário com direção e montagem de Jimi Figueiredo. Produção de Alexandre Costa Jr, Jimi Figueiredo e Marcelo Montiel. Fotografia de Claudio Moraes (colorido, Betacam, 30 minutos) -- Rogério Costa Rodrigues (1935-2005), crítico e professor de Eleha (Elementos de Linguagem Estética e História da Arte), na UnB, expõe suas ideias sobre o Cinema Novo e o Cinema Marginal.

–"Vladimir Carvalho, Conterrâneo Velho de Guerra", de Dácia Ibiapina – Documentário (55 minutos, 2004). Projeto DocTV. O filme registra a trajetória do cineasta e professor da UnB, Vladimir Carvalho, nascido na Paraíba, em 1935, e radicado em Brasília desde o final dos anos 1960. Com participação de Ariano Suassuna, Nelson Pereira dos Santos, Roberto Faria, Silvio Tendler, Walter Carvalho, Marcos Mendes e Sérgio Moriconi.

– "Campus Santo", de Márcio Curi (2016). Ficção, com Fernanda Rocha, Túlio Starling, Bruno Torres, Narciza Leão, Gregório Benevides, Carmen Mee, Daniela Vasconcelos, João Gott, Kael Studart e Gabriela Correa. Roteiro de

Mounir Maasri e Denilson Felix. Fotografia de Krishna Shimidt. Direção de arte de Maíra Carvalho. Finalização: Caetano Curi. No final dos anos 1980, em Brasília, um grupo de jovens, todos inscritos no vestibular da UnB, vivenciam mudanças em busca do amadurecimento. Duração: 102 minutos.

- Darcy, Um Brasileiro (2013) – Direção e roteiro de Maria Maia. Produção da TV Senado. Duração: 102 minutos. Antropólogo, político, escritor e educador, Darcy Ribeiro (1922-1997) tem sua trajetória narrada neste longa documental. Ele fundou o Museu do Índio, ajudou na criação do Parque Nacional do Xingu, documentou várias etnias em livros e fotografias. Como educador e professor, criou a Universidade de Brasília, a Lei de Diretrizes Básicas da Educação e os CIEPs (Centro de Educação Integral). Como político, foi chefe da Casa Civil de Jango, lutou contra a ditad ura, foi exilado. De volta ao país, foi eleito vice-governador do Rio (com Leonel Brizola), idealizou a Passarela do Samba e foi senador da República (pelo PDT).

- "Chiquinho, o Livreiro da UnB" (2019). Direção de Hélio Doyle. Documentário com 55 minutos de duração, que acompanha a trajetória do piauiense Francisco Joaquim de Carvalho, o Chiquinho, que há mais de quatro décadas atende à sua fiel clientela na Ala Norte do Minhocão, na Universidade de Brasília. Os tempos, porém, já não são tão promissores quanto os que ele vivenciou dos anos de 1975 (quando deixou de vender jornais para vender livros) até o começo dos anos 2000. Com a digitalização, os livros físicos perderam parte imensa de sua clientela.

- "A Menina de Sessenta" (2020), de Jimi Figueiredo - O documentário lança olhar sobre o plano original de Lúcio Costa e Niemeyer e sua utopia perdida. A atriz e cantora Gabriela Correa fala sobre a UnB. Seguem-se histórias de quem viveu a infância na capital brasileira - Adirley Queirós, Maria Paula, GOG (o rapper). Falam também figuras anônimas que vieram a pé do Piauí para construir Brasília. Como diz Vladimir Carvalho, entre outros, o sonho fundador foi se apagando com o passar do tempo. Mas restou a resiliência, característica de uma cidade que parece estar à frente das outras politicamente - UnB, Diretas, Já!, Fora Collor. Mesmo tachada de "capital dos políticos corruptos", por aqueles que não levam em conta que, em absoluta maioria, tais políticos s&at ilde;o eleitos por outras unidades da Federação. Duração: 25 minutos.

- "Utopia Distopia", de Jorge Bodanzky (2021) – Documentário (74 minutos) – O cineasta e diretor de fotografia Jorge Bodanzky, que foi aluno da UnB (no curso de Cinema da época de Paulo Emílio Salles Gomes e no curso de Arquitetura), recorre às suas memórias afetivas para mostrar um painel da juventude universitária dos anos 1960, seus sonhos, expectativas, crises e projetos interrompidos. Num dos momentos mais notáveis do filme, ele conta que Paulo Emílio apelidou uma construção de madeira (no campus), bastante precária, usada para atividades secundárias, como "o barraco do Bodanzky". Codireção e produção de Bruno Caldas. Roteiro de Bodanzky e Raphael Erichsen. Som direto: David Pennington. Montagem: Bruna Callegari. Música: Marcos Cohen.

–"Candango – Memórias do Festival" (2021), de Lino Meireles. Documentário sobre o Festival de Brasília do Cinema Brasileiro, que nasceu de um projeto de professores da UnB (liderados por Paulo Emílio Salles Gomes), em parceria com a Fundação Cultural do Distrito Federal, em 1965. Ao longo de 122 minutos, o cineasta registra depoimentos de ex-alunos da Universidade (como Jorge Bodanzky, José Eduardo Belmonte, René Sampaio, Cibele Amaral e Jimi Figueiredo) somando-os a atores (Helena Ignez, Milton Gonçalves, Othon Bastos, Antônio Pitanga, Dira Paes, Murilo Grossi, Maeve Jinkings, Juliano Cazarré), cineastas (Ruy Guerra, Vladimir Carvalho, Carlos Diegues, Júlio Bressane, Suzana Amaral, Neville D'Almeida, Tata Amaral, Anna Muylaert, Claudio Assis) e fotógrafos (Barretão, Walter Carv alho), entre muitos outros. O resultado é uma declaração de amor ao Festival, ao cinema brasileiro e a seus artífices, à UnB e à cidade de Brasília

– "A Rebelião dos Estudantes" (2022), de Alvarina Souza Silva. Produção de Antônio de Pádua Gurgel, o Padú. Documentário baseado no livro de mesmo nome, de autoria do produtor (EdUnB, 1988). O filme contextualiza o movimento estudantil na UnB, desde a criação da Universidade, em 1962, passando pela crise de 1964/1965, quando 80% dos professores se demitiram coletivamente (ou foram demitidos). E, também, por episódio ocorrido na velha Biblioteca (21 de abril de 1967), quando o embaixador John Tuthill, dos EUA, foi entregar 400 livros (em inglês) à instituição e foi recebido com intensos protestos dos estudantes. Registra-se, ainda, invasão da UnB em 1968. Duração: 71 minutos.

–"O Pastor e o Guerrilheiro" (2022), de José Eduardo Belmonte. Produção de Nilson Rodrigues. Roteiro de Josefina Trotta, José Eduardo Belmonte, José Rezende Jr e Nilson Rodrigues (com consultoria de José Genoíno e Juca Ferreira). Fotografia de Bárbara Alvarez. Obra ficcional baseada no livro "Relato de Um Guerrilheiro", de Glênio Sá. O filme registra o encontro entre o pastor Zaqueu (Cesar Mello) e o guerrilheiro Miguel (Johnny Massaro) num cárcere da ditadura. O pastor evangélico foi preso por engano. Miguel, ex-aluno da UnB, por causa de sua participação na Guerrilha do Araguaia. A Universidade de Brasília é um dos cenários do filme. E num importante flashback, vê-se a reconstituição da invasão do campus por forças policiais. N o elenco estão, também, Julia Dalávia, Gabriela Correa, Ana Hartmann, Cássia Kiss, Willian Costa, Ricardo Gelli e Sérgio Mamberti.

Os destaques da prolífica produção do CPCE se fazem com títulos que privilegiam amostragens temáticas. Com elas, o leitor poderá dispor de visão diversificada e ampla dos produtos audiovisuais que compõem o banco de pesquisas deste Centro de Produção vinculado à Universidade de Brasília.

Em alguns temas segue-se a cronologia separando-os por ano de produção, visando proporcionar aos interessados, maior visibilidade sequencial de cada tema.

CPCE - Centro de Produção Cultural e Educativa - Universidade de Brasília

O Centro de Produção Cultural e Educativa, criado em 1986, com o apoio do Banco Interamericano de Desenvolvimento, foi concebido com objetivos de complementação e formação nas áreas de criação, produção e distribuição, com ênfase na documentação e difusão da realidade cultural e educativa brasileira.

No Catálogo de Vídeos - 1993, estão disponíveis filmes e séries que abordam todas as áreas do conhecimento humano, disponíveis para o público interno e externo ao campus da UnB.

Só a série "Estação Ciência" é composta de 181 produtos audiovisuais que engloba todas as esferas do conhecimento acadêmico, científico e intelectual.

A maioria absoluta dos diretores são professores e alunos da Universidade de Brasília.

- "Vestibular 87", de Elicio Pontes (U-Matica, 13', 1987)
- "FLAAC I (Festival Latino Americano de Arte e Cultura)", de José D'Arrochela (U-Matica, 55', 1987)

Universidade de Brasília

- "Universidade de Brasília: A Construção da Liberdade", de Jorge Bodanzky (Betavam, 09', 1988)
- "Distrito Federal: Paisagem Natural", de Nilson Araújo (U-Matica, 28', 1988)
- "Distrito Federal: Fazendas e Cidades Satélites", de Carlos Del Pino (U-Matica, 24', 1988).

– “Instituto de Artes”, de José D’Arrochela (U-Matica, 08’, 1989.

– “UnB em Ação” – Parte I, de Célia Ladeira (U-Matica, 17’, 1990).

– UnB em Ação – Parte II, de José D’Arrochela, VHS, 11’, 1990.

– Em Defesa da Vida: Aula Magna pelo Prof. José Lutzemberger, de Geraldo Moraes (U-Matic, 51’, 1990).

– “Endança I”, de Marcos de Souza Mendes (U-Matic, 12’, 1990).

– Endança II, de André Luís, Luiz Mendonça, U-Matic, 04’, 1990.

– Semana Universitária – I, de José D’Arrochela. U-Matic, 16’, 1990.

– Ensino de Sociologia pelo Teatro I, de Sílvia Henriques, U-Matic, 08’, 1990.

– Serenata de Natal: Gorro e Sino 1, de Armando Bulcão (U-Matic, 30”, 1990).

– Deixem Viver os Yanomami, de André Luís da Cunha, VHS, 30’, 1990.

– Universidade de Brasília – Parte I, de José D’Arrochela, U-Matic, 07’, 1990.

– Universidade de Brasília – Parte II: A Política de Extensão, de José D’Arrochela,VHS, 08’ 1990.

– Hospital Universitário de Brasília, de José D’Arrochela, U-Matic, 16’, 1990.

– FLAAC II (Festival Latino Americano de Arte e Cultura), de Geraldo Sarno, U-Matic, 30’, 1990.

– Vestibular – Chamada, de Armando Bulcão, U-Matic, 30”, 1991.

– UnB: Salve Esta Ideia, de Armando Bulcão, U-Matic, 29, 1991.

– Ensino de Sociologia Pelo Teatro II: O Sol Sobre o Pântano, de Sílvia Ribeiro, U-Matic, 13’, 1991.

– Dez Anos do Coral da UnB, de Frederico Schmidt, Liana Carvalho (Betacam, 54’, 1991).

– “JIUnB’s 91”, de José D’Arrochela (U-Matic, 09’, 1991).

– “Brasília do Projeto ao Concreto I” e “II”, de Marcos de Souza Mendes (ambos 24’), 1991.

– “O Sonho da Modernidade”, de Ana Castro (25’, 1991).

– “Caravana Nacional de Movimentos Populares”, de Alfredo Viana, César P. Mendes (Hi-8, U-Matic, 1991).

– “Distrito 180 Graus”, de Daniella Goulart (U-Matic, 32’, 1991).

Política

- Como Era Velha a Nova República, de Nilson Araújo, U-Matic, 22', 1988.

- O Jogo da Carta, de Nilson Araújo, U-Matica, 26', 1989.

- Invasores ou Excluídos? de César Mendes, Dulcídio Siqueira, U-Matic, 1989.

- Caravana Nacional de Movimentos Populares, de Alfredo Viana, César Mendes, HI-8 e U-Matic, 18', 1991.

- "A Paixão Segundo Pompeu de Souza", de Marcos de Souza Mendes (U-Matic, 37', 1991).

- "A CPI Que Mudou o Brasil", de Célia Ladeira, Flávio de Mattos (Betacam, 40', 1992).

- "O Direito Achado na Rua", de César Mendes, José Geraldo de Sousa Júnior (U-Matic, 22', 1992.

- "Honestino", de Maria Coeli (VHS, 63', 1992).. "Eleições 89: Os reitoráveis-Chapa I, Barbosa/Waldenor (pts. I e II)", de José D'Arrochela (U-Matic, 55', 1990).

- "Eleições 89: Os reitoráveis-Chapa II, Marine/Volnei", de José D'Arrochela (U-Matic, 59', 1990).

- "Eleições 89: Os reitoráveis-Chapa III, Ibanez/Eduardo", de José D'Arrochela (U-Matic, 47', 1990).

- "Eleições 89: Os reitoráveis-Chapa IV, Todorov/Lia", de José D'Arrochela (U-Matic, 58', 1990).

- "Série "Brasil, Eleja Seu Programa": Debates transmitidos pela televisão com os candidatos à Presidência da República, nas primeiras eleições diretas depois de vinte anos de ditadura e transição. Todos os programas foram gravados em setembro de 1989. Candidatos: Afif Domingos; Fernando Collor de Melo; Leonel Brizola; Luiz Inácio Lula da Silva; Mário Covas; Paulo Maluf; Roberto Freire; Ronaldo Caiado. U-Matic, todos 60', 1989 – Todos os programas têm direção de Geraldo Moraes.

Cinema

- Cinema em Vídeo I", de Alfredo Viana (U-Matic, 14', 1991).

- "Cinema em Cena", de Adriana Vasconcelos (U-Matic, 15', 1992). "Cinema em Vídeo II", de Alfredo Viana (Betacam, 10', 1992).

– "Making off – A Terceira Margem do Rio", de José D'Arrochela (Betacam, 21', 1993).

– "68 Onde Foi? E 88 Onde Vai?" - Série de debates reunidos sobre a denominação *"68 Onde Foi? E 88 Onde Vai?"*: depoimentos de várias personalidades que atuaram nas mais diversas áreas nesses 20 anos de Reflexões e debates.

– "68 O Que Foi? 88 Pra Onde Vai? Arte no Brasil (Arte) - de José D'Arrochela (U-Matic, 101', 1991).

– "68 O Que Foi? 88 Pra Onde Vai? Imprensa, Movimento Estudantil e Operário (Mídia/Política)" - de José D'Arrochela, (U-Matic, 155', 1991).

– "68 O Que Foi? 88 Pra Onde Vai? Individualismo, Liberação da Cabeça e corpo (Comportamento)" - de José D'Arrochela (U-Matic, 95', 1991).

– "68 O Que Foi? 88 Pra Onde Vai? Política, Religião, Aids, Papel da Mulher (Comportamento/Religião)" - de José D'Arrochela (U-Matic, 160', 1991).

– "68 O Que Foi? 88 Pra Onde Vai? Questões Políticas (Política)" - de José D'Arrochela (U-Matic, 122', 1991).

– "Antena Paranóica", de Luciano Rodrigues, Carlos Alexandre, Bia Magno, Evelin Maciel (U-Matic, 30', 1992).

– "Ensino Noturno", de Ana Cristina Campos (U-Matic, 15', 1992).

– "JIUnB's", 92, de José Eduardo Belmonte (U-Matic, 10', 1992).. "Semana Universitária – 1991", de Armando Bulcão, (U-Matic, 09' 1992).

– "Memorial Luís Humberto M. Martins Pereira", de Armando Bulcão (Betacam, 18', 1992.

– "UnB 30 Anos", de Liloye Boubli (Betacam, 17', 1992).

– "Medéia", de Fernando Villar (U-Matic, 10', 1992).

– MITOS DE BRASÍLIA – Direção: Turma de Telejornalismo da Faculdade de Comunicação da UnB, U-Matic, 25', 1992. Série consiste em cinco programas que falam sobre os mitos que envolvem a capital do Distrito Federal:

1-Brasilia, Capital do Rock Nacional

2-O Melhor Hospital de Brasília é a Ponte Aérea

3-Misticismo

4-Ilha da Fantasia

5-Geração Brasília

– VÍDEO EM CAMPO – Concebido em 1988, visando atender as demandas de apoio solicitadas pelas entidades populares do DF e Entorno à Universidade de Brasília. O projeto se caracteriza pela articulação de esforços dos vários setores que vêm utilizando o vídeo como instrumento e linguagem junto às atividades de extensão.

1-Paranoá: História e Mobilização Popular, de Sérgio Azevedo, VHS, 20', 1992.

2-Construindo Redes Sociais, de Carla Movone, Rodrigo Menezes, VHS, 16', 1992.

3-Saúde no Paranoá, de Igor Germano, VHS, 12', 1992.

4-Outros Ayres, de Joelino Ferreira, Joana Vasconcelos, VHS, 16', 1993.

5-Pastoril da Cigana, de Tize Paiva, VHS, 16', 1993.

OBS: 5 episódios, sete diretores.

– VIVER EM BRASÍLIA - Direção da Turma de Telejornalismo da Faculdade de Comunicação da UnB, U-Matic, 30', 1992. A série apresenta seis programas que tratam o dia a dia das pessoas que moram em Brasília. O estilo de vida e as experiências das mesmas em relação ao passado, presente e futuro brasiliense.

1-Migração Interna

2-Contraste

3-Superquadras

4-Cultura em Brasília

5-Imigração

6-Esporte e Lazer

– COM VT – Direção: Alunos de Audiovisuais e Publicidade da Universidade de Brasília, U-Matic, 42', 1992

– TV UnB – Série de programas semanais veiculados pela TV Nacional às Quintas-feiras dentro do informativo "Fala Brasília", que têm como objetivo principal divulgar a Produção da Universidade de Brasília junto à comunidade. Os programas são supervisionados pelo Decanato de Extensão. Série composta por 47 episódios, sob a direção 21 diretores:

1-Universidade de Brasília, de João Antônio, U-Matic, 04', 1992

2-Modernismo 70 Anos, de Alfredo Viana, U-Matic, 04', 1992

3-UnB 30 Anos, de Armando Bulcão, U-Matic, 04', 1992.

4-A UnB na Eco 92, de José Eduardo Belmonte, U-Matic, 04', 1992.

5-Casa da Cultura da América Latina, de Ana Cristina Campos, U-Matic, 04', 1992.

6-CEAD: Ensino à Distância, de Frederico Schmidt, U-Matic, 04', 1992.

7-Incubadoras de Tecnologia, de André Botafogo, U-Matic, 04', 1992.
8-Alunos e Extensão, de Beth Moreira, U-Matic, 04', 1992.
9-UnB no DF, de Ana Cristina Campos, U-Matic, 04', 1992.
10-Arte no Campus, de Beth Moreira, U-Matic, 04', 1992.
11-Lembrando a UnB, de Elza Ramalho, U-Matic, 04', 1992.
12-UnB no Paranoá, Ana Cristina Campos, U-Matic, 04', 1992.
13-Ensino Noturno, de Ana Cristina Campos, U-Matic, 04', 1992.
14-Sexualidade na Terceira Idade, de Elza Ramalho, U-Matic, 04', 1992.
15-Fórum Brasília de Artes Plásticas, de Ana Cristina Campos, U-Matic, 94', 1992.
16-UnB Eventos, de Joelino Ferreira, U-Matic, 04', 1992.
17-CPCE, de Alfredo Viana, U-Matic, 04', 1992.
18-Biblioteca, de Elza Ramalho, U-Matic, 04', 1992.
19-Artesanato Latino Americano, de Ana Cristina Campos, U-Matic, 04', 1992.
20-Formação do Telespectador, de Frederico Schmidt, U-Matic, 04'. 1992.
21-Caras Pintadas, de Beth Moreira, U-Matic, 04', 1992.
22-Racismo, de Ana Cristina Campos, U-Matic, 04', 1992.
23-Ludoteca, de Elza Ramalho, U-Matic, 04', 1992.
24-Inventário Poético, de José Eduardo Belmonte, U-Matic, 04', 1992.
25-Projeto Loucura, de José Eduardo Belmonte, U-Matic, 04', 1992.
26-Amazônia Urgente, de Elza Ramalho, U-Matic, 04', 1992.
27-Quinta Cênica, de José Eduardo Belmonte, U-Matic, 04', 1992.
28-No Olho da Rua, de Elza Ramalho, U-Matic, 04', 1992.
29-Avaliação Institucional, de Ana Cristina Campos, U-Matic, 04', 1992.
30-Educação Rural, de Alfredo Viana, U-Matic, 04', 1992.
31-Projeto Tucan, de Joana Vasconcelos, Tize Paiva, Sérgio Azevedo, Hi-8 e U-Matic, 04', 1993.
32-Projeto Técnicas de Pintura Medieval, de Jorge Marinho, Helga Cyriaco, Hi-8 e U-Matic, 04', 1993.
33-O Rebolado de Colombo, de José Eduardo Belmonte, U-Matic, 04', 1993.
34-Plebiscito, de Igor Germano, Hi-8 e U-Matic, 04', 1993.
35-Infoestética: Pesquisa e arte Futurista, de Tize Paiva, Hi-8, 04', 1993.
36-Avaliação Institucional II, de Igor Germano, Hi-8, 04', 1993.
37-Teatro em Hospitais, de Tize Paiva, U-Matic, 04', 1993.
38-Novas Dimensões da Vida, de Igor Germano, U-Matic, 04', 1993.

39-Oficinas Desportivas Infantis, de Cláudio Moraes, U-Matic, 1993.
40-Oficinas com Luís Áquila, de Renata de Paula, U-Matic, 04', 1993.
41-Orquestra de Câmara da UnB, de Tize Paiva, U-Matic, 04', 1993.
42-Coral de Trombone de Brasília, de Tize Paiva, U-Matic, 04', 1993.
43-COMVT, de Igor Germano, U-Matic, 04', 1993.
44-Museus, de Roberta Bigonha, Hi-8, 04', 1993.
45-Boi Foguete, de Tize Paiva, Hi-8, 04', 1993.
46-Sua Imagem, de Renata de Paula, U-Matic, 04', 1993.
47-Comitê da Fome/UnB, de Cláudio Moraes, U-Matic, 04', 1993.

- Ensino de Sociologia Pelo Teatro III: O Rebolado de Colombo, de José Eduardo Belmonte,U-Matic, 16', 1993.
- Divinas Marias, de Armando Bulcão e Tânia Montoro, U-Matic, 17', 1993.
- O Pensamento Inquieto, de Ana Cristina Campos, U-Matic e Hi-8, 40', 1993.
- Lúcio Costa 90 Anos, de Alfredo Vianna, 13', 1994.
- Aula Inaugural Oscar Niemeyer, de Maurício Euclydes Borges, 28', 1994.
- Joaquim Vidreiro, de Liloye Boubli, 03', 1994.
- Mãos à Obra em Brasília, de José Walter Nunes, Nancy Aléssio Magalhães, Teresa Paiva Chaves, 50', 1995.
- Dois Candangos, de Armando Bulcão, Tânia Montoro, 32', 1995.
- "Darcy Ribeiro - Dr. Honoris Causa", de Vladimir Carvalho, 19', 1995.
- ESTAÇÃO CIÊNCIA - Divididos em 19 temas: Agronomia; Antropologia; Arqueologia; Arquitetura e Urbanismo; Arte; Astronomia; Ciências da Terra; Ciências Exatas; Ciências Sociais; Ecologia e Meio Ambiente; Educação; Energia; História; Política de Ciência e Tecnologia; Recursos Naturais; Saúde; Tecnologia; Variedades e Zoologia.

Os programas eram veiculados semanalmente, sempre aos domingos, em rede nacional pela TV Manchete. Todos os programas têm a duração de 24'.

A série foi coproduzida pelo CPCE e pela Fundação Ema e inclui 181 episódios, dirigidos por 41 diretores: Luciano Rodrigues; Fernando Molina; Célia Ladeira; Tomaz Menezes; José Geraldo; Chico Sant'Ana; Ricardo do Monte Rosa; Gonzaga Mota; Liloye Boubli; Waldir de Pina; Rino Marconi; Ana Castro; Marcos de Souza Mendes; Débora Santos; Tânia Viegas; César Mendes; Gilberto Strenzel; Ulysses Lacava, Yanko Del Pino; Manfredo Caldas; Beth Athayde; Sérgio Moriconi; Pelágio Gondim; Sérgio Bernardes; Dulcídio Siqueira Neto;

Maria Ângelo Galvão; Paulo Carneiro; Taís Baioque; Mauro Giuntini; Ronaldo Duque; Hamilton Cantivo; Carlos Del Pino; Odon Cardoso; Carlos Setti; Pedro Jorge de Castro; Helio Doyle; Jorge Oliveira; Roberto Pires; Vanderlei Schelbauer; Lígia Girão; Beth Moreira.

Observação: Todos os títulos referidos nesta relação são documentários.

Maria Coeli Almeida de Vasconcelos (Belo Horizonte-MG, 30/07/1942). Filha de político e professora de música, mãe de Manoela e Maria Paula. Chegou em Brasília às vésperas da inauguração, a tempo de participar da Primeira Missa e do baile comemorativo. Professora, escritora, poeta, cineasta, produtora, fotógrafa, artista plástica, ilustradora e atriz. "Desenho é o que eu mais gosto de tudo o que eu faço". Aluna da primeira turma de normalistas do Caseb (Comissão de Administração do Sistema Educacional de Brasília). Homenageou a instituição com o filme "Caseb: 30 Anos", entrevistas com 30 professores. Estudou Arquitetura, Educação Artística e formou-se em Comunicação Social na Universidade de Brasíli a. "Na UnB, eu tive a noção de dignidade com esses três homens: Paulo Emílio Salles Gomes, Oscar Niemeyer e Darcy Ribeiro". Foi aluna de Anísio Teixeira, e fez um filme em sua homenagem.

"O que me fortaleceu foi exatamente a ditadura, eu estava com vinte anos, foi uma imposição na nossa vida, nos prejudicou muito, mas despertou em nós a consciência de luta pela liberdade". Em 1975, foi dirigida por Geraldo Moraes, em peça que marcou o retorno do teatro à UnB. Sua poesia e seus filmes são marcados pelo amor à história, ao registro da memória de Minas Gerais, Brasília e seu entorno. Foi professora da Secretaria de Educação do DF e do Instituto de Artes da UnB. Trabalhou no CRT (Centro de Recursos Tecnológicos) e na Embrafilme. Passou 40 anos escrevendo e guardando os escritos na gaveta, até que a filha Maria Paula Taunay (pedagoga), a ajudou a organizar a coletânea de poemas "É Triste, Mas Não é de Soluçar", com ilustrações d a autora (2012). Segundo a apresentadora Ana Maria Lopes, "não há como enquadrar Maria Coeli. Difícil falar de uma mulher cuja alma se revela afirmando sua humanidade e sua essência sem pudores e fronteiras. Ela parece habitar o tempo sem tempo, sem datas, sem dias ou noites. Habita no espaço, no desassossego e na mistura – tão feminina de fel e mel". Lançou "Liberdade é", poesia e prosa, em 2019.

Parte de sua história foi registrada pelo jornalista Eumano Silva, e lançado em 2017, no livro "A Morte do Diplomata: Um Mistério Arquivado pela ditadura", sobre seu primeiro marido, o diplomata brasileiro Paulo Dionísio de Vasconcelos, que acolhia exilados políticos e denunciava na Europa as atividades do regime de exceção. Foi assassinado em Haia em 1970.

Foi companheira de Douglas Marques de Sá (1929-2010), artista plástico, professor da UnB e produtor do longa-metragem "Nenê Bandalho" (Emílio Fontana, 1970). Homenageada no 50º Festival de Brasília, no 3º Festival de Filmes de Curtas-Metragens das Escolas Públicas de Brasília. "(...) ela semeou criatividade, incentivou, e agora colhe os frutos do reconhecimento pela sua decisiva contribuição à educação e cultura do DF". "Sou professora aposentada, sou dona de casa, sou avó, bisavó, sou poeta, sou livre, sou feliz".

Filmografia:

- "Vozes do Grande Rio" - série documental em quatro episódios, de Leon Cassid, 1977 (codireção e produção); "História do Núcleo Bandeirante" - Projeto Raízes (partes 1 e 2), DVD, 1980; "A História de Brazlândia - Projeto Raízes", DVD, 1985; "CET: Centro de Educação Para o Trabalho - VHS, 25', 1989; CASEB: 30 Anos - VHS, 95', 1990; Escolas Rurais - VHS, 15', 1990; Esgoto: Fonte de Equilíbrio Ecológico - VHS, 20', 1990; Crianças Notáveis - VHS, 17', 1992; Teatro de João Gabriel e Jesus Vivas - VHS, 14', 1992; Honestino - VHS, 63', 1992; O Escoteiro Caio Martins segundo o escoteiro Romero Machado, DVD; Athaíde: Sua Obra, Seu Tempo, DVD, 48&rsqu o; 2000; Anísio Teixeira e a Prática da Escola Parque 2010/2011 Sul, 2002; Brasília Feita Por Nós; Grito de Mocidade; Corpo Coletivo; Pacote Brasileiro, Superdotado, entre outros. * Atriz nos filmes: "Querido Diário", de Fernanda Cobra; "Taguatinga em Pé de Guerra", de Armando Lacerda; "O Colar de Cora Coralina", de Reginaldo Gontijo, entre outros.

- O Cinema Homenageia Brasília - Em 1985, aos 25 anos de Brasília e 22 da UnB, foi comemorado o "Jubileu de Prata" da cidade, com Mostra Retrospectiva composta com filmes de cineastas residentes em Brasília ou convidados. Participaram muitos professores e alunos ou ex-alunos da UnB (como Vladimir Carvalho, Geraldo Moraes, Pedro Jorge de Castro, Lyonel Lucini, Armando Lacerda, Marcos Mendes, Sérgio Moriconi, João Lanari, Pedro Anísio, Jimi Figueiredo) e cineclubistas. Foram reunidas produções nas bitolas S-8 (super-oito), 16mm e VT.

A Comissão de programação ficou a cargo do CUCA (Movimento Candango de Dinamização Cultural). Com promoção da Associação Brasileira de Documentaristas (ABD-DF), Centro de Produção de Cinema (Ceprocine), Embrafilme, Sesc/DF, Fundação Cultural do Distrito Federal (FCDF) e Sindicato dos Bancários. Foram exibidos no Cineteatro Galpãozinho dezenas de filmes:

"Albertino, Quincas e Pinturas na Rua" (VT), de Sérgio Moriconi; "Antártida, Pirenópolis, o Divino e as Máscaras" e "Taim", de Lyonel Lucini; "A Arte do Hotel nos Trópicos S-8", de Hugo Mader; "Arraes Taí" e "Taguatinga em Pé de Guerra", de Armando Lacerda; "Bahia Sul", "Chovendo Sol em Salvador", S-8, "Iaí?", e "Rejeição", de Rafael Camargo; "Boca de Forno", "Brinquedo Popular do Nordeste", "Chico da Silva" e "Em Memória de D. Maria I", de Pedro Jorge de Castro; "Boi do Teodoro", S-8, e "Seu Ramulino", de Marcos de Souza Mendes; "Brasília, Ano Dez", d e Geraldo Sobral Rocha; "Brasília Segundo Feldman", "Incelência Para Um Trem de Ferro", "A Pedra da Riqueza" e "Vila Boa de Goyas", de Vladimir Carvalho; "O Caçador", "Santa Rosa do Pantanal" e "Serra Velha dos Cristais", de Jorge Martins Rodrigues; "Conversa Paralela", de Pedro Anísio; "O Cerco e o Circo", "A Cultura do Arroto", "Kiss Kiss Kissinger", "Movimento Ex-Tudantil" (todos S-8), de Jimi Figueiredo; "Dilema" e "Meandros" (ambos S-8), e "Cruviana", de José Acioli; "Dois Gumes", S-8, de Marcos Eurício Álvares; "Dona Ciça do Barro Cru", "Músicos Camponeses" e "Patativa do Assaré, Um Poeta do Povo", de Jefferson Albuquerque Jr.; "Escola Parque 304 Norte", S-8 de Irone Queiroz; Gabriela, "SOS Guará II" (ambos S-8), de Hernán Hernández; "A História de Brazlândia" e "A História do Núcleo Bandeirante" (VT), de Maria Coeli; "Mãos de Deus", de Luiz Otávio e Waldir de Pina; "Os Mensageiros da Aldeia", de Geraldo Moraes; "A Mensagem do Profeta", de Marco Orsini; "Mínima Cidade", de João Lanari; "Nordeste: Cordel, Repente e Canção", "Novos Tempos", "Terra de Sapaim" e "Viagem ao Ninho de Terra", de Tânia Quaresma; "Papuãn", de Miguel Freire; "Perseghine", de Sérgio Moriconi e Vladimir Carvalho; "Póstuma Cretã", de Ronaldo Duque; "A Prensa" e "Troca-Troca de Teresina" (ambos S-8), de Joaquim Lopes Saraiva e Carlos Seabra; "Santo de Casa", S-8, de Clênio Pereira, Maurício Gomes Pereira e Ribamar Teixeira.

Aa autoras

Maria do Rosário Caetano

Berê Bahia (Jacobina-BA). Radicada em Brasília desde a juventude, Berê Bahia estudou Direito na UDF. É professora, cineclubista e programadora de filmes. Trabalhou na Embrafilme-MinC, de 1985 a 2000. Autora de nove publicações referentes a cinema: "O Olhar da Igreja - Filmes Premiados com a Margarida de Prata - CNBB (1967/1994)", "100 Anos de Cinema (1895/1995), do livro-álbum "30 Anos de Cinema e Festival - A História do Festival de Brasília do Cinema Brasileiro (1965/1997)", "Jussara Queiróz - Um Olhar Poético" (2000), em coautoria com Nathalie Bernardo da Câmara, "Trajetória João Ramiro Mello" (1934 - 2003), e "Pra Falar da Dor... Eduardo Conde" (1948 - 2003), ambos em coautoria Hércules Barros, "Luz, Câmara, Mesa e Ação - O Cinema Brasileiro na Cozinha" (Ed. UnB, 2003), "Rogério Costa Rodrigues - Um Mestre Contagiante" (1935 - 2005), em coautoria com Sérgio Bazi, e "Brasília 5.2 - Cinema e Memória" (2012).

Pela ordem, de cima para baixo: Vladimir Carvalho, Maria Coeli Vasconcelos, Fernando Duarte, Jorge Bodanzky, Márcio Curi, Dácia Ibiapina, Jimi Figueiredo, Marcos Mendes e Lino Meireles.

UnB E MOVIMENTO ESTUDANTIL ANOS 70: UM PROJETO DE VANGUARDA AMORDAÇADO

Eloiza Rocha Pereira

Levantamos, nessa publicação coletiva, bibliografia recomendada e consultada. Recomendamos livros e estudos universitários que têm o Movimento Estudantil e a UnB como foco. Registramos, claro, fontes consultadas por colaboradores de *UnB Anos 70 - Memória Coletiva*.

Bibliografia recomendada:

ALMEIDA, Betty. *Paixão de Honestino Guimarães* – Brasília: Editora Universidade de Brasília, 2016. 414 p.

GURGEL, Antonio de Pádua, 1952: *A Rebelião dos Estudantes* (Brasília, 1968). Brasília: Editora Universidade de Brasília, 2002. 300 p.

FLOR, Guaíra Índia; RUSSCZYK, Janine. *68- A invasão da UnB*. Brasília: Editora Universidade de Brasília, 2000.

POERNER, Artur José. *O Poder Jovem*. Rio de Janeiro: Editora Civilização Brasileira, 1979.

SALMERON, Roberto. *A Universidade Interrompida*. Brasília: Editora da Universidade de Brasília, 1998.

DIAS, Marco Antonio Rodrigues. *UnB e Comunicação nos anos 1970*: acordo tácito, repressão e credibilidade acadêmica. Brasília: Editora UnB, 2013, 265 p.

Correio Braziliense, Jornal de Brasília, Estado de S. Paulo, Estado de Minas, Diário de Pernambuco, Folha de S. Paulo, Jornal da Tarde, Jornal do Brasil, Zero Hora, Movimento, Opinião, Versus, revistas Veja e *IstoÉ*.

NEM FICOU
A PÁTRIA LIVRE
NEM MORRI
PELO BRASIL
PELAS LIBERDADES
A REBELIÃO
DOS
ESTUDANTES
Brasília, 1968
JORNAL MOVIMENTO
uma reportagem
NÓS, QUE
AMAMOS A
REVOLUÇÃO
AMÉRICO ANTUNES
Dicionário de
Filmes Brasileiros
Curta e Média-Metragem
JORNALISTAS E REVOLUCIONÁRIOS
BERNARDO KUCINSKI
O PODER
JOVEM
Poerner
Roberto A. Salmeron
A universidade interrompida
Brasília 1964-1965
Universidade de Brasília
O Movimento Estudantil
na resistência
à Ditadura Militar
Angélica Müller
ABAIXO A
DITADURA

VENTURA, Zuenir. *1968, o Ano que Não Terminou*. Rio de Janeiro: Círculo do Livro, 1988.

FANUCHI, João Nogueira. *Um Pediatra do Interior do Brasi*l – 38 Anos de História – Em dois volumes. Edição impressa e e-book.

ZÉ BETO (José Humberto Fernandes Rodrigues). *Nem Ficou a Pátria Livre, Nem Morri pelo Brasil*. (Edição do Autor/Gráfica Ebal, Rio de Janeiro, 1988, 128 páginas)

GERALDES, Elen Cristina et alli. *Um grito no ar*: Comunicação e Criminalização dos Movimentos Sociais. 2020

MULLER, Angélica. *Movimento Estudantil na Resistência à ditadura Militar* (1969 – 1979). Rio de Janeiro: Editora Garamond.

ALMEIDA, Jaime G. de. *Universidade de Brasília*: Idéia, diáspora e individuação. Brasília: Editora da Universidade de Brasília, 2017.

SILVEIRA, Flávio. *A luta do Movimento Estudantil Secundarista*. Editora Movimento, 1979.

MARTINS FILHO, José Roberto. *Movimento Estudantil e ditadura Militar:* 1964 – 1968. São Paulo: Editora Papirus, 1987.

CANCIAN, Renato. *Movimento Estudantil e Repressão Política*. São Carlos: EDUFSCAR, 2020.

COSTA, Marcia Cordeiro. *O Movimento Estudantil Acadêmico e a Imprensa Estudantil no Maranhão* (1930 – 1950). Curitiba: Editora Appris.

MENDES JÚNIOR, Antonio. *Movimento Estudantil no Brasil*. São Paulo: Editora Brasiliense, 1982.

OLIVEIRA, Victor Fernando Ramos de. *Movimento Estudantil*: diálogos e perspectivas em debate. Curitiba: Editora CRV.

VALLE, Maria Ribeiro do. *1968: o diálogo é a violência*. Movimento Estudantil e ditadura Militar no Brasil. Campinas: Editora Unicamp.

SANTANA, Flávia de Angelis. *Atuação Política do Movimento Estudantil no Brasil*: 1964 a 1985. Curitiba: Editora Brasil Publishing.

HAYASHI, Maria Cristina Piumbato Innocentini. *Movimento Estudantil*: História e Memória do Centro Acadêmico Armando Salles Oliveira. Editora EdUFSCar, 2007.

LACERDA, Gislene Edwiges de. *A História em disputa*: Movimento Estudantil e a Transição Democrática Brasileira. Curitiba: Editora Appris.

Antologia. *O Movimento Estudantil e a Escola do Capitalismo*. Coimbra: Livraria Almedina

ANTUNES, Américo. *Nós, que Amamos a Revolução*. Política Movimento Estudantil. São Paulo: Editora Alameda, 2017.

BRITO, Maurício. *Capítulos de uma História do Movimento Estudantil na UFBA* (1964 – 1969).

MESQUITA, Marcos Ribeiro. *Identidade, Cultura e Política*. Os Movimentos Estudantis na Contemporaneidade. Editora UFAL.

Rafael. Caminhando e Cantando: o Imaginário do Movimento Estudantil Brasileiro de 1968. São Paulo: EDUSP

CAOBIANCO, Renata Maria. *Movimento Estudantil na UEL 1971 – 1984*.

GEOPPO, Luiz Antonio. *Autogestão, Universidade e Movimento Estudantil*. Autores Associados. Livraria Martins Fontes.

DOSSIÊ NUDOC N. 2. *Movimento Estudantil em Pernambuco*. Recife: Editora Universidade Federal de Pernambuco.

ROSS, Kristin. *Maio de 1968 e Suas Repercussões*.

ANDRADE, Ledio Rosa de. *Abaixo as ditaduras*: História do Movimento Estudantil Catarinense: 1974 – 1981.

OLIVEIRA, Antonio Eduardo Alves de. *Ressurgimento*: o Movimento Estudantil nos Anos 1970 na UFBA. Editora Sagga, 2019.

SANFELICE, José Luís. *Movimento Estudantil*: a UNE na Resistência ao Golpe de 1964. Editora Cortez, 1986.

Dissertação de mestrado

MOURA, Sérgio Mascarenhas de. "As Memórias e Representações Sociais dos Organismos de Informação Política sobre a Esquerda Brasileira (um Estudo de Caso - 1977-1990)".

A autora

Eloiza Rocha Pereira (Goiânia-GO, 1962). Graduada em História pela Universidade de Brasília (1984) e pós-graduada em Organização de Arquivos Públicos pelo Departamento de Ciências da Informação da Universidade de Brasília (1991). Servidora aposentada pelo STJ (Superior Tribunal de Justiça).

Livros consultados

Por Carlos Geraldo Megale

Relatório da Comissão Anísio Teixeira de Memória e Verdade. Universidade de Brasilia. Brasília. FAC-UnB, 2016, 363p.

Jornais da época: Jornal de Brasília dos anos de 1974, 75, 76 e 77; Correio Brasiliense dos anos de 1973, 1974, 1975, 1976, 1977; Folha de São Paulo de 1976 e 1977; Estado de São Paulo de 1977.

Dissertação de mestrado - Maria Carolina Granato Silva - 2008, Universidade Federal Fluminense – UFF, Niterói 2008, *"CINEMA NA GREVE E GREVE NO CINEMA" - SOBRE MEMÓRIAS DOS METALÚRGICOS DO ABC DE 1979 a 1981.* Gentilmente cedida pelo SINPRO/DF.

Por Luis Antônio Nigro Falcoski

ANTI-TESE. *Jornal Tablóide Como foi a EXPOARTE.* Centro Acadêmico da Arquitetura e Urbanismo e de Desenho e Plástica. Brasília.Outubro de 1975.

COUTINHO, Carlos Nelson. *A Democracia como valor universal.* In: Encontros com a Civilização Brasileira. Enio Silveira et al. Rio de Janeiro: Ed.Civilização Brasileira, 1979.

FARIA, Ana Lucia Goulart. Direito à infância: *Mário de Andrade e os Parques Infantis para as crianças de família operária na cidade de São Paulo(1935-1938).* Universidade de São Paulo, São Paulo, 1994

PINHEIRO, Paulo Cesar; GUDIN, Eduardo. Mordaça. In: *O Importante é que a nossa emoção sobreviva,* LP 1976, Faixa 12b, São Paulo, 1976

PINHEIRO, Paulo Cesar; TAPAJÓS, Mauricio. Pesadelo. In: *Cicatrizes* LP MPB4, Faixa 9, São Paulo, 1972.

Relatório da Comissão Anísio Teixeira de Memória e Verdade. Universidade de Brasília. Brasília. FAC-UnB, 2016, 363p.

Por Maria do Rosário Caetano

AZEVEDO, Carlos. *Jornal Movimento - Uma Reportagem.* Com Marina Amaral e Natália Viana (livro com 336 páginas, acompanhado com um CD). Manifesto Editora, 2011.

KUCINSKI, Bernardo. *Jornalistas e Revolucionários nos Tempos da Imprensa Alternativa* - EdUSP, terceira edição, 464 páginas, 2018.

Por Tereza Cruvinel

SALMERON, Roberto. *A Universidade Interrompida.* Brasília: Editora Universidade de Brasília, 1998.

Relatório da Comissão Anísio Teixeira de Memória e Verdade. Universidade de Brasilia. Brasília. FAC-UnB, 2016.

MOURA, Sérgio Mascarenhas de. *As Memórias e Representações Sociais dos Organismos de Informação Política Sobre a Esquerda Brasileira (Um Estudo de caso - 1977-1990).* Dissertação apresentada ao Programa de Pós-Graduação em Psicologia Social, UERJ, 2009.

ALMEIDA, Betty. *Paixão de Honestino.* Brasília: Editora Universidade de Brasília, 2016.

Livro recomendado e resenhado por Davi Emerich:

O livro *UnB e comunicação nos anos 1970/Acordo tácito, repressão e credibilidade acadêmica*, do professor e ex-vice reitor Marco Antônio Rodrigues Dias, na primeira gestão de José Carlos Azevedo, é uma leitura obrigatória para quem estuda o cenário vivido pela universidade no período. Tempos difíceis, permeados por crises dentro do regime militar e também por fortes dissonâncias entre o Ministério da Educação e a visão repressiva absoluta que imperava na instituição dos sonhos de Darcy Ribeiro. Um depoimento bem documentado, incluindo anexo com voto em separado na reunião do Conselho Universidade em 26/08/1977, que deliberou sobre a expulsão de "30 estudantes".

Editora da UnB, 2013, 265 páginas, ISBN 9788523010553. Categoria: história.

Por Berê Bahia e Maria do Rosário Caetano (Filmografia)

"CATÁLOGO DE VÍDEO - 1993" (Edição do CPCE - Centro de Produção Cultural e Educativa da UnB)

DICIONÁRIO DE CINEASTAS BRASILEIROS - De Luiz Felipe Miranda - Secretaria de Estado da Cultura e Art Editora Ltda, São Paulo, 1990, 408 páginas.

DICIONÁRIO DE FILMES BRASILEIROS - CURTA E MÉDIA-METRAGEM (Produção de 1897 a 2005 em Película) - De Antônio Leão da Silva Neto.

Edição do Autor, São Bernardo do Campo, 2006, 1.038 páginas, primeira edição. Segunda edição atualizada em 2011.

DICIONÁRIO DE FILMES BRASILEIROS - LONGA-METRAGEM - De Antônio Leão da Silva Neto. Edição do Autor, São Bernardo do Campo, 2002, 942 páginas, primeira edição. Segunda edição atualizada em 2009.

AGRADECIMENTOS

À reitora Márcia Abraão, pelo estímulo à ideia deste livro e sua inclusão no calendário das celebrações dos 60 anos da UnB.

Ao professor Renato Janine Ribeiro, por também acolher o lançamento destas memórias na programação da 74ª Reunião Anual da Sociedade Brasileira para o Progresso da Ciência - SBPC (Brasília- UnB - 24 a 30 de julho de 2022).

Aos coautores, parentes dos colegas já falecidos, amigos e ex-alunos da UnB que colaboraram com suas lembranças, fornecendo informações, fotografias e documentos que foram essenciais para a produção deste livro.

Aos veículos que cobriram o movimento estudantil da UnB nos ano 70, cujos registros nos foram muito úteis: *Correio Braziliense*, *Jornal de Brasília*, *Estado de S. Paulo*, *Estado de Minas*, *Diário de Pernambuco*, *Folha de S. Paulo*, *IstoÉ*, *Jornal da Tarde*, *Jornal do Brasil*, *Movimento*, *Opinião*, *Veja*, *Versus* e *Zero Hora*. E também a um veículo criado posteriormente, o *Valor Econômico*, uma das fontes de construção do perfil de José Ribamar de Oliveira, um de seus profissionais mais destacados e um de nossos companheiros de militância estudantil.

Aos fotógrafos, dirigimos agradecimento especial na Parte V.

Organizadora
Maria do Rosário Caetano

Comissão editorial
Carlos Geraldo Megale
Davi Emerich
Flávio Alberto Botelho
José Umberto de Almeida
Tereza Cuvinel
William Devoti

Esta obra foi impressa em São Paulo no inverno de 2022. No texto foi utilizada a fonte Minion Pro em corpo 10,6 e entrelinha de 14,6 pontos.